Cornelia Klinger

Flucht Trost Revolte

Die Moderne und
ihre ästhetischen Gegenwelten

95

Carl Hanser Verlag

Das vorliegende Buch ist aus der Habilitationsschrift »Ästhetische Modernität oder ›Wiederverzauberung der Welt‹. Der Ort der Romantik im Prozeß der Moderne« für die Philosophische Fakultät der Universität Tübingen (1992) hervorgegangen.

1 2 3 4 5   99 98 97 96 95

ISBN 3-446-18056-7
© Carl Hanser Verlag München Wien 1995
Satz: Reinhard Amann, Aichstetten
Druck und Bindung: Friedrich Pustet, Regensburg
Printed in Germany

Inhalt

1. Kapitel
Die »kalten Skeletthände« rationaler Ordnung und ihre Gegenwelten

2. Kapitel
Romantik, Neoromantik und die Politik der Kultur

3. Kapitel
Die Wendung zum Subjekt als Individuum

4. Kapitel
Die Wendung zur Ästhetik: Das Subjekt als Künstler − der Künstler als Genie

5. Kapitel
Die Wendung zu Gemeinschaft, Natur und Religion

6. Kapitel
Das Experimentum crucis am dunkelsten Punkt:
Romantik, Faschismus und Moderne

7. Kapitel
Romantik – und jetzt?

1. Kapitel

Die »kalten Skeletthände« rationaler Ordnung und ihre Gegenwelten

Unter dem sich verdichtenden Eindruck, daß die Epoche der Moderne in absehbarer Zukunft ihrem Ende entgegengehen oder bereits jetzt in den Prozeß ihres Endes eingetreten sein könnte, werden in der Gegenwart verstärkte Anstrengungen zu ihrer theoretischen Erfassung unternommen. So als ob in der Dämmerung der Moderne die Eule der Minerva zu ihrem Flug ansetzen würde, um die alt gewordene Gestalt der Epoche dem Erkennen zugänglich werden zu lassen.

Überwiegend und vorrangig werden Modernisierung bzw. Modernität mit dem Prozeß der Rationalisierung aller Gesellschafts- und Wissensbereiche identifiziert. Daneben gibt es ein vergleichsweise beiläufiges Wissen davon, daß den Vorgängen zunehmender Rationalisierung, Objektivierung, Technisierung, kurzum der »Entzauberung der Welt«, gegenläufige Tendenzen gegenüberstehen, die dennoch nicht zufällig gleichfalls in die Epoche der Moderne fallen und den Gang ihrer Entwicklung begleiten, ja sogar zu diesem in einem so engen Entsprechungsverhältnis stehen, daß es nicht übertrieben ist zu behaupten, daß jedem Schritt auf dem Wege der Rationalisierung ein Schritt in die andere Richtung korrespondiert:»Widerstand gegen die Modernität und antimodernisierende Bewegungen und Ideologien waren ständig wiederkehrende Erscheinungen in der Geschichte des Westens der letzten zwei oder drei Jahrhunderte.«[1] »Bislang gingen alle Rationalisierungsschübe der modernen Zivilisation Hand in Hand mit Remythisierungsschüben ... die erste politische und die erste industrielle Revolution und die Romantik ...; die zweite industrielle Revolution, der ästhetische Heroenkult Zarathustras oder Georges, die Jugendbewegung, die Neuromantik ...; die dritte industrielle Revolution der Gegenwart ... die Neuzarathustras und die Neu-Neuromantik.«[2]

Das Spektrum der Phänomene, die in diesen Zusammenhang gebracht werden können, ist breit: Als Remythologisierung des Denkens, als »Wiederverzauberung« der Welt, als Ausbruch des Irrationalismus und als Zerstörung der Vernunft, als Prozeß der Subjektivierung, der Verinnerlichung, der Sentimentalisierung oder Romantisierung sind die in Rede stehenden Erscheinungen beschrieben worden. Der sich dabei aufdrängende Eindruck, daß wir es mit marginalen und disparaten, in sich kaum konsistenten und untereinander nur in einem vagen Zusammenhang stehenden Phänomenen zu tun haben, ergibt sich weniger aus der Sache selbst, vielmehr ist er Resultat der Beiläufigkeit unseres Wissens um sie. Es fehlt an einem systematischen Zugang zu diesem Gegenstandsbereich, der sich überhaupt kaum als ein solcher darstellt.

Das vorliegende Projekt, den Ort des Romantischen in der Moderne zu bestimmen, verfolgt das Ziel, diese »Ränder« ins Zentrum des Blickfeldes zu rücken und die Epiphänomene von Subjektivierung, Romantisierung usw. als gleich wichtige Faktoren, als gleichrangige »Akteure« im Modernisierungsprozeß ernstzunehmen.

Zunächst soll dieses Vorhaben einer Ortsbestimmung der Gegenbewegungen zur Moderne *ex negativo* Kontur gewinnen, indem jene Auffassungen skizziert werden, die bislang das Bild von und den Umgang mit Gegenbewegungen zum Modernisierungsprozeß dominiert und – so die These – partiell verstellt haben. Um die Darstellung möglichst übersichtlich zu gestalten, sollen diese Ansätze in vier idealtypische Modelle kategorisiert werden. Das entscheidende Kriterium der Einteilung betrifft die Frage, wie das Verhältnis konzipiert wird zwischen den Bereichen, die als Hauptstrom des Modernisierungsprozesses gelten, und jenen, die als Gegenströmungen aufgefaßt werden. Auf der Grundlage dieses Kriteriums unterscheide ich im folgenden zwischen einem Externalierungskonzept, einem Ausdifferenzierungskonzept, einem Kompensations- und einem Korrelationskonzept. Mit diesen Bezeichnungen verbindet sich kein weiterer Anspruch als lediglich der auf Erleichterung der Verständigung mittels terminologischer Abkürzung.

Externalisierung

Am simpelsten, am weitesten verbreitet und zugleich am falschesten ist die Ansicht, daß es sich bei Gegenbewegungen gegen die Moderne entweder um Restbestände einer vormodernen Lebens- und Gesellschaftsordnung handelt, die durch den Modernisierungsprozeß allmählich aufgebraucht bzw. vernichtet werden oder – ganz entgegengesetzt – um Ansätze zu einer künftigen Überwindung der Moderne. Mit anderen Worten: Es wird diesen Phänomenen ein anachronistischer bzw. reaktionärer oder ein utopischer bzw. progressiver Zug zugesprochen; sie scheinen entweder hinter die Gegenwart zurückzuweisen auf die Vergangenheit oder über die Gegenwart hinaus in die Zukunft – und ziemlich widerspruchsfrei auch beides zugleich – *les extrèmes se touchent*. Es versteht sich fast von selbst, daß beide Alternativen jeweils einmal positiv und einmal negativ bewertet werden können: Die Behauptung, daß moderne Rationalität ohne Rückgriffe auf vormoderne Restbestände nicht auskommt, kann in triumphierendem Ton oder in kritischer Absicht vorgebracht werden. Und daß antimoderne Kräfte in der Zukunft die Grenzen des herrschenden Realitätsprinzips sprengen könnten, kann ebensogut zu Befürchtungen wie zu Hoffnungen Anlaß geben. Kurzum, die als Gegenbewegungen identifizierten Phänomene scheinen den Prinzipien moderner Rationalität entweder zu weichen oder sie zu verdrängen. Auf jeden Fall aber sind sie diesen vollständig äußerlich und stehen ihnen feindlich gegenüber.

Obwohl diese Art einer vollständigen Externalisierung der Wirklichkeit am wenigsten entspricht und folglich auch kaum eine ernsthafte theoretische Formulierung erfahren hat, ist sie dennoch nicht ohne Bedeutung. Sie bildet gewissermaßen den »blueprint«, der den drei nachfolgend diskutierten Konzeptionen zugrunde liegt. Denn diese unterscheiden sich zwar vom Externalisierungskonzept dadurch grundlegend, daß sie alle drei den Antagonismus zwischen modernen und antimodernen Tendenzen nicht mehr auf einer *zeitlichen*, sondern gleichsam auf einer (sozial)-*räumlichen* Achse verorten: An die Stelle der Ausgrenzung von Gegenbewegungen als vor- oder nachmodern tritt die Differenzierung der Moderne in verschiedene Sphären oder Bereiche. Dennoch bleibt in allen Varianten des Umgangs mit den Gegenbewegungen gegen die Moderne die Vorstellung ihrer Andersartigkeit bzw. Jenseitigkeit, und das bedeutet eine Tendenz zu ihrer Externalisierung mehr oder weniger unterschwellig präsent. Darüber hinaus bleibt diese Tendenz auch zeitlich konnotiert. Während sich das Ausdifferenzierungskonzept zwischen Vergangenheit und Zukunft indifferent verhält, legt sich das Kompensationskonzept auf die Seite der Vergangenheitsorientierung fest, wohingegen das Korrelationskonzept auf die Zukunft gerichtet ist.

Ausdifferenzierung

Mit dem, was im folgenden als Ausdifferenzierungskonzept bezeichnet wird, vollzieht sich ein erster Schritt in Richtung auf eine Anerkennung der Zugehörigkeit von Gegenströmungen zum Modernisierungsprozeß. Es wird erkannt, daß bestimmte Phänomene wie Subjektivismus und Gefühlskultur oder eine nostalgische Hinwendung zu Natur und Vergangenheit überhaupt erst auf der Grundlage der Moderne entstehen können und somit als deren eigene, wenn auch ihren Prinzipien ganz zuwiderlaufende Resultate anzusehen sind. »Das dezentrierte Weltverständnis eröffnet auf der einen Seite die Möglichkeit eines kognitiv versachlichten Umgangs mit der Welt der interpersonalen Beziehungen; auf der anderen Seite bietet es die Möglichkeit eines von Imperativen der Versachlichung freigesetzten Subjektivismus im Umgang mit einer individualisierten Bedürfnisnatur.«[3]

In diesem Sinne nennt Max Weber drei Gruppen von Wertsphären, die zusammen den Komplex moderner Rationalität bilden und die sich im Prozeß der Moderne ausdifferenzieren und autonom entwickeln. Neben den Komplex der kognitiven Rationalität von (Natur-)wissenschaft und Technik als ersten Wertsphärenbereich und den Komplex der evaluativen Rationalität von Naturrecht und (protestantischer) Ethik als zweiten, stellt Weber die ästhetisch-expressive Rationalität als dritten eigenständigen Bereich. Innerhalb dieses dritten Bereichs unterscheidet er zwei Felder: die Kunst und die Erotik, d.h. die Liebe zwischen den Geschlechtern, und zwar ausdrücklich »das außeralltäglich[e] ..., speziell also das ehefreie Geschlechtsleben«[4].

Das Gemeinsame von Kunst und Erotik liegt für Weber erstens darin, daß das moderne Subjekt hier seine Selbstverwirklichung, den Ausdruck seiner Innerlichkeit und Einmaligkeit sucht und findet; dies bedeutet unter den Bedingungen der Moderne, unter denen es nach Weber jenseits des Privaten keine allgemeinverbindlichen Wertvorstellungen mehr gibt, sondern einen unaufhebbaren Polytheismus der Werte, daß Kunst und Erotik zugleich zweitens als Wertstiftungs- und Sinngebungsinstanzen fungieren[5]; drittens bewahren beide einen Zugang zum Körperlichen, zum Kreatürlichen, zur Natur als dem »realsten Lebenskern«[6]. Aufgrund seiner Doppelbedeutung von »die Sinne betreffend« und »die Kunst betreffend«[7] trifft der Terminus des Ästhetischen mit unterschiedlicher Akzentuierung sowohl auf Kunst wie auf Erotik zu. Daher umfaßt der Begriff der ästhetisch-expressiven Rationalität beide Aspekte des dritten Wertsphärenbereichs zu Recht. Unter dem Vorzeichen der Moderne scheint es überdies eine besondere Affinität zwischen der Frage nach den Sinnen und der Frage nach dem Sinn zu geben, während umgekehrt im vormodernen Kontext die Sinnfrage an die des Übersinnlichen, der Metaphysik gebunden war.

Die enge Verschränkung der Fragen der Sicherstellung von Einheit (mit der Natur), der Ganzheit (des sozialen Systemzusammenhangs) mit (subjektiver) Sinngebung und ihre Zuweisung als Funktion und Aufgabe an den dritten Wertsphärenbereich stellt einen hochbedeutsamen, vor allem aber höchst ambivalenten und problematischen Vorgang dar.

Im Zuge des Ausdifferenzierungsprozesses der Gesellschaft in verschiedene institutionelle Bereiche und Subsysteme haben die Fragen nach Einheit, Ganzheit und Sinn aufgehört, eine objektive, öffentliche – in der Regel durch eine »offizielle«, allgemeinverbindliche Religion verwaltete – Funktion für den Bestand des gesellschaftlichen Gefüges zu haben. Die ausdifferenzierten Bereiche folgen ihrer jeweils eigenen Logik und entwickeln ihre systemspezifische Rationalität offenbar nur um so effizienter, je weitgehender sie von der Rücksicht auf und von der Sorge um ein übergreifendes Ganzes entlastet sind.

Um so wichtiger und gleichzeitig problematischer werden Fragen dieser Art aber nun für die Einzelnen. Ihre Identität ist nicht länger mehr durch ihren Ort im gesellschaftlichen Zusammenhang gewährleistet; es läßt sich ihr Lebenssinn nicht mehr aus den auf eine Ganzheit bezogenen Normen der objektiven Strukturen und Institutionen ableiten: »Im Unterschied zu den traditionellen Gesellschaftsordnungen tragen die primären öffentlichen Institutionen (trotz der beträchtlichen Verhaltenskontrollen, die von ihren funktional rationalen ›Mechanismen‹ ausgeübt werden) nicht mehr länger zu einer Prägung des individuellen Bewußtseins und der Persönlichkeit bei. Die persönliche Identität wird im wesentlichen zu einer reinen Privatsache. Das ist vielleicht der revolutionärste Zug der modernen Gesellschaft.«[8] Denn mit dem Niedergang des christlichen Weltbildes ist nicht etwa nur ein altes, überlebtes sinnstiftendes Weltbild durch ein neues, zukunftsträchtigeres ersetzt worden, sondern »es verdunkelte sich die Idee der Ganzheit selber«[9]. Diese Verdunklung hat nicht unwesentlich zu dem beispiellosen Sonnenaufgang des Subjektiven in der Moderne beigetragen. Denn die Fragen nach Ganzheit, Einheit und Sinn, die für die objektiven und öffentlichen Bereiche und ihr Funktionieren obsolet werden, behalten auf der subjektiven Ebene nicht nur ihre Bedeutung, sondern sie gewinnen und entwickeln sie im Zuge dieses Prozesses hier eigentlich erst.

Die Ausgestaltung der subjektiven Identität und ihres Sinnkosmos obliegt nunmehr also einem seinerseits ausdifferenzierten und eigens auf diese Aufgabe spezialisierten Bereich. Es versteht sich von selbst, daß dieser erst im Gefolge des Modernisierungsprozesses entstehende dritte Wertsphärenbereich deshalb schon aus strukturellen Gründen ganz und gar moderne Züge trägt. Das gilt übrigens auch im Hinblick auf die Religion. Sie durchläuft einen allmählichen, aber unaufhaltsamen Prozeß der Privatisierung, an dessen Ende sie ihre traditionelle Aufgabe der Legitimierung öffentlicher Institutionen und Strukturen ganz eingebüßt hat zugunsten einer in dieser Art und Intensität neuen Funktion für die subjektive Einheits-, Ganzheits- und Sinnfindung. Was ihre gesellschaftliche Rolle und Bedeutung anbelangt, hat die moderne, privatisierte, subjektivierte Religion mit der traditionalen, öffentlichen im Grunde fast nur noch den Namen gemeinsam. In dieser neuen Bedeutung als persönliche Sinnstiftungsinstanz hält sich die Religion durch vielfältige Infragestellung und Kritik bis in die Gegenwart hinein durch.

Neben der Religion, die von alters her kommend mit und im Aus-differenzierungsprozeß einen Wesenswandel durchläuft, entste-hen darüber hinaus mit Kunst und Liebe Instanzen des dritten Wertsphärenbereichs, die der Moderne noch ausschließlicher und eindeutiger angehören.

»Mit dieser Anerkennung des Eigenwerts einer ›Liebe um der Liebe willen‹ und einer ›Kunst um der Kunst willen‹ hat Weber... den kategorialen Bezugsrahmen der ›Protestantischen Ethik‹ entscheidend im Hinblick auf eine genuine Theorie der kulturellen Moderne modifiziert«, kommentiert Klaus Licht-blau[10]. Ausgeführt und ausformuliert hat Weber eine solche »ge-nuine Theorie der kulturellen Moderne« freilich nicht. Weder scheint es Zufall zu sein, daß die in diese Richtung gehenden Pläne nicht durchgeführt wurden, noch, daß eben sie es sind, die gerade heute besonderes Interesse finden, so daß sie Gegenstand von Rekonstruktionsversuchen werden[11].

Zweifellos wurde Webers Sensibilität für den Eigensinn, den Eigenwert des Ästhetischen und Erotischen durch die verschie-denen ästhetischen Experimente und lebensreformerischen Pro-jekte geweckt, die in seiner unmittelbaren Umgebung diskutiert und erprobt wurden[12]. Diese neoromantischen[13] Aufbrüche der Zeit um die Jahrhundertwende haben Weber fasziniert und auch beeinflußt, dennoch haben sie ihn offenbar nicht von einem gleichartigen bzw. gleichrangigen Anteil der ästhetisch-eroti-schen Sphäre am Prozeß der Moderne überzeugen können. Die Anerkennung des Eigenwerts von Kunst und Liebe als eigenstän-digen Rationalitätsformen bleibt begrenzt durch ihre gleichzei-tige Einstufung als a-rational oder antirational. Diese Einschät-zung bedeutet eine Ausgrenzung, die grundsätzlich über das Maß von Ausdifferenzierung hinausgeht. Mit ihr bleibt die Position der ästhetisch-expressiven Komponente im Kontext der Moderne somit auch da prekär, wo ihr eine solche prinzipiell zuerkannt wird.

Webers Ambivalenz, sein Schwanken zwischen der Anerken-nung der Eigenständigkeit und der Ausgrenzung von Kunst und Liebe verdient noch einen Moment genauerer Aufmerksamkeit.

Indem Weber Kunst und Erotik zu jenen Mächten des Lebens rechnet, »deren Wesen von Grund auf arationalen oder antiratio-nalen Charakters ist«[14], rückt er sie auf dieselbe Seite wie die religiöse Brüderlichkeitsethik, zu der sie allerdings aufgrund ihres spezifisch weltlichen Charakters (bis hin zur »Kreaturvergötterung«) in scharfem Kontrast stehen. In seiner Analyse aller drei Phänomenbereiche ist Weber durchaus bereit anzuerkennen: erstens, daß sie jeweils einer eigenen, ihnen spezifischen Rationalität folgen, die zwar von anderer Art ist als etwa die Rationalität von Wissenschaft oder Wirtschaft, die aber dessen ungeachtet eine innere Stimmigkeit besitzt, die es verdient, als Rationalität bezeichnet zu werden[15]. Zweitens legt Weber großes Gewicht darauf, daß die andersartigen Rationalitäten von Erotik, Kunst oder religiöser Ethik bei aller Eigenständigkeit nun auch wiederum nicht *toto coelo* von der Rationalität anderer Wertsphären unterschieden und von der Entwicklung des Modernisierungsprozesses ausgenommen sind, sondern daß es zwischen ihnen auch Übereinstimmungen und Zusammenhänge gibt[16]. Der Akzent in Webers Argumentation wechselt somit zwischen der Betonung der *anderen* Rationalität und der anderen *Rationalität*, also zwischen der Besonderheit der jeweiligen Ausprägung und der Konstante von Rationalität in der Andersartigkeit. Gerade diese Doppelung der Argumentation sorgt dafür, daß die Ausdifferenzierung des systemspezifischen Eigensinns von Kunst, Liebe oder religiöser Ethik zur Geltung kommt, ohne in vollständige Alterität zu verfallen. Je mehr Webers Überlegungen zu den Gegenwelten von Kunst und Erotik für diese Differenziertheit Zustimmung verdienen, desto weniger begründet erscheint es, daß Kunst und Erotik trotzdem auf die Position der Antirationalität festgelegt bleiben – wodurch sich das Ausdifferenzierungskonzept aller Subtilität zum Trotz letztlich doch noch als Variante des Externalisierungskonzepts erweist.

Wenn Kunst, Erotik oder religiöse Ethik als antirational klassifiziert werden, obwohl Weber selbst zeigt, daß diesem Urteil gar keine ihnen wesensmäßig innewohnende Irrationalität zugrunde liegt, wenn ihre Gemeinsamkeit damit begründet wird, daß sie (verschiedene) Weisen der »Weltablehnung« darstellen sollen, obwohl Weber selbst alles daran setzt zu zeigen, daß sie das »Produkt« eben dieser Welt sind und folglich ihr zugehören, dann bedeutet das, daß Weber an der Perspektive des ersten und zweiten Wertsphärenbereichs und an ihrem Vorrang festhält. Für den Begriff von Rationalität und für den Prozeß der Moderne werden allein der erste und zweite Wertsphärenbereich für maßgeblich erachtet. *Sie* konstituieren die »Welt«, und was sich außerhalb ihrer befindet, ist »Weltablehnung«, ist Gegenwelt.

Diesen Sachverhalt hebt Jürgen Habermas in seiner Darstellung der Weberschen Position ausdrücklich hervor: »Freilich gehört auch die ästhetisch geprägte Gegenkultur, zusammen mit Wissenschaft und Technik auf der einen, mit den modernen Rechts- und Moralvorstellungen auf der anderen Seite, zum Ganzen der rationalisierten Kultur. Aber es ist dieser ethische und juristische Rationalismus, der als der für die Entstehung der modernen Gesellschaft zentrale Komplex gilt.«[17]

Aktiv vorangetrieben wird der Prozeß der Moderne durch die Entwicklung von Wissenschaft, Technik und Industrie, ferner durch die Entfaltung rationaler Verwaltungs- und Rechtspraktiken und entsprechender Wert- und Verhaltensnormen. Tendenzen der Subjektivierung und Romantisierung werden nunmehr zwar nicht als diesem Prozeß vollkommen äußerlich, sondern als ihm zugehörig betrachtet, aber ihre Zugehörigkeit ist ausschließlich passiver Art. Sie sind zwar Folgen, aber nicht selbst Ursachen von Modernisierung bzw. Modernität. Damit wird die ästhetisch-expressive Rationalität den beiden anderen Formen moderner Rationalität nach- und untergeordnet. »Der Objektivität des technischen Prozesses entspricht als ihre Kehrseite die Entfesselung der Subjektivität ... Die Subjektivität bemächtigt sich dessen, was man ihr übrigläßt. Sie fühlt sich zugleich alleingelassen und befreit − zum Privatleben, zum Ästhetizismus, zum Moralismus.«[18] Henri Lefebvres Formulierungsweise ist aufschlußreich: Die Subjektivierungstendenzen erscheinen als marginal, als passiv, nämlich als »Kehrseite«, die sich mit dem zu begnügen hat, »was man ihr übrigläßt«.

Grundsätzlich erhebt Habermas Einspruch gegen diese Art von Hierarchiebildung. Er wirft Weber vor, seinen Begriff moderner Rationalität zu ausschließlich an einer, nämlich der ersten ihrer drei Gestalten zu orientieren: »Aus Webers Wirtschafts-, Staats- und Rechtssoziologie muß man den Eindruck gewinnen, daß in modernen Gesellschaften Rationalisierungsprozesse nur an den instrumentellen und strategischen Aspekten des Handelns ansetzen, während praktische Rationalität nicht eigenständig, d.h. mit einem subsystemspezifischen Eigensinn, institutionalisiert werden kann.«[19] Habermas' Anliegen ist es, den Akzent von der Betrachtung des zweckrationalen zu der des wertrationalen Handlungssystems zu verschieben. Er reklamiert die Bedeutung der praktischen Vernunft für den Prozeß der Moderne gegenüber dem Vorrang, die die instrumentelle Vernunft in Webers Modernitätstheorie eingenommen hat. Im wesentlichen aber erfolgt Habermas' Einspruch gegen einen auf den instrumentellen verkürzten Rationalitätsbegriff und gegen eine Rangordnung der sich ausdifferenzierenden Rationalitätsformen im Namen der zweiten, kaum jedoch mit Blick auf die dritte Konzeption moderner Rationalität.

Der subtile, aber nachhaltige Widerstand, den sowohl Weber als auch Habermas der Anerkennung der gleichrangigen Zugehörigkeit des dritten Wertsphärenbereichs zur modernen Wirklichkeit entgegensetzen — trotz der bei ihnen durchaus vorhandenen Einsicht in seinen modernen Charakter —, findet letztlich wohl nur dann eine Erklärung, wenn wir uns nochmals seine spezifische Funktion vor Augen führen. Indem es dem dritten Wertsphärenkomplex obliegt, dem Subjekt den Bezug zu Einheit, Ganzheit und Sinn offen zu halten, wird hier etwas thematisiert, was im Kontext der Moderne sonst gänzlich Anathema geworden ist. Denn der Ausschluß von Fragen dieser Art ist konstitutiv sowohl für das wissenschaftlich-theoretische wie für das gesellschaftlich-praktische System einer nachmetaphysischen Welt. Nicht, daß die Fragen nach Einheit, Ganzheit und Sinn auf der Grundlage des Ausdifferenzierungsprozesses bedeutungslos geworden wären, weil sie als gelöst erscheinen; vielmehr sind sie inkompatibel mit den Prinzipien des modernen Wissens und der Gesellschaft. Wo sie gewissermaßen gegen alle Regeln doch auftreten, scheint zwangsläufig eine Bedrohung von ihnen auszugehen.

Sowohl im Hinblick auf die Konstitution des modernen Wissens als auch der Gesellschaft gerät jedwede Idee von Totalität unter Totalitarismusverdacht. In moderner Perspektive ist den Themen von Einheit, Ganzheit und Sinn ein unvermeidlich irrationaler, reaktionärer, totalitärer, kurzum anti-moderner Zug zu eigen, den lediglich ihre konsequente Subjektivierung, ihr strikter Einschluß in den ausdifferenzierten Bereich des Privaten zu neutralisieren vermag. Damit befindet sich jedoch der dritte Wertsphärenbereich in einer hoffnungslos widersprüchlichen, ja paradoxen Position. Die Perspektive von Einheit, Ganzheit und Sinn im Medium des Subjektiven und noch dazu in einem ausdifferenzierten und partikularisierten Raum zu erhalten und zu entwickeln, kommt einer Quadratur des Kreises gleich. Hieraus resultiert das Zwielichtige, das ihm anhaftet: Einmal erscheint der dritte Wertsphärenbereich bis fast zur Nichtigkeit scheinhaft, dann wieder imponiert er als übermächtig, als bedrohliches Phantom. Auf jeden Fall aber bleibt seine Zugehörigkeit zur modernen Wirklichkeit abgründig und prekär.

Es wäre indes verfehlt anzunehmen, daß diese Alterität der ästhetisch-expressiven Rationalität ausschließlich als negativ oder dysfunktional zu sehen sei. Wo Kunst und Liebe als Formen der Weltablehnung aufgefaßt, wo sie der »Wirklichkeit« als exterritorial gegenübergestellt werden, da gewinnen sie nur um so mehr an Anziehungskraft als Fluchtorte, die »Erlösung« verheißen »vom Alltag und, vor allem, auch von dem zunehmenden Druck des theoretischen und praktischen Rationalismus«[20]. Insofern und insoweit die moderne Wirklichkeit in ihrer Ausdifferenzierung als zerrissen und entfremdet und daher als defizient oder bedrückend erfahren wird – und diese Erfahrung ist in der Moderne so weit verbreitet, daß sie als eines ihrer Hauptmerkmale betrachtet werden darf –, verbindet sich mit allem, was aus der Moderne ausgegrenzt erscheint, Hoffnung und Sehnsucht. Ausgrenzung kann so zur Voraussetzung von Hochschätzung werden: »... das Ästhetische wurde mit solcher Bedeutung aufgeladen, weil es als dialektische Opposition gegen die zermalmenden Kräfte der Routinisierung und Rationalisierung begriffen wurde.«[21] »Die Moderne war nicht allein durch technische Errungenschaften von welthistorischer Bedeutung charakterisiert, sondern auch durch reaktive Fluchten in die dunklen inneren Sphären des modernen Subjekts, welche als asketisch, ästhetisch, ethizistisch und erotisch vorgestellt wurden.«[22]

Komplementarität

Es ist einigermaßen naheliegend, das Gegensatzverhältnis zwischen der modernen Welt und den exterritorialen Orten einer ästhetischen oder erotischen Weltflucht als Funktionszusammenhang aufzufassen. Ist das der Fall, so geht das Ausdifferenzierungsmodell ins Komplementaritäts- oder Kompensationskonzept über.

Es wird davon ausgegangen, daß es bestimmte Bereiche gibt, die nicht derselben Logik folgen, welche in Wissenschaft und Technik, Wirtschaft und Gesellschaft, Recht und Politik am Werke ist. Somit stehen sie dem Konzept von Rationalität und dem Prozeß der Moderne entgegen, aber nicht als außerhalb und jenseits der »Welt«, sondern als andersartige Orte innerhalb desselben, entgegengesetzte Pole umgreifenden Zusammenhangs. Es wird davon ausgegangen, daß jene Gegenpole all das sind oder haben, was die anderen Wertsphären *nicht* sind und *nicht* haben, so daß sie sich komplementär zueinander verhalten. Mit der Idee von Komplementarität ist mehr oder weniger implizit immer noch die Vorstellung eines sinnvoll geordneten Ganzen verbunden, obwohl eine solche Vorstellung im Kontext des die Moderne konstituierenden Ausdifferenzierungsprozesses verschiedener autonomer Wertsphären eigentlich keine Grundlage und folglich keine Legitimation mehr besitzt, da es keine Instanz gibt, von der aus ein solches Ganzes gedacht oder gar bewirkt werden könnte.

Im Rahmen des Kompensationskonzepts handelt es sich nicht länger um Weltablehnung, sondern um Weltentlastung. Die andersartig konstituierten Bereiche fungieren nicht als u-topoi, als Nicht-Orte der Realitätsflucht, sondern als Orte eines begrenzten Rückzugs zum Zwecke des Ausgleichs, und dementsprechend ermäßigt sich die Erlösung *vom* Modernisierungsprozeß, die sie verheißen, zur Erholung, die sie als Leistung *für* den Modernisierungsprozeß erbringen. Die Bereiche, die in dieser Weise als Gegenlager konzipiert werden, sind grundsätzlich dieselben, die uns schon von Weber her vertraut sind: Kunst und Liebe – allerdings ergeben sich aus den eben genannten Unterschieden zum Ausdifferenzierungskonzept erhebliche Modifizierungen, in dem was unter »Kunst« und »Liebe« verstanden wird.

In gewissem Sinne entspricht das Kompensationskonzept der modernen Realität am besten, und daher ist es schwierig, es an einer konkreten Theorie festzumachen und auf einen bestimmten Autor zurückzuführen. Fast kommt ihm nicht einmal der Status einer Theorie zu, so tief ist es ins allgemeine kulturelle Selbstverständnis eingelassen – ein Selbstverständnis, das bis in die unmittelbare Gegenwart hinein immer wieder beschworen wird[23], aber nichtsdestoweniger endgültig zu verblassen begonnen hat. In Joachim Ritters Formulierung hat die im 19. und 20. Jahrhundert weit verbreitete Auffassung von der kompensatorischen Aufgabe der Kunst eine auffallend späte, dafür aber besonders prononcierte Zusammenfassung gefunden:»Wo die ganze Natur als Himmel und Erde des menschlichen Lebens philosophisch und im objektiven Begriff der kopernikanischen Natur ungesagt bleibt, übernimmt es die Subjektivität, sie im Empfinden und Fühlen gegenwärtig zu halten, und Dichtung und Kunst bringen sie ästhetisch zur Darstellung.«[24] Oder mit den noch deutlicheren Worten des Ritter-Schülers Odo Marquard gesagt:»Die Modernisierung wirkt als ›Entzauberung‹ (Max Weber); die moderne Entzauberung der Welt wird – modern – kompensiert durch die Ersatzverzauberung des Ästhetischen.«[25]

Viel seltener zum Gegenstand»seriöser« und vor allem systematischer Theoriebildung gemacht als die Kunst, werden Position und Funktion der»Liebe« ähnlich bestimmt. Noch einmal sei auf Ritter verwiesen, allerdings mit der Einschränkung, daß Überlegungen der nachfolgend angeführten Art über die Bedeutung menschlicher Beziehungen in der Familie, zu den oben zitierten über die Aufgaben von Kunst und Literatur weder quantitativ noch qualitativ in dem Gleichgewicht stehen, das die Zusammenstellung der beiden Zitate suggeriert (übrigens ist die ungleichgewichtige Intensität der Beschäftigung mit den beiden Gegenwelten von Kunst und Liebe keineswegs allein für Ritter charakteristisch. Während die Frage nach der Rolle und Funktion der Kunst in der modernen Gesellschaft immer und immer wieder bedacht, besprochen, beschrieben wird, sind explizite Stellungnahmen auf demselben theoretischen Niveau zur analogen Rolle und Funktion der Privatsphäre seltener – was aber wohl kaum mit ihrer geringeren Bedeutung zu begründen ist).

Nach Ritter hat die»Entzweiung [der modernen Gesellschaft, C.K.]... zugleich in der Ablösung der Arbeit und der durch die Arbeit gesetzten Verhältnisse vom persönlichen Dasein die Familie von den Sachbestimmungen des Hauses ... befreit; sie hat sie in ihrem religiösen und sittlichen Begriff verselbständigt und damit allererst als die Gemeinschaft zur Existenz gebracht, in welcher der Mensch als er selbst in seiner Subjektivität, mit den

Seinen durch die persönliche Bindung der Liebe verbunden, zu leben vermag.«[26] Nicht ausgesprochen, aber unbezweifelbar ist »der Mensch« in diesem Kontext ausschließlich der Mann und Familienvater, während Frauen und Kinder unter dem Titel »die Seinen« subsumiert und mit diesem substantivierten Possessivpronomen als Habe des Mannes deklariert werden.

Der amerikanische Soziologe Christopher Lasch, der der Ideologie der modernen familialen Privatsphäre unter dem programmatischen Titel »Haven in a Heartless World« eine eingehende Untersuchung gewidmet hat, zeichnet ein ähnliches Bild:»... die Glorifizierung des Privatlebens und der Familie bildete die andere Seite der bürgerlichen Wahrnehmung der Gesellschaft als etwas Entfremdetes, Unpersönliches, Entferntes und Abstraktes – als einer Welt, aus der Mitgefühl und Wärme mit Abscheu entflohen sind. Die in der öffentlichen Welt erlittenen Verluste und Verarmungen sollten im Reich des Privaten kompensiert werden.«[27]

Max Horkheimer stellt zwischen den Bereichen von Liebe und Kunst fast eine Art Kausalzusammenhang her, indem er die Distanz zur gesellschaftlichen Realität, welche das »private Refugium«, das die bürgerliche Familie für den Einzelnen darstellt, als Voraussetzung und Grundlage künstlerischer Produktion bezeichnet. Die Widerständigkeit gegen die Gesellschaft, die der Kunst innewohnt, hat ihre Wurzel in der Widerständigkeit des Privaten:»Ein Element von Widerstand wohnt der Kunst inne, die es verschmäht, sich gemein zu machen. Widerstand gegen gesellschaftliche Zwänge ... hat im privaten Bereich stets sich abgespielt. In der bürgerlichen Familie, obwohl sie häufig genug eine Agentur veralteter sozialer Verhaltensmuster war, erfuhr der Einzelne ... von anderen Möglichkeiten, als jenen, die Arbeit und Beruf ihm offenließen. Als Kind, später als Liebender sah er die Wirklichkeit nicht im unbarmherzigen Licht ihrer praktischen Gebote, sondern aus einer Distanz, die deren Gewalt milderte.«[28] Trotz unübersehbarer Einschränkungen bildete die Familie »ein privates Refugium, eine Möglichkeit, die gesellschaftliche Funktion zu transzendieren, auf die das Individuum infolge der Arbeitsteilung reduziert war. Aus solcher Distanz gesehen, setzen sich die Elemente der Wirklichkeit in Bilder um, die den Systemen konventioneller Begriffe fremd gegenüberstehen: in künst-

lerische Erfahrung und Produktion.«[29] Während sich also die
Kunst in gewisser Weise dem Erfahrungshorizont der familialen
Privatsphäre zu verdanken hat, ist umgekehrt das Widerstands-
potential der Kunst größer und dauerhafter als der der Familie.
Denn:»Der private Bereich…, dem die Kunst verwandt ist, war
stets bedroht. Die Gesellschaft neigt dazu, ihn zu kassieren.«[30]
Genauer gesagt, die Funktionalität der Kompensationsleistung
der Familie für die Gesellschaft liegt deutlicher zutage. Sie
erschöpft sich in ihrer Komplementarität zur Gesellschaft,
während die Kunst in Horkheimers Augen ein überschüssiges
Potential besitzt, das über diesen Funktionszusammenhang hin-
ausweist.

Die Unterscheidung von Wertsphärenkomplexen im Kontext
des Ausdifferenzierungskonzepts übersetzt sich auf dem Boden
des Kompensationskonzepts in die Trennung von Öffentlichkeit
und Privatsphäre. Was Weber dem ersten und zweiten Wertsphärenbereich zuordnet, entspricht in etwa dem Öffentlichen,
der dritte Wertsphärenbereich steht dem als privat gegenüber.

Das auffallendste Merkmal des Kompensationskonzepts liegt
in der eindeutig modernitätskritischen Grundhaltung bei gleichzeitig unbeirrtem und unvermindertem Festhalten nicht nur an
der Überzeugung der Unvermeidlichkeit, sondern sogar an der
vollgültigen Überlegenheit der Moderne als Rationalisierungsprozeß. Auf der einen Seite wird dem Modernisierungsprozeß
gegenüber eine skeptische und nüchterne Note angeschlagen, indem er als ausgleichs- und ergänzungsbedürftig erkannt wird.
Damit wird eingestanden, daß der Fortschritt zum Licht der Aufklärung nicht ohne Schattenseiten, daß der Gewinn an Freiheit
nicht ohne Last und Verlust ist. Es bedarf kompensatorischer und
komplementärer Gegenkräfte, die die Negativa des Modernisierungsprozesses, die»Modernisierungsschäden« wettmachen. Auf
der anderen Seite resultiert aus dieser Einsicht aber keine Mo-
difikation des Modernitätsverständnisses, die dieser Angewie-
senheit auf Gegenkräfte zum Zweck von Ausgleich und Trost
Rechnung tragen würde. Auf diese Weise wird eine Ausgleichs-
leistung beansprucht, der keine Gegenleistung in Form von
Anerkennung gegenübersteht. Dies ist nur denkbar durch eine
einseitige Unterordnung der als Gegenlager fungierenden Bereiche. Obgleich das Kompensationskonzept die»Gegenwelten«

stärker in den Systemzusammenhang der Moderne einbindet, folgt daraus kaum ein höheres Maß an Anerkennung ihrer gleichrangigen Zugehörigkeit. Wie beim Ausdifferenzierungskonzept bleibt der Primat des ersten und zweiten Wertsphärenkomplexes vor dem dritten unangefochten erhalten. Zwar hat sich gegenüber dem Ausdifferenzierungskonzept die Distanz zwischen dem, was die »Welt« bedeutet, und dem, was als Gegenwelt klassifiziert wird, grundlegend reduziert. Indes sorgt nun die Etablierung einer hierarchischen Struktur, einer Art von Dienstbarkeitsverhältnis zwischen den Sphären dafür, daß die Anerkennung der Zugehörigkeit bestimmter andersartig konstituierter Bereiche zum System- und Funktionszusammenhang der modernen Welt wiederum nur sehr begrenzt bzw. einseitig ausfällt – und somit letztlich prekär bleibt. Denn entgegen dem ersten Anschein bedeutet die Vorstellung von Komplementarität keineswegs Wechselseitigkeit auf der Basis von Gleichrangigkeit. Die als Gegenwelten identifizierten Bereiche sollen die moderne Rationalität und den fortschreitenden Rationalisierungsprozeß kompensieren und komplettieren, nicht aber umgekehrt.

Die entschiedene Bejahung der Modernität von Wissenschaft und Technik, Wirtschaft und Gesellschaft, Recht und Politik wird erkauft um den Preis der Fixierung von Kunst und Liebe auf Anti-Modernität in einem rückwärtsgerichteten, vergangenheitsgewandten Sinne. Der dem Kompensationskonzept eigene »Modernitätstraditionalismus«[31], geht nicht zufällig, sondern aus innerer Notwendigkeit mit der Ablehnung kultureller Modernisierung bzw. Modernität einher. Ungleich eindeutiger als beim Ausdifferenzierungskonzept werden Kunst und Liebe jeweils auf ihre traditionalen Erscheinungsformen festgelegt oder, genauer gesagt, auf das, was dafür gehalten bzw. ausgegeben wird. Die Gegenpole zur modernen Rationalität werden in weitgehend imaginierten vormodernen Verhältnissen angesiedelt:

– Eine für die Aufgabe der Kompensation der Leiden der Moderne in die Pflicht genommene Kunst soll keine ihr eigene, subsystemspezifische Rationalität d. h. keine der modernen Welt korrespondierende Formensprache entwickeln. Sie soll keinesfalls in einem ihr eigenen Sinne modern bzw. *Abbild* der sie umgebenden modernen Wirklichkeit sein, sondern deren mit der vormodernen »Tradition« identifiziertes *Gegenbild*. Voraussetzung dafür ist, daß sie den Kategorien und Werten einer »klassischen« Ästhetik, d.h. den Idealen von Maß, Form, Ordnung, Harmonie, Schönheit und Geschlossenheit treu bleibt. – Entsprechendes gilt für den anderen großen gegenweltlichen Bereich. Gegenüber Webers Idealisierung einer sublimen Erotik fällt an Ritters Verständnis von Liebe sogleich ins Auge, daß wir es hier nicht mit Liebe in ihrer dramatischen »irrationalen«, gesellschaftlich dysfunktionalen außerehelichen Gestalt zu tun haben, sondern mit der Gefühlswelt der bürgerlichen Kleinfamilie, der intimen[32] Privatsphäre, die als traditional, d.h. patriarchal, imaginiert wird. Ihr Ort befindet sich nicht jenseits von »den kalten Skeletthänden rationaler Ordnungen«[33], sie ist nicht das Ziel einer vielleicht immer utopisch bleibenden, auf jeden Fall aber außeralltäglichen, abenteuerlichen Flucht, sie bildet »nur« in einem ganz alltäglichen Sinne und in begrenztem Umfang Schutz und Zuflucht vor der »feindlichen Welt« und erfüllt so Reservat- und Reservoirfunktion für diese.

Sowohl für Kunst als auch für Liebe gilt also: Je modernitätskonformer, modernitätsaffirmierender in der Funktion, desto anti-moderner und zwar in Richtung auf (vermeintlich) vor-moderne Verhältnisse werden die Formen der sie ausgleichenden Kräfte von Kunst und Liebe gedacht. Das Kompensationskonzept lebt von der Spannung zwischen Form und Funktion. Es ist diese kompensatorische Auffassung von Kultur, auf die Herbert Marcuses Definition ihres affirmativen Charakters zutrifft: »Unter affirmativer Kultur sei jene der bürgerlichen Epoche angehörige Kultur verstanden, welche im Laufe ihrer eigenen Entwicklung dazu geführt hat, die geistig-seelische Welt als ein selbständiges Wertreich von der Zivilisation abzulösen ... Ihr entscheidender Zug ist die Behauptung einer allgemein verpflichtenden, unbedingt zu bejahenden, ewig besseren, wertvolleren Welt, welche von der tatsächlichen Welt des alltäglichen Daseinskampfes wesentlich verschieden ist, die aber jedes Individuum ›von innen her‹ ... für sich realisieren kann.«[34]

Was Kunst und Liebe als unterschiedliche Ausprägungen der Kultur des Innerlichen bzw. des subjektiven Ausdrucks in den Feldern von Kunst und Liebe als den Bereichen des »Privaten« im modernen Sinne, kompensatorisch präsent halten sollen, ist uns bereits vom Ausdifferenzierungskonzept her bekannt[35]:

23

Erstens wird hier der Anspruch des modernen Subjekts auf Selbstentfaltung, auf Verwirklichung einer umfassenden Humanitätsidee aufrechterhalten.

Was als Emanzipationsideal möglicherweise einmal im Schoße der bürgerlichen Privatsphäre entsprang[36], um in der Epoche von Aufklärung und bürgerlicher Revolution universale Geltung zu beanspruchen, zieht sich bald aus den Bereichen des Öffentlichen zurück. Die Freiheit des *citoyen* realisiert sich in der Freizeit und im Freiraum des *bourgeois*. Lediglich in der Innenwelt seiner Seele bzw. in der intimen Privatsphäre seiner Familie darf das moderne Subjekt die Einlösung seines Emanzipations- und Autonomieanspruchs, die volle Verwirklichung seines eigentlichen Wesens erhoffen[37]. Daneben wird vom Ausnahmesubjekt Künstler die Realisierung einer unumschränkten Kreativität und Phantasie gleichsam stellvertretend erwartet – wobei auch die Kunst demselben strikten Gebot der Einschließung ins Private unterliegt:»In der Kunst erfährt der in seiner Lebenspraxis auf eine Teilfunktion (zweckrationales Handeln) reduzierte Bürger sich als ›Mensch‹; er vermag hier die Fülle seiner Anlagen zu entfalten, jedoch nur unter der Bedingung, daß dieser Bereich streng von der Lebenspraxis geschieden bleibt.«[38]

Während mit der Kompensation des Anspruchs auf Selbstentfaltung ein eindeutig modernes, erst im Zuge spezifisch moderner Emanzipations- und Revolutionsprozesse entstandenes und in ihrem Verlauf doch zugleich uneingelöst gebliebenes Bedürfnis ausgeglichen wird, werden zweitens auch Bedürfnisse kompensiert, die durch eben diesen Modernisierungsprozeß unerfüllbar geworden zu sein scheinen. Sowohl die Kunst als auch die intime Privatsphäre halten subjektiv den Horizont von Ganzheit und Sinn offen, welcher objektiv im Ausdifferenzierungsprozeß unwiderbringlich verloren ist[39].

Zumal in den Geschlechtscharakter der Frau als der Repräsentantin der intimen Privatsphäre wird die Geschlossenheit, die Substanzialität hineinprojiziert, die sich wohltuend abhebt von der »Zerrissenheit« des Mannes, der von den Ausdifferenzierungsprozessen der Moderne in dem ihm als seine Domäne vorbehaltenen Bereichen des Öffentlichen in ungleich höherem Maße betroffen ist. Das Kompensations- bzw. Komplementaritätskonzept kulminiert förmlich im Begriff der polarisierten

Geschlechtscharaktere[40]. Ausschließlich der Mann repräsentiert das moderne Subjekt – in all seinen Triumphen und Niederlagen, während die Frau als außerhalb der Geschichte stehendes Naturwesen die Ursprünge und Ressourcen des Menschseins verkörpert.

Georg Simmels im folgenden zitierte Stellungnahme kann als repräsentativ gelten für eine seit Rousseau immer wieder theoretisch propagierte und auch praktisch im Alltagsbewußtsein weit verbreitete Auffassung des Geschlechterverhältnisses: »Indem die Frauen die Trägerinnen der Kultur des Hauses wurden, erwuchs an ihnen das seelische Wesen, dessen Symbol das Haus im Gegensatz zu den hinausführenden, nach allen Seiten ausstrahlenden Berufen ist: Stetigkeit, Geschlossenheit, Einheit, in der die Mannigfaltigkeit und Gegensätzlichkeit des äußeren Lebens zur Ruhe kommt... Diese Geschlossenheit, die die Kulturrolle der Frau auf ihre Innerlichkeit übertragen oder die von dieser aus jene geschaffen hat – gibt ihr... etwas vom Charakter des Kunstwerks. Dessen Wesen ist doch die in sich befriedete Einheit, die Selbstgenügsamkeit, die kein natürliches Gebilde erreicht.«[41] »Das Kunstwerk allein ist ein Ganzes, wie das Weltganze eines ist, sein Rahmen scheidet es undurchbrechlich von aller vielfältigen Zerstreutheit der Dinge. Solche Einheit stellt die Frau dem Manne gegenüber dar, der in die zersplitterte Vielheit des unabsehbaren Lebens verflochten ist.«[42]

Mit aller nur wünschenswerten Deutlichkeit benennt Simmel die Parallelität bzw. Konvergenz in den Funktionsbestimmungen der intimen Privatsphäre und der Kunst: Beide fungieren als Garanten eines im Zuge des Ausdifferenzierungsprozesses in allen anderen Sphären verlorenen Ganzheits- und Einheitsempfindens und damit verbunden der Sinnerfahrung des Subjekts. Dieselbe Überzeugung bringt Simmels Zeitgenosse, Karl Scheffler, zum Ausdruck:»Während der Mann mit seiner einseitigen Erkenntnisarbeit beschäftigt ist, bedarf er von Zeit zu Zeit eines Blickes auf eine Harmonie, damit er nicht die Zuversicht verliere, seine Arbeit zwecke in irgendeinem Bezug zu einem Ganzen. Er braucht Gleichnisse, woran er sich aufrichten, in dessen Anblick er seine Isolierung vergessen kann. Zu solchen Symbolen werden ihm das Kunstwerk und die Frau. Das Kunstwerk ist ihm symbolisch für die ideale, bewußt erstrebte Harmonie...;

die Frau wird dem Manne symbolisch, weil sie ihm die Natureinheit verkörpert. Wenn er die Frau erhebt und vergöttert, so wendet er sich rückwärts der schönen Ruhe zu, woraus er hervorgegangen ist und worin er ein Gegenbild seines, das heißt: des allgemeinen Endziels erblickt.«[43]

Scheffler differenziert mithin zwischen dem »Bezug zu einem Ganzen«, wie es die Frau dem Mann vermittelt, und der Weise, in der die gleiche Funktion durch das Kunstwerk erfüllt wird. Das im Dunstkreis des gesamten deutschen Idealismus stets präsente Geschichtstheorem klingt an, wonach sich die Menschheit in einem dialektischen Entwicklungsprozeß befindet, der von einem ursprünglichen harmonischen Weltzustand (oft mit dem antiken Griechenland gleichgesetzt) zur entzweienden Entfaltung der Kräfte des menschlichen Bewußtseins und der Zivilisation führt, um schließlich in einem künftigen Zeitalter in einer neuen Synthese zu münden, in der die ursprüngliche Einheit und Harmonie in verwandelter Gestalt, nämlich auf der Stufe des höchsten Bewußtseins, wiedererlangt wird. Während Scheffler die Kunst als Symbol einer solch vorwärtsgerichteten, aus dem Bewußtsein und dem Handeln des Menschen hervorgehenden Ganzheit betrachtet, repräsentiert die Frau für ihn die rückwärtsgerichteten, regressiven Sehnsüchte nach der verlorenen Einheit des Ursprungs, die unfehlbar mit der Natur identifiziert wird. Damit fügt Scheffler dem Kompensationskonzept eine geschichtsphilosophische Dimension hinzu. Insofern er die Moderne als Epoche der Differenz bzw. der Entzweiung eingespannt sieht zwischen ein vergangenes »goldenes Zeitalter« und ein zukünftiges Zeitalter der Versöhnung, erfolgt die Kompensationsleistung nach zwei Seiten hin: Sowohl das Nicht-Mehr der Vergangenheit als auch das Noch-Nicht der Zukunft kann bzw. soll kompensiert werden. Wenn hingegen die Moderne nicht als eine künftig transzendierbare Epoche, sondern als Endzustand der Geschichte angesehen wird, wie das beim mit dem Kompensationskonzept gewöhnlich einhergehenden Modernitätskonservatismus der Fall ist, dann erübrigt sich Schefflers Differenzierung; die Kompensationsaufgabe wird ausschließlich auf den Ausgleich regressiver oder, wie Habermas es nennt, »residualer« Bedürfnisse[44] festgelegt. Damit wird die Nuancierung, die Scheffler zwischen der Kompensationsleistung der Frau und der Kunst vorgenommen hatte, hinfällig.

Inzwischen ist auch längst das Stichwort der dritten Funktion der Gegenkräfte von Kunst und Liebe / Frau / intimer Privatsphäre gefallen: Auf je verschiedene Weise halten beide einen durch den Rationalisierungsprozeß immer weiter verschütteten Zugang zur Sinnlichkeit – und zwar sowohl zur inneren als auch zur äußeren Natur – offen.

Wenn es um die Frage geht, auf welche Weise die intime familiale Privatsphäre dem Subjekt einen Zugang zur Natur sichert, so findet sich die Antwort wiederum in erster Linie im Geschlechtscharakter der Frau als der Repräsentantin dieser Sphäre: »Die Frau ist der Güte ihrer ursprünglichen Natur immer nahe geblieben . . . Gerade weil sie außerhalb der Geschichte steht, in derselben überzeitlichen Sphäre wie der Naturzustand, koinzidiert die Seinsweise der Frau mit den höchsten Werten, jenen, die sowohl für das Leben der Gattung als auch die Erhebung des Geistes (›relèvement spirituel‹) am allerwichtigsten sind.«[45] Der Ausschluß der Frau aus den öffentlichen Bereichen von Beruf und Geschäft, von Staat und Recht, sogar von Geschichte und Kultur insgesamt und ihr Einschluß in die private Sphäre, die nachdrücklich als nicht-politische, nicht-gesellschaftliche, sondern als »natürliche« Gemeinschaft definiert ist, bildet die Grundlage für die Vorstellung von der Familie als Naturressource und Naturreservat in der Moderne[46]. Die Polarisierung der Geschlechtscharaktere nimmt unter anderem auch die Form des Natur-Kultur-Gegensatzes an[47]. An die Frau wird die Naturgebundenheit der menschlichen Gattung in mehreren Hinsichten delegiert.

Daß auch der Kunst das Vermögen und die Verpflichtung zugeschrieben wird, durch das Prinzip der Mimesis die Natur und namentlich das Bewußtsein der Einheit mit ihr wachzuhalten, ist hinlänglich bekannt und bedarf kaum weiterer Erläuterung. Bereits Friedrich Schiller hat dies als Folge eines historischen Entwicklungsprozesses erkannt: »So wie nach und nach die Natur anfing aus dem menschlichen Leben als Erfahrung und als das (handelnde und empfindende) Subjekt zu verschwinden, so sehen wir sie in der Dichterwelt als Idee und als Gegenstand aufgehen.«[48] »Im Künstler kommt die Natur so zu sich selbst, in seinem Werk erreicht sie als Schein die wirkliche, wesentliche Verbindung mit dem Menschen und der Geschichte. Was in der gesellschaftlichen Praxis nicht mehr entsteht, nämlich die vollkommene Verbindung, die Übereinstimmung von Mensch und Natur, zwischen Natur und Geschichte, in der Kunst wird sie erreicht.«[49] Habermas bezeichnet die Kunst daher als »das Reservat für eine sei es auch nur virtuelle Befriedigung jener Bedürfnisse, die im materiellen Lebensprozeß der bürgerlichen Gesellschaft gleichsam illegal werden« und meint damit »das Bedürfnis nach einem mimetischen Umgang mit der Natur, der äußeren ebenso wie der des eigenen Leibes« und »das Bedürfnis nach solidarischem Zusammenleben, [das] den Imperativen der Zweckrationalität enthoben ist«[50]. Interessanterweise delegiert Habermas damit gleich auch noch das an die Kunst, was die Domäne der Liebe bildet bzw. die Aufgaben der intimen Privatsphäre, nämlich das den Imperativen der Zweckrationalität enthobene solidarische Zusammenleben.

Die allgemeine Bestimmung der Kunst, den Zugang zur und die Einheit mit der Natur präsent zu halten, gilt in besonderer Weise für jene Kunstgattung, in der das Bild der Natur am konkretesten Gestalt annimmt: für die Landschaftsmalerei. Auf die Bedeutung der Landschaft als Kompensationsinstanz hat wiederum Joachim Ritter besonders nachdrücklich aufmerksam gemacht: »Die ästhetische Natur als Landschaft hat ... im Gegenspiel gegen die dem metaphysischen Begriff entzogene Objektwelt der Naturwissenschaft die Funktion übernommen, in ›anschaulichen‹... Bildern das Naturganze und den ›harmonischen Einklang im Kosmos‹ zu vermitteln und ästhetisch für den Menschen gegenwärtig zu halten.«[51] Fast ist die Landschaft nicht wirklich Natur, nämlich kaum Gegenstand unmittelbarer Wahrnehmung, sondern vielmehr eine erst durch die Kunst konstituierte und vermittelte Erfahrung der »Natur«[52]. Erst Kunst, namentlich die mit der Moderne aufkommende Gattung Landschaftsmalerei, konstruiert Natur als Landschaft, d. h. als sinnvoll und geschlossen erscheinendes Ganzes.

Kritik des Komplementaritätskonzepts

Dem Kompensationskonzept kommt so große Suggestivkraft zu, daß es im Kontext der Moderne fast unentrinnbar die Vorstellung jeglicher Art von Gegengewicht gegen den Rationalisierungsprozeß beherrscht. In besonderer Weise hat Carl Schmitt um diese Suggestion des Komplementaritätsgedankens und zugleich um dessen reale Ohnmacht gewußt. Schmitts Bekenntnis zum Katholizismus liegt eine äußerst entschiedene Ablehnung des Komplementaritätsgedankens zugrunde, die jedoch gerade in ihrer Entschiedenheit den Sog, der von dieser Idee ausgeht, spürbar werden läßt. Es müßte – so unterstellt Schmitt – »einem Katholiken als ein zweifelhaftes Lob erscheinen, wenn man seine Kirche zum Gegenpol des mechanistischen Zeitalters machen wollte« – was gleichzeitig aber eben nichts anderes heißt, als daß sich diese Vorstellung tatsächlich aufdrängt. Schmitt kann sich damit nicht zufrieden geben, da er die Dienstbarkeit des Komplementären gegenüber dem Hauptstrom der Rationalisierung durchschaut:» ... Ließe die Kirche sich herbei, nicht mehr als die seelenvolle Polarität der Seelenlosigkeit zu sein, so hätte sie sich selbst vergessen. Sie wäre das erwünschte Komplement des Kapitalismus geworden, ein hygienisches Institut für die Leiden des Konkurrenzkampfes, ein Sonntagsausflug oder Sommeraufenthalt des Großstädters.«⁵³ Keineswegs zufällig werden hier mit »Sonntagsausflug« und »Sommeraufenthalt« die Assoziationen des familialen Privatlebens und der Natur als Rekreationsräume des Stadtbürgers evoziert. Schmitts Abwehr ist verständlich, aber alles in allem wenig aussichtsreich. Auch die freiwillig oder unfreiwillig privatisierte Religion hat sich in der Moderne der Instrumentalisierung zu Zwecken der Kompensation kaum entziehen können.

Indes ist diese Allgegenwart und Unentrinnbarkeit des Kompensationsgedankens, der alles tatsächlich oder vermeintlich außerhalb des Systemzusammenhangs der modernen Rationalität Liegende dennoch bzw. gerade deswegen für diesen instrumentalisiert, keineswegs gleichbedeutend mit einem umfassenden und unangefochtenen Triumph dieses Konzepts oder auch nur mit seiner überlegenen Realitätstüchtigkeit. Es kann im Gegenteil kein Zweifel daran bestehen, daß es so viele problematische Aspekte enthält, daß letzten Endes sein Scheitern unausweichlich erscheint.

Ein erstes Problem liegt darin, daß die modernen Mittel die auf Konservierung vormoderner Wertbestände angelegten Ziele auf lange Sicht Lügen strafen. Selbst die entschiedensten Verfechter des Kompensationskonzepts können und wollen wohl auch gar nicht verhehlen, daß der Versuch, ein Vergangenes und Verlorenes »gegenwärtig zu halten«, nur auf neuen, den modernen Verhältnissen entsprechenden Wegen möglich ist. Das Kompensationskonzept intendiert die Vergegenwärtigung des Vergangenen, aber es substituiert unter der Hand das Verlorene durch etwas Neues, statt das Alte zu restituieren. Die »eingebaute Gegenmoderne [ist] nichts Altes, Überliefertes..., sondern industriegesellschaftliches Konstrukt und Produkt.«[54]

Durch den Transfer der Objektivität und Allgemeinverbindlichkeit einer vormodernen, religiös bzw. metaphysisch begründeten Ordnungskonzeption ins Medium spezifisch moderner, subjektiver Empfindung wird der Kunst eine Rolle zugewiesen, die sie in der Vergangenheit noch nie gespielt hat. Erst der Entzauberungsprozeß der Moderne ruft das Bedürfnis nach ästhetischer Wiederverzauberung hervor. Erst jetzt tritt der Gesichtspunkt der überwiegend privaten Erholungs- und Tröstungsfunktion der Kunst ins Zentrum − anstelle der überwiegend öffentlichen Repräsentationsfunktionen, die ihr vormodern oblagen. Angesichts dieser quasi strukturellen Modernität des auf Kunst gestützten Wiederverzauberungsprojekts bleibt seine Festlegung auf einen überlieferten klassischen Formenkanon grundsätzlich Fassade.

Als ähnlich scheinhaft erweist sich der traditionale, d. h. patriarchale Charakter der bürgerlichen Privatsphäre. Die Exterritorialität der Geschlechter- und Generationenverhältnisse gegenüber der Geschichte, ihre vermeintliche Naturwüchsigkeit und Naturhaftigkeit ist selbst ein höchst komplexes historisches und politisches Konstrukt. Aller Berufung auf Sitte und Herkommen zum Trotz ist diese Art patriarchaler Familie eine spezifisch moderne Erscheinung, ein Produkt des Modernisierungsprozesses und der bürgerlichen Revolution. Erst durch ihre mit dem Industrialisierungsprozeß einsetzende Entlastung von produktiven ökonomischen Funktionen kann der private Raum zum Ort innerweltlicher Erlösung oder Erholung für das − exklusiv männliche − Subjekt avancieren[55]. Mag dabei auch die sich durchhaltende Vorherrschaft des Mannes den Anschein der Kontinuität eines altehrwürdigen Patriarchalismus erwecken, so hat doch mit der Sentimentalisierung der Privatsphäre, der Romantisierung der Liebe längst eine Feminisierung dieses Bereichs und seiner kompensatorischen Funktionen eingesetzt, die zwar noch längst nicht das Ende männlicher Dominanz bedeutet, aber doch einen tiefgreifenden und langfristig folgenreichen Strukturwandel darstellt.

Ein zweites Problem liegt in der Diskrepanz zwischen der Bedeutung der den Bereichen von Kunst und Liebe zugewiesenen Aufgabe einerseits und ihrer marginalen und prekären Stellung andererseits. Unter der dezidiert vergangenheitsorientierten Prämisse des Kompensationskonzepts soll nicht mehr und nicht weniger als die Substanzialität einer verlorenen traditionalen, d.h. religiös und metaphysisch gegründeten Ordnung präsent gehalten werden. Das soll nun aber ausgerechnet im leichtesten und flüchtigsten Element geschehen, das überhaupt vorstellbar ist: im subjektiven ästhetischen Empfinden. Aber gerade die Ästhetik eignet sich denkbar schlecht für die Rolle der »diensthabenden Fundamentalphilosophie«[56], wie sie ihr von der Kompensationstheorie zugedacht wird. Erschwerend hinzu kommt noch, daß gerade die »Modernitätstraditionalisten«, die dieses Konzept propagieren, mit ihrer ebenso entschiedenen wie einseitigen Affirmation eines »harten«, instrumentellen Modernitätsbegriffes, jene Aspekte und Bereiche feminisieren und marginalisieren, deren Dienste sie zum Ausgleich der Modernisierungsschäden in Anspruch nehmen wollen. Die Beschwörung der traditionellen Werte der familialen Gemeinschaft und der Tröstungen einer schönen und harmoniestiftenden Kunst gerät unweigerlich zur hohlen Rhetorik bzw. zur Heuchelei, wenn sie mit dem uneingeschränkten Bekenntnis zu einem von solchen Rücksichten völlig unmodifizierten Modernitätsverständnis verbunden wird.

Das dritte, vielleicht eklatanteste Problem des Kompensationskonzepts ergibt sich gleichsam unmittelbar als Kehrseite seines wichtigsten Merkmals. Dieses liegt in der Opposition, dem Spannungsverhältnis zwischen rückwärtsgerichtet antimoderner Form und modernitätsaffirmierender und -stabilisierender Funktion: Je klarer nun aber der Zusammenhang dieses Spannungsverhältnisses durchschaubar wird, desto weniger funktioniert er. Oder anders gesagt: Die durchschaute Einheit zwischen dem rationalen System und seiner sentimentalen Gegenwelt läßt die auf dem Schein der Gegenstrebigkeit basierende Funktionalisierung entgleisen. In dem Maße, in dem sich die Entgegensetzung als unecht erweist, erlischt die Spannung. Wenn die institutionalisierte und als institutionalisiert erkannte Alterität ihre Authentizität verliert, degeneriert die »schöne« Kunst vollends zum Kitsch, die Innerlichkeit, die private Gefühlswelt zur Sentimentalität.

Charles Taylor hat diesen Vorgang am Niedergang der Romantik beschrieben: »Die schöpferische Einbildungskraft und der Horizont emotionaler Erfüllung, den die Romantik eröffnet, werden zu einem unabdingbaren Bestandteil der geistigen Nahrung – sogar für jene, die in der Welt von Macht und Kommerz leben.«[57] Taylor spricht von dem »weitverbreiteten Versuch, die romantischen Konzeptionen der persönlichen Erfüllung in das Privatleben der Bewohner einer Kultur einzubauen, welche mehr und mehr den Regeln der instrumentellen Vernunft folgt. In dem Maße, in dem diese Synthese glaubhaft wird, können romantische Modelle der Erfüllung zur Selbstrechtfertigung dieser Kultur beitragen.«[58] Je mehr die Bedeutung dieses Beitrags der romantischen Gegenwelt zur Selbstrechtfertigung der modernen Zivilisation ins Licht rückt, desto mehr schwindet jedoch die Fiktion ihrer Exterritorialität und damit die Bedingung dieses Funktionszusammenhangs. »Die romantische Perspektive schien durch ihre Kooptierung in die ›bürgerliche‹ Welt kompromittiert.«[59] Das integrierte und institutionalisierte Andere erweist sich als so gründlich desavouiert, daß es nicht überraschen kann, daß sich sensible Vertreter einer anti-instrumentellen Haltung vom Romantischen *in dieser Gestalt* mit Abscheu abwenden: »Für jene, die diese ganze Welt als geistig hohl und flach betrachteten, konnte die Romantik als genauso integraler Bestandteil dessen erscheinen, was sie verwarfen, wie das instrumentelle Prinzip auch. Sie bot nur billigen Ersatz bzw. unechten Sinn, um eine bedeutungslose Welt zu kompensieren. Für jene, die sich nach etwas reineren, tieferen oder stärkeren moralischen Quellen sehnten, als die Welt der entfremdeten Vernunft sie zu bieten vermochte, war der Ausdruck unmittelbaren persönlichen Gefühls oder die Zelebrierung routinisierter Erfüllungen nur ein Hohn. Und daher wandten sich die Modernen *gerade als Erben der Romantik* von dem ab, was sie als Romantik ansahen.«[60]

Alles in allem erweist sich die Konstruktion eines extremen Spannungsverhältnisses zwischen Form und Funktion in letzter

Konsequenz als nicht wirklich tragfähig: In einer Mischung aus Versagen und Verweigerung folgen die Gegenbereiche dem Entwicklungsgang und der Logik des Modernisierungsprozesses eher, als daß sie imstande wären, ihn wirksam zu dementieren.

Korrespondenz

Da, wo der Aspekt der bewußten und aktiven Verweigerung der Kompensationsleistung in den Vordergrund rückt, gelangen wir zum vierten Modell, das Verhältnis zwischen dem Rationalisierungsprozeß und seinen Gegenlagern zu denken. Die Bezeichnung Korrespondenz- oder Korrelationskonzept soll anzeigen, daß hier nicht mehr der Gegensatz, sondern die Entsprechung zwischen den verschiedenen Wertsphären der Moderne in den Mittelpunkt rückt. Den Ausgangspunkt bildet die Tatsache, daß aus Gründen, die sich teilweise schon aus den kritischen Einwänden gegen das Kompensationskonzept ergeben, auch die aus dem Modernisierungsprozeß ausgegrenzten und ihm zum Zwecke seines Ausgleichs entgegengesetzten Bereiche auf die Dauer unvermeidbar und unübersehbar ihre eigene subsystemspezifische Modernität entwickeln.

Im Bereich der Ästhetik bedeutet das die Herausbildung einer Formensprache, die die Konflikte, die »Zerrissenheit« der modernen Welt abbildet, bzw. sie reflektierend sogar noch verschärft, statt sie gegenbildlich abzumildern und auszugleichen.

Frühestens bis zur Romantik, aber spätestens bis zu Baudelaire wird nach allgemeiner Übereinstimmung diese Traditionslinie der modernen Kunst zurückgeführt, der es vorrangig »um den Nachweis der Verankerung der ästhetischen Sphäre in der modernen Lebenswelt« und nicht um »die Trennung der ästhetischen Sphäre von anderen Lebensbereichen«[61] geht. Denn »... schon bei Baudelaire ... hatte sich die Utopie der Versöhnung zur kritischen Widerspiegelung der Unversöhnlichkeit der sozialen Welt verkehrt«[62]. In der Zeit zwischen 1890 und 1930 findet die Auffassung einer Entsprechung zwischen der ästhetischen und den anderen Rationalitätsformen der Moderne ihre eigentliche Bestätigung. Während sich die Kunstauffassung des Komplementaritäts- oder Kompensationskonzepts ohne weiteres als

33

bürgerlich oder affirmativ identifizieren ließ, kann die des Korrespondenz- oder Korrelationsmodells unter dem Titel einer avantgardistischen Kunstauffassung zusammengefaßt werden, die sich ausdrücklich zur kulturellen Modernität bekennt. In Theodor W. Adorno hat diese Konzeption einen ihrer wichtigsten Wortführer gefunden, der mit Entschiedenheit auf der Notwendigkeit der Korrespondenz zwischen einer nicht mehr schönen Kunst und der Zerrissenheit der modernen Wirklichkeit beharrt: »Kunst muß das als häßlich Verfemte zu ihrer Sache machen, nicht länger um es zu integrieren, zu mildern, oder... mit seiner Existenz zu versöhnen, sondern um im Häßlichen die Welt zu denunzieren, die es nach ihrem Bilde schafft...«[63] »Um inmitten des Äußersten und Finstersten der Realität zu bestehen, müssen die Kunstwerke, die nicht als Zuspruch sich verkaufen wollen, jenem sich gleichmachen.«[64] Kurzum: »Moderne ist Kunst durch Mimesis ans Verhärtete und Entfremdete.«[65]

Diese Mimesis ans Verhärtete und Entfremdete findet nun aber nicht etwa um ihrer selbst willen statt, sondern in der Überzeugung und mit der Absicht, mittels ästhetischer Kritik an den bestehenden Verhältnissen zu deren künftiger Veränderung beizutragen. Indem die Kunst sich in den Dienst an einem besseren Morgen stellt, reiht auch sie sich ein hinter der Fahne des Fortschritts. »Der Versuch, die Distanz zwischen Kunst und Lebenspraxis aufzuheben, konnte zur Zeit der historischen Avantgardebewegungen noch uneingeschränkt das Pathos historischer Fortschrittlichkeit für sich in Anspruch nehmen.«[66] So umstritten und letztlich ungelöst die Frage geblieben sein mag, wie und wieviel Engagement der Kunst für die universale Emanzipation des Menschengeschlechts mit ihrem autonomen Status, dem Postulat ihrer Zweckfreiheit zu vereinbaren sei, so unbezweifelbar gehört doch die Annahme einer grundsätzlichen Übereinstimmung, einer sich fast von selbst verstehenden Allianz des Schönen mit dem Wahren und Guten gesellschaftlichen Fortschritts zu den über weite Strecken hin fraglos geltenden Glaubenssätzen der Moderne.

In bezug auf die Privatsphäre zeigt sich die nämliche Tendenz als Prozeß der Versachlichung der die Innenwelt des Subjekts ausstattenden Gefühle in verschiedenen Hinsichten: zum einen in der bis heute fortschreitenden Ausdifferenzierung der Sexualität als eines zwar für die persönliche Identität, die individuelle Selbstverwirklichung[67] immer wichtiger erscheinenden, aber gleichwohl immer klarer spezialisierten und aus dem auf Sozialität hin orientierten Gesamtgefühlskomplex, der herkömmlicherweise Liebe genannt wird, ausgegliederten Bereichs. Zum anderen macht der allgemein die bürgerliche Welt kennzeichnende Prozeß der Verrechtlichung vor dem schützenden Hafen der Familie nicht halt[68]. Diese Vorgänge sind genauso wenig eindeutig und ausschließlich negativ zu bewerten wie die Entwicklung einer modernen Formensprache im Feld der Ästhetik. Positiv gewendet bedeuten sie, daß der Modernisierungsprozeß als Emanzipationsprozeß nicht länger mehr vor den Binnenräumen der Gesellschaft halt macht, daß die Ansprüche des modernen Subjekts auf Selbstentfaltung, die Grundsätze von Gleichheit und Freiheit auch im Bereich der sozialen Nahbeziehungen Geltung haben können und müssen.

Daraus leiten sich vielfältige Konzeptionen zur Revolutionierung bzw. Reformierung der Lebensweisen ab, die das (pseudo)-patriarchale Familienideal des Kompensationskonzepts ebenso hinter sich lassen wie die utopische Gegenstrebigkeit der romantisch-außeralltäglichen Liebesidee des Ausdifferenzierungskonzepts. Ihren institutionalisierten Ausdruck findet diese Tendenz der Modernisierung der Privatsphäre in den verschiedenen Erscheinungsformen von Frauenbewegungen, Jugendrevolten und all jenen Alternativbewegungen, die sich die Umgestaltung der »privaten« Lebenswelten zum Ziel setzen. Wenn auch in wechselndem Gewand haben Bewegungen dieser Art in den modernen Industriegesellschaften den Gang des 20. Jahrhunderts immer begleitet und wesentlich mitgeprägt.

Besonders im Hinblick auf das erste Viertel des Jahrhunderts fällt eine zwar undefinierte, aber unbestreitbar enge Affinität zwischen ästhetischen Avantgarden und Lebensreformbewegungen auf; im Phänomen der Bohème finden beide so etwas wie ihren Mittelbegriff. Dessen ungeachtet ist nicht zu übersehen, daß die enge Analogie zwischen »Kunst« und »Liebe« im Rahmen des Korrelationskonzepts weniger zwingend erscheint, wohl weil sie weniger zwanghaft geworden ist. Anders gesagt, insofern und insoweit die Sphären des Ästhetischen und des Privaten nicht mehr als Ikonen eines verlorenen Zugangs zu Einheit,

Ganzheit und Sinn funktionalisiert werden, tritt der Aspekt ihrer symbolischen Wechselrepräsentanz in den Hintergrund. In ihrer nunmehr zugelassenen Entsprechung zur modernen Gesellschaft entfalten beide Bereiche ihre jeweilige Eigengesetzlichkeit in höherem Maße – woraus für die bis hierher verfolgte Strategie einer parallelen Darstellung beider Bereiche Schwierigkeiten erwachsen.

Für beide Richtungen gemeinsam gilt indes, daß solche Ansätze zu einer kulturellen Modernisierung, einer Emanzipation auf erweitertem Maßstab, tiefes Unbehagen auslösen. Selbst bei jenen, die sich voll und ganz zum Modernisierungsprozeß in seiner wissenschaftlich-technischen und gesellschaftlich-politischen Dimension bekennen, ist die Neigung weit verbreitet, die kulturelle Moderne, die Innovation der künstlerischen Form, vor allem aber die der privaten Lebensformen zurückzuweisen und zurückzudrängen. Mehr noch: Es scheint, als ob Unbehagen und Kritik an vielen negativen Begleit- und Folgeerscheinungen des Modernisierungsprozesses sich nicht gegen die jeweiligen realen Ursachen richten, sondern als ob sich der Zorn gleichsam symbolisch stellvertretend gegen jene Bereiche der Kultur wendet, die auf die Aufgabe des Ausgleichs der verschiedensten Defizienzen festgelegt werden sollten und die sich dieser Funktion bzw. Funktionalisierung mit der Ausbildung ihres subsystemspezifischen Eigensinns entziehen.

Positiv betrachtet bedeutet das, daß die Bereiche von »Kunst« und »Liebe«, deren Zugehörigkeit zur Moderne zunächst auf der Ebene des Ausdifferenzierungs- und Kompensationskonzepts aufgrund ihrer auf Einheits-, Ganzheits- und Sinnstiftung gerichteten Intentionen so prekär und ambivalent zu sein schien, nunmehr als radikalste Form von Modernität in Erscheinung treten. Wenn sich nicht nur die Paradigmen des Wissens und des Rechts, die Strukturen von Wirtschaft und Staat verändern, sondern wenn sich auch die Weisen des Wahrnehmens, des Sehens und Hörens, des Fühlens, Empfindens und ihrer Ausdrucksformen bis in ihre alltäglichsten und intimsten Figurationen hinein umgestalten, erst dann ist die Revolution, die der Modernisierungsprozeß insgesamt bedeutet, vollendet.

Auf der Ebene des Korrespondenzkonzepts zeigt sich das Verhältnis des dritten Wertsphärenbereichs zum Modernisierungsprozeß also auf einmal in einem ganz neuen Licht: nicht als Relikt der Vergangenheit, nicht als Reservat oder Reservoir außerhalb des Modernisierungsprozesses liegender Potentiale, sondern als Modernisierung bestimmter Bereiche, die zunächst außerhalb der Reichweite und der Aufmerksamkeit gelegen hatten. In diesem Sinne haben sensible Beobachter wie Karl Mannheim bereits früher die »soziologische Bedeutung der Romantik« erkannt. »Was die Romantiker leisten, ist keineswegs eine Rekonstruktion, Wiederbelebung des Mittelalters, der Religion, des Irrationalen als Lebensfundament und Lebensuntergrund, sondern viel eher eine reflexive Erfassung dieser Gehalte, ihre Sichtbarmachung und ihre Erkenntnis.«[69] Mannheim konstatiert zwar eine Spannung zwischen ursprünglicher Absicht und Resultat der Romantik. Beabsichtigt gewesen sei tatsächlich die Rettung der »irrationalen, verdrängten Lebensmächte«; aber aufgrund der bewußt darauf gerichteten Intention seien diese gleichsam selbst rationalisiert worden. Am Ende zählt allein das Ergebnis: Die Romantik hat »Methoden ausgebildet, Erkenntnisweisen, Begriffsmöglichkeiten, Sprache geschaffen, die zur Theoretisierung all jener Lebensmächte, die der Aufklärung immer wieder entgleiten mußten, fähig waren«[70].

Während Mannheim auf seiten der ursprünglichen Absichten noch immer den Hang der Romantik zum »Irrationalen« ausmacht, demgegenüber das Ergebnis der Rationalisierung gewissermaßen *contre cœur* erzielt werde, kennt Hauke Brunkhorst keinen solchen Gegensatz zwischen Wunsch und Wirklichkeit. Nach seiner Auffassung ist die ästhetische Rationalität nicht grundsätzlich von anderen Arten moderner Rationalität unterschieden. Unterschiede ergeben sich vielmehr ausschließlich aus der Verschiedenheit der Gegenstandsbereiche, mit denen es die drei Typen moderner Rationalität zu tun haben. In den Bereichen von Kunst und Liebe als den Domänen des Romantischen erbringt die ästhetische Variante der Rationalität Modernisierungsleistungen, die sich strukturell in nichts von der Modernisierung in anderen Bereichen unterscheiden. »Im romantischästhetischen Modernismus«, schreibt Brunkhorst, kommt »ein rationales Potential zum Audruck. Freilich bringt die Romantik ähnliche Motive wie Aufklärung und Wissenschaft auf einem anderen Gebiet, nicht in Politik und Wirtschaft, Forschung und

Technik, Recht und Moral, vielmehr in der Kunst und in der Liebe zur Geltung«[71], also in Bereichen, die vom ersten Ansturm des Rationalisierungsprozesses in der Aufklärung ausgespart geblieben waren und in einem zweiten Anlauf durch die Romantik erobert werden:»So wie die Aufklärer und Wissenschaftler reflexive Autonomieformen für die Bereiche der Wirtschaft (...) oder der Wissenschaft (...) ausgegeben haben, so haben Romantik und Ästhetizismus ganz ähnliche, reflexive Autonomieformeln für Kunst und Erotik entwickelt.«[72] Von dem problematisch und gefährlich erscheinenden Irrationalismus der Gegenwelten zur Moderne bleibt hier nichts mehr übrig. Die Spannungen und Gegensätze im Verhältnis der verschiedenen Bereiche reduzieren sich auf — wenngleich erhebliche — Ungleichzeitigkeiten: Das romantische Syndrom beinhaltet nichts anderes als die Modernisierung derjenigen Bereiche, die vom ersten Hauptstrom der Modernität noch nicht erfaßt worden waren.

Gleichwohl ist das bis hierher gezeichnete Bild des Korrespondenzkonzepts unvollständig und daher teilweise unrichtig. Denn auch und sogar gerade da, wo die Felder der ästhetisch-expressiven Rationalität sich in ihrer radikalen Modernität zeigen, bewahren bzw. entfalten sie erst wirklich ein Moment der Alterität gegenüber dem geläufigen Verständnis von Moderne. Korrespondenz oder Korrelation sind nicht gleichzusetzen mit Konformität. Anders ausgedrückt: die ästhetische Modernität geht im Modernitätsbegriff der anderen Wertsphären nicht auf. Was das bedeutet, soll zunächst an einem Beispiel verdeutlicht werden.

In einem Essay über Auguste Rodin bringt Georg Simmel seine Bewunderung für die Modernität der Kunst Rodins zum Ausdruck. Die ästhetische Modernität Rodins liegt für Simmel in dem, was er ihre»Bewegtheitstendenz« nennt und als Charakteristikum der modernen Welt und der modernen Kunst gleichermaßen diagnostiziert:»...die gestiegene Bewegtheit des wirklichen Lebens offenbart sich nicht nur in der gleichen der Kunst, sondern beides: der Stil des Lebens und der seiner [Rodins] Kunst, quellen aus der gleichen tiefen Wurzel.«[73] Dabei ist Simmel zwar bemüht, die Korrespondenz zwischen moderner Kunst und moderner Wirklichkeit vom Prinzip der Mimesis, wie es traditionell das Verhältnis zwischen Kunst und Realität bestimmt, zu unterscheiden, jedoch bezieht er jene auf dieses, wenn er weiter ausführt:»Die Kunst spiegelt nicht nur eine bewegtere Welt, sondern ihr Spiegel selbst ist beweglicher geworden.« Simmel spricht von dem »Gefühl, daß seine [Rodins] Kunst unmittelbar ihrem Stile nach und nicht nur wegen der Objekte, an die sie verwiesen ist, den Sinn des gegenwärtigen wirklichen Lebens lebt«[74]. Anders, vielleicht mehr im Geiste Webers ausgedrückt: Die Kunst bildet nicht die moderne Welt und deren Rationalitätsprinzip ab, sondern sie entfaltet ihre eigene Rationalität, welche jedoch auf nicht näher zu bezeichnende Weise, d. h. ohne daß sich dafür ein tiefer liegendes Einheitsprinzip dingfest machen ließe, der modernen Wirklichkeit korrespondiert:»Beides: der Stil des Lebens und der seiner [Rodins] Kunst, quellen aus der gleichen tiefen Wurzel.«

Nachdem er die spezifische Modernität der Kunst Rodins herausgearbeitet hat, wendet sich Simmel der Frage zu, wie Ziel und Aufgabe dieser Kunst aufzufassen seien. Denn es scheint sich von selbst zu verstehen, daß eine der Ausdifferenzierung und Zerrissenheit (in einer ästhetischen Sprache gesprochen: der Häßlichkeit) der modernen Welt entsprechende Kunst wohl kaum geeignet sein dürfte, die ihr zugewiesene Aufgabe der Tröstung und Erlösung vom Alltag zu erfüllen. Simmel ist nun aber nicht etwa bereit, die Kunst deswegen sogleich von dieser Aufgabe zu entbinden, vielmehr gibt er diesem Gedanken eine andere, für die ästhetische Modernität richtungweisende Wendung:»Empfindet man ... als das durchgehende Ziel der Kunst die Erlösung von den Trubeln und Wirbeln des Lebens, die Ruhe und Versöhntheit jenseits seiner Bewegungen und Widersprüche, so mag man bedenken, daß die künstlerische Befreiung von einer Beunruhigung oder Unerträglichkeit des Lebens nicht nur durch die Flucht in ihr Gegenteil, sondern auch gerade durch die vollkommenste Stilisierung und gesteigerte Reinheit ihres eigenen Inhalts gelingt. Die Antike hebt uns über die Fieber und die problematischen Schwingungen unserer Existenz, weil sie deren absolute Verneinung, die absolute Unberührtheit durch sie ist. Rodin erlöst uns, weil er gerade das vollkommenste Bild dieses in der Leidenschaft der Bewegtheit aufgehenden Lebens zeichnet ... Indem er uns unser tiefstes Leben noch einmal in der Sphäre der Kunst erleben läßt, erlöst er uns von eben dem, wie wir es in der Sphäre der Wirklichkeit erleben.«[75]

Adorno, der uns oben als entschiedener Vertreter des Korrespondenzkonzepts begegnet ist, formuliert ein ähnliches Alteritätspostulat: »Je totaler die Gesellschaft, je vollständiger sie zum einstimmigen System sich zusammenzieht, desto mehr werden die Werke, welche die Erfahrung jenes Prozesses aufspeichern, zu ihrem Anderen ... Weil der Bann der auswendigen Realität über die Subjekte und ihre Reaktionsformen absolut geworden ist, kann das Kunstwerk ihm nur dadurch noch opponieren, daß es sich ihm gleichmacht.«[76] In diesem Spannungsfeld zwischen »sich gleich machen« mit der modernen Wirklichkeit und der eben daraus erwachsenden Opposition gegen sie liegt die ästhetische Moderne, genauer die Avantgarde mit ihren Hoffnungen und Illusionen, ihren Aufbrüchen und Enttäuschungen. Im Vergleich zur bürgerlich-affirmativen Kunstauffassung des Kompensationskonzepts dreht sich hier das Spannungsverhältnis zwischen *Form* und *Funktion* um: Während im Kontext der bürgerlichen Auffassung die strikte Verpflichtung auf die Antimodernität der *Formen* mit einer unumschränkten Affirmation der modernen Wirklichkeit bzw. mit einer modernitätssichernden und systemerhaltenden *Funktion* korreliert war, verhält sich nun eine in ihrer *Formen*sprache dezidiert moderne Ästhetik antimodern bzw. modernitätskritisch in ihrer *Funktion*.

Somit bleibt – bei aller ausdrücklich bejahten Korrespondenz (der künstlerischen Form) mit der modernen Wirklichkeit – immer noch ein Moment von »Gegenweltlichkeit« des Ästhetischen erhalten. Weiterhin steht die ästhetische Sphäre in der Spannung von Form und Funktion. Allerdings ist diese Spannung ganz anders situiert als in den vorangehend dargestellten Konzepten. Rekapitulieren wir zum Vergleich.

Beim Ausdifferenzierungsmodell war die Alterität des Ästhetischen auf einen außerhalb der vorgegebenen Ordnung befindlichen, außeralltäglichen, zwischen Vergangenheit und Zukunft einigermaßen unbestimmten Ort, einen u-topos bezogen, der das Ziel einer »irrationalen«, abenteuerlichen Flucht bildete.

Beim Kompensationskonzept schrumpfte die Erlösungshoffnung zum Tröstungs- und Erholungsanspruch zusammen. Im geschützten Raum des Ästhetischen und Privaten sollte ein sonst

verlorenes besseres Gestern bewahrt bzw. sollten uneingelöst gebliebene Erwartungen an den Modernisierungsprozeß kompensiert werden, aber nicht, um diesen zu unterminieren, sondern
vielmehr um ihn abzustützen durch den Ausgleich der in seinem
Gefolge eintretenden Verluste und Enttäuschungen. Die beim
Ausdifferenzierungskonzept zunächst irrationale Jenseitigkeit
wurde so gleichsam auf pragmatisch-zynische Weise in den
Funktionszusammenhang der Moderne einbezogen und ihrer
Rationalität unterstellt und untergeordnet.

Das gegenweltliche Moment des Korrespondenzkonzepts hingegen ist auf die Zukunft gerichtet: Die ästhetische Modernität
versteht sich als Vorzeichen,»Vorschein«, Vorreiterin, kurzum als
Avant-garde künftiger Erlösung. Dabei erhält der Gedanke einer
in der Zukunft liegenden neuen Synthese, in der Einheit, Ganzheit und Sinn nicht nur subjektiv präsent gehalten, sondern (wieder) allgemeinverbindlich realisiert werden sollen, eine gegen-
warts- bzw. modernitätskritische Wendung. Diese unterscheidet
das Korrespondenzkonzept grundlegend von den anderen. Denn
trotz aller Einsicht in die mit dem Modernisierungsprozeß einhergehenden Zwänge (Webers »eiserner Käfig«) oder in den
Kompensationsbedarf angesichts der Modernisierungsschäden
traten weder auf der Ebene des Ausdifferenzierungs- noch auf
der des Kompensationskonzepts ernsthafte Zweifel an der Unvermeidlichkeit oder Überlegenheit des Modernisierungsprozesses
in Erscheinung. Das ist gewissermaßen ironischerweise ausgerechnet da der Fall, wo sich die ästhetisch-expressive Rationalität
in ihrer eigenen Modernität entwickelt und gleichsam auf der
Höhe der Moderne angelangt ist. Ausgerechnet hier kommt ein
Unbehagen an der Moderne in ihrer Entfremdung und Zerrissenheit zum Tragen, das nicht nur mittels ästhetischer Surrogate
gemildert, sondern auf einer späteren Stufe der historischen Entwicklung überschritten und überwunden werden soll. Zum Teil
ist der modernitätskritische Impuls zwar durchaus vom prinzipiell gegenwartskritischen, zukunfts- bzw. fortschrittsorientier-
ten Selbstverständnis der Moderne gedeckt. Aber der Übergang
von einer der Logik der Moderne konformen gesellschaftskriti-
schen Grundhaltung zu einer die Moderne grundsätzlich in
Frage stellenden Position ist erstaunlich fließend. Je weiter der
Akzent sich verschiebt auf die Erwartung einer künftigen Über-

windung von Entzweiung und Entfremdung, d.h., je mehr die modern exorzierten Themen von Einheit, Ganzheit und Sinn wieder Gewicht erlangen, desto stärker tritt mit der Hoffnung auf Erlösung, Versöhnung und Synthese die Idee eines von der Moderne qualitativ unterschiedenen, eines nach-modernen Gesellschaftszustandes in den Vordergrund.

Im Zuge dieser Entwicklung wird der Grundkonsens der Moderne auf zweifache Weise in Frage gestellt. Erstens wird das geschichtsphilosophische Axiom der Moderne, der Glaube an den unendlich offenen Prozeß- und Progreßcharakter der Geschichte bzw. an die Unüberholbarkeit der Moderne außer Kraft gesetzt durch die Aussicht auf einen anderen künftigen Gesellschaftszustand als Telos der Entwicklung. Zweitens erfährt die Überzeugung, daß der die Moderne charakterisierende Ausdifferenzierungsprozeß mit einer irreversibel fortschreitenden Autonomisierung der ausdifferenzierten Wertsphären einhergehe, eine bedeutsame Relativierung im Konzept der Versöhnung, der (Wieder)vereinigung von Kunst und Leben.

An Ernst Blochs Überlegungen zum Vorscheincharakter der Kunst wird deutlich, daß die Relativierung der Autonomie ausdifferenzierter Bereiche in zwei Richtungen weist: »... überall dort, wo Kunst sich nicht zur Illusion verspielt, ist Schönheit, gar Erhabenheit dasjenige, was eine Ahnung künftiger Freiheit vermittelt.«[77] »Kunst ist ein Laboratorium ..., wobei die Ausführung wie das Resultat in der Weise des fundierten Scheins geschehen, nämlich des welthaft vollendeten Vor-Scheins. In großer Kunst sind Übersteigerung wie Ausfabelung am sichtbarsten aufgetragen auf tendenzielle Konsequenz und konkrete Utopie.«[78] Hiermit tritt Kunst über die Grenzen des ihr zugewiesenen Freiraums hinaus und wird zum Vorzeichen, ja zur Vorbotin einer künftigen Welt. Während ihr damit weit über den eigenen, den ästhetischen Bereich Einfluß zugeschrieben wird auf die Gestaltung einer neuen Denk- und Lebensordnung, gerät sie eben dadurch folgerichtigerweise umgekehrt in Abhängigkeit von ihrem gesellschaftlichen Kontext und seiner Entwicklung. Bloch fährt fort: »Ob allerdings der Ruf nach Vollendung ... auch nur einigermaßen praktisch wird und nicht bloß im ästhetischen Vor-Schein bleibt, darüber wird nicht in der Poesie entschieden, sondern in der Gesellschaft.« Die Beurteilung der ästhetischen

Sphäre, ihrer Funktion, ihres Sinns, ja ihres Schicksals wird abhängig von der Frage, welche Gestalt die Zukunft, und zwar nicht nur die Zukunft der Kunst, sondern die der Gesellschaft als Ganzes, annimmt.

In Frage gestellt wird die Autonomie der Kunst außerdem, indem sie durch die Aussicht auf eine künftige Überwindung des Ausdifferenzierunsprozesses als von anderen Arten menschlicher Tätigkeit unterschiedene hinfällig, die herausgehobene Position des Künstlers überflüssig würde (»... Kunst [hätte] ihren traditionellen Ort und ihre Funktion in der Gesellschaft geändert: sie wäre zur Produktivkraft der materiellen wie der kulturellen Umgestaltung geworden... Dies würde die Aufhebung von Kunst bedeuten.«[79]). Umgekehrt wird die Eigenständigkeit des »Lebens« in Relation zur Kunst in Frage gestellt, indem unter diesen Umständen die Wirklichkeit selbst zum Kunstwerk würde (»Beim Neubau der Gesellschaft... nähme die Wirklichkeit insgesamt eine *Form* an, die das neue Ziel ausdrückt. Die wesentlich ästhetische Qualität dieser Form würde aus ihr ein Kunstwerk machen.«[80])

Die Vorstellung, daß »die Artikuliertheit eines jeden gelungenen Kunstwerks... einen transzendierenden Vorgriff aufs uneingeschränkt gute, befreite, schöne, erlöste Leben«[81] darstellt, kann in der (ästhetischen) Theorie seit Anbruch der Moderne auf eine breite Tradition zurückblicken. Im Umkreis revolutionärer Ästhetik, besonders der russischen Avantgarde, des italienischen Futurismus und des Surrealismus ist die Idee der Versöhnung von Kunst und Leben vielfach zum Programm einer (Wieder)annäherung der auseinanderstrebenden Realitätsbereiche radikalisiert worden.

Unter dem Vorzeichen der Utopie der Vereinigung von Kunst und Leben nähern sich übrigens auch die Felder von Kunst und Liebe einander wieder an, obgleich sie im Kontext des Korrespondenzkonzepts in ästhetische Avantgarde einerseits und Lebensreformbewegungen verschiedener Art andererseits weiter als je auseinder getreten zu sein schienen[82]. Mit der Devise der Vereinigung von Kunst und Leben gewinnen avantgardistische Programme deutliche Züge einer Lebens- und Gesellschaftsreformbewegung[83], während verschiedene Lebensreformprojekte moderner Industriegesellschaften ihrerseits mit dem ästhetischen Programm der Vereinigung von Kunst und Leben konform gehen, insofern sie ebenfalls in der einen oder anderen Weise auf eine Überwindung von Zerrissenheit und Entfremdung hin orientiert sind und dabei vielfach ähnlich modernitätskritische Töne anschlagen. Gerade im Hinblick auf die Modernisierung der Privatsphäre ist der rasche Umschlag von äußerster Zuspitzung der Modernität (im Sinne der konsequenten und radikalen Ausdehnung neuzeitlicher Emanzipationsideen) in Antimodernität sehr charakteristisch. In diesem Kontext steht weniger die Versöhnung von Kunst und Leben als vielmehr die von Politik und Moral im Vordergrund. Darüber hinaus fällt aber auch eine Affinität der lebensreformerischen Utopien zu einer ästhetischen Denkweise ins Auge[84]. Anders gesagt: Im 20. Jahrhundert sieht es so aus, als ob Utopien einer radikalen Umgestaltung des Lebens und der Gesellschaft fast nur in ästhetischen Kategorien artikulierbar seien.

Kritik des Korrespondenzkonzepts

Wenn erstens der unendlich offene Horizont der Geschichte und zweitens die Autonomie der sich ausdifferenzierenden Sphären in Zweifel gezogen werden, dann ist die Grundstruktur der Moderne, ihre prinzipielle Absage an Einheit, Ganzheit und Sinn ernsthaft zur Disposition gestellt. Der latente Anti-Modernismus des dritten Wertsphärenbereichs wird also gerade da explosiv, wo er sich nicht nostalgisch an die Vergangenheit hängt, sondern indem er sich radikal auf die Zukunft wendet. Daraus ergibt sich die paradoxe Situation, daß sich die ästhetische Avantgarde, die sich als Speerspitze des Fortschritts und der Freiheit versteht, in die Nähe des gesellschaftlichen bzw. politischen Totalitarismus gerät: »Verdächtigt wird die Avantgarde der Schuld oder zumindest der Mitschuld an der Etablierung totalitär bürokratischer Regime. Denn die angeblich von ihr beabsichtigte Totalgestaltung einer kollektiv vereinheitlichten Lebensweise habe die Gleichschaltung der Individuen in den Diktaturen der 30er Jahre geistig und lebenspraktisch vorbereitet.«[85] »Der Traum der Avantgarde, die Kunst ins Leben zurückzuführen und eine revolutionäre Kunst zu schaffen, ist in Hitlers

Deutschland und Stalins Sowjetunion zur alptraumartigen Wirklichkeit geworden.«[86] Andrew Hewitt trifft den richtigen, nämlich den auf Einheits- und Sinnstiftung gehenden Kern des Problems mit seiner Erklärung für den enormen Bedeutungszuwachs des Ästhetischen:»Der Aufstieg des ›Ästhetischen‹ verdankt sich seiner Fähigkeit, eine mimetische Beziehung zu artikulieren, in der die Erfahrung der Fragmentierung überwunden ist: die Fähigkeit, Fragmentierung zu *repräsentieren*, macht eine Totalität der Repräsentation geltend, durch die das Problem der Fragmentierung selbst implizit negiert wird.«[87] »Das Problem … liegt in der ideologischen Beibehaltung der mimetischen Tradition oder genauer, in der Ontologisierung ihres Zusammenbruchs als selbst wieder mimetische Repräsentation eines allgemeineren ethischen und ideologischen Zusammenbruchs.«[88] Auf eben diese mimetische Tradition haben sowohl Simmel als auch Adorno in ihren programmatischen Äußerungen ausdrücklich Bezug genommen[89]. Das Problem einer potentiellen Affinität zwischen der ästhetisch-expressiven Rationalität mit dem modernen politischen Totalitarismus ist auf der Ebene der Diskussion um Mißbrauch, Mißbrauchbarkeit oder Opportunismus nicht hinreichend zu verhandeln; auch die Begrifflichkeit von Ästhetisierung der Politik versus Politisierung der Ästhetik, durch die von Walter Benjamin und im Anschluß an ihn der Versuch gemacht wurde, zwischen Avantgarde und Faschismus zu differenzieren, greift noch zu kurz. Die Problematik liegt vielmehr in der auch noch den avanciertesten Gestalten der ästhetisch-expressiven Rationalität inhärenten Alterität bzw. Gegenweltlichkeit begründet.

Tatsächlich ist die Erwartung einer im ästhetischen Vorschein vorbereiteten Versöhnung von Kunst und Leben in einer befreiten Gesellschaft nirgendwo auch nur annäherungsweise realisiert worden. Martin Seel hat völlig recht mit der Feststellung, daß »all diese Integrationen … ein falscher Zauber geblieben« sind und »ein falscher Programmzauber bleiben«[90] werden. Auch bleibt der an die Adresse ästhetischer Utopien gerichtete Totalitarismusverdacht weitgehend unbewiesen und unbeweisbar bzw. als Kausalerklärung für die Katastrophen des 20. Jahrhunderts hoffnungslos unzureichend. Dessen ungeachtet wird die Säuberung ästhetischer Theorie von jeglichem utopischen Gehalt seit Ende des Zweiten Weltkriegs immer wieder unter Berufung auf die Desaster von Totalitarismus und Krieg mit großem Eifer betrieben. Der Verzicht auf ästhetische Utopien bzw. auf ein utopisches Potential der Ästhetik scheint zu einem unumgänglichen moralischen Gebot geworden zu sein. Während Adorno der Kunst ihr utopisches Element noch im Namen und mit der Aussicht auf »wahrere« Utopie verbieten möchte[91], beschneidet die jüngere Theorie die Kunst fast restlos um jede so geartete Alterität. Kunst soll ihrer modernitätsgefährdenden Merkmale bzw. ihrer modernitätstranszendierenden Funktion als Avantgarde eines nachmodernen Gesellschaftszustands der Versöhnung gänzlich entkleidet werden. Statt dessen soll sie auf die Prinzipien der Moderne eingeschworen werden, namentlich auf die Anerkennung des Ausdifferenzierungsprozesses im Sinne der Bescheidung in die Partialität ihrer spezifischen Sphäre (innerhalb derer ihr im Gegenzug uneingeschränkte Autonomie zuerkannt wird)[92]. Mit besonderer Entschiedenheit ist diese Auffassung von Dieter Henrich vertreten worden. Im Anschluß an Hegel bezeichnet er Einsicht in den partialen Charakter und die partiale Bedeutung der Kunst im Bewußtsein der Moderne als Signum moderner Kunst[93]. Mit dieser Einsicht aufs engste verbunden ist »der Verzicht auf eine Utopie der zukünftigen Kunst«. »Solcher Verzicht bedeutet Abschiednehmen von Programmen des Universalkunstwerkes... ebenso wie von Schellings Traum vom Epos der neuen Welt.«[94]

So wird letztlich die Sphäre des Ästhetischen, die nach herkömmlicher Auffassung prinzipiell auf Ganzheit, Einheit und Sinnstiftung orientiert ist, zur »Kunst der Entzweiung« umgedeutet. Selbst aus dem Bild der historischen Avantgarde des beginnenden 20. Jahrhunderts werden die Züge getilgt, die auf eine zukünftig-utopische Versöhnung bezogen waren, während allein die in Dissonanz und Differenz zur modernen Wirklichkeit stehenden, dieser Wirklichkeit jedoch eben darin korrespondierenden Züge als genuin modern bewahrt werden – womit sich die Möglichkeit zu eröffnen scheint, eine solcherart korrigierte Avantgarde der frühen Moderne bruchlos in die ästhetische Theorie der Postmoderne zu überführen[95].

Ohne damit die Ebene der Beschreibung zugunsten einer Bewertung verlassen zu wollen, läßt sich wohl doch behaupten, daß aus diesen Zähmungsversuchen ästhetischer Alterität – so moralisch ehrenwert und politisch korrekt sie auch sein mögen – bislang nicht gerade mitreißende ästhetische Programme entstanden sind. Eine um ihre realitätstranszendierenden Elemente beschnittene Ästhetik hängt vor dem Hintergrund einer Tradition, in der eben diese Alterität des Ästhetischen in der einen oder anderen Form über lange Strecken von tragender Bedeutung gewesen ist, ziemlich in der Luft. Nicht zuletzt, weil diese Tradition immerhin noch stark genug ist, ein beherztes und offenherziges Bekenntnis zur Verpflichtung der Kunst auf den gesellschaftlichen Status quo, wie es in der logischen Folge dieses Ansatzes läge, zu verhindern. Die Absage an die Alterität des Ästhetischen fällt vor allem deshalb so halbherzig aus, weil andernfalls die Abgrenzung der Kunst nach »unten«, d.h. gegenüber den Niederungen von Werbung und Design schwer haltbar würde. In der ziemlich gegen jede Evidenz aufrecht erhaltenen Behauptung ihrer kommerziellen Zweck- und Verwertungsfreiheit wird ein letzter Rest Gegenweltlichkeit gegenüber dem Bestehenden zäh verteidigt. Die real stattfindende »nichtemanzipatorische Annäherung zwischen Kunst und Lebenspraxis ... in Kulturindustrie, Illusionskultur und Designer-Konsum«[96] wird fast ausschließlich mit Argwohn und Ablehnung betrachtet. In ihren dünkelhaften Berührungsängsten gegenüber einer ebenso verächtlich gemachten wie dämonisierten »Kulturindustrie« steht die neuere ästhetische Theoriebildung namentlich im deutschsprachigen Raum Adorno kaum nach.

So bleiben mit der Beschwörung einer kritischen Distanz der ästhetischen Sphäre gegenüber der Gesellschaft letztlich doch die Floskeln einer verdünnten, aus ihrem Zusammenhang gerissenen Alterität in Gebrauch. Trotz seiner scharfen Absage an einen utopischen Sinn von Kunst spricht etwa Martin Seel weiterhin »vom digressive[n] Potential des ästhetisch wahrnehmenden Verhaltens«. Nach wie vor geht er selbstverständlich von der Annahme einer Affinität des Ästhetischen zu Idealen wie Freiheit, Emanzipation und einer von bloßer Zweckrationalität unterschiedenen Vernunft aus. Da jedoch dieser Andersartigkeit einer ästhetischen Vernunft der Boden weitgehend entzogen worden ist, bleiben nur recht dürftige Aussichten und bescheidene Verheißungen übrig. Das Ästhetische soll das alltagspraktische Handeln überschreiten, wiewohl nicht um seine Begrenzungen prinzipiell zu dementieren, wohl aber »um sich den Möglichkeiten und Grenzen dieser Praxis verändernd zu konfrontieren«[97]. Der ästhetischen Rationalität werden Korrektur und Innovationsfunktionen für die anderen Arten der Rationalität zugesprochen, die sich allerdings nur so kompliziert formulieren lassen, daß sie kaum zu überzeugen vermögen: »Die präsentische Vergegenwärtigung von Erfahrungsgehalten ist auf die lebensförmige Gehaltenheit in Erfahrungszusammenhängen korrektiv bezogen.«[98]

Jürgen Habermas setzt an die Stelle der auch von ihm mit großem Nachdruck als Irrweg abgelehnten Aufhebung der Kunst ins Leben die »explorative lebensorientierende Kraft« der Kunst. Er spricht von einer »ästhetische[n] Erfahrung, die nicht primär in Geschmacksurteile umgesetzt wird«, sondern »explorativ für die Aufhellung einer lebensgeschichtlichen Situation genutzt, auf Lebensprobleme bezogen wird« und so in ein »Sprachspiel« eintritt, »das nicht mehr das der ästhetischen Kritik ist«[99]. Habermas empfiehlt damit eine Art Doppelstrategie: »... die drei kulturellen Wertsphären müssen an entsprechende Handlungssysteme so angeschlossen werden, daß eine nach Geltungsansprüchen spezialisierte Wissensproduktion und -vermittlung sichergestellt ist; das von Expertenkulturen entwickelte kognitive Potential muß seinerseits an die kommunikative Alltagspraxis weitergeleitet ... werden.«[100] Diese Anforderung ist nicht weit von dem entfernt, was Habermas als das Projekt der Aufklärer des 18. Jahrhunderts beschreibt, nämlich einerseits »die objektivierenden Wissenschaften, die universalistischen Grundlagen von Moral und Recht und die autonome Kunst unbeirrt in ihrem jeweiligen Eigensinn zu entwickeln, aber gleichzeitig auch die kognitiven Potentiale ... für ... eine vernünftige Gestaltung der Lebensverhältnisse zu nutzen«[101]. Nun legt aber Habermas in seinem Essay »Die Moderne – ein unvollendetes Projekt« mit überzeugenden Argumenten dar, daß die Hoffnungen der Aufklärer aufgrund der strukturellen Gegebenheiten des Ausdifferenzierungsprozesses eine »überschwengliche Erwartung« waren, die sich nicht erfüllt hat und auch gar nicht erfüllen konnte. Er stellt ihr Projekt als eine Quadratur des Kreises dar, an der sie zwangsläufig gescheitert sind. Wenn er am Ende seiner Überle-

gungen nichts anderes anzubieten hat als eine Neuauflage derselben, seiner eigenen Argumentation zufolge notwendigerweise
enttäuschten Hoffnungen, dann fragt sich, warum am Ende des
20. Jahrhunderts gelingen soll, was sich schon bereits mit Blick
auf das 18. als unmöglich erwiesen hat.

So entschieden die Absage an die unter Totalitarismusverdacht
stehenden utopischen Gehalte der Kunst auch ausfallen mag, so
unentschieden und blaß bleibt eine positive Ziel- und Zweckbe-
stimmung der Kunst auf dieser Grundlage – jedenfalls solange an
verdünnten Derivaten des Alteritätspostulats festgehalten wird.
Wenn die Alterität des Ästhetischen den Bezug auf ein Telos
verliert, sei es, weil dieser sich aus Furcht vor den Konsens der
Moderne gefährdenden Folgen verbietet, sei es, weil die nicht
eintretende Erfüllung diese Aussicht ohnedies und auf viel un-
dramatischere Weise ins Leere laufen läßt, dann verfestigt und
institutionalisiert sich Alterität zum und als Selbstzweck. Wolfgang Welsch beschreibt die daraus entstehende Situation, das aus
ihr erwachsende Problem wie folgt:»In der Moderne wurde die
Kunst zum gesellschaftlichen Ort des Anderen zur Gesellschaft.
Sie avancierte zum Feld der Abweichung, zur Institution der
Alternative, zum Terrain der Negation. Die Paradoxie liegt darin,
daß das Andere damit definiert und verortet wird; und daß
die Kunst so durch Abweichung gerade übereinstimmt, durch
Dissens Konsens mit der Gesellschaft herstellt ... Gelobt wird die
Kunst, wo sie die Gesellschaft beschimpft; als richtiges künst-
lerisches Bild gilt das Zerrbild der Gesellschaft ... Hingegen gilt
eine Kunst, die das Bestehende affirmiert, für schwach oder un-
glaubhaft.«[102]

Indem die avantgardistische Vorreiterrolle im Bestehenden verharrt, reproduziert sich die ihm geltende Abstoßungsgebärde als
leere Geste; sie wird in solcher Perpetuierung kalkulierbar, und
das bedeutet letztlich, sie wird funktionalisierbar. Die so entstehende Situation einer durchschauten und damit in den Funktionszusammenhang der Gesellschaft integrierten Alterität des Ästhetischen entspricht strukturell dem, was oben als (drittes) Problem
des Kompensations- bzw. Komplementaritätskonzepts beschrieben
worden ist[103]. Nach demselben Muster, wie die Einsicht in einen
ausgeblendeten Externalisierungsvorgang das Konzept einer anti-
modern vergangenheitsorientierten schönen Kunst zum Kitsch

degenerieren läßt, transformiert sich die Vorstellung einer anti-modern zukunftsorientierten, widerständig häßlichen, avantgar-distischen Kunst in neue Normen von Schönheit und Gefälligkeit. »Ein neuer Historismus durchmustert die schnell gealterte Moderne nach Reizen und Dekorationen, die sich für den Privat-genuß von Gegenwerten und Komplementärerfahrungen zum Alltag der Leistungsgesellschaft eignen.«[104] Das Kompensations-prinzip holt das Ausdifferenzierungskonzept bzw. die avantgardi-stische Kunst ein[105]. Die ins System integrierte Dissidenz der Avantgarde ist um nichts glaubwürdiger als die ins System inte-grierte Harmonie der Romantik. Auf lange Sicht wird jede Art kalkulierter und funktionalisierter Alterität dysfunktional.

Wenn die Bereiche der Kunst und der privaten Lebensweisen nicht nur de facto voll und ganz durchrationalisiert sind, sondern auch so wahrgenommen und erlebt werden, dann ist der Impuls der Moderne, ihr Grundmuster einer institutionalisierten Ge-genläufigkeit von Entzauberung und Wiederverzauberung end-gültig erschöpft. Tatsächlich spricht manches dafür, daß dieser Punkt in der Gegenwart erreicht ist – besonders die vollständige Kommerzialisierung der ästhetisch-expressiven Potentiale in Sex- und Kulturindustrie sind als starke Anzeichen dafür zu lesen. Dennoch ist Vorsicht geboten, diese Entwicklungstendenz für die einzig richtungsweisende zu halten. Das Grundmuster ge-genläufiger Welten ist durchaus in der Lage, immer wieder an-dere Gestalt anzunehmen, so wie das auch in der Vergangenheit der Fall gewesen ist. Da allerdings dem Kompensations- und Korrelationskonzept ziemlich komplexe systemfunktionale bzw. geschichtsphilosophische Prämissen zugrunde gelegen haben[106], von deren selbstverständlicher Geltung nicht mehr ausgegangen werden kann, ist ein Rückgriff auf Modelle dieser Art eher unwahrscheinlich. Um so mehr legen sich die »archaischeren« Varianten der Flucht nach vorn oder der Flucht nach hinten nahe. Wenn wir Phänomene wie das Entstehen bzw. verstärkte Wiederauftreten religiöser oder spiritueller Bewegungen – ange-fangen von der Esoterikwelle bis hin zum Fundamentalismus – in diesen Zusammenhang stellen, dann sieht es überdies so aus, als ob damit eine gewisse Renaissance der religiösen Ausprägung von Gegenweltlichkeit einhergehen könnte. Wollte man dieser

Tendenz Signifikanz beimessen, so könnte man vermuten, daß die spezifisch modernen Ausgestaltungen der Gegenwelten unter den Titeln von Kunst und Liebe zugunsten der traditionellen Gestalt der Religion zurücktreten.

Außerdem scheint es so etwas wie Kompensation ohne Komplementarität zu geben, d. h. es bilden sich auch in der Gegenwart immer wieder »gegenweltartige« Bezirke aus, ohne daß dem noch eine teleologische Vorstellung von sinnvoller Ergänzung oder Zusammengehörigkeit zugrunde liegen müßte[107]. Ohne in Kulturpessimismus verfallen zu wollen, scheint eine Tendenz bemerkbar zu fortschreitender Welterkaltung und zur Verhärtung einer fast bis zur Unkenntlichkeit reduzierten Rationalität auf der einen Seite, der auf der anderen eine zunehmende Aufheizung eines von jeder Rationalität losgelösten, haltlosen Sentimentalismus gegenübersteht – ohne daß beide zusammengenommen jemals ein sinnvolles Ganzes ergäben. Ebensowenig kann davon die Rede sein, daß eine der beiden Seiten einen entscheidenden Sieg davontrüge, durch den die jeweils andere endgültig aus dem Feld geschlagen würde. Der fortschreitende Rationalisierungsprozeß erzeugt vielmehr einen immer größer und irrationaler werdenden Ausgleichsbedarf, dessen Erfüllung seinerseits ein weiteres Fortschreiten der Rationalisierungsspirale ermöglicht. – Im Gegenteil, statt einander zu komplettieren oder auf den Triumph einer der beiden Seiten hinauszulaufen, addieren sich lediglich die Mängel beider bis zur Unerträglichkeit. Zwischen beiden Polen gibt es keine Vermittlungen und Übergänge, dafür aber heimliche Übereinstimmungen bzw. eine unheimliche Konvergenz.

Der hier vorgelegte Entwurf vertritt Thesen, die sich auf der Folie der skizzierten Interpretationsmodelle des Modernisierungsprozesses und seiner Gegenbewegungen wie folgt darstellen:

Unbeschadet der Aussicht auf alle möglichen hoffnungslosen und ihres ursprünglichen Sinns entleerten Reprisen des durchlaufenen Repertoires, ist es wohl nicht übertrieben zu behaupten, daß der Weg der Ausgrenzung von »Kunst« und »Liebe« aus dem Begriff der Moderne am Ende des 20. Jahrhunderts in allen seinen Varianten gescheitert ist.

Die als Gegenbewegungen aufgefaßten Tendenzen, die als Gegenwelten ausgegrenzten Bereiche stehen nicht diesseits oder jenseits der Moderne. Sie setzen vielmehr den Prozeß der Moderne als ihren Entstehungshorizont voraus, sie partizipieren an ihm in der Ausdifferenzierung ihres subsystemspezifischen Eigensinns und sie setzen ihn fort, d. h. sie treiben ihn (zumal hinsichtlich ihrer Gründung im modernen Begriff von Subjektivität) sogar voran, statt ihm zu widerstehen, ihn auszugleichen oder ihn zu überwinden. Der dritte Wertsphärenkomplex, die Domänen von Kunst und Liebe, der Entfaltungsbereich der ästhetisch-expressiven Rationalität bildet keinen Fluchtort jenseits der modernen Wirklichkeit; weder stellt er ein Reservat des Vergangenen, noch ein Reservoir des Zukünftigen dar; nicht einmal als begrenztes Refugium von Trost oder Erholung ist er langfristig tauglich. Es handelt sich weder um Restbestände der Vergangenheit, noch um Vorboten der Zukunft, weder um einen exterritorialen Außenraum noch um einen geschützten Binnenraum, sondern ohne Wenn und Aber um einen Teil der Moderne.

Was als Besonderheit des dritten Wertsphärenbereichs erscheint, sein Irrationalismus, seine Antimodernität, seine Alterität, seine »Gefährlichkeit«, so sind das nichts anderes als die unbegriffenen und verdrängten Züge der Moderne selbst.

Die Moderne hat sich als unendlich offen und unüberholbar (miß)verstehen können,

erstens weil sie aufgrund ihrer besonderen Entstehungsbedingungen noch lange ein »polemisches« Prinzip geblieben ist, d. h. sie hat das vorgängige Vorhandensein einer entgegengesetzten Denk- und Gesellschaftsordnung, konkret das christlich-metaphysische Weltbild vorausgesetzt, gegen das sie einerseits opponiert, in dem sie aber andererseits uneingestandenerweise gewisse Ressourcen (und zwar besonders religiöse und moralische Sinnressourcen) finden konnte;

zweitens und wichtiger noch, weil der Ausdifferenzierungsprozeß verschiedener Wertsphären Gelegenheit bot, eine genuin moderne Strategie für den Umgang mit Problemen der Einheits-, Ganzheits- und Sinnstiftung zu entwickeln. Zwar sind Einheit, Ganzheit und Sinn als Kategorien einer objektiven Ordnung in der Moderne illegitim und nachgerade bedrohlich geworden, doch sollte die Bearbeitung bestimmter als unabweislich angesehener Aufgaben bzw. deren subjektive Gewährleistung an den dritten, den ästhetisch-expressiven Strang der modernen Rationalität delegiert werden können. Ohne diese Delegierungsstrategie wäre der moderne Weg der völligen Eliminierung der Fragen nach Einheit, Ganzheit und Sinn aus den Konzeptionen sowohl der naturwissenschaftlich-technischen wie der gesellschaftlich-rechtlichen Rationalität vermutlich gar nicht gangbar gewesen. Über weite Strecken des Modernisierungsprozesses ist die Alterität jener Gegenwelten für diesen zumindest partiell funktional und konstitutiv gewesen. Der hohe Preis für diese Lösung bestand im prekären und ambivalenten Status jener Gegenwelten im Kontext der Moderne. Sie sollten an ihrem Prozeß teilhaben und gleichzeitig auch nicht teilhaben. Sie waren mehr als nur ausdifferenziert, sie waren ausgegrenzt. Umgekehrt gesehen mußte von dieser zweideutigen Konstellation eine nie ganz auszuschließende Bedrohung der Moderne durch ihre Gegenlager ausgehen. Die Geschichte der Moderne ist auch eine der permanenten Furcht vor potentiellen Grenzüberschreitungen und Übergriffen der ihr zugehörigen Gegenwelten.

Inzwischen ist ein Punkt in der historischen Entwicklung der Moderne erreicht, an dem die Strategie der Ausgrenzung bzw. der Delegierung bestimmter Frage- und Aufgabenstellungen an Gegenwelten nicht länger funktioniert. In der durchschauten Funktionalität der Ausgrenzung zum Zwecke der Entlastung von bestimmten Problemen und Aufgaben erlischt jedesmal die Spannung zwischen Welt und Gegenwelt, welche die entscheidende Voraussetzung dieses Funktionszusammenhanges bildete.

Retrospektiv durchschaubar wird an diesem Punkt auch, daß die Moderne im Widerspruch zu ihrem Selbstverständnis eine Reihe impliziter Einheits- und Ganzheitsprämissen machen mußte. So sehr die Vorstellung eines fortschreitenden Ausdifferenzierungsprozesses autonomer Wertsphären im Vordergrund stehen mag, so bleibt im Hintergrund doch immer die Vorstellung von einer Art naturwüchsiger Harmonie und wechselseitiger Förderung zwischen diesen Sphären präsent. Die Annahme einer vollständigen Ausdifferenzierung ist und war immer schon eine Fiktion.

Das gilt zum einen für die Annahme einer Konvergenz in der Entwicklungsrichtung des ersten und zweiten Wertsphärenbereichs, also zwischen wissenschaftlich-technischer und rechtlich-moralischer Rationalität. Lange Zeit wurde für selbstverständlich gehalten, daß instrumenteller, materieller Fortschritt und gesellschaftlicher Emanzipationsfortschritt miteinander Hand in Hand gehen müßten. Einerseits sollte die wissenschaftlich-technische Modernisierung dem Ziel des gesellschaftlichen Fortschritts dienen, insofern mit der zunehmenden Freisetzung der Menschen von den Zwängen der Arbeit ein wesentlicher Antrieb zur Formierung von Herr-Knecht-Verhältnissen wegfallen würde. Andererseits wurden soziale und individuelle Emanzipationsfortschritte, die Demokratisierung der Gesellschaft, die Entfaltung der Eigeninitiative der Einzelnen als wichtige Bedingungen für eine erfolgreiche Entfaltung der Produktivkräfte angesehen.

Trotz der schärferen Entgegensetzung als »Welt« und »Gegenwelt« gilt Entsprechendes auch für das Verhältnis des dritten Wertsphärenkomplexes zu den anderen. Jene Varianten der Konzeptualisierung des Verhältnisses der modernen Wirklichkeit zu ihren Gegenwelten, die einen Funktionszusammenhang zwischen ihnen erkennen, legen damit implizit die Annahme einer sinnvollen Einheit, die Vorstellung eines Ganzen zugrunde – wenngleich die Art des Zusammenhangs je nach Modell verschieden gedacht wird. So bildete die stillschweigende Annahme, daß sich die moderne Rationalität und die von ihr abgetrennten Refugien des Ästhetischen und Erotischen komplementär zueinander verhalten, die unabdingbare Prämisse des Kompensationskonzepts. Kompensation kommt nur dann zustande, wenn die eine Seite etwas beizutragen vermag, was der anderen Seite fehlt[108]. Je vollkommener die Polarisierung, um so höher die Kompensationsleistung. Beim Korrelationskonzept ist der Systemzusammenhang etwas anders konzipiert. In diesem Kontext wird die moderne Wirklichkeit als zerrissen und fragmentiert wahrgenommen, aber es erscheint fraglos, daß diese Entwicklung in den verschiedenen Bereichen aus der »gleichen tiefen Wurzel« entspringt[109] bzw. mehr noch, daß die Kunst es vermag, diese Zerrissenheit zur Darstellung zu bringen und sie damit wieder zu einer, wenn auch nur ästhetischen Einheit zusammenfügt. In der stärker zukunftsorientierten avantgardistischen Ausprägung des Korrelationskonzepts kommt noch die Überzeugung hinzu, daß die Kunst der Gegenwart eben das Potential bewahrt, enthält und entfaltet, dessen die Gesellschaft der Zukunft bedarf. Der Komplementaritätsgedanke bleibt präsent und wird hier lediglich auf das Verhältnis von Gegenwart und Zukunft verschoben.

Auf die verdeckten Einheits- und Sinnvoraussetzungen hinzuweisen, geschieht hier indessen nicht in der Absicht, sie zu eliminieren und um auf der konsequenten Durchsetzung von Ausdifferenzierung ohne heimliche Rückversicherung zu bestehen. Zu glauben, daß die Fragen nach Einheit, Ganzheit und Sinn endgültig und ersatzlos von der Tagesordnung gestrichen werden könnten, wäre ein schwerwiegender Irrtum. Es geht im Gegenteil darum zu zeigen, daß ein Punkt erreicht ist, an dem die impliziten, auf einer Delegierungspraxis beruhenden Einheits-, Ganzheits- und Sinnannahmen explizit gemacht und reflektiert werden müssen.

Die unbezweifelbar richtige These, daß der Modernisierungsprozeß einen Prozeß fortschreitender Differenzierung und Autonomisierung darstellt, ist zu ergänzen – um die für das geläufige Selbstverständnis der Moderne unbequeme, teils verleugnete, teils verdrängte Einsicht, daß nicht nur trotz des fortschreitenden Ausdifferenzierungsprozesses, sondern gerade eben seinetwegen der Steuerungsbedarf der Gesellschaft steigt. Die seit Anbruch der Moderne tabuisierten und exorzierten Fragen nach Einheit, Ganzheit und Sinn verschwinden in ihrem weiteren Fortgang nicht, sondern sie stellen sich als Resultat des Siegeszuges der Moderne bzw. aufgrund des Geltungsverlusts intermediärer Arrangements erneut und mit größerer Brisanz als jemals zuvor. Je weiter die Ausdifferenzierung der verschiedenen Sphären der sozialen Welt tatsächlich fortschreitet, desto gegenstandsloser wird der Glaube an eine »unsichtbare Hand«, die dafür sorgt, daß die fortschreitende Entwicklung der einen Sphäre sich auch zum Vorteil aller anderen auswirken müsse, ohne daß dies zum Gegenstand bewußter Zielsetzungen und gezielter Anstrengungen gemacht werden müßte.

Die Fragen nach Einheit, Ganzheit und Sinn kehren in ihren drei Dimensionen auf je spezifische Weise ins Blickfeld zurück. In der Reihenfolge der sich dabei entwickelnden Sprengkraft betrachtet, ergibt sich folgendes Bild:

Die in den Bereich des Privaten abgeschobenen Fragen nach dem Lebenssinn der Einzelnen finden in den Institutionen des Privaten, unter den Titeln von Kunst und Liebe und einer privatisierten Religion, keine Ruhe, da diese die Erfüllung der ihnen zugewiesenen Aufgaben verweigern oder vor ihnen versagen – und zwar aus keinem anderen Grund als dem des Siegeszuges des Modernisierungsprozesses, der sie dessen Logik folgen läßt, statt ihr zu widerstehen. Insofern jedoch gerade für diese Dimension der Fragestellung kaum alternative Lösungsmuster in Sicht sind, scheint die zuweilen verzweifelt geführte Revolte gegen die Fragmentierung der Sinnfrage diesem Dilemma kaum entrinnen zu können. Die Fluchtversuche in objektive Verbindlichkeiten in Gestalt von Nationalismus oder religiösem Fundamentalismus sind zwar geeignet, viel Unheil anzurichten, aber sie sind nicht in der Lage, einen echten Ausweg zu bieten; sie unterstehen selbst dem Gesetz der Fragmentierung.

Die Frage nach der Ganzheit der Gesellschaft ergibt sich mit neuer Dringlichkeit, nachdem nicht allein die kohärenzstiftenden »Traditionspolster« endgültig »durchgescheuert«[110] sind, sondern nachdem auch die partiell an ihre Stelle tretende moderne Geschichtsphilosophie eines universalen und unumkehrbaren Fortschritts zum »Besseren« an Überzeugungskraft verloren hat. Dieses Problem betrifft vor allem das Verhältnis der beiden ersten Wertsphärenbereiche zueinander. Das »naturwüchsige« Junktim von wissenschaftlich-technischem Fortschritt auf der einen und moralisch-praktischem auf der anderen Seite gilt nicht länger unbesehen. Der aufklärerisch unterstellte Zusammenhang zwischen Wahrheit und Glück – oder etwas weniger emphatisch ausgedrückt, zwischen Wissen und Wohlfahrt – scheint sich gelöst zu haben: »Die sozialtechnologische Rationalisierung hat einen Entwicklungsstand erreicht, der angefangen hat, der Idee einer durch einen Gemeinwillen regierten Gesellschaft entgegenzustehen. In diesem Zusammenhang wird die Fortschrittsidee zum Schema technokratischer Modernisierung, das jeder Möglichkeit sozialer Emanzipation gleichgültig oder sogar feindlich gegenübersteht.«[111]

Derzeit entwickelt ausgerechnet jene Dimension der Frage nach Einheit, Ganzheit und Sinn die größte Sprengkraft, die durch den Prozeß der Moderne am weitesten in den Hintergrund gerückt worden war. Die Frage nach der Einheit mit der Natur gewinnt neue und ganz neuartige Relevanz durch die Fortschritte der Wissenschaften, die die bisher geltende Grenzziehung zur Natur als dem Reich des der menschlichen Machbarkeit Entzogenen bzw. Vorausliegenden nichtig werden lassen. Wir befinden uns in einer völlig neuen, mit nichts in der Vergangenheit vergleichbaren Situation durch den Einbruch naturwissenschaftlich-technischer Handlungsmöglichkeit in Bereiche der äußeren und auch der inneren, menschlichen Natur, die bis dahin dem Zugriff entzogen waren. »Der Siegeszug des Industriesystems läßt die Grenzen von Natur und Gesellschaft verschwimmen.«[112] »Jene Dimensionen, welche traditionell als ›privat‹ betrachtet wurden (Körper, Sexualität, affektive Beziehungen) oder als ›subjektiv‹ galten (kognitive und emotionale Prozesse, Motive, Wünsche) oder sogar als ›biologisch‹ (Hirnstruktur, genetischer Code, Reproduktivität) unterliegen jetzt sozialer Kontrolle und Manipulation.«[113] Das stellt eine Herausforderung dar an die abendländische Denktradition im allgemeinen[114] und an die der Moderne im besonderen. Die als für die moderne Rationalität konstitutiv angesehene Grenzziehung, durch die diese sich vom mythischen Denken grundsätzlich unterscheiden sollte[115], wird tendenziell hinfällig – nicht durch eine Bedrohung von außen, sondern in der Folge des wissenschaftlich-technischen Fortschritts selbst. Die sich als endgültig und unüberbietbar behauptende moderne Rationalität sieht sich somit aus sich selbst heraus, d.h. aufgrund ihrer eigenen Resultate mit ihrer Revisionsbedürftigkeit konfrontiert.

Die These der Revisionsbedürftigkeit der modernen Rationalität impliziert keine Rückkehr zum mythologischen Denken. Ebensowenig zieht die These, daß sich Fragen nach Einheit, Ganzheit und Sinn prinzipiell unvermeidbar und aufgrund des Siegeszuges der Moderne mit besonderer Dringlichkeit stellen, die Behauptung nach sich, daß der Ausdifferenzierungsprozeß zu einem Stillstand gekommen wäre oder gar, daß er rückgängig zu machen sei. Es kann keinem Zweifel unterliegen, daß eine immer globaler und komplexer werdende Gesellschaft sich weiter ausdifferenziert und pluralisiert.

Allerdings muß die Vorstellung aufgegeben werden, daß sich die Ideen von Ausdifferenzierung und Einheitsstiftung wechselseitig ausschließen. Vor allem ist die Wertbesetzung dieser Dichotomie, d. h. Gleichsetzung von Ausdifferenzierung mit Autonomie und Fortschrittlichkeit auf der einen Seite und jeglicher Idee von Einheit mit Totalitarismus bzw. Rückständigkeit oder Rückschrittlichkeit auf der anderen, unhaltbar geworden. Peter Bürger warnt zu Recht davor, »die Trennung der Sphären nicht einfach als historischen Fortschritt zu verbuchen«[116]. Er fordert zur Nachdenklichkeit gegenüber den damit einhergehenden Alternativsetzungen auf: »Vielleicht stoßen wir... auf die Grenze eines Denkens, das uns das dichotomische Schema des Entweder – Oder aufzwingt. Entweder ist die Trennung der kulturellen Sphären ein historischer Fortschritt, dann ist sie zu akzeptieren, und es bleiben allenfalls »Folgeprobleme« zu bearbeiten ...; oder sie ist von Übel, dann muß man auf ihre Beseitigung hinarbeiten und die regressiven Konsequenzen dieses Projekts sich zurechnen lassen.«[117]

Ferner muß Abschied genommen werden vom Axiom eines linearen, unaufhaltsamen und unumkehrbaren Fortschreitens des Ausdifferenzierungprozesses. Es handelt sich um ein Ideologem, das blind macht für die sich zwischen ausdifferenzierten Bereichen durchaus neu herstellenden Verbindungen, Verschränkungen, Überschneidungen und Agglomerationen aller Art. Daran, daß solche Prozesse tatsächlich stattfinden, kann kein Zweifel bestehen. Die Grenzüberschreitung des ästhetischen Bereichs ist ein bereits erwähntes, viel zitiertes Beispiel: »In der ästhetischen Wertsphäre... tritt ein bedeutsames Paradoxon in Erscheinung. Einerseits haben die fortschreitende Differenzierung in der Arbeitsteilung und die Spezialisierung des Wissens ... der geregelten internen Autonomie der ausdifferenzierten Lebensordnungen nicht nur eine gewisse Plausibilität, sondern eine Festigkeit und Endgültigkeit in der modernen Welt gegeben ... Aber andererseits scheint der Ästhetizismus überall eingedrungen zu sein, und er droht jetzt unabhängige Ordnungen, wie das Ethische und Politische, seinen Maßstäben und Formen zu unterwerfen.«[118] Solange solche Phänomene nur als paradox und bedrohlich wahrgenommen werden können, ist das Dogma des linear fortschreitenden Ausdifferenzierungsprozesses in Kraft. Unbeschadet der Frage, ob bestimmte Entwicklungen vielleicht kritisch bewertet werden können oder müssen, wird dadurch der Blick für die Wirklichkeit verstellt. Diese Entwicklungstendenzen sollten in ihrer eigenen Dynamik und ihrem eigenen Recht beurteilt werden und nicht als Verstoß gegen das eiserne Gesetz der linearen Ausdifferenzierung, auf dessen Folie sie nur als Anomalie und Pathologie in Erscheinung treten können.

Am Ende des 20. Jahrhunderts sind wir vielleicht nicht im Zeitalter der Postmoderne angelangt, gewiß aber in einem Stadium der Moderne, in dem diese nichts mehr aus sich ausgrenzen, abblenden oder an entlegene Provinzen delegieren kann. »... die Planetarisierung des Weltsystem bedeutet, daß es keine ›äußere Welt‹ mehr gibt: Gebiete und Kulturen existieren nur noch als interne Dimensionen desselben Systems.«[119] Die Reichweite gesellschaftlichen Handelns hat sich erheblich ausgedehnt; die Konsequenzen, der Zusammenhang und die Zielsetzung ihrer Handlungen sind vollständiger und ausschließlicher in die Verantwortung der Gesellschaft gestellt als je zuvor. Folglich stellen sich die Fragen nach Einheit, Ganzheit und Sinn nicht mehr wie traditionell als Fragen nach etwas, was Mensch und Gesellschaft (vor)gegeben ist und was es zu entdecken und zu erkennen gilt, sondern als etwas, das durch die Gesellschaft bestimmt und geschaffen werden kann, aber eben auch geschaffen werden muß. Es versteht sich von selbst, daß diese Art der Einheits-, Ganzheits- und Sinnstiftung von den Formen, die sie traditionell angenommen hat, wesentlich verschieden ist. Vielleicht könnte sie eine gewisse Ähnlichkeit mit Novalis' Vision aufweisen: »Das Ganze ruht ohngefähr – wie die spielenden Personen, die sich ohne Stuhl, blos eine auf der andern Knie kreisförmig hinsetzen.«[120] Ganzheit wäre als ohne festes, vorgeordnetes metaphysisches oder metaphysik-analoges Fundament (»ohne Stuhl«), als Resultat der Einzelnen und ihrer irreduziblen Pluralität (»eine auf der andern Knie«) zu denken, wobei lediglich die Kreisförmigkeit einen Hinweis auf eine (ästhetisch gedachte) Ganzheit gibt.

In dieser Situation, in der zutage tritt, daß größere Um- bzw. Neustrukturierungen im Selbstverständnis der Moderne erforderlich sind, eröffnet sich auch ein neuer Zugang zu ihrer Genese und Geschichte. In diesem Zusammenhang steht das Vorhaben, den Prozeß der Moderne aus der Perspektive seiner »Gegen-kräfte« zu beschreiben, da unter ihrem Vorzeichen in der Vergan-genheit vieles von dem gestanden hat, was jetzt ins Zentrum eines erhöhten Interesses tritt.

2. Kapitel

Romantik, Neoromantik und die Politik der Kultur

Warum soll die Genealogie der ästhetisch-expressiven Rationalität, die Entwicklungslinie der Gegenbewegungen gegen den Rationalisierungsprozeß, bis in die Epoche der Romantik zurückverfolgt und von dort ausgehend unter den Titel des Romantischen gestellt werden?

Mit dem durch die gesellschaftliche und politische Revolution des Bürgertums und durch die industrielle Revolution um die Wende zum 19. Jahrhundert markierten ersten Höhepunkt des Modernisierungsprozesses tritt zugleich sein immanenter Gegenpol erstmals vollgültig in Erscheinung und das eben im Gewand der Romantik. Sie bildet den Prototyp des ästhetisch-expressiven Ansatzes: Erstens aufgrund der zentralen Stellung, die die Themen Kunst und Liebe / Leben in der Romantik einnehmen, zweitens indem bestimmte Aspekte der Moderne, namentlich das Prinzip der Subjektivität, weiterentwickelt und in einer Weise modifiziert werden, die bis in die Gegenwart hinein richtungsweisend geblieben ist, und schließlich drittens, insofern die Romantik geradezu als Paradebeispiel dafür gelten kann, wie aus bestimmten Formen der Zuspitzung von Modernität bzw. ihrer auf das Subjektprinzip bezogenen Aspekte Konsequenzen erwachsen, die der Modernitäts- und Rationalitätsauffassung anderer Bereiche diametral entgegengesetzt sind. Daher nimmt auch das (Miß)verständnis der ästhetisch-expressiven Seite der Moderne als anti-modern, d.h. als entweder nostalgisch hinter die Moderne zurück- oder utopisch über sie hinausweisend, bei der Romantik seinen Anfang.

Zur Begründung dafür, warum auch spätere Erscheinungsformen der ästhetisch-expressiven Rationalität mit dem Begriff der Romantik oder des Romantischen erfaßt werden sollen, kann darauf verwiesen werden, daß diese Bezeichnung (bzw. der Terminus»Neoromantik«) für Phänomene dieser Art weit über die historische Romantik hinaus und sogar bis hin zu heute aktuellen Erscheinungsformen des Ästhetisch-Expressiven im allgemeinen Sprachgebrauch geläufig ist – selbst wenn es diesem Sprachgebrauch an systematischer Begründung fehlt. Romantische Elemente treten hauptsächlich in der Bohème, in der Lebensreformbewegung, in der Frauenbewegung und in der Jugendbewegung zutage, Bewegungen, die sich in Deutschland etwa zwischen 1890 und 1930 entwickeln, in einer Periode also, die nicht zufälligerweise auch als Höhepunkt der ästhetischen Moderne gilt. Den zweiten wichtigen Anknüpfungspunkt für neoromantische Tendenzen bilden die Alternativbewegungen der Gegenwart[1]. In allen genannten Fällen werden Identifikationen als romantisch und mit der historischen Romantik sowohl von den Protagonisten der jeweiligen Bewegung als auch von ihren Kritikern vorgenommen[2].

Im übrigen ist auch im Hinblick auf andere Epochenbegriffe ein weit über die Grenzen ihres ursprünglichen historischen Bezugsrahmens hinausgehender Gebrauch üblich. So wird beispielsweise der Begriff Aufklärung benutzt, um eine bestimmte Orientierung, eine bis heute produktive Richtung des modernen Denkens zu bezeichnen, ohne daß das mit dem Anspruch auf vollkommene Angemessenheit des Begriffsgebrauchs gegenüber der historischen Epoche der Aufklärung verbunden wäre. Von dem zur Aufklärung in enger Korrelation stehenden Begriff der Romantik möchte ich einen entsprechend weiten Gebrauch vorschlagen, und dafür nicht mehr, aber auch nicht weniger »Originaltreue« und historische Genauigkeit beanspruchen, wie wir es etwa im Umgang mit dem Begriff Aufklärung gewohnt sind.

Wörtlich könnte ich die Begründung, mit der Leszek Kolakowski seinen Umgang mit dem Begriff des Mythos rechtfertigt, auf die Art und Weise übertragen, in der im vorliegenden Zusammenhang der Begriff der Romantik verwendet wird. »Eine ... verallgemeinerte Nutzung eines Wortes, das bereits mehr oder weniger anerkannte Gebrauchsregeln aufzuweisen hat, kann angefochten werden. Ich konnte jedoch kein besseres zur Benennung des Bereiches finden, um den es mir geht. Ich kann hinzufügen, ... daß die gesamte philosophische Arbeit in Versuchen besteht, immer allgemeinere Begriffe zu konstituieren, für deren Benennung der herkömmliche lexikalische Bestand nie reichhaltig genug ist; man muß daher, wenn man arbiträre Wortschöpfungen vermeiden will, von Ausdrücken Gebrauch machen, die den eigenen Vorstellungen am nächsten liegen, und ihnen eine erweiterte Bedeutung verleihen.«[3]

Der hier vorgelegte Versuch ist in erster Linie dem Ziel gewidmet, die Entwicklung dessen, was im Anschluß an Weber oder Habermas dritter Wertsphärenkomplex oder ästhetisch-expressive Rationalität genannt werden kann, vor den Blick zu bringen – in der Absicht, eine bislang eher vernachlässigte Linie in dem Bild, das vom Prozeß der Moderne entworfen wurde, nachzuzeichnen. Der in diesem Zusammenhang unternommene Rückgang auf die Romantik steht also vornehmlich im Dienste des Interesses an einer modernisierungstheoretischen Fragestellung. Die folgenden Überlegungen machen Romantik daher mehr zum Ausgangspunkt als zum Gegenstand. Es geht nicht um eine monographische Darstellung der historischen Romantik; es geht nicht um ihren Ursprung bei Herder oder Rousseau, nicht um ihre Entfaltung in verschiedenen nationalen Kontexten in Deutschland, England oder Frankreich; ebensowenig geht es um das Verhältnis der unterschiedlichen Gestalten der Romantik zueinander (Literatur zu Musik zu Philosophie usw.) oder um deren Stellung in ihrer Epoche.

Wenn die im folgenden zu entwerfende idealtypische Skizze des Romantischen ihre historischen Bezugspunkte fast ausschließlich in der deutschen Romantik findet, so ist dafür in erster Linie mein auf diesen Bereich beschränkter Wissenshorizont verantwortlich. Von dieser zugegebenermaßen kontingenten Begründung abgesehen, darf dafür aber auch die herausragende Bedeutung der deutschen Romantik geltend gemacht werden. Diese herausragende Bedeutung wird nicht für die Leistungen der deutschen Romantik beansprucht; d. h. es wird nicht etwa behauptet, daß Novalis und Schlegel bedeutendere Dichter und Denker waren als Coleridge oder Chateaubriand. Die Signifikanz, die der deutschen Romantik hier, im Zusammenhang mit einer modernisierungstheoretischen Fragestellung, zugeschrieben wird, erwächst aus der spezifisch prekären Situation der deutschen Länder im Modernisierungsprozeß an der Wende zum 19. Jahrhundert. Allerdings geht es nicht darum, das hinlänglich bekannte Lamento von der ökonomischen Rückständigkeit oder der politischen Verspätung der deutschen Nation zu wiederholen. Es wird vielmehr angenommen, daß in der prekären Situation Deutschlands im Modernisierungsprozeß »Pathologien der Moderne« besonders früh und besonders deutlich hervorgetreten sind, die weniger einen historischen »Sonderweg« Deutschlands bezeichnen, als erst viel später und unter ganz anderen Umständen allgemeine Bedeutung erlangen.

Daß die Romantik nicht oder wenigstens nicht ausschließlich eine nostalgische Flucht in die Vergangenheit intendiert, sondern am Prozeß der Moderne partizipiert bzw. diesen in bestimmten Hinsichten sogar vorantreibt, ist keine vollkommen neue These. Die Auffassung von der Romantik als hoffnungslos verträumter Waldesrausch-Nostalgie gilt schon seit geraumer Zeit als überholt. Im wesentlichen lassen sich zwei Argumentationansätze unterscheiden, die die Modernität des Romantischen aufweisen wollen.

Erstens ist in der deutschen Romantikforschung und -rezeption der Nachkriegszeit[4] die revolutionäre und fortschrittliche Gesinnung der jungen Romantik(er) in den Mittelpunkt der Aufmerksamkeit gerückt worden. Die einer späteren Phase angehörende resignative und reaktionäre Haltung desselben Personenkreises wird als Enttäuschung hoch, vielleicht allzu hochgesteckter Revolutionshoffnungen interpretiert – entsprechend der Logik, daß nur da Enttäuschung so radikal Platz greifen kann, wo ursprünglich ungewöhnlich große Erwartungen bestanden haben. Die Ursachen und Motive der Enttäuschung werden als gerechtfertigt angesehen[5], nicht jedoch die daraus folgenden Reaktionen und Konsequenzen. Im Gegensatz zu früheren Mustern der Romantikdeutung wird versucht, die ursprüngliche Progressivität der Frühromantik als dasjenige festzuhalten, wodurch der Begriff der Romantik ausschließlich geprägt ist, während die spätere Entwicklung demgegenüber weniger als Verfall desselben, sondern fast als etwas qualitativ anderes, als gar nicht mehr recht zur Romantik Gehöriges ausgegrenzt wird. Während üblicherweise Aufklärung und Romantik einander entgegengesetzt wurden, wird in dieser Sicht der Graben zwischen Aufklärung und Frühromantik zugeschüttet; die Frühromantik wird als Fortsetzung der Aufklärung (vielleicht mit etwas anderen

Mitteln) verstanden[6]. Die »Aktualität der Frühromantik«[7], ihre bis in die Gegenwart reichende Bedeutung, kurzum ihre Modernität, wird in den Vordergrund gestellt. Um so unüberbrückbarer tut sich nun dagegen ein Graben zwischen Früh- und Spätromantik auf.

Einen anderen, fast entgegengesetzten Weg zu einer neuen Deutung der Romantik hat Karl Heinz Bohrer eingeschlagen[8]. Er richtet das Augenmerk ausschließlich auf die ästhetischen Leistungen der Romantik, um zu zeigen, in welch hohem Maße diese zur Ausbildung einer subsystemspezifischen Modernität des ästhetischen Bereichs beigetragen haben.

Für Bohrer liegt ihre Modernität ausdrücklich nicht in dem Anteil, den die Romantik am rational-kritischen Erbe der Aufklärung hat, sondern es sind »die spezifischen, reflexionstheoretischen und poetologischen Innovationen der Romantik«, die ihre Modernität ausmachen[9]. Bohrer identifiziert zwei »Säulen«, eine theoretische und eine imaginative, auf denen die Bedeutung der Romantik für einen spezifisch ästhetischen Begriff von Modernität ruht: Die theoretische Säule bilden die Begriffe von Kritik, Ironie und Reflexion, wie sie hauptsächlich in der Frühromantik entwickelt werden; die imaginative Säule besteht in der Entdeckung des Phantastischen und Bösen[10]. Insofern die Entfaltung der »Schwarzen Romantik« eher in ihre spätere Phase fällt, gehören einige ihrer wichtigsten ästhetischen Modernisierungsleistungen eindeutig nicht der Frühromantik an. Tatsächlich spielt die Unterscheidung zwischen Früh- und Spätromantik in diesem Interpretationsansatz keine entscheidende Rolle mehr[11]. Beide Säulen tragen gleichermaßen zur Ausgestaltung einer eigenständigen ästhetischen Wertsphäre bei, indem sie die Emanzipation des Ästhetischen von metaphysischer oder moralischer Autorität vorantreiben.

Die Ansätze zur Autonomisierung des Ästhetischen in der Romantik werden in eine Entwicklungslinie eingerückt und eingebunden, die im ästhetischen Modernismus des ersten Viertels unseres Jahrhunderts ihren eigentlichen Höhepunkt findet. Nicht überraschend, daß im Kontext der ästhetischen Moderne und ihrer Theoriebildung ein neues Interesse an den ästhetischen Leistungen der Romantik erwacht, daß die Ahnenschaft der Romantik für die ästhetische Modernität auch von den Zeitgenossen bemerkt wird. Karl Heinz Bohrer führt Walter Benjamin als den Wiederentdecker der theoretischen Säule der romantisch-ästhetischen Modernität an, während sich die Surrealisten vor allem zu den imaginativ-phantastischen Aspekten der Romantik hingezogen fühlten.

Die von Bohrer entwickelte Perspektive stimmt in wesentlichen Zügen mit dem Korrespondenzkonzept der ästhetischen Modernität überein. Es entsteht das Bild einer sich in verschiedene Bereiche ausdifferenzierenden Moderne, in deren Kontext der ästhetische Bereich einer subsystemspezifisch eigenständigen, expressiven Rationalität zugeordnet wird, deren historische Ursprünge bis in die Romantik zurückreichen, als in die Zeit, in der auch die anderen Rationalitätstypen sich ausdifferenzieren, die aber selbst einen abweichenden Entwicklungsgang über verschiedene Zwischenstationen im 19. Jahrhundert nimmt, um am Anfang unseres Jahrhunderts einen analogen Modernisierungsschub zu erleben. In dieser Perspektive wird auf der einen Seite die Autonomie des Ästhetischen betont; die Emanzipation der ästhetischen Rationalität, besonders von moralischen Beanspruchungen, wird als Kriterium ihrer als Ausdifferenzierung definierten Modernisierung aufgefaßt. Auf der anderen Seite wird das Entsprechungsverhältnis zwischen dem ästhetischen Modernismus und den Modernitätsbegriffen der gesellschaftlich-politischen bzw. der wissenschaftlich-technischen Bereiche in den Vordergrund gerückt (vor allem in den Kategorien des Fragmentarischen, des Häßlichen, des Absurden, des Spiels, des Reflexiven, des Nüchternen[12] usw.). Zwischen den verschiedenen Sphären besteht so gesehen lediglich eine – wenngleich beträchtliche – Zeitungleichheit in Sachen Modernisierung.

Im Vergleich zum oben angeführten ersten auf den Nachweis der Modernität des Romantischen zielenden Interpretationsansatz bedeutet dieser zweite unverkennbar einen großen Schritt in Richtung auf eine »Emanzipation« des romantischen Syndroms. Während der erste Ansatz im wesentlichen darauf hinausläuft, die Frühromantik der Aufklärung zu- und unterzuordnen, wird beim zweiten die Eigenart und Selbständigkeit der ästhetisch-expressiven Rationalität ausdrücklich anerkannt. Dennoch muß nach wie vor eine »Halbierung« der Romantik in Kauf genommen werden, damit der Nachweis ihrer Modernität erbracht werden kann. Während im ersten Fall die »Rettung« der Romantik erkauft ist um den Preis der Abtrennung der reaktionären Spätphase von einer progressiven Frühphase oder, allgemeiner ausgedrückt, der Ausgrenzung aller nicht dem Geist von Aufklärung, Fortschritt, Modernität verpflichteten Elemente aus dem Begriff des Romantischen, so verlaufen im zweiten Fall die Linien der Ausgrenzung anders, sie sind jedoch nicht minder scharf gezogen. Mit großer Entschiedenheit beschließt Karl Heinz Bohrer: »Schellings Natur- und Kunstphilosophie hatte keine Bedeutung für die Motive und Kategorien einer romantischen Moderne. Insofern gehört dieser Komplex nicht in unsere Thematik, sondern in den weiteren Bereich der Geschichte der ›Deutschen Ideologie‹.«[13] Verteidigt wird eine sehr selektiv aufgefaßte Modernität der ästhetischen Rationalität auf den Gebieten von Literatur und Kunst.

Was ist es, das Schellings Natur- und Kunstphilosophie anhaftet, was sie in Bohrers Augen so inkommensurabel macht für seinen Begriff der romantisch-ästhetischen Moderne? Bohrer beantwortet diese Frage nicht direkt; aber es sind zweifellos die auf Synthese und System, auf Einheit und Totalität gerichteten Bestrebungen Schellings und anderer Romantiker, die mit dieser Ablehnung gemeint sind. Noch am ehesten lassen sich diese Komponenten von der literarisch-ästhetischen Romantik abziehen, während sie mit den romantischen Ideen von Natur und Gesellschaft (bzw. Staat) ungleich enger verwoben sind. Etwas vereinfachend betrachtet, entspricht daher dem Auseinanderreißen von progressiver (Früh)romantik und reaktionärer (Spät)romantik in der ersten Strategie zur Verteidigung der Modernität der Romantik ein Auseinanderreißen von ästhetischer und philosophischer bzw. politischer Romantik bei der zweiten. Verteidigt wird die Modernität der Romantik – in beiden Fällen – also nur insofern und insoweit, als sie dem geläufigen Modernitätsverständnis, d.h. dem an den anderen Wertsphären gewonnenen Begriff von Moderne entspricht.

Wenn es hier im folgenden um den Ort des Romantischen in einer Theorie der Moderne gehen soll, dann muß es um die »ganze« Romantik gehen und nicht um den Nachweis der Kompatibilität mehr oder weniger zahlreicher Aspekte der Romantik mit einem Modernitätsbegriff, der auf ihrer Ausgrenzung basiert.

Romantik als »Bewegung«

Wie aber ist die »ganze Romantik« zu fassen, wo liegt der Schlüssel zu ihrem Verständnis? Die Schwierigkeit, Romantik zu definieren, ist notorisch. Das Skandalon, aber zugleich das Faszinosum der Romantik besteht darin, daß sie sich schwer in geläufige Kategorien einfügt. Mehr als in jedem nur möglichen Inhalt der Romantik liegt in dieser strukturellen Sperre gegen eine Ausdifferenzierung in klar unterscheidbare Sachbereiche ein »antimodernes« Element, eine Opposition gegen die Moderne als Ausdifferenzierungsprozeß. Wenn wir Octavio Paz' ebenso zutreffende wie (absichtlich) paradoxe Bestimmung der Romantik zu Hilfe nehmen, dann ergibt sich noch keine Lösung, aber es fällt ein bezeichnendes Schlaglicht auf das Problem. Kein Wort an seiner scheinbar so poetisch freien und dichterisch übertriebenen Definition ist beliebig oder zuviel. Sie verdient ganz und gar wörtlich genommen zu werden: »Die Romantik war eine literarische Bewegung, aber auch eine Moral, eine Erotik und eine Politik. War sie keine Religion, so war sie doch mehr als eine Ästhetik und eine Philosophie: eine Art zu denken, zu fühlen, zu lieben, zu kämpfen, zu reisen, kurz eine Art zu leben und eine Art zu sterben.«[14]

Lediglich kurz vor der Bezeichnung der Romantik als Religion macht Paz halt (»War sie keine Religion, so war sie doch mehr...« heißt ja nichts anderes als: »Sie war zwar keine Religion, aber doch fast...«). Die Romantik teilt mit der Religion den Bezug auf Ganzheit, aber sie steht unwiderruflich unter dem Vorzeichen eines säkularen Zeitalters und so ist sie »weniger« bzw. anderes als eine Religion und doch zugleich mehr, als was sich den geläufigen Kategorien zuordnen läßt. Es muß also im folgenden um mehr gehen als um die Literatur, Kunst oder Musik der Romantik, aber auch um mehr als ihre ästhetische, philosophische oder politische Theoriebildung. Zwar geht es um all das zusammen, und das ist bereits viel und steht in seiner Summe schon quer genug zu den geläufigen Einteilungen; aber hinzu kommt noch dieser schwer greifbare unmittelbar »lebensweltliche« Zug: das, worauf Paz abzielt, wenn er von der »Art zu denken, zu fühlen, zu lieben, zu kämpfen, zu reisen« spricht.

Dieser Problemlage ist vielleicht am besten gerecht zu werden, wenn wir Romantik unter den verschwommenen und auch etwas anrüchigen Begriff der »Bewegung« stellen. Damit ist eine auf gesellschaftliche Verhältnisse und näherhin auf gesellschaftliche Veränderung gerichtete Theorie und Praxis gemeint, die weder als Theorie noch als Praxis einen geschlossenen Charakter und einen eindeutigen Status besitzt, die sich vor allem den geläufigen Bestimmungen des Politischen oder Gesellschaftlichen entzieht, sondern politische und gesellschaftliche Ziele mit anderen Mitteln verfolgt, Mittel, die eher unter dem – seinerseits verschwommenen – Etikett »Kultur« zusammenzufassen wären. So könnte es sinnvoll erscheinen, von Kulturbewegung zu sprechen, wenn das nicht zu dem Mißverständnis verleiten würde, daß sich diese Bewegungen auf das Gebiet der Kunst oder Kultur beschränkten. Die Eigentümlichkeit besteht aber gerade darin, daß via Kultur, d.h. über die Fragestellungen und mit den Kategorien des kulturellen Bereichs, auf Gesellschaft und Politik Einfluß genommen wird, und zwar auf Weisen, die von einem herkömmlichen Verständnis des Gesellschaftlichen aus als wenig angemessen, als merkwürdig a-politisch, ja anti-politisch aufgefaßt werden müssen.

Aus der Perspektive jedes auch nur halbwegs rationalen Politikbegriffs im modernen Sinne muß ein solcher Zugriff von der Kultur auf Politik und Gesellschaftstheorie als unerträglich, als unzulänglich oder unzulässig erscheinen. Geradewegs augenfällig wird dieser Sachverhalt in der als »gezacktes Modernisierungsprofil« bezeichneten graphischen Darstellung, mit der Jürgen Habermas Max Webers Theorie der Moderne erläutert[15]: die Schnittfläche zwischen ästhetisch-expressiver Rationalität und sozialer Welt bleibt leer, d.h. »die expressiv bestimmten Formen der Interaktion (z.B. gegenkulturelle Lebensformen) [bilden] keine aus sich rationalisierungsfähigen Strukturen«[16]. Anders gesagt: Ästhetische Rationalität verfügt über keinen Zugang zur sozialen Welt; »die unbeständigen intellektuellen Gegenkulturen, die sich um dieses Subsystem (der ästhetischen Rationalität, C.K.) herum bilden«, haben keinen »für die Gesamtgesellschaft strukturbildenden Effekt«[17] – so lautet das Urteil.

Dem Verdikt in der Theorie entspricht das allgemeine Urteil über die historische Praxis. Der romantisch-ästhetische Ansatz ist weithin als Paradoxon aufgefaßt worden, was in Formulierungen wie »the politics of the unpolitical«, seinen Niederschlag findet. Wie viele andere vor und nach ihr bestreitet die hier zitierte Judith Shklar den politischen Charakter des romantischen Engagements mit aller Entschiedenheit: »Die Politik der Romantik ist negativ bis zum Extrem. Das einzige Anliegen der Romantiker bestand darin, den nicht-politischen Menschen vor den Eingriffen des öffentlichen Lebens zu schützen. Ob sie nun jede politische Tätigkeit verwarfen oder versuchten, sie ins Ästhetische umzuwandeln, in jedem Fall waren die Romantiker anti-politisch.«[18] Da aber seltsamerweise eben doch ist, was nicht sein kann und nicht sein darf, sieht sich Shklar gezwungen einzugestehen: »In einem beschränkten Sinne ist es möglich, von romantischer politischer Theorie zu sprechen.«[19] Das klassische Beispiel für dieselbe Kalamität bietet Carl Schmitt, der dem Thema der politischen Romantik nicht nur eine eigene Monographie[20] gewidmet, sondern der obendrein das Verständnis des Begriffs »Politische Romantik« nachhaltig geprägt hat und der dennoch die bloße Existenz eben des Phänomens, mit dem er sich so gründlich auseinandersetzt, vehement bestreitet, indem er der Romantik jegliche »politische Produktivität« abspricht.

Darüber hinaus fällt auf, daß der Romantik zwar auf der einen Seite jeglicher politische Sinn und Gehalt abgesprochen wird, daß ihr jedoch andererseits nicht selten im gleichen Atemzug eine Verantwortung für die politische Entwicklung aufgebürdet wird, die dazu in keinem realistischen Verhältnis steht. Charakteristisch für eine solche Sicht der deutschen Romantik (und des deutschen Idealismus) ist das Resümé, das Hans Kohn zieht: »Fichtes und Hegels Idealismus, die Träume des Novalis, die brillanten Formulierungen Schlegels und Adam Müllers haben keine Tür zu einer verantwortungsvollen Bewältigung der Realität geöffnet. Sie waren, im besten Fall, luftige Ausflüge ›verstiegen im Reiche der Gedanken‹, aber gefährlich aufgrund ihres Anspruchs auf Erklärung oder Veränderung der Wirklichkeit mittels ihrer surrealistischen Konzepte. Dennoch hatten sie einen beunruhigenden und tiefen Einfluß auf Politik und Geschichte Deutschlands und anderer Länder, in denen der vorsichtige und nüchterne Empirismus eines Locke oder Hume, die skeptische und rationale Klarheit eines Descartes oder Voltaire und die kritischen Analysen Kants nie tiefe Wurzeln geschlagen hatten.«[21] Wie es den »verstiegenen« Gedanken ohne »politische Produktivität« möglich ist, einen solch gewaltigen Einfluß auf Politik und Geschichte zu gewinnen, bleibt ohne Erklärung bzw. wird zum dunklen Mysterium stilisiert. Vom »unpolitisch Politische[n]« spricht auch Klaus Peter, um die merkwürdige Schieflage der Romantik zur Politik zu charakterisieren[22]. Im Unterschied zu anderen beschränkt sich seine Interpretation nicht auf die Feststellung der Unangemessenheit, sondern er sucht und findet einen Blickwinkel, aus dem dieses Unangemessene und Paradoxe der politischen Romantik dem Verstehen zugänglich gemacht wird. Peter betrachtet die politische Romantik als den (untauglichen) Versuch, Moral – und zwar genauer, die Moral der Aufklärung – in Politik zu übersetzen bzw. »Politik einzig unter dem Gesichtspunkt der Moral« zu denken und zu betreiben[23]. Das »politische Unvermögen der Romantik« besteht in der »Ohnmacht der bloßen Moral« gegenüber der Eigengesetzlichkeit des Politischen[24]. Mit anderen Worten: Auch Peter sieht in der Intention, mit der Verwischung der Grenzen von Moral und Politik die Ausdifferenzierung der Wertsphären überwinden zu wollen, die »Crux« des romantischen Prinzips.

Wenn die Romantik ausschließlich in ihrem unmittelbaren historischen Kontext an der Wende zum 19. Jahrhundert betrachtet wird, dann lassen sich einzelne Einwände, die gegen ihre Gesellschaftstheorie bzw. politische Philosophie erhoben werden, durchaus entkräften. Die Romantiker lassen sich sehr wohl in Schutz nehmen gegen verschiedene, zueinander teilweise widersprüchliche, aber in der Rezeptionsgeschichte des 19. und 20. Jahrhunderts nichtsdestoweniger hartnäckig tradierte Vorurteile. Weder waren sie in ihrer Jugend allesamt wilde Spinner oder verstiegene Träumer, noch waren sie im Alter durchwegs opportunistische Despotenknechte und rabiate Reaktionäre. Aber trotz aller guten Argumente im Detail läßt sich auf diese Weise das »Schiefe«, das seltsam Inadäquate oder Marginale der »politischen Romantik« nicht aus der Welt schaffen. Mögen die gesellschaftstheoretischen Ideen der Romantik in manchen Zügen gar nicht so weit entfernt sein vom liberalen Denken ihrer Zeit[25], so läßt sich doch nicht leugnen, daß sie im Vergleich zu diesem um einiges zaghafter und unentschiedener ausfallen. Mögen die Romantiker überraschend früh zu einer kritischen Haltung gegenüber der sich abzeichnenden Entwicklung des Kapitalismus gelangt sein, so fehlt ihrem vielzitierten Antikapitalismus doch ein alternatives Leitprinzip, und daher bleibt er höchstens eine Episode in der Vorgeschichte sozialistischer Theoriebildung[26]. Mögen die Romantiker schließlich auch mit dem konservativen Denken in einigen Grundauffassungen übereinstimmen, so sind sie doch weit von einer realistischen Politik im Interesse der Bewahrung des Überkommenen und Bestehenden entfernt. Kurzum, im Kontext ihrer Zeit und im Vergleich mit den drei großen Paradigmen des modernen politischen Denkens, die sich etwa im selben Zeitraum herausbilden, läßt sich der Eindruck des Ephemeren und Marginalen der »politischen Romantik« nicht verwischen.

Ein erster Hinweis darauf, daß das vielleicht noch nicht das letzte Wort ist, liegt freilich darin, daß die seltsame romantische Schieflage gegenüber dem Bereich des Gesellschaftlichen und Politischen, diese charakteristische Ungefügigkeit gegenüber der Grenzziehung zwischen verschiedenen Wertsphären mit der historischen Romantik nicht verschwunden ist. Dem sozio-politischen Modernisierungsprozeß ist es bis heute nicht gelungen, diesen prekären Zugriff der Kultur, der Moral, der Ästhetik, des Persönlichen und Privaten auf die Felder von Politik und Gesellschaft endgültig zurückzuweisen; vielmehr setzt er sich bis in die Gegenwart fort bzw. wiederholt sich in immer wieder neuen Gestalten, unter dem Vorzeichen immer weiterer »Bewegungen«.

Christoph Conti hat es unternommen, Charakter und Zielsetzung solcher Bewegungen des 20. Jahrhunderts (von der Bohème über Lebensreform- und Jugendbewegung bis zu den alternativen Bewegungen seit den sechziger Jahren) auf einen gemeinsamen Nenner zu bringen − und unfehlbar steht wieder der Gesichtspunkt einer Politik des Persönlichen und Privaten, also der Politik des »Unpolitischen« im Mittelpunkt: Es handelt sich, so Conti, um »... Bewegungen oder Gruppen, welche aus eigenem Antrieb, ohne Organisation durch staatliche Institutionen die Formen des Alltagslebens − insbesondere die Familie und die Berufsarbeit − unmittelbar und grundlegend zu ändern versuchen«[27]. In der Perspektive auf »Änderung der eigenen Lebenspraxis« sieht Conti das Kriterium, welches die verschiedenen Bewegungen, die sich im Verlauf des 20. Jahrhunderts unabhängig voneinander entwickeln, miteinander verbindet und ihre gemeinsame Bezeichnung als »alternativ« begründet.

Mit Blick auf seine Gegenwart stellt Philip Rieff im Jahr 1966 fest:»Unsere Revolution folgt mehr Freud als Marx, sie ist mehr analytisch als polemisch, mehr *kulturell* als sozial.«[28]Eine solche »Revolution« findet eigentlich um willen und im Namen des Privaten statt:»eine ruhige und zutiefst vernünftige Revolte des privaten Menschen gegen alle doktrinären Traditionen, die ihm das Heil des Selbst durch Identifikation mit den Zwecken der Gemeinschaft verheißen«[29]. Es ist, als ob Judith Shklars These, daß das einzige Anliegen romantischer Politik darin bestünde,»den nichtpolitischen Menschen vor den Eingriffen des öffentlichen Lebens zu schützen«[30], hier ihren Widerhall findet.

Auch aus der Retrospektive wird die Bewegung der späten sechziger Jahre als »Kulturrevolution« identifiziert. Jean-Marc Ferry spannt einen weiten Bogen, indem er sie zur großen politischen Revolution, die am Anfang der Moderne gestanden hat, in ein Verhältnis setzt:»1789 ist eine politische Revolution. 1968 dagegen ist auf bestimmte Weise eine kulturelle Revolution.«[31] Das Scheitern dieser Revolution hält ihn nicht davon ab, eine weitere kulturelle Revolution für die Zukunft vorauszusagen:»Es kann sogar sein, daß die ›ästhetische Vernunft‹ eines Tages dazu berufen sein wird, eine herausragende Rolle im Prozeß der Modernisierung zu spielen; es kann sein, daß unsere Umwelt eines Tages von einer ästhetischen Revolution umgestaltet werden wird.« [32] Bezeichnenderweise meldet Ferry aber auch gleich Zweifel an, ob es in bezug auf den dritten, den kulturellen Typus von Modernität überhaupt angemessen ist, in den Termini von Revolution, Modernität oder Modernisierung zu sprechen. Denn die Bewegungen, die dem Prinzip ästhetischer Rationalität folgen, sind nach seiner Einschätzung auf den ersten Blick eher prämodern oder antimodern, wie Fundamentalismus oder Regionalismus, manchmal auch eher postmodern, wie Ökologiebewegung, Pazifismus oder Teile der Frauenbewegung. Dem Konzept der Moderne scheinen sie sich jedenfalls nicht ganz reibungslos zuordnen zu lassen.

Die sogenannten Neuen Sozialen Bewegungen der siebziger und achtziger Jahre entstehen zwar aus der Revolte der späten sechziger Jahre; andererseits stellen sie ihr gegenüber einen eigenen Ansatz dar. In dieser Entwicklungsphase tritt der Aspekt des »Kulturellen« noch weiter in den Vordergrund – so weit, daß sich nun die Bewegung der sechziger Jahre im Vergleich dazu nachgerade wie der letzte Ausläufer einer Revolution im klassischen Sinne ausnimmt. Für die neuen Bewegungen gilt die Feststellung von Alain Touraine erst recht: »Die neuen sozialen Bewegungen sind weniger sozialpolitisch, als vielmehr soziokulturell.«[33] Klaus Eder erklärt die damit einhergehende Veränderung folgendermaßen: »... es geht nur mehr um die Thematisierung der Gesellschaft, aber nicht mehr um die Gesellschaft selbst. Zum neuen Handlungsfeld wird die *Kultur*, werden die symbolischen Bedeutungen, die die materiellen Dinge des Lebens haben. Es geht um die Gestaltung von Lebensweisen, die nicht nur die ökonomischen Randbedingungen einer Lebensform, sondern auch ihre Qualität verändern will.«[34] Ähnlich wie Ferry mit Blick auf die späten sechziger Jahre an der Angemessenheit der aus dem politisch-sozialen Sprach- und Denkhorizont stammenden Bezeichnung »Revolution« Zweifel geäußert hat, fragt sich Roland Roth, ob es angebracht ist, die neuen Bewegungen als »sozial« zu bezeichnen: »... meinte doch soziale Bewegung traditionell eine auf gesamtgesellschaftliche Veränderung, auf eine andere Gesellschaft drängende historische Kraft. Sind die aktuellen Bewegungspartikel damit nicht überfordert, sollten sie nicht besser als politische oder soziokulturelle Bewegungen aufgefaßt werden, die zwischen Protest und Reforminitiative, zwischen kultureller Innovation und Lebensreform angesiedelt sind?«[35]

Bevor der Gedanke aufkommen kann, daß aus der Perspektive der Alternativbewegungen des 20. Jahrhunderts im allgemeinen und denen der unmittelbaren Gegenwart im besonderen ein neues Licht auf die Romantik fallen könnte, sieht es eher so aus, als ob sich alle Ressentiments gegen das unpolitisch Politische einer Politik aus der Perspektive der Kultur, die den romantischen und neoromantischen Bewegungen entgegengebracht wurden, nun auch gegen die neuen Alternativbewegungen richten. Denn dieses Mißtrauen, das uns in bezug auf die historische Romantik bereits begegnet ist, ist tief in den gesellschaftstheoretischen Denkschemata verwurzelt. Es hält sich gegenüber den zeitgenössischen Tendenzen, die in diese Richtung weisen, durch.

Wieder steht der Eindruck an erster Stelle, daß es sich um

Randerscheinungen von nur sehr begrenzter Bedeutung handelt: »Wenn man nach der sozialstrukturellen Bedeutung der neuen sozialen Bewegungen fragt, dann drängt sich zunächst der Eindruck eines nur marginalen Charakters dieser Bewegungen auf. Die neuen sozialen Bewegungen mobilisieren offensichtlich nur Minoritäten. Sie bewirken wenig, wenn man ihre Erfolge an der Durchsetzung politischer Forderungen mißt. Die Themen, die sie aufgreifen, werden, sobald sie sich als publikumswirksam erwiesen haben, von der offiziellen politischen Kultur aufgegriffen und vermarktet. Es gibt also gute Gründe dafür, die neuen sozialen Bewegungen für ein nur marginales Phänomen im Prozeß gesellschaftlicher Modernisierung zu halten.«[36]

Eng mit dem Eindruck der Marginalität verbunden ist die Annahme, daß es sich nur um eine vorübergehende Erscheinung handeln könnte, um das Symptom einer temporären Schwächephase im Modernisierungsprozeß, die in dessen weiterem Fortgang alsbald zum Verschwinden gebracht wird: »Die neuen sozialen Bewegungen scheinen ... ein nur transitorisches Phänomen zu sein. Sie scheinen nichts anderes als der Ausdruck einer Übergangskrise, als die Begleiterscheinungen eines Wandels der Sozialstruktur im Prozeß der Modernisierung der Gesellschaft zu sein.«[37]

Diese Ansicht verbindet sich weiter mit der Auffassung, daß die Entstehung solcher Bewegungen lediglich aus der psychosozialen Situation bestimmter, durch den Modernisierungsprozeß besonders bedrohter Gruppen zu erklären sei. Unterstellt wird, daß es sich um die angstbesetzte Reaktion jener handelt, die auf der Verliererseite der Moderne stehen oder zu stehen fürchten. Von der Einschätzung der Romantiker als entwurzelter Intellektueller ohne Karrierechancen in der sich entwickelnden bürgerlichen Gesellschaft, über das (an die Romantik anknüpfende) Konzept des »cultural despair«[38], mit dem der deutsche »Sonderweg« aus der Angstreaktion deklassierter und marginalisierter Gruppen erklärt wird, bis hin zu den »collective behavior«-Theorien[39], haben sozialpsychologische Erklärungsversuche für die Interpretation von Kulturbewegungen lange eine dominierende Rolle gespielt. So unterschiedlich diese Ansätze und ihre Gegenstände auch sein mögen, gemeinsam ist ihnen das Deutungsmuster: Die von der jeweiligen Gruppe oder Bewegung wahrgenommenen Probleme und Spannungen werden der subjektiven Befindlichkeit, d.h. einer ungünstigen sozialen Positionierung oder einer unglücklichen Bewußtseinslage bestimmter kollektiver oder einzelner Subjekte angelastet. Mögen die daraus entstehenden Konstellationen zwar psychologisch verständlich sein, so handelt es sich doch um subjektive Problemlagen, denen eine allgemein gültige, objektive Grundlage aberkannt wird. Mag der Modernisierungsprozeß Probleme schaffen, so liegen diese nicht in ihm selbst begründet, sondern resultieren lediglich aus inadäquaten subjektiven Reaktionen, aus spezifischen Schwierigkeiten bestimmter Gruppen oder Individuen bei der Anpassung an einen davon unberührten, prinzipiell unbezweifelten Modernisierungsprozeß.

Selbst da, wo prinzipiell eine höhere Bereitschaft vorhanden ist, soziale Bewegungen positiv zu bewerten, bleiben erhebliche Reserven bestehen, bzw. es werden Differenzierungen im Konzept von Bewegung vorgenommen, die auf eine Trennung zwischen echten, d.h. legitimen Sozialbewegungen und anderen illegitimen Formen von Bewegung hinauslaufen. Eine auf »gesamtgesellschaftliche Veränderung, auf eine andere Gesellschaft drängende historische Kraft« hat sich aus rechtlichen und / oder ökonomischen, mithin aus genuin gesellschaftlichen und politischen Antrieben zu speisen. Diesem Anspruch genügen die klassischen Emanzipationsbewegungen der Moderne, d.h. die Emanzipationsbewegung des Bürgertums gegen feudale Herrschaftsstrukturen und die Arbeiterbewegung: »Die zentrale Beschwerde, die von den sozialen und politischen Bewegungen des Bürgertums geführt wurde, richtete sich gegen die Entscheidungsprivilegien und die *Willkür* vorbürgerlicher politischer Eliten. Demgegenüber war die Beschwerde, die von der Arbeiterbewegung geführt wurde, gegen *Armut* und soziale Unsicherheit gerichtet.«[40] Ihnen gegenüber erscheinen die motivationalen Quellen und die Zielsetzungen der Alternativbewegungen ebenso trübe wie einst die der Romantik. Die »Politik der ersten Person«, gar noch die des Körpers oder der auf biologischen Argumenten basierenden Askriptionen erscheint nach wie vor höchst verdächtig. Von den »richtigen« gesellschaftlichen Problemstellungen und den Zielsetzungen »echter« sozialer Bewegungen scheint das alles unvorteilhaft weit entfernt zu sein. Gerade von den Protagonisten älterer Bewegungen einer radikalen, revolutionären Umgestaltung der bestehenden Verhältnisse sind die neuen bzw. anderen Gestalten von Bewegung nicht selten aus diesen Gründen beargwöhnt worden: »Anstatt eine wirkliche Alternative zu den herrschenden Verhältnissen darzustellen, wird die *scene* immer mehr hin und her gerissen zwischen den Archaismen der Bodenständigkeit auf der einen und den Modernismen der Massenkultur auf der anderen Seite. Im unerbittlichen Zangengriff von bürgerlicher Regression und industrieller Progression drohen die gerade erst aufgekeimten neuen Qualitäten eines politischen Kampfes... wieder erstickt zu werden... [Es] muß einem allein schon der Wandel des Realisierungsmediums für die politischen Absichten, vom revolutionären Kampf zum alternativen Kulturbetrieb, an der eigentlichen Zielsetzung... zweifeln lassen. Denn hierbei vollzog sich nicht nur einfach eine Akzentverschiebung vom Attribut ›politisch‹ auf das Attribut ›kulturell‹, sondern zugleich auch ein entscheidender Ebenenwechsel von der Politik zur Ästhetik.«[41] »Thema sind nicht mehr die politisch-ökonomischen Strukturen des Ausbeutungs- und Unterdrückungsverhältnisses... statt dessen sind die innerpsychischen Repräsentanzen der Macht zum allseits bewegenden Motiv geworden.«[42]

Im Extremfall rückt die Kulturbewegung wieder – ähnlich wie die Romantik – auf die Seite der Gegenwelt; nämlich dann, wenn sie auf der Grundlage des dualistischen Schemas von sozialen Handlungssystemen auf der einen Seite und Lebenswelt auf der anderen, dieser letzteren zugeordnet wird: »Die NsB [Neuen sozialen Bewegungen] sind Widerstands- und Rückzugspotentiale gegen die Kolonisierungseffekte eines sozialen Wandels, dessen Dynamik... der anderen Seite der Welt: der funktionalen Differenzierung sozialer Handlungssysteme zugeschlagen wird... Die NsB klagen Bestände an soziokulturellen Lebenswelten ein. Sie tun dies mit expressiv-symbolischen Mitteln und sind insofern selbst nichts als Lebenswelt.«[43]

Da jedoch gar nicht zu bestreiten ist, daß die neuen Bewegungen erstens historisch gesehen in der kontinuierlichen Tradition früherer Emanzipationsbewegungen stehen und daß sie zweitens spezifisch moderne Potentiale weiterentwickeln und radikalisieren, liegt es wiederum nahe, die Bewegung nach ihren progressiven und reaktionären Aspekten auseinanderzudividieren. »Die neuen sozialen Bewegungen erscheinen so als die *höchste Stufe* in der Entwicklung des ›produktivistischen Projekts‹ der kollektiven Selbsterzeugung der Gesellschaft, das für die Moderne konstitutiv gewesen ist. Insofern stehen sie in der Kontinuität des produktivistischen Projekts der Moderne. Auf der anderen Seite zeigt sich, daß das produktivistische Projekt in den neuen sozialen Bewegungen selbst in Frage gestellt und entwertet wird. Die neuen sozialen Bewegungen sind auch Träger eines anti-produktionistischen Projekts, einer Kritik am progressistischen Ideal, die unmittelbar an die Tradition der radikalen Modernitätskritik anschließt. In dieser Perspektive *sind die neuen sozialen Bewegungen Ausdruck eines Kontinuitätsbruchs* der Moderne.«[44]

Mit dem Versuch, die progressiven und regressiven Seiten säuberlich zu trennen, ist hinsichtlich der neuen Bewegungen genausowenig zu gewinnen wie mit den verschiedenen Versuchen, die Romantik in eine »gute« (progressive) und eine »schlechte« (reaktionäre) Hälfte zu teilen. Es geht nicht in erster Linie darum, die partiell modernisierende Funktion von Kulturbewegungen oder des kulturellen Bereichs nachzuweisen, um gleichzeitig immer wieder ihre particlle Andersartigkeit konstatieren zu müssen. Es muß vielmehr anerkannt werden, daß das Charakteristikum dieser Art von Bewegungen, die im Verlauf der Entwicklung der Moderne immer wiederkehren, bzw. eigentlich permanent präsent sind, genau in der Einheit dessen liegt, was aus der Außenperspektive des Politischen oder Gesellschaftlichen als disparat und unvereinbar erscheint. Diese Bewegungen müssen in ihrer Eigentümlichkeit anerkannt und d. h. als Kulturbewegungen (in einem erweiterten Verständnis von Kultur) angesehen werden. Alle Versuche, sie fremden Begrifflichkeiten zu- und unterzuordnen (Revolution, Sozialbewegung usw.) sind zum Scheitern verurteilt, bzw. führen zu Fehleinschätzungen, die im bekannten einerseits-andererseits-Spiel befangen bleiben, bei dem Kulturbewegungen auf der einen Seite »als die *höchste Stufe* in der Entwicklung des ›produktivistischen Projekts‹ der kollektiven Selbsterzeugung der Gesellschaft« und auf der anderen Seite als »Ausdruck eines Kontinuitätsbruchs der Moderne« aufgefaßt werden.

Um zu einem adäquateren Verständnis der hier beschriebenen Phänomene gelangen zu können, ist ein Wandel im Konzept von

Moderne selbst erforderlich, im Zuge dessen der kulturelle Bereich aus seiner Stillstellung als Gegenwelt, als Lebenswelt entlassen und in seiner eigengesetzlichen Partizipation am Prozeß der Moderne verstanden wird. Der Versuch, eine bislang eher vernachlässigte Linie in dem Bild, das vom Prozeß der Moderne entworfen wurde, nachzuzeichnen, muß letztlich zu einer Umstrukturierung des gesamten Bildes führen. Damit wird weder ein erneuter Ausbruch der Gegen-Moderne noch der Anbruch der Postmoderne auf die Tagesordnung gesetzt; aber doch sind erhebliche Korrekturen am Konzept von Moderne unvermeidlich: »... das ›antimodernistische‹ Szenario, das augenblicklich die Welt beunruhigt – Wissenschafts-, Technik- und Forschrittskritik, neue soziale Bewegungen – [stehen] nicht im Widerspruch zur Moderne..., sondern [sind] Ausdruck ihrer konsequenten Weiterentwicklung über den Entwurf der Industriegesellschaft hinaus... Der Zugang zu dieser Sicht wird blockiert durch einen ungebrochenen, bislang kaum erkannten Mythos, in dem das gesellschaftliche Denken im 19. Jahrhundert wesentlich gefangen war und der seinen Schatten auch noch ins letzte Drittel des 20. Jahrhunderts wirft: dem Mythos nämlich, daß die entwickelte Industriegesellschaft... *eine durch und durch moderne* Gesellschaft ist, ein Gipfelpunkt der Moderne, über den ein Hinaus sinnvollerweise gar nicht erst in Erwägung gezogen werden kann.«[45]

Obwohl bis hierher jene Indizien gesammelt wurden, die darauf hindeuten, daß dieselben Begriffs- und Bewertungsraster, mit denen Kulturbewegungen in der Vergangenheit interpretiert und partiell fehlinterpretiert worden sind, in der gegenwärtigen Diskussion weiter fortgeschrieben werden, gibt es doch klare Anzeichen dafür, daß inzwischen ein Punkt im Entwicklungsprozeß der Moderne erreicht ist, an dem dieser eine so neue Dimension gewinnt, daß die alten Muster außer Kraft gesetzt werden. Mit den Alternativbewegungen der Gegenwart, d.h. der Zeit nach 1968, ist ein Punkt erreicht, in dem die ästhetisch-expressive Rationalität in den westlichen Industrieländern beginnt, einen »für die Gesamtgesellschaft strukturbildenden Effekt« zu entfalten. »Die neuen sozialen Bewegungen erlangen im Kontext des gegenwärtigen strukturellen Umbruchs westlicher Industriegesellschaften eine zentrale Funktion. Sie werden zu einem der

Hauptakteure des gesellschaftlichen Transformationsprozesses, und sie rücken die Eigentümlichkeit der vor sich gehenden tiefenstrukturellen Veränderungen überhaupt erst ins öffentliche Bewußtsein.«[46]

Diese tiefenstrukturellen Veränderungen betreffen die Sphäre der Kultur:»... Die Moderne bringt es mit sich, daß kulturelle Orientierungen verändert werden können. Das ist in traditionalen Gesellschaften, in denen Diskussionen nur auf der sozialen Ebene geführt werden können, nicht der Fall; hier ist das kulturelle System einfach gegeben.«[47] Klaus Eder geht sogar so weit, eine historische Entwicklungslinie zu entwerfen, die in der Veränderung der kulturellen Muster in der Gegenwart ihren (bisherigen) Kulminationspunkt findet: »Merkantile Gesellschaften waren auf das Verteilungsproblem konzentriert; industrielle Gesellschaften auf die Mobilisierung der Produktivkräfte und postindustrielle Gesellschaften auf die kulturelle Orientierung der gesellschaftlichen Entwicklung.«[48] Auch Claus Offe dehnt den Traditionszusammenhang der modernen Emanzipationsbewegungen auf eine dritte, als legitim erkannte Ebene aus. Zu den »Beschwerden« des Bürgertums und der Arbeiterbewegung kommt jetzt eine dritte hinzu: »Aufbauend auf diesen Bewegungen und der aus ihnen hervorgehenden Strukturbildungen konzentrieren sich die neuen sozialen Bewegungen auf das Thema des *Schmerzes*, der sich aus Übergriffen und der Bedrohung der physischen (oder im weiteren Sinne ›ästhetischen‹) Integrität des Körpers, des Lebens oder einer Lebensweise ergibt.«[49] Das bislang Unpolitische bzw. unpolitisch Erscheinende wird damit politisch.

Indem die Sphäre der Kultur als Arena gesellschaftlicher Entscheidung und historischer Veränderung begriffen wird, tritt das, was als immobiles Substrat der Gesellschaft gegolten, was als selbst unbewegliche Folie von Veränderung fungiert hat, ins Zentrum der Aufmerksamkeit. »Die aus den Widersprüchen hervorgehenden Krisen gehen jetzt immer mehr über die gesellschaftlichen Institutionen des Kapitalismus, der Technologie, der Demokratie, der Bürokratie und des Rechts hinaus und erfassen die tiefsten Sinngrundlagen der westlichen Kultur. Die westliche Kultur wird in diesem Prozeß immer mehr aus dem Status einer unbefragten Prämisse in denjenigen einer diskursiv zu begrün-

denden Hypothese versetzt.«[50] Freilich ist in diesen Formulierungen ein Stück Täuschung enthalten, insofern die Sphäre der
Kultur seit jeher schon Gegenstand gesellschaftlicher Setzung
gewesen ist. Der Eindruck ihrer Exterritorialität gegenüber gesellschaftlicher Willensbildung und Einflußnahme ist selbst erst
das Produkt einer spezifischen Konstruktion von Gesellschaft.
Konkret stellt sie das Ergebnis der spezifisch modernen Kultur-
vergessenheit dar. Dessen ungeachtet trifft es zu, daß die wissenschaftlich-technischen Fortschritte der Gegenwart das Ausmaß
der Manipulierbarkeit des gesellschaftlichen Reproduktionspro-
zesses in bislang ungeahnter Weise erhöhen und so den Konsens
der Unhinterfragbarkeit des kulturellen Fundaments zu Fall
bringen. Im Moment ihres Falls tritt die auch schon in der
Vergangenheit gegebene Künstlichkeit dieser Konstruktion zutage.
  Im Spiegel der Gegenwart treten die Kulturbewegungen der
Vergangenheit, die Romantik des frühen 19. Jahrhunderts ebenso
wie die verschiedenen neoromantischen Bewegungen des frühen
20. Jahrhunderts in ein neues Licht. Denn erst am Ende unseres
Jahrhunderts kommen die Züge der Moderne voll zum Vorschein, die in der Epoche der Romantik angelegt sind; es treten
jene Problemstellungen in den Vordergrund, denen das besondere
Interesse der Romantiker gegolten hat. Das heißt nicht, die verschiedenen Bewegungen auf Selbigkeit zu reduzieren. Weder soll
die historische Romantik aus dem Geiste und im Interesse der
Gegenwart gelesen werden, noch soll der Gegenwart ihre Eigenart und Einzigartigkeit durch den letzlich immer müßigen Ver-
weis auf ein »alles-schon-mal-da-gewesen« bestritten werden.
Auch trägt jede Periode und jede Bewegung die Verantwortung
für sich selbst. D.h. es ist nicht möglich, etwa die Schuld an den
Verfehlungen bestimmter Bewegungen des 20. Jahrhunderts auf
die Romantik zu reprojizieren oder umgekehrt aus dem Scheitern des romantischen Projekts in der Vergangenheit Schlüsse für
die Gegenwart und Zukunft zu ziehen. Trotzdem ist eine wellen-
artig-zyklische Kontinuität zwischen den verschiedenen Kulturbewegungen des 19. und 20. Jahrhunderts unübersehbar.
  Das Verwandtschaftsverhältnis zwischen ihnen genauer zu be-
leuchten, kann nach beiden Seiten hin nützlich sein. Der Blick
von der Gegenwart auf die Vergangenheit kann dazu beitragen,

ein mißverstandenes Phänomen in sein Recht zu setzen, es aus unangemessenen Deutungs- und Zuordnungsmustern zu lösen und so in die richtige Proportion zu bringen, was vorher zwischen den Extremen des belanglos Kleinen und des dämonisch Riesigen, zwischen Prä- bzw. Antimodernität und Ultramodernität zu oszillieren schien. Den Blick von der Vergangenheit aus auf die Gegenwart zu richten, kann dazu verhelfen, die Mechanismen und Gesetzmäßigkeiten, die diesen Bewegungen zu eigen sind, besser zu erkennen und unter Umständen ihnen inhärierende Pathologien zu diagnostizieren.

Der Versuch, die »ganze« Romantik zu erfassen, läßt in der Synopse der historischen Romantik und der Wiederkehr des romantischen Syndroms in späteren Konstellationen folgende Merkmale als charakteristische Bestandteile des romantischen Komplexes identifizierbar werden:

Die Ausweitung und Umdeutung des Revolutionsbegriffs von der politischen bzw. materiellen zur geistigen bzw. kulturellen Revolution;

die Ausweitung und Umdeutung der Gesellschaftskritik zur Zivilisations- und Epochenkritik;

die Wendung zum Subjekt (als Individuum);

die Wendung zur Ästhetik;

die Wendung zur Gemeinschaft;

die Wendung zur Natur;

die Wendung zu Mythologie und Religion.

Die beiden situativen Eckpunkte: Von der Ausdehnung des Revolutionsbegriffs bis zur Ausweitung der Revolutionskritik

Mit der Bezeichnung situative Eckpunkte ist die zeitgeschichtliche Verortung der Romantik um die Wende zum 19. Jahrhundert gemeint. Konkret ist es das Verhältnis zur Französischen Revolution, welches das entscheidende Kriterium in der Bestimmung der beiden situativen Eckpunkte bildet. Am Beginn steht die überschwengliche Revolutionbegeisterung der Frühromantik, die so oft als Indiz ihrer Fortschrittlichkeit gesehen wird. Am anderen Ende steht die scharfe Verurteilung der Revolution, die ebenso häufig als Zeichen des konservativen, ja reaktionären Gesinnungswandels der Romantiker verstanden wird. Das Verhältnis zur Französischen Revolution ist kein kontingenter zeitgeschichtlicher Bezugspunkt unter anderen, sondern »eine der aufschlußreichsten Konstellationen ... der neueren Geschichte«[51] überhaupt.

Es ist wohlbekannt, daß die deutschen Romantiker sich nicht nur für die revolutionären Umwälzungen in Frankreich begeistert haben, sondern daß sie diese Begeisterung zu einer erheblichen Ausweitung ihrer Revolutionserwartung für das eigene Land und für die Zukunft Europas geführt hat. »Die franz(ösische) Rev(olution) wird erst durch die Deutschen eine allgemeine werden«, heißt es kurz und entschieden bei Friedrich Schlegel[52]. Und ähnlich bei Novalis: »In Deutschland kann man schon mit voller Gewißheit die Spuren einer neuen Welt aufzeigen. Deutschland geht einen langsamen, aber sichern Gang vor den übrigen europäischen Ländern voraus. Während diese durch Krieg, Spekulation und Parthey-Geist beschäftigt sind, bildet sich der Deutsche mit allem Fleiß zum Genossen einer höhern Epoche der Cultur.«[53] Die von den deutschen Romantikern »nur« als politische Revolution aufgefaßte Französische Revolution soll durch eine deutsche, d.h. »geistige« Revolution ergänzt, vollendet und überwunden werden. Der Anbruch eines ganz neuen Zeitalters scheint unmittelbar bevorzustehen: eine neue Welt, »eine neue Geschichte, eine neue Menschheit ... eine neue goldne Zeit«[54].

Mit dieser enormen Ausdehnung der Revolutionshoffnung geht eine Umdeutung des Politischen ins Geistige, Kulturelle und Religiöse einher. Es findet eine »Verwandlung der französischen Revolutionsideale zur romantischen Totalitätsreligion«[55] statt. »Der revoluzionäre Wunsch, das Reich Gottes zu realisiren, ist der elastische Punkt der progressiven Bildung, und der Anfang der modernen Geschichte.«[56] In diesem Lichte betrachtet, erscheint die Revolution als neue, als zweite Reformation: »eine zweite Reformation, eine umfassendere und eigenthümlichere war unvermeidlich, und mußte das Land zuerst treffen, das am meisten modernisiert war, und am längsten aus Mangel an Freiheit in asthenischem Zustande gelegen hatte«[57], nämlich Frankreich. Allerdings klingen gleich auch Zweifel an, wenn Novalis von der Französischen Revolution spricht: »Frankreich verficht einen weltlichen Protestantismus. Sollten auch weltliche Jesuiten nun entstehn, und die Geschichte der letzten Jahrhunderte erneuert werden? Soll die Revolution die französische bleiben wie die Reformation die Lutherische war?«[58] Wenn aus der Revolution als neuer Reformation nur deren Wiederholung auf erweitertem Maßstab resultieren sollte, d.h. eine Fortschreibung der in ihr angelegten Tendenzen, der Prinzipien des modernen Zeitalters, eine Art Wiederholung der Geschichte der letzten Jahrhunderte, dann wäre das für Novalis nicht genug. Würde die Revolution eine französische bleiben wie die Reformation eine Lutherische geblieben ist, so würde das ein Verharren auf der Stufe der Differenz oder – mit Schlegel gesprochen – des »Chemismus«[59] bedeuten. Novalis' eigentliche Hoffnung richtet sich auf die Überwindung dessen in einem dialektischen Umschlag, der gerade aus der äußersten Zuspitzung des Prinzips von Differenz bzw. Entzweiung hervorgehen soll.

Die Kritik der Romantiker richtet sich gegen das analytische, zergliedernde und zerteilende Denken, das die lebendigen Strukturen und ihre Zusammenhänge tötet, sie trifft die »normative Gesinnung«[60], das kalkulierende Denken, die Rechenhaftigkeit, die Seelenlosigkeit, die Leb-und Lieblosigkeit – kurzum: das moderne Rationalitätsprinzip, und zwar sowohl in seiner theoretischen, wissenschaftlich-technischen wie in seiner praktischen, moralisch-gesellschaftlichen Ausprägung als »Maschinenstaat« und »Philistertum«. »... die Wälder umhauen, den Strom schiffbar machen, Kartoffeln anbauen, die Dorfschulen verbessern, Akazien und Pappeln anpflanzen, der Jugend ihr Morgen- und Abendlied zweistimmig absingen und die Kuhpocken einimpfen lassen.«[61] Dieses Denken sehen die Romantiker bereits am Beginn der Neuzeit, im Zeitalter der Reformation begründet; sie sehen es im mehr oder minder aufgeklärten Absolutismus realisiert und in ihrer eigenen Zeit – aus heutiger Perspektive am eigentlichen Beginn der Moderne – in Gestalt der Französischen Revolution bis zum Äußersten zugespitzt. Die für sie entscheidende Frage ist, ob aus dieser äußersten Kulmination der ersehnte Umschlag in etwas ganz anderes, in »eine neue goldne Zeit« resultieren kann oder nicht. Mit anderen Worten: die Romantiker haben den Beginn eines *nach*modernen Zeitalters der großen Synthese, der Versöhnung, der auf höherer Entwicklungsstufe wieder gewonnenen Einheit und Ganzheit ausgerechnet an dem Punkt der Geschichte ersehnt und erträumt, an dem das diesen Hoffnungen so ganz entgegengesetzte Rationalitätsprinzip erst wirklich seinen Siegeszug antritt. In diesem gravierenden historischen Irrtum liegt die eigentliche Ironie der Romantik. In der Folge mußte das sehr bald zur Ernüchterung, zur Enttäuschung der hochgespannten Erwartungen führen. In der Art der Ausdehnung und Umdeutung der Revolutionshoffnung war der Keim zu späterer Umkehr und Abkehr bereits deutlich angelegt.

Am anderen Pol korrespondiert der romantischen Ausweitung der Revolutionshoffnung die Ausweitung der Revolutionskritik. Das bedeutet, daß aus der Gegenwartskritik eine umfassende Rationalitäts- und Zivilisationskritik wird. Diese bezieht sich wiederum bis auf die Reformation als Beginn des modernen Zeitalters zurück. Etwa zwanzig Jahre nach seinen oben zitierten Äußerungen schreibt Friedrich Schlegel: »Das ganze Faktum der sogenannten französischen Revolution, so unermeßlich auch die Folgen dieser einen Tatsache gewesen sind, bleibt doch nur ein einzelnes Symptom, ein partieller Ausbruch...; da augenscheinlich Stoff und Anlage zum revolutionären Übel schon *viel früher* und an vielen anderen Orten, um nicht zu sagen in der *gesamten Basis der zivilisierten Staaten von Europa* vorhanden war.«[62] Daß die Grundlagen der Revolution bereits in der Reformation gelegt waren, wußten die Romantiker schon, als sie noch auf die Revolution hofften. Was sie später so kritisch als »revolutionäres Übel« sehen, ist, daß diese Revolution keinen Umschwung in der Entwicklungsdynamik der Moderne hervorgebracht hat, sondern deren weitere Fortschreibung. Das Zeitalter erweist sich als gar nicht so neues, sondern steht in der Kontinuität der Neuzeit.

Die romantische Kritik am kalten Rationalismus des Ancien régime ändert im Lauf der Zeit weniger ihren Inhalt als ihren Adressaten. Es sind im wesentlichen dieselben Einwände, die gegen die sich neu etablierende bürgerliche Gesellschaft erhoben werden[63]. In der romantischen Perspektive verwischen sich die Grenzen zwischen dem Ancien régime und der durch die Revolution zum Durchbruch gelangten bürgerlichen Epoche[64]. Absolu-

tistische Vergangenheit und bürgerliche Gegenwart werden gleichermaßen als unter dem Vorzeichen des kalten Rationalismus
stehend wahrgenommen, in eins gesetzt und negativ bewertet.
Das bedeutet, daß die romantische Kritik an der neuen bürgerlichen Ordnung keineswegs restaurativ gemeint ist, d. h. sie ist
nicht auf die Wiederherstellung der unmittelbar vorrevolu-
tionären Verhältnisse gerichtet. Die spätere romantische Abkehr
von der Revolution hat mit reaktionärer Gesinnung oder konservativer Haltung, also mit dem Wunsch nach Wiedereinsetzung
der gestürzten Herrschaftsstrukturen oder mit dem Streben nach
Bewahrung bzw. Fortschreibung des Status quo, ebensowenig zu
tun wie die frühromantische Revolutionsbegeisterung mit Fort-
schrittsglauben und Modernitätsbejahung im landläufigen Sinne.
An beiden Polen geht es um die Sehnsucht nach einer anderen,
die Lebensverhältnisse in ihrer Gesamtheit umgestaltenden
Wirklichkeit. Einmal wird sie in einer utopischen Zukunft, einmal in einer utopischen Vergangenheit gesucht. Genauer gesagt:
In dem Maß, in dem sich die Zukunft als verschlossen erwies, hat
die Vergangenheit, das vielbeschworene Mittelalter, als utopischer Bezugspunkt an Bedeutung gewonnen − obwohl den Romantikern durchaus bewußt war, daß »das Trugbild einer gewe-
senen goldnen Zeit... eins der größten Hindernisse gegen die
Annäherung der goldnen Zeit die noch kommen soll«[65] darstellt.

Obwohl die situativen Eckpunkte am engsten mit der unwieder-
holbaren historischen Gestalt der Romantik im 19. Jahrhundert
verbunden sind, finden gerade sie in verschiedenen neoromantischen Kontexten Parallelen. Das situationsabhängigste Merkmal der Romantik erweist sich als Strukturelement.

Es fällt auf, daß es später wieder Phasen revolutionärer Um-
brüche sind, in denen die romantischen Elemente und Motive
eine besondere Konjunktur erleben. Die verschiedenen Perioden
politischer Revolutionen oder Revolten in Europa strukturieren
gewissermaßen die Präsenz des Romantischen in der Moderne.
In ihrem Umfeld tritt die romantische Tendenz verstärkt an die
Oberfläche[66]. Stand der historische »Prototyp«, die deutsche Romantik an der Wende zum 19. Jahrhundert, in engem Zusammenhang mit der Französischen Revolution, so läßt sich die
zweite »Hausse« in der romantischen Konjunktur mit den revo-

lutionären Veränderungen in der Nachfolge des Ersten Weltkriegs identifizieren; die dritte »heiße Phase« ist auf die Jahre
nach der 68er Bewegung zu datieren. Und wieder tritt das romantische Syndrom jeweils im Umkippen von Engagement zu
Enttäuschung an den revolutionären Prozessen in Erscheinung.

Die romantische Generation um 1800 in Deutschland ist ent-
täuscht über den blutigen Verlauf der Revolution und / oder über
ihr ernüchternd bourgeoises Resultat in Frankreich und / oder
über das Ausbleiben eines entsprechenden Umsturzes im eigenen
Land. Ebenso vielfältig und vielschichtig sind die Ursachen für
die Enttäuschung an der Oktoberrevolution[67]: ihr Ausbleiben
in Deutschland, ihr Ausbleiben als Weltrevolution, ihr unbe-
friedigendes Ergebnis in Rußland. Enttäuschung über die lang
erhoffte sozialistische Revolution – ihr Fehlen oder Verfehlen –
durchzieht in immer neuen Schüben eigentlich den ganzen weiteren Verlauf des 20. Jahrhunderts bis hin zur Revolte der späten
sechziger Jahre, die zuerst selbst als »neoromantische Reaktion
auf das Ausbleiben der proletarischen Revolution in den entwickelten Industrieländern und die Herausbildung einer bürokratischen Industriegesellschaft in der Sowjetunion«[68] interpretiert worden ist – und deren eigenes Scheitern dann erst recht ein
Wiederaufleben romantischer Reaktionen zur Folge gehabt hat.

Was die situativen Parallelen zwischen den drei Hochphasen
des Romantischen anbelangt, so hat ihr Auftreten in der Nähe revolutionärer Umbruchszeiten auch noch einen räumlich-geogra-
phischen Nebenaspekt. Es fällt auf, daß romantische Reaktionen
auf eine revolutionäre Situation nicht im Zentrum der Ereig-
nisse am stärksten sind, sondern an deren Peripherie: So entfaltet
sich die deutsche Romantik in der Auseinandersetzung mit der
Revolution im Nachbarland und ebenso ist die Entstehung des
Marxismus als Kulturbewegung ein Spezifikum des westlichen
Marxismus[69], d. h. sie findet gerade in jenen Ländern statt, die
von der politischen und gesellschaftlichen Revolution nicht erfaßt worden sind. Beim dritten Fall, der Revolte der sechziger
Jahre, liegen die Dinge etwas anders, insofern hier nirgendwo
eine im äußerlichen Sinne erfolgreiche Revolution stattgefunden hat, so daß es schwieriger ist, Zentrum und Ränder von einander zu unterscheiden.

Für das romantische Syndrom und seine Entstehung ist es auch eigentlich zweitrangig, ob nach allgemein herrschender Auffassung die Revolution als erfolgreich anzusehen ist (wie im Fall der Französischen Revolution) oder als gescheitert (wie die Revolte der späten sechziger Jahre). Fast sieht es so aus, als ließe sich umgekehrt behaupten: Je enttäuschender die Revolution als politische und soziale, desto klarer tritt ihre kulturelle Dimension in den Vordergrund. Dabei ist es gleichgültig, ob als Grund der Enttäuschung das völlige Ausbleiben, die unzureichende Durchsetzung oder das unbefriedigende Resultat der Revolution angeführt wird. Relevant ist nur, daß ein politischer und sozialer Umsturz oder Umsturzversuch Hoffnungen auf eine tiefgreifende Neuordnung und Erneuerung des Lebens in allen seinen Aspekten geweckt hat und daß diese Hoffnungen auf der Ebene der politischen und gesellschaftlichen Veränderung ganz oder teilweise unerfüllt geblieben sind.

In der unmittelbaren Folge der Enttäuschung entsteht an den verschiedenen historischen Kristallisationspunkten Verzagtheit aufgrund der Fruchtlosigkeit des politischen Engagements und Resignation angesichts der Unbeeinflußbarkeit der Verhältnisse. In einem zweiten Schritt weitet sich diese Negativerfahrung zu einer umfassenden Kritik an der gesellschaftlichen Wirklichkeit der Moderne und ihres Rationalitätsprinzips aus. »Zum Gegner wird das System als solches.«[70] Es entsteht ein tiefes Mißtrauen gegen die Idee eines linearen Fortschritts der Geschichte. Im Extrem verhärtet sich die Enttäuschung an der Realität zur Verzweiflung an der Modernität in allen ihren Erscheinungsformen (»cultural despair«[71]). Die romantische Reaktion ist vollständig, wenn sich aus alledem eine Tendenz zum Rückzug von der Gesellschaft ins Private, von der »Welt« ins Geistige und sogar Spirituelle, von der Wirklichkeit in die Phantasie und vom Glauben an einen unaufhaltsamen Fortschritt der Geschichte zur Sehnsucht nach einem besseren Gestern ableitet. Wer könnte behaupten, daß die deutsche Romantik die einzige Bewegung gewesen sei, die diesen Weg gegangen ist[72]? Der Glaubwürdigkeitsverlust der wissenschaftlich-technischen Rationalität, die Ohnmachtserfahrung der politischen Vernunft, wie wir sie in der unmittelbaren Gegenwart erleben, stellt ähnliche Tendenzen der Vergangenheit an Radikalität und Intensität weit in den Schatten.

Es scheint, als werde ein emanzipatorischer Impuls, der sich zur Veränderung der Realität als zu schwach erweist, ins Private, ins »Geistige«, ins Kulturelle und Religiöse oder Pseudoreligiöse gleichsam umgebogen. Wenn es gut geht, d. h. wenn es beim Rückzug in bestimmte Zufluchtsbereiche bleibt, lautet das Urteil über das romantische Syndrom: Realitätsflucht[73]. Wenn es schlecht geht und wenn diese Haltung selbst wieder eine politische Wendung nimmt, dann lautet das Urteil: Ausbruch des Irrationalismus, des Fundamentalismus, des Reaktionären schlechthin.

Das alles gilt freilich nur unter der Voraussetzung, daß Enttäuschung ausschließlich negativ aufgefaßt wird und nicht gleichzeitig auch positiv als Abschied von einer Täuschung, als Befreiung von einer Illusion. Wird diese wohl in jeder Enttäuschung auch angelegte Aussicht mitberücksichtigt, dann ergibt sich eine andere Perspektive. Das Erfordernis, von einem als unerreichbar erkannten Ziel Abschied zu nehmen, eröffnet jenseits des damit verbundenen Bedauerns doch in der Abstandnahme auch die Chance der Reflexion – auf die in ihrer Stabilität nicht länger unterschätzten »etablierten Verhältnisse« und auf den Impetus zu ihrer Veränderung gleichermaßen.

Was spätere Kulturbewegungen mit der historischen Romantik verbindet, ist die Art des Perspektivenwechsels gegenüber einer sich als aufklärerisch und fortschrittlich verstehenden Gesellschaftskritik, die in allen Fällen zeitlich kurz voraus- und entwicklungslogisch zugrunde liegt. An die Stelle der Kritik der gesellschaftlichen Realität tritt eine Kritik der Begriffe, in denen diese Realität wahrgenommen, empfunden, gedacht und beschrieben wird. Das bedeutet einen Übergang von der Gesellschafts- zur Kulturkritik, denn wenn es um die Strukturen der Wahrnehmung, des Denkens, Fühlens und Sprechens geht, befinden wir uns auf der Ebene der Kultur, im Gegenstandsbereich einer Kulturtheorie. In diesem Kontext erhalten die Fragen der Definition eines Problemfeldes Vorrang vor den Fragen nach der Problemlösung. Die Revolutionierung des Bewußtseins tritt an die Stelle der Revolution in der Wirklichkeit. Die Kritik wird reflexiv: Erst ein radikaler Umbau unserer Seh- und Denkgewohnheiten, unserer Empfindungs- und Handlungsweisen, unserer Sprache und Begriffe eröffnet den Horizont wirklicher und grundlegender gesellschaftlicher Veränderung. Zur Debatte steht die Ebene der Bedeutungen, die symbolische Dimension: ».. . nicht nur die gesellschaftlichen Praktiken müssen der... Kritik und Neuordnung unterzogen werden, sondern die Strukturen der Repräsentation, der Bedeutungen und des Wissens selbst müssen eine gründliche Umgestaltung erfahren...«[74] Begriffliche, normative und symbolische Gegebenheiten werden als Konstrukte erkannt, und die Forderung nach ihrer Umstrukturierung bzw. Neukonstruktion wird erhoben.

So tritt etwa an die Stelle des Angriffs auf die bestehenden Machtverhältnisse eine Revision der Konzeption von Macht, die – und das ist ein wesentlicher Punkt – auch noch den Macht*begriff* derer einschließt, die sich gegen die herrschenden Macht*verhältnisse* erheben. Es geht nicht um einen Umsturz von Machtverhältnissen im Sinne einer Umkehrung, sondern mit der Struktur von Macht selbst soll gebrochen werden: Es geht um den Ausstieg aus der Symmetrie von Position und Gegenposition, System und Opposition. ».. . nicht die Termini einer gegebenen Hierarchie sind zu verändern oder umzukehren; es ist vielmehr die Struktur des Hierarchischen selbst, die verwandelt werden muß.«[75] ».. . Ohne diskrete Parodie... läuft die Umkehrung mit der lärmenden Verkündung der Antithese wieder auf das gleiche hinaus.«[76] Zumal Michel Foucault, der sogenannte postmoderne oder poststrukturalistische Denkansatz und nicht zuletzt der Diskurs einer aus der Frauenbewegung hervorgehenden feministischen Kritik haben entscheidend dazu beigetragen zu erkennen: »Das Bemühen, den Gegner in einer einzigen Form zu identifizieren, stellt lediglich eine Umkehrung dar, die die Strategie des Unterdrückers unkritisch kopiert, statt ganz andere Regeln ins Spiel zu bringen.«[77]

Exkurs 1: Zur Frauenbewegung als Kulturbewegung

Tatsächlich bietet die Frauenbewegung ein besonders anschauliches Beispiel für den Übergang von einer auf rechtliche, soziale und politische Veränderungen zielenden Gesellschaftskritik zu einer mehr und anderes anvisierenden Kulturkritik. Über weite Strecken sieht es so aus, als handle es sich um eine »egalitaristische Bewegung«[78], deren Zielsetzung in der Rechts- und Chancengleichheit beider Geschlechter aufgeht. Die Probleme und ihre Lösungen scheinen im juristischen, ökonomischen, sozialen und politischen Bereich zu liegen (und entsprechende Allianzen ist die Frauenbewegung in der Vergangenheit eingegangen, sei es mit eher bürgerlich-liberalen Parteien bzw. Theorien – hauptsächlich in der Verfolgung von Rechtsgleichheit –, sei es mit eher sozialistischen oder sozialdemokratischen Positionen – vor allem in der Verfolgung ökonomischer und sozialer Rechte und Chancen).

Wieder ist es nicht zuletzt die Enttäuschung darüber, daß sich die Realisierung dieser im Grunde klaren und einfachen Ziele als so mühsam und langwierig erweist, die einen Reflexionsprozeß in Gang setzt. Im Zuge dieses Reflexiv-Werdens der Kritik kommen Zweifel auf an der Wünschbarkeit des Ziels: Impliziert die angestrebte Gleichstellung der Geschlechter in Rechten und Möglichkeiten nicht letztlich eine Angleichung an männliche Denk- und Handlungsmuster? Ist nicht die erfolgreiche Durchsetzung dem ersten Anschein nach ganz trivialer Egalitätsforderungen abhängig von tiefgreifenden und weitreichenden (und im Zuge fortgesetzter Reflexion nur noch immer tiefgreifender und weitreichender erscheinender) Korrekturen von Sprache und Bewußtsein (beider Geschlechter)? Die relative Erfolglosigkeit von Emanzipationsanstrengungen läßt zutage treten, daß sich die Konzeptionen dessen, was Gesellschaft, Politik, Macht, Öffentlichkeit heißen soll, selbst erst ändern müssen, um die Integration von Ausgeschlossenen und Benachteiligten in den gesellschaftlichen Prozeß tatsächlich realisierbar werden zu lassen. Es geht nicht allein um die Integration von Unterprivilegierten in bestehende Strukturen, sondern auch und darüber hinaus um die Neudefinition von Strukturen, damit die Bedingungen der Möglichkeit dafür geschaffen werden können. Das Geschlechterverhältnis ist so sehr in den Tiefenstrukturen der Kultur verankert, daß die Erwartung einer grundsätzlichen Umgestaltung dieser Verhältnisse ohne einschneidende Veränderungen in den Weisen des Wahrnehmens, des Fühlens, Denkens und Sprechens und in den Dimensionen der symbolischen Repräsentanz nachgerade naiv anmutet.

Bereits an der älteren Frauenbewegung läßt sich eine gewisse

Polarisierung feststellen zwischen einer aufklärerischen, d. h. als rechtlich, ökonomisch und politisch ausgerichteten Variante und einer an der Idee einer eigenständigen weiblichen Identität und Kultur orientierten, tendenziell romantischen Richtung, die als häuslicher oder sozialer Feminismus bzw. wohl kaum zufällig als *Kultur*feminismus bezeichnet wird. In einem Aufsatz aus dem Jahre 1905 unterscheidet Gertrud Bäumer diese beiden Orientierungen als »ältere« und »jüngere« Richtung der Frauenbewegung[79]. Die ältere Richtung identifiziert sie mit der aufklärerisch-menschenrechtlichen Tradition seit dem 18. Jahrhundert. Den grundlegenden Unterschied in der Zielsetzung zwischen der älteren und der jüngeren Frauenbewegung bringt Bäumer auf die Formel »soziale Gleichberechtigung« vs. »volle Entfaltung der weiblichen Kultur«. Während es im Hinblick auf das Ziel sozialer Gleichberechtigung keine weitschweifigen Diskussionen um die Definition dieses Ziels zu geben braucht, insofern dieses seine Vorgabe am gesellschaftlichen Status des Mannes findet, den es für die Frau zu erreichen und zu erringen gilt, bringt die zweite Zielsetzung erhebliche Definitionsprobleme mit sich. Denn mögen dem Ziel sozialer Gleichberechtigung in seiner Durchsetzung erhebliche Hindernisse entgegenstehen, so ist beim Ziel der Entfaltung einer weiblichen Kultur dem Durchsetzungsproblem auch noch ein Reflexionsproblem, nämlich die Frage nach der eigenen Identität, vorgeschaltet. Wenn »weibliche Kultur« nicht lediglich an tradierten Bildern von Weiblichkeit ihr Muster finden soll, dann muß Weiblichkeit bzw. die Differenz der Geschlechter neu gedacht werden.

In der neueren Frauenbewegung hat sich etwa seit Ende der siebziger Jahre erneut ein Übergang von einer »älteren« zu einer »jüngeren« Richtung vollzogen, und wieder wird die ältere Richtung als rechtlich-aufklärerisch aufgefaßt, während in der jüngeren Richtung Fragen der weiblichen Identität und Kultur im Vordergrund stehen[80]. Ursula Vogel hat die beiden Generationen des neueren Feminismus ausdrücklich unter die Titel Rationalismus vs. Romantik gestellt und beide nach den Hinsichten des Politischen und des Ästhetischen voneinander unterschieden: »… während die erstere die Unterdrückung der Frauen mit politischen Mitteln beenden möchte, verfolgt die zweite eine Strategie zur Revolutionierung der Grundlagen der persönlichen

Erfahrungen und intimen Beziehungen selbst, allerdings, so könnte es jedenfalls scheinen, um den Preis des Rückzugs vom Politischen.«[81] Unfehlbar wird der Szenenwechsel von der Politik zur Kultur abermals als Rückzug bzw. als Politik des Unpolitischen wahrgenommen.

Die Entwicklung der letzten Jahre hat freilich deutlich werden lassen, daß auch noch die Frage nach einer autonomen weiblichen Kultur im Dualismus von Position / Opposition, These / Antithese, in diesem Fall konkret in der Alternative von Gleichheit oder Differenz der Geschlechter, befangen bleibt, so daß sich mittlerweile die Reflexionsspirale um eine weitere Drehung fortbewegt hat. Obgleich das darauf hindeutet, daß der Rahmen des Gegensatzpaares Aufklärung – Romantik überschritten werden soll, steht dieser dritte Schritt zweifellos in der Kontinuität und Reflexionstradition des zweiten gegenüber dem ersten. Das heißt, der romantische Bruch mit der Aufklärung wird nur weiter vertieft. Denn die Richtung ist grundsätzlich dieselbe geblieben: Immer deutlicher tritt zutage, daß sich das gesamte Gefüge von Sprache, Bewußtsein, Kultur verändern muß, damit sich die gesellschaftliche Wirklichkeit grundlegend wandeln kann.

Übrigens gibt die Geschichte der Frauenbewegung Anlaß, ausdrücklich darauf hinzuweisen, daß diese Art von Reflexion gar nicht so ausschließlich aus Enttäuschung resultiert, wie es auf den ersten Blick aussieht. Vielmehr hat die zunächst resignativ erscheinende Reflexion zweiter Ordnung durchaus auch ein gutes Stück erfolgreich verwirklichter Emanzipation im Rücken[82]. Es darf nicht vergessen werden, daß es nicht nur die relative Erfolglosigkeit, sondern zu gleichen Teilen auch die relativen Erfolge gewesen sind, nämlich die partiellen Veränderungen und Verbesserungen in der gesellschaftlichen Stellung von Frauen, auf deren Grundlage die weiteren Dimensionen der Probleme überhaupt erst erkennbar werden konnten. Manche Gipfel sind aus der Ebene gar nicht sichtbar, sondern erst von der Höhe ihres Vorgebirges aus.

Freilich ist trotzdem nicht zu leugnen, daß die Beurteilung des Perspektivenwechsels von der Gesellschafts- zur Kulturkritik heute kaum weniger umstritten ist als zur Zeit der Romantik. Das vielfach an die Stelle politischen Engagements tretende romantische bzw. ästhetische Interesse an Fragen des Bewußtseins, der Sprache, der Selbst- statt der Weltveränderung, der Umgestaltung von vermeintlich »privaten« Befindlichkeiten und Beziehungen, kann – wie ein Vexierbild – zugleich auch immer noch und immer wieder als resignative Realitätsflucht, als aus der mangelnden Durchsetzung der politischen Ziele resultierende Wendung in die Innerlichkeit aufgefaßt werden. Der Vorwurf, politische und soziale Problemstellungen in die ästhetische Dimension aufzulösen, wird nicht nur gegen die Romantik erhoben, sondern ist auch heute virulent[83]. Der derzeit diskutierte postmoderne Theorieansatz hat den definitiven Nachweis seiner Politiktauglichkeit noch nicht erbracht und wird ihn aus strukturellen Gründen wohl auch nie endgültig erbringen können. Dem Gewinn an Reflexivität und Komplexität, der auf der Ebene einer Sprach-, Bewußtseins- und Kulturkritik zweifellos erzielt wird, steht unvermeidlich ein Verlust an gesellschaftlich-politischer Willens- und Handlungsorientierung gegenüber.

Vielleicht muß damit gerechnet werden, daß es zwischen den Perspektiven der Gesellschaftskritik und der Kulturkritik, zwischen den Zielsetzungen einer Sozialbewegung und denen einer Kulturbewegung prinzipiell unüberwindliche Spannungen gibt. Aber weder die eine noch die andere hat das ganze Recht (oder Unrecht) ausschließlich auf ihrer Seite.

Exkurs 2: Zum Marxismus als Kulturbewegung

Ein Exkurs zum Marxismus, zum Sozialismus als Kulturbewegung mag an dieser Stelle überraschend, prinzipiell befremdlich und obendrein gerade heute unzeitgemäß erscheinen. Dessen ungeachtet kann er dazu dienen, den abgesteckten Horizont zu erweitern, indem er sichtbar zu machen hilft, daß die hier verhandelten Probleme des Spannungsverhältnisses zwischen der Perspektive der materiellen Ordnungen von Gesellschaft und Politik auf der einen Seite und der symbolischen Ordnung der Kultur auf der anderen weder auf den Dunstkreis des romantischen bzw. neoromantischen Denkens beschränkt, noch in der aktuellen Debatte neu sind. Es handelt sich längst nicht nur um eine Problemstellung, die lediglich die ohnedies marginalen und suspekten Kultur- bzw. Alternativbewegungen betrifft oder bestimmte Arten von Sozialbewegungen, wie etwa die Frauenbewegung, die aufgrund ihrer spezifischen Fokussierung auf Themen vermeintlich privater Lebensformen besonders leicht in diese Richtung tendieren.

Die These, die im folgenden am Sozialismus illustriert werden soll, ist vielmehr, daß jeder Ansatz zur Veränderung gesellschaftlicher und politischer Verhältnisse in der Moderne die Tendenz entwickelt, zur Kulturbewegung zu werden, sofern eine gewisse Breite und Tiefe des gesellschaftlichen Umgestaltungsprozesses – gerade auch in der immer wieder auftretenden Dialektik von Enttäuschung und Erfolg – erreicht ist. Gerade an der Geschichte des Marxismus als Kulturbewegung wird überdies deutlich, daß dem Spannungsverhältnis zwischen Politik und Kultur unter soziologischen Vorzeichen gesehen, die Frage nach der Rolle der Intellektuellen in der und für die jeweilige Bewegung zugrunde liegt.

In Leo Trotzkijs Essay über »Proletarische Kultur und proletarische Kunst« wird die orthodoxe Position formuliert. Der Veränderung der materiellen, zumal ökonomischen Verhältnisse wird oberste Priorität zugeordnet. Das Sein bestimmt das Bewußtsein. Erst in einem zweiten Schritt, wenn »das Sein« hinreichend umgestaltet ist, erhebt sich die dann allerdings als dringend und wichtig erkannte Forderung nach der Revolutionierung des Bewußtseins. Trotzkijs im folgenden zitierte Überlegungen betreffen die Frage einer neuen, proletarischen Wissenschaft (sie gelten aber entsprechend für den Bereich der Kultur ebenso wie für die von Trotzkij selbst in den gleichen Zusammenhang gestellte Moral). Er konstatiert: »Daß die gesamte Wissenschaft in mehr oder weniger großem Umfang die Tendenzen der herrschenden Klasse wiedergibt, steht fest.«[84] Daraus folgert er: »Deshalb ist eine Säuberung des wissenschaftlichen Gebäudes von unten bis oben ... erforderlich. Aber es wäre naiv anzunehmen, daß das Proletariat, bevor es die von der Bourgeoisie ererbte Wissenschaft für den sozialistischen Aufbau anwendet, diese in ihrer Gesamtheit kritisch überarbeiten müsse. Das ist fast dasselbe, als wenn man ... erklären würde: vor dem Aufbau einer neuen Gesellschaft müsse sich das Proletariat auf die Höhe der kommunistischen Moral erheben. In Wirklichkeit wird das Proletariat die Moral wie auch die Wissenschaft erst

dann radikal umbauen, wenn es ... eine neue Gesellschaft auf-
gebaut hat.«[85]

Bezeichnenderweise zögert Trotzkij an dieser Stelle einen Moment und fragt: »Aber geraten wir da nicht in einen Teufelskreis?
Wie soll man eine neue Gesellschaft mit Hilfe der alten Wissenschaft und der alten Moral aufbauen?«[86] Trotzkij läßt sich von der
selbst gestellten Frage nicht lange verunsichern: er bekräftigt
den Primat politischer und gesellschaftlicher, *in summa* »materieller« Revolution vor geistigen und kulturellen, wissenschaftlichen und moralischen Veränderungen.

Diese Auffassung ist allerdings bereits in ihrer Zeit nicht unangefochten geblieben. Nach Darstellung von Ferenc Fehér und
Agnes Heller bildet der Erste Weltkrieg eine Art Wasserscheide
zwischen zwei entgegengesetzten Entwicklungsrichtungen des
Marxismus[87]. Unterschwellig werden die beiden Richtungen
bzw. Phasen mit Aufklärung und Romantik assoziiert und einander entsprechend gegenübergestellt. In der ersten bis zum
Kriegsbeginn reichenden Periode, die Fehér und Heller als das
Goldene Zeitalter des Marxismus bezeichnen, ist die Bewegung
durch und durch rationalistisch und aufklärerisch orientiert.
»Ein starker Drang nach Schulung und Selbst-Erziehung, nach
›Lernen‹ allgemein, prägte« – so Fehér und Heller – »die Bewegungen kulturell. Die historizistischen und die wissenschaftlichen Aspekte des Marxismus fielen noch nicht auseinander...
Das wahre Wissen über die Natur verkörperten die Naturwissenschaften, das wahre Wissen über die Geschichte verkörperte der
historische Materialismus.«[88] Außerdem gehörten zu diesem Bil-
dungsprogramm auf ganz unproblematische Weise auch die
»großen Errungenschaften« der bürgerlichen Kultur, Literatur
und Kunst. Und mehr noch: »... die rationalistische Aufklärung
verstärkte das Gefühl für persönliche Würde, für familiäre Bindungen und für individualistische Erwartungen... und auch für
bürgerliche Umgangsformen.«[89] Die so definierten Ziele liegen
mithin eindeutig im Bereich der Angleichung des Status der Benachteiligten an den der Privilegierten.

Nach dem Ersten Weltkrieg war – wie Fehér und Heller sich
ausdrücken – »die Unschuld der marxistischen Aufklärung vor-
bei«[90]. Während sich auf der Ebene der politischen und gesellschaftlichen Realität erste gravierende Enttäuschungserfahrun-

gen abzeichnen, erlebt der Marxismus als Kulturbewegung seine Blütezeit – allerdings bezeichnenderweise weniger da, wo er als politische Revolution stattgefunden hat, sondern vornehmlich in den westlichen Nachbarländern. Zur Charakterisierung dieser Entwicklungsstufe drängen sich den beiden AutorInnen mehrfach die Bezeichnung romantisch bzw. Anspielungen an die historische Romantik auf, so z.b. mit der Aussage, daß der westliche Marxismus nach dem Ersten Weltkrieg »so etwas wie ein gigantisches kosmopolitisches Jena« hervorgebracht habe[91]. Vor allem aber erinnern alle für diese Phase als charakteristisch angeführten Merkmale an die romantische Bewegung:

Ausdehnung und Umdeutung der politischen und sozialen Revolution zugunsten einer umfassenderen Perspektive von Befreiung als Erlösung. Mit den Worten von Fehér / Heller: »Die Spannung zwischen dem ›letzten Ziel‹ und pragmatischer Politik wurde ... auf zwei verschiedene Weisen gelöst: entweder lehnten sie pragmatische Politik insgesamt ab, oder sie betrieben im Gegenteil pragmatische Politik im Dienste der Erlösung.«[92] »Der Kommunismus als kulturelle Bewegung hat die Sprache der subjektiven Revolte, des Messianismus und Avantgardismus in die Sprache der Politik der Erlösung übersetzt.«[93] Das impliziert in der Vermischung des Politischen mit religiösen Elementen im Extrem fast wieder so etwas wie die heilige Revolution der Romantik, auf jeden Fall aber: eine Politik des Unpolitischen.

Ausdehnung und Umdeutung der Kapitalismuskritik zur Modernitätskritik: »Während die marxistischen Kultur-Bewegungen des ›goldenen Zeitalters‹ den Kapitalismus wegen seines ausbeuterischen Charakters, wegen seiner angeblichen Unfähigkeit, die ›Produktivkräfte‹ zu entfalten, wegen seiner strukturellen Wirtschaftskrisen, wegen Arbeitslosigkeit und Armut und wegen seiner ›Behinderung des Marsches zum Fortschritt‹ ablehnten, verwarfen die modernen marxistischen Kulturbewegungen den Kapitalismus wegen seines pragmatischen Rationalismus, wegen seiner entfremdenden, fetischisierenden, nüchternen, unheroischen, bürokratischen und ›leblosen‹ Eigenschaften. *Kapitalismuskritik wurde so mehr und mehr zu einer allgemeinen Kritik der Modernität.*«[94] Indem sich die Kritik in dieser Weise ausdehnt, erfaßt sie nun auch die Grundlagen des kapitalistischen Systems und erweitert sich zur Wissenschafts-, Rationalitäts- und Fortschrittskritik: »Ihre Kritik zerbrach den naiven Glauben an wissenschaftliche Gewißheit, pragmatische Politik, Gruppensolidarität und das Endziel.«[95] Mit anderen Worten: auch die sozialistische Kritik wird reflexiv.

Die Abkehr von politischen und sozialen Problemstellungen führt zu bzw. erscheint als Wendung nach »innen«, in den gesellschaftlichen Nahbereich, in die Privatsphäre: »Ihr Ablehnungseifer zielte in erster Linie auf Formen des Lebens und nicht auf zugrunde liegende politische Strukturen; sie besaßen kein Programm für ›die Machtübernahme‹, sondern eines für die radikale Veränderung der Lebensformen.«[96] Freilich bezieht sich diese Aussage auf die Neue Linke in den USA nach dem Zweiten Weltkrieg, die die beiden AutorInnen in ihrer Untersuchung des Marxismus als Kulturbewegung an diesem Punkt mit berücksichtigen. Für die Zeit zwischen den beiden Kriegen bieten tatsächlich andere Bewegungen als der Marxismus entschieden bessere Beispiele für das Experimentieren mit neuen Lebensformen; und auch für die von Fehér und Heller ins Auge gefaßte Periode nach dem Zweiten Weltkrieg fragt es sich, ob die betreffenden Impulse nicht eher aus anderen als der marxistischen Quelle stammen, nämlich wiederum aus den sich seit den sechziger Jahren neu entfaltenden Alternativbewegungen.

Während also die marxistische Bewegung für die Wendung nach innen, für die Ausbildung der ästhetisch-expressiven Rationalität nach ihrer alltäglichen Seite hin kein ganz überzeugendes Beispiel bietet, ist ihr Beitrag zur ästhetisch-expressiven Rationalität in ihrer außeralltäglichen Dimension, d.h. als Kunsttheorie nur um so eindrucksvoller. Als Kulturbewegung ist der Marxismus also weniger eine Lebensreformbewegung als eine ästhetische Bewegung im engeren Sinne. So konstatiert z.B. Perry Anderson in seiner Darstellung des westlichen Marxismus, daß dieser sich »seit den zwanziger Jahren von der theoretischen Auseinandersetzung mit den großen ökonomischen und politischen Problemen zurück[zieht]«[97]; »nicht Staat und Recht waren seine typischen Untersuchungsgegenstände. Vielmehr stand im Mittelpunkt seiner Aufmerksamkeit die Kultur. Im Bereich der Kultur selbst war es vor allem die Kunst, die die intellektuellen Energien und Begabungen des westlichen Marxismus auf sich zog.«[98] Anderson verweist auf die großen Leistungen marxisti-

scher Theoretiker auf dem Gebiete der Ästhetik, namentlich auf
Lukács, Adorno, Benjamin, Lucien Goldmann, Lefebvre, Della
Volpe und Marcuse. Derselben Auffassung gibt Martin Jay Ausdruck:».. man kann mit gutem Grund behaupten, daß der Westliche Marxismus die Kulturtheorie stärker bereichert hat als die
ökonomische oder politische Theoriebildung.«[99] Etwas anders als
Anderson oder auch Fehér / Heller, die zumindest tendenziell
eine skeptische oder bedauernde Haltung dieser Entwicklung des
westlichen Marxismus gegenüber einnehmen und den Aspekt
des Versagens marxistischer Theorie vor den als vorrangig an-
gesehenen ökonomischen und politischen Fragen betonen, betrachtet Jay die Wendung des westlichen Marxismus zur Kulturtheorie nicht negativ, sondern erkennt ihren Sinn und ihre
Notwendigkeit an, wenn er schreibt:».. Die Marxisten ... haben
erkannt, daß das Problem der ›Kulturhegemonie‹, wie Gramsci es
genannt hat, den Schlüssel zum Verständnis der Machterhaltung
des Kapitalismus darstellt.«

Für das, was Fehér und Heller aus der Retrospektive beschrei
ben, gibt es Zeitzeugen – wie z.B. Hendrik de Man, mit seinem
1929 publizierten Essay »Der Sozialismus als Kulturbewegung«.
Anders als Fehér und Heller, die den Vorkriegsmarxismus als dessen Goldenes Zeitalter bezeichnen, während sie die Wendung zur
Kultur eher kritisch betrachten, distanziert sich de Man mit
Nachdruck vom Vorkriegsmarxismus bzw. vom gängigen Dogma, wie es Trotzkij formuliert hat. »Die Verwirklichung des sozialistischen Kulturideals wurde in die Zukunft verlegt. Man
glaubte, erst wenn die politische und wirtschaftliche Ordnung
umgewälzt und die bürgerliche Klassenherrschaft aufgehoben
sei, könne sich eine sozialistische Kultur entwickeln.«[100] De Man
ist vom Gegenteil überzeugt und ergreift leidenschaftlich für den
Sozialismus als Kulturbewegung Partei. Für ihn ist die sozialistische Kultur »die dringlichste praktische Frage der Gegenwart«.
Wer »die Verwirklichung der sozialistischen Lebensgestaltung in
die Zukunft verlegt und sich auf die selbsttätige Wirkung künftiger ›Verhältnisse‹ verläßt, der spricht über den Sozialismus selber
das Todesurteil aus. Denn die neuen Verhältnisse können nur das
Werk von neuen Menschen sein ... Der Klassenkampf kann uns
nur dann zum Sozialismus führen, wenn wir ihn auch auffassen
als Kampf um die Verwirklichung einer neuen Lebensgestaltung

von einer neuen Gesinnung her, und wenn wir diesen Kampf schon heute führen.«[101]

Einige charakteristische Merkmale romantischer, expressiv-ästhetisch orientierter Kulturbewegungen lassen sich in dem kurzen Text wiederfinden. An erster Stelle steht die Problematisierung des für die Zielsetzung von Sozialbewegungen so zentralen Gleichheitsideals, das als Angleichung beargwöhnt wird. Die materiellen Beweggründe des Sozialismus, von de Man als »Magensozialismus« geschmäht, zielen »auf eine materielle Besserstellung, die im Grunde nichts anderes ist als eine Annäherung an den Zustand der oberen Klassen«[102]. Die Wendung von der Sozial- zur Kulturbewegung impliziert auch hier wieder einen Perspektivenwechsel von Gleichheit zu Differenz: »Es hat wenig Sinn, aus einem allgemeinen Turnverein auszutreten und einen Arbeiterturnverein zu gründen, bloß um im kleineren Kreise dasselbe zu treiben und denselben Zielen nachzustreben, wie die anderen auch.« Der als »Gewissenssozialismus« dem »Magensozialismus« konfrontierte wahre Sozialismus zielt auf »eine Umwälzung der Kultur überhaupt«[103].

Weniger zentral zwar als die Kritik am Egalitätsideal, aber doch unüberhörbar ist die Einforderung des Emanzipationsanspruchs im Blick auf die nicht-politischen Lebensbereiche und Beziehungen: »Wie viele Arbeiter gibt es nicht, die zwar klassenbewußt sind, von deren sozialistischer Gesinnung man jedoch außerhalb der Versammlungen – z.B. in ihrem häuslichen Verhältnis zu Frau und Kindern, oder im Betrieb bei der Behandlung der Lehrlinge – bitter wenig merkt!« Veränderungen in den Formen des Alltagslebens, in den familialen Verhältnissen und in der Berufsarbeit, die Änderung der eigenen Lebenspraxis, wie sie in den Merkmalkatalog von Alternativbewegungen gehören[104], treten hier in den Horizont einer klassischen Sozialbewegung.

Nicht, daß der – vermutlich ohnedies prinzipiell unentscheidbare – Streit um den Vorrang zwischen der Perspektive der Politik und der der Kultur im Kontext der marxistischen Theoriebildung je endgültig entschieden worden wäre.

In Jean-Paul Sartres Auseinandersetzung mit den nach allgemeiner Auffassung stark romantikverdächtigen Surrealisten findet sich ein Beispiel für eine weitere Runde dieses Kampfes: »Breton schreibt einmal: ›Die Welt verändern, hat Marx gesagt.

Das Leben verändern, hat Rimbaud gesagt. Diese beiden Losungen sind für uns eins.«[105] Trotz dieses Bekenntnisses zum Ausgleich zwischen Marx und Rimbaud, steht Breton eher auf der Seite Rimbauds:»Die unmittelbare Realität der surrealistischen Revolution ist nicht so sehr, irgend etwas an der physischen und sichtbaren Ordnung der Dinge zu ändern, als eine Bewegung in den Geistern zu schaffen.«[106] Sartre geht scharf mit Breton ins Gericht:»Das entlarvt zur Genüge den bürgerlichen Intellektuellen«; und er bezieht einmal mehr Trotzkijs Position, indem er den Vorrang des Seins vor dem Bewußtsein bekräftigt:».. es geht darum, welche Veränderung der anderen vorausgeht. Für den militanten Marxisten besteht kein Zweifel, daß nur die gesellschaftliche Veränderung radikale Modifikationen des Gefühls und des Denkens ermöglichen kann. Wenn Breton glaubt, seine inneren Erfahrungen am Rande der revolutionären Tätigkeit... verfolgen zu können, ist er im voraus verurteilt; denn das liefe darauf hinaus, daß eine Befreiung des Geistes in den Ketten denkbar ist, zumindest für einige Leute, und daß folglich die Revolution weniger dringlich wird.«[107] Sartre spricht vom »quiétisme surréaliste«, so wie vom romantischen Quietismus oder vom postmodernen Quietismus gesprochen werden kann und gesprochen wird – womit in allen Fällen die Differenz zwischen dem Kulturellen und Politischen bzw. Sozialen angesprochen ist.

Exkurs zum Exkurs:
Die Achse Romantik – Marxismus

Das Verhältnis von Romantik und Marxismus wurde zwar oft verhehlt oder bestritten, aber ebenso oft auch thematisiert und als zentral erkannt und anerkannt[108]. Leszek Kolakowski nennt das romantische als erstes der drei Hauptmotive des Marxismus: »In den Hauptaspekten seiner Kapitalismuskritik erscheint Marx als Erbe der Romantik.«[109] Und nicht allein in negativer Hinsicht, in den kapitalismuskritischen Intentionen, sieht Kolakowski Übereinstimmungen, sondern: »Dem romantischen Erbe sind auch die Hauptmerkmale der kommunistischen Gesellschaft entnommen.«[110]

Es sind mehrere Motive, die als Grundlage einer Verbindung zwischen Romantik und Marxismus in Frage kommen:

Die Kritik am Kapitalismus, besonders wenn diese mit einer gewissen Idealisierung vormoderner Gesellschaftszustände einhergeht[111].

Eine Art Inversionslogik in bezug auf das prädestinierte Subjekt von Befreiung und Revolution: Während bürgerliche Emanzipation auf einem allmählichen Macht- und Hegemoniegewinn des »dritten Standes« beruht, an dessen Ende und als dessen Resultat schließlich die politische Emanzipation des Bürgertums aus einer Position der Stärke heraus erfolgt, teilen Marxismus und Romantik die Überzeugung, daß im Gegenteil gerade der benachteiligte Zustand umfassender Knechtung die Grundlage von Revolutionen bildet. Im Glauben an die revolutionäre Kraft der »Verdammten dieser Erde«, in Marxens Konzept des Proletariats als der »Klasse des universellen Leidens« steckt der eminent romantische Glaube an eine Art höhere Weisheit der Position der Schwäche.

Das Festhalten an den Kategorien von Einheit, Ganzheit und Sinn. Nun wäre es zwar ein Kurzschluß anzunehmen, daß der Marxismus das Totalitätskonzept der Romantik – wenn es denn überhaupt ein solches im Sinne eines konsistenten theoretischen Gebildes gäbe – übernommen hätte[112], aber dennoch liegt in der Absage an das liberal-positivistische Offenheits- und Unabschließbarkeitsaxiom eine wesentliche Übereinstimmung. Da es für gewöhnlich gerade die KritikerInnen sind, die ein besonders feines Sensorium für die charakteristischen Züge einer Sache entwickeln, so wundert es nicht, daß dieser letztgenannte Aspekt vor allem aus liberaler und positivistischer Perspektive als wesentlichste Gemeinsamkeit von Romantik und Marxismus herausgestellt und kritisiert worden ist: »Der Marxschen Kritik an den liberalen Idealen liegt das Grundelement der politischen Romantik zugrunde ... der Kult der Ganzheitlichkeit und die Widerrufung der Ausdifferenzierung der gesellschaftlichen Sphären.«[113]

In engem Zusammenhang mit dem letztgenannten Punkt steht eine spezifische Ausprägung der Ablehnung des Ausdifferenzierungsprozesses und des Festhaltens an einem sich demgegenüber als ganzheitlich verstehenden Konzept von Gesellschaft, nämlich eine gewisse Aversion gegen die Verselbständigung von Rechtsstrukturen; Novalis' Vision: »Die Herrschaft des Rechts wird mit der Barbarey zessieren«[114] enthält die utopische Hoffnung, daß die Menschheit das Stadium der »Barbarey« tatsächlich hinter sich lassen und in einen Zustand eintreten könnte, in dem die als kalt, abstrakt und tötend erfahrene Sphäre des Rechts in einer höheren Weisheit aufgehoben würde[115].

Und nicht allein in den Schriften von Marx (und sogar von Engels) sind romantische Elemente aufgespürt worden[116]. Abgesehen von bestimmten Strömungen des nicht-marxistischen sozialistischen Denkens, die sich nicht selten in herabsetzender Absicht die Bezeichnung »utopisch« oder »romantisch« haben gefallen lassen müssen[117], werden auch einige Vertreter des Marxismus in eine besondere Nähe zur Romantik gebracht. Es sind dies – mit im einzelnen unterschiedlichen Akzentuierungen und durchaus nicht frei von Widersprüchen – vor allem Georg Lukács, Rosa Luxemburg[118] und Ernst Bloch[119]; auch die (frühe) Frankfurter Schule[120] wird häufiger in diesem Zusammenhang genannt.

Gegen Anfang der achtziger Jahre schließlich ist verschiedentlich der Vorschlag gemacht worden, der erlahmenden Attraktivität des Marxismus durch die Wiederbelebung und verstärkte Berücksichtigung seines romantischen Erbteils aufzuhelfen, um von dieser Seite her die Verbindung zu den neuen Alternativbewegungen herzustellen[121]. Während die Frage nach dem Verhältnis von Marxismus und Romantik früher oft auf eine Weise beantwortet wurde, die darauf hinauslief, die Respektabilität der ziemlich suspekten Romantik durch den Aufweis ihrer Nähe zum Marxismus zu verbessern, tritt nun schließlich der entgegengesetzte Fall ein.

Allgemein trägt zur Aktualität der Romantik in der Gegenwart nicht zuletzt auch der Niedergang jener ideologischen Konkurrenten bei, die am gemeinsamen Ausgangspunkt zu Beginn der Moderne als so ungleich aussichtsreichere Kandidaten gegolten hatten. Während der Sozialismus theoretisch und praktisch zerfallen ist, ohne daß dies dem äußerlich siegreichen liberalen Denken als echter Glaubwürdigkeitsgewinn zugute gekommen wäre, erweist sich die von der Romantik ausgehende Kulturkritik und -politik als derzeit fast am anschlußfähigsten. »... weit davon entfernt, nur eine Erscheinung des 19. Jahrhunderts zu sein, bildet die Romantik einen wesentlichen Bestandteil der modernen Kultur, deren Bedeutung tatsächlich sogar noch wächst, während wir uns dem Ende des 20. Jahrhunderts nähern.«[122] »... die romantische Tradition ist – nicht als Reaktion auf die Moderne, sondern als begleitender Zug – heute vermutlich lebendiger als je.«[123]

3. Kapitel

Die Wendung zum Subjekt als Individuum

>»Das romantische Zeitalter ist die Zeit
>der ersten Person.«[1]
>
>*Georges Gusdorf*

Die Wendung auf das Ich in der Tradition der Neuzeit

»Nichts ist mehr Bedürfniß der Zeit, als ein geistiges Gegengewicht gegen die Revoluzion, und den Despotismus, welchen sie durch die Zusammendrängung des höchsten weltlichen Interesse über die Geister ausübt. Wo sollen wir dieses Gegengewicht suchen und finden? Die Antwort ist nicht schwer; unstreitig in uns, und wer da das Centrum der Menschheit ergriffen hat, der wird eben da zugleich auch den Mittelpunkt der modernen Bildung und die Harmonie aller bis jetzt abgesonderten und streitenden Wissenschaften und Künste gefunden haben.«[2]

Mit dieser Wendung auf das Ich reagiert Friedrich Schlegel auf das große politische Ereignis seiner Zeit und zugleich auf die Ausdifferenzierung der modernen Wirklichkeit in abgesonderte und einander widerstreitende Bereiche. Daß Schlegel diese Antwort »nicht schwer« fällt, liegt nicht zuletzt daran, daß diese Art der Antwort auf eine als unübersichtlich, chaotisch und bedrohlich erfahrene Situation eine lange Tradition hat: Weltungewißheit mit Selbstvergewisserung zu beantworten, ist keine ganz neue und keine exklusiv romantische Denkfigur.

Was der Frühromantiker Schlegel als Gegengewicht gegen die Revolution aufbieten möchte, erkennt etwa vierzig Jahre nachher der Spätromantiker Eichendorff als Konsequenz und als in der Kontinuität der Moderne stehend. Mit anderen Worten, was für Schlegel die Antwort sein sollte, identifiziert Eichendorff als

Teil, wenn nicht gar als Kern des Problems. Dabei führt Eichendorff »die revolutionäre Emanzipation der Subjektivität«, in welcher der Frühromantiker Schlegel das geistige Gegengewicht zur Revolution gefunden zu haben meinte, auf eben das epochale Ereignis zurück, in dem der Spätromantiker Schlegel die Wurzel des revolutionären Übels verortete: auf die Reformation. Eichendorff »erscheint ... die deutsche Poesie der neuern Zeit von der sogenannten Reformation und deren verschiedenen Entwickelungen und Verwickelungen wesentlich bedingt. Die Reformation aber hat *einen*, durch alle ihre Verwandlungen hindurchgehenden Faden: sie hat die revolutionäre Emanzipation der Subjektivität zu ihrem Prinzip erhoben, indem sie die Forschung über die kirchliche Autorität, das Individuum über das Dogma gesetzt; und seitdem sind alle literarischen Bewegungen des nördlichen Deutschlands mehr oder minder kühne Demonstrationen nach dieser Richtung hin gewesen ... Gleichwie man im Christentum das Positive abgetan, um eine natürliche, sogenannte Vernunftreligion aus sich selbst herauszuspinnen, so sollte nun auch in der Poesie die unbedingte Freiheit des Subjekts selbständig walten; seine ursprünglichsten, unmittelbarsten Kräfte, Ahnungsvermögen, Divination, Instinkt, kurz, das Dämonische in ihm, das was man damals Genie nannte, sollte ... eine ganz neue Schöpfung erzeugen, die ihr Gesetz in sich selbst trüge und originell sei, wie die Natur. Der Mensch wurde nicht an einem Höheren über ihm gemessen, sondern die Welt an dem genialen Individuum, das sein eignes Ideal war. Und so erhob sich denn, um dieses souveräne Subjekt von jedem Hemmnis zu befreien, sofort ein Kampf auf Leben und Tod gegen alle historischen Formen in Kirche, Staat, Gesellschaft, Wissenschaft und Kunst.«[3]

Die literarisch-ästhetische Revolution der Romantik wird somit als Pendant zur religiösen, zur gesellschaftlichen und politischen Revolution verstanden und auf dasselbe Prinzip, die Idee der unbedingten Freiheit des Subjekts zurückgeführt. Sie ist nicht, wie Friedrich Schlegel oder Novalis es zunächst erhofft hatten, der entscheidende Schritt über Reformation, Revolution und Moderne hinaus in das goldene Zeitalter einer neuen Synthese, sondern sie repräsentiert selbst das »chemische« Element, das moderne Prinzip; sie appliziert bzw. erweitert dieses auf den Bereich von Sprache, Dichtung und Kunst. Als hätte er Eichendorff gelesen, schließt Octavio Paz hier nahtlos an: »Die Romantik entstand ... in England und Deutschland ... wegen ihrer geistigen Abhängigkeit vom Protestantismus. Die Romantik setzt den protestantischen Bruch fort. Durch die Verinnerlichung der religiösen Erfahrung auf Kosten des römischen Rituals, schuf der Protestantismus die seelischen und moralischen Voraussetzungen für die romantische Erschütterung. Die Romantik war vor allem eine Verinnerlichung der poetischen Schau. Der Protestantismus hatte das individuelle Bewußtsein des Gläubigen zum Schauplatz des religiösen Mysteriums gemacht: die Romantik war der Bruch mit der objektiven und weitgehend unpersönlichen Ästhetik der lateinischen Tradition und die Geburt des dichterischen Ichs als Ur-Realität.«[4]

Mit der Wendung auf das Ich schlägt Schlegel einen Weg ein, der nicht allein in der Kontinuität der Reformation als der spezifisch neuzeitlichen Entwicklung des religiösen Glaubens und der Theologie steht, sondern auch in der Tradition der neuzeitlichen Philosophie. Denn unter dem Titel der Wendung auf das Ich kann die gesamte Philosophie der Neuzeit gefaßt werden: »Durch Descartes und seit Descartes wird in der Metaphysik der Mensch, das menschliche Ich ... zum Subjekt.«[5] »Jetzt heißt Freisein, daß der Mensch an die Stelle der für alle Wahrheit maßgebenden Heilsgewißheit eine solche Gewißheit setzt, kraft deren er und in der er sich seiner selbst gewiß wird als des Seienden, das dergestalt sich selbst auf sich stellt.«[6] »In der Tat kann und darf man die Philosophie, zumindest die der Neuzeit (und innerhalb ihrer wieder vor allem die deutsche), als ein Denken aus der Einheit des Subjekts charakterisieren.«[7]

Dabei stand bereits der erste große Aufschwung des abendländischen Freiheitsgedankens am Beginn der Neuzeit in ähnlicher Weise in einem Spannungsfeld zwischen extremen Verlustgefühlen und neu erwachendem Selbst- und Freiheitsbewußtsein, wie es der junge Schlegel und viele seiner Zeitgenossen gegenüber den revolutionären Umwälzungen ihrer Epoche empfunden haben. An der Schwelle vom geozentrischen zum heliozentrischen Zeitalter ist das Muster entstanden: eine tiefgreifende Infragestellung überkommener Wissens-, Sinn- und Seinsgrundlagen wird beantwortet mit einer radikalen, fast trotzigen Wendung auf das Ich als einzig noch möglicher Quelle von Gewißheit, mit der »Umwendung der bitteren Erfahrung von der Ohnmacht der Wahrheit zur partiellen Ermächtigung der Vernunft«[8]. Die Parallele zur kopernikanischen Wende drängt sich auf: So wie im wissenschaftlichen Denken die geozentrische Vorstellung durch eine heliozentrische ersetzt wird, »so wird im Denken der Menschen über sich selbst... das geozentrische Weltbild weitgehend in einem egozentrischen aufgehoben. Im Mittelpunkt des menschlichen Universums, so erschien es von nun an, steht jeder einzelne Mensch für sich als ein von allen andern letzten Endes völlig unabhängiges Individuum.«[9] Das Selbst als einziger Zufluchtsort vor »Weltungewißheit« und »Ordnungsschwund« wird zugleich aber auch Ausgangspunkt einer ganz neuartigen Freiheitserfahrung[10].

Auf den ersten Blick scheint es dasselbe Muster der Wendung auf das Ich (»uns selbst«) in der Bipolarität zwischen einem offensiv erweiterten Freiheitsanspruch und einer defensiven Reaktion auf einen Mangel (an Seins- und Wissensgewißheit) zu sein, das nun am Übergang zur Moderne im engeren Sinne, an der Schwelle vom 18. zum 19. Jahrhundert erneut und verschärft in Erscheinung tritt. Nebenbei bemerkt ist es dieses merkwürdige Spannungsverhältnis zwischen Weltverlust und Selbstgewinn, das dafür sorgt, daß offenbar gerade der flüchtige Augenblick der Balance zwischen Bindung und Freiheit der Moment ist, in dem Freiheit am geglücktesten und vollkommensten erfahren wird, nämlich dann, wenn es eine noch halbwegs intakte »Welt«-Struktur gibt, gegen die sich das Subjekt richten, an der es sich abarbeiten und auf die es doch gleichzeitig noch zurückgreifen kann. Demgegenüber überwiegt gerade mit der fortschreitenden Realisierung der Freiheit die Erfahrung der Not und Last des Bindungsverlusts. Das ist einer der Faktoren, die die Romantik der Aufklärung gegenüber so unvorteilhaft erscheinen lassen.

Fast scheint dieses Muster von Bindungsverlust und Freiheitsgewinn so charakteristisch, daß es möglich ist, anhand seiner die Grenzen der Moderne als Epoche zu bestimmen. Während es mit dem Anbruch der abendländischen Neuzeit erstmalig und einmalig in Erscheinung trat, kann, solange es prinzipiell in Geltung bleibt, von einem nachmodernen Zeitalter die Rede nicht sein. Tatsächlich setzt sich bis heute die Tendenz fort, das Schwinden der Allgemeinverbindlichkeit vorgegebener Ord-

nungen und Gewißheiten, das – sei es schubweise[11], sei es kontinuierlich fortschreitend – auch den weiteren Prozeß der Moderne charakterisiert, mit einem Rekurs auf das Subjekt zu beantworten, einem Rekurs, der auch immer noch gleichzeitig als
Ermächtigung des Subjekts, als Ausweitung seiner Freiheit erfahren wird – »Es wird erst jetzt richtig Platz für die Individualität des Menschen geschaffen.«[12] Mit anderen Worten: Bis heute
gewinnen wir Freiheit nicht ohne ein Gefühl von Verlust, aber
wir verlieren umgekehrt Bindungen und Gewißheiten auch
nicht ohne ein Gefühl von Freiheitsgewinn.

Die Wendung auf das Individuum
als die neue Entdeckung der Romantik

Auf den zweiten Blick jedoch ist die Wendung auf das Ich, wie sie
an der Schwelle zur Moderne stattfindet, von ihrem Muster an
der Schwelle zur Neuzeit gründlich verschieden. Bei aller Folgerichtigkeit zeigt sich eine Inkongruenz, ja Inkompatibilität, die
durch die Unschärfe im Gebrauch der Begriffe Subjekt, Subjektivität, Selbst, Ich, Einzelner usw. leicht verdeckt wird. Das enge
semantische Feld von Ich, Selbst, Subjekt usw. suggeriert eine
Selbigkeit der Wendung auf das Ich, die nicht gegeben ist. Die
Wiederholung der bipolaren Struktur von Bindungsverlust und
Freiheitsgewinn trägt noch weiter zu diesem Eindruck bei. Mag
die Weiterentwicklung, die das Subjektivitätsprinzip durch die
Romantik erfährt, in ihrer positiven Intention auf Radikalisierung der menschlichen Selbstvergewisserung und Selbstbestimmung noch so folgerichtig, mag sie in ihren negativen Antrieben
verblassender Allgemeinheitsorientierungen noch so unvermeidlich sein, so ist der Eindruck einer ausschließlich geradlini-
gen Fortsetzung des Weges der Moderne dennoch auch irre-
führend. Wenn Hans Blumenberg und Norbert Elias mit Blick
auf den Beginn der Neuzeit von Selbstbewußtsein, vom einzelnen
Menschen, vom Individuum sprechen, so ist das nicht nur nicht
dasselbe, wie wenn Schleiermacher, Schlegel oder Humboldt
dieselben Bezeichnungen verwenden, sondern dazwischen liegt,
unbeschadet aller Kontinuität, ein tiefer Bruch. In der bisher ein-
genommenen Perspektive, welche die Kontinuität der neuzeit-

lich-modernen Entwicklung betont, wird eine wesentliche Differenz unterschlagen – noch dazu eine Differenz, aus der erhebliche und bis heute ungelöste Schwierigkeiten erwachsen.

Anders als in Aufklärung und Idealismus wird in der Romantik das Subjekt als Individuum aufgefaßt. Friedrich Schlegel hat das als Wendung von der »Personalität« zur »Individualität« bezeichnet und zum Programm erhoben[13]. Damit wechselt der Begriff des Subjekts vom transzendentalen zum empirischen, der Akzent verschiebt sich von der Selbst*erhaltung* und Selbst*bestimmung*, auf die das Subjektprinzip seit dem Beginn der Neuzeit und namentlich in der Aufklärung zentriert war, zur Idee der Selbst*entfaltung* und Selbst*verwirklichung*, also zu den expressiven Seiten des Subjekts. Es ist diese Wendung zur Individualität, ja überhaupt erst die Entdeckung der Individualität, die den besonderen Beitrag der Frühromantik zu jener von der Idee des Subjekts besessenen Epoche der Philosophie ausmacht. Daß in der »Frühromantik eine neue Phase der vom Sein losgelösten Ich-Autonomie eingesetzt hat«[14], ist wohl der wichtigste Grund dafür, die Romantik als Ursprung und Ausgangspunkt des Entstehungsprozesses der ästhetisch-expressiven Rationalität anzusetzen. Für Georg Simmel »war die Romantik vielleicht der breiteste Kanal«, durch den eine ganz neue, vom Subjektbegriff des 18. Jahrhunderts unterschiedene, ja diesem sogar entgegengesetzte Auffassung von Individualität und Individualismus »in das Bewußtsein des 19. Jahrhunderts einfloß«[15]. Terminologisch grenzt Simmel die neue, mit der Romantik erreichte Stufe des Subjektivitätsprinzips als »*qualitativen* Individualismus« oder »Individualismus der *Einzigkeit*«, vom »*quantitativen* Individualismus«, dem »Individualismus der *Einzelheit*« des 18. Jahrhunderts bzw. der Aufklärung ab[16]. Angesichts der beträchtlichen Sprachverwirrung, die gerade im Begriffsfeld von Subjekt, Person, Individuum, Ich, Selbst usw. herrscht, ist diese Unterscheidung nicht ungeschickt.

Die Tradition des westlichen Denkens kennt grundsätzlich keinen selbständigen oder gar emphatischen Begriff von Individuum oder Individualität. Es wird, wie Manfred Frank gezeigt hat, überhaupt kaum systematisch zwischen Individuum und Person, bzw. zwischen Besonderem und Einzelnem differenziert: »Jahrhundertelang hat die philosophische Terminologie zwischen Personalität (der Seinsweise eines besonderen) und Individualität (der Seinsweise eines einzelnen Subjekts) nicht streng unterschieden.«[17] Das Individuum gilt lediglich »als einfaches Dedukt eines Allgemeinen – also als Besonderes«[18]. Wird das Individuelle lediglich als aus dem Allgemeinen durch Eingrenzung und Beschränkung abgeleitet aufgefaßt, so versteht es sich von selbst, daß ihm kein eigener Wert zukommen kann. Es ist nichts anderes als ein unter die Bedingungen von Endlichkeit im Sinne von Zeitlichkeit und Körperlichkeit gestelltes und dadurch beschränktes Allgemeines.

Seit jeher suspekt ist das Individuelle nicht allein in ontologischer und epistemologischer Hinsicht, sondern genauso auch in gesellschaftlich-praktischer Perspektive. »Das zeigt sich schon an der durchgängig pejorativen Besetzung der mit *idio- zusammengesetzten Begriffe; sie tragen den Makel der Beraubung, der Privation oder Privatheit, des Nicht-Seienden [...] – also gerade dessen, was sich vom Gemeinsamen [...] oder vom wahrheitsfähigen Sprechen [...] in Abzug bringt. *Idia* sind Wesen, die die Wahrheit und volle Präsenz der Idee verfehlen. Gegenüber dem Öffentlich-Allgemeinen ... ist der Einzelne und sein Eigentum stets abschätzig beurteilt worden ... unter solchen epistemologisch-politischen Prämissen hat das Individuum kaum Aussichten, seinen Auftritt auf der Bühne des Abendlands anders als in der Rolle des Idioten zu bestreiten.«[19] Anders herum gesehen ist zu vermuten, daß sich mit der Entdeckung des Individuellen eine Umwertung des Privaten vollzieht, daß die für die Moderne charakteristische Umkehrung des Verhältnisses von Öffentlichkeit und Privatheit mit der Wendung zum Individuum in engstem Zusammenhang steht.

Das Individuelle ist aber keineswegs nur etwas Beiläufiges, kaum Unterschiedenes, noch nicht Entdecktes. Vielmehr handelt es sich um etwas zutiefst Verdächtiges und Verächtliches. Die Ursache dafür ist leicht auszumachen. In der Entgegensetzung von Vernunft und Individualität bringt Fichte die Gründe für die Abneigung der gesamten philosophischen Tradition des Abendlandes gegen das Individuelle mit wenigen Worten auf den Punkt: »nur die Vernunft ist ewig; die Individualität aber muß unaufhörlich sterben«[20]. Das Individuelle steht unentrinnbar unter den Bedingungen der Endlichkeit. Das bedeutet, daß sich die moderne Subjektphilosophie seit der Entdeckung des Individuellen in der Romantik im Zwiespalt befindet zwischen der Forderung nach der Ausdehnung des Autonomieanspruchs auf den ganzen Menschen als der »Emanzipation des Fleisches« und der Furcht vor dessen Vergänglichkeit, durch die dem Konzept von Autonomie, in deren Folge die Forderung nach der Emanzipation des Fleisches überhaupt erst erhoben werden konnte, der Boden entzogen wird.

Mit den Bedingungen der Endlichkeit ist nicht allein Sterblichkeit im engeren Sinne gemeint, sondern daneben auch noch Zeitlichkeit im allgemeinen, Abhängigkeit in der Zeitreihe, Wechsel, Passivität, Differenz und Pluralität[21]. Das Individuelle bildet daher den Kristallisationspunkt für die Aversion und Verachtung der Endlichkeit, welche die abendländische Philosophie in so hohem Maße charakterisieren.

Die kühne Wendung der neuzeitlichen Philosophie seit Descartes, die zwar – unerhört genug – den Menschen, das Ich, als Subjekt in den Mittelpunkt zu rücken beginnt, bedeutet in dieser Hinsicht noch keinen prinzipiellen Einstellungswandel. Die neuen Ideen von Freiheit und Gleichheit aller Menschen vermeiden mindestens im ersten Schritt die Berührung mit dem Individuellen und mit der Endlichkeit der Conditio humana. Die mit dieser Wendung auf den Menschen einhergehende Annäherung daran wird mittels scharfer Unterscheidungen neutralisiert. Die Idee der Menschheit bzw. des Subjekts wird mit der Position der Allgemeinheit identifiziert und vom empirischen Subjekt in seiner Bedingtheit und Endlichkeit abgegrenzt. Kant bewerkstelligt das mit dem Konzept der Person bzw. Personalität. »Daß der Mensch in seiner Vorstellung das Ich haben kann, erhebt ihn unendlich über alle andere auf Erden lebende Wesen. Dadurch ist er eine *Person* und, vermöge der Einheit des Bewußtseins bei allen Veränderungen, die ihm zustoßen mögen, eine und dieselbe Person, d.i. ein von *Sachen*, dergleichen die vernunftlosen Tiere sind, mit denen man nach Belieben schalten und walten kann, durch Rang und Würde ganz unterschiedenes Wesen.«[22] Die Personalität ist für Kant das, was den Menschen mit »Freiheit und Unabhängigkeit von dem Mechanismus der ganzen Natur« ausstattet und ihn also über die Bedingungen der Zeit, der Vergänglichkeit und der Kreatürlichkeit erhebt und seine Transzendenz, seine

Teilhabe »an einer Ordnung der Dinge« jenseits der »Sinnenwelt, die nur der Verstand denken kann«, begründet[23].

Daneben hat die Rede von der Personalität des Menschen auch eine mindestens ebenso bedeutsame moralisch-rechtliche Seite, denn es ist nicht die Natur allein, sondern es sind auch die gesellschaftlichen Verhältnisse, die den Menschen der Gefahr von Abhängigkeit und Passivität aussetzen, indem er als Wesen behandelt wird, »mit de[m] man nach Belieben schalten und walten kann«. Kants Bestreben, dem Menschen den Status der Person zuzuerkennen, meint gleichzeitig rechtliche Zurechnungsfähigkeit, moralische Verantwortlichkeit und politische Mündigkeit. »Person ist dasjenige Subjekt, dessen Handlungen einer Zurechnung fähig sind. Die moralische Persönlichkeit ist also nichts anderes als die Freiheit eines vernünftigen Wesens unter moralischen Gesetzen … woraus dann folgt, daß eine Person keinen anderen Gesetzen, als denen, die sie (entweder allein oder wenigstens zugleich mit anderen) sich selbst gibt, unterworfen ist.«[24] Aufklärung und Revolution haben diese Vorstellungen auf ihre Fahnen geschrieben und den Anbruch eines neuen, auf diese Ideen zu gründenden Zeitalters verkündet.

Fichte, der die Verabsolutierung des Subjektstandpunkts weit über Kants Position hinaus vorantreibt, verschärft die diesem Ansatz inhärente Individualitätsfeindlichkeit dementsprechend noch erheblich[25]: »Die Aeusserung und Darstellung des Reinen in ihm [im Vernunftwesen, C.K.] ist das Sittengesetz; das Individuelle ist dasjenige, worin sich jeder von anderen Individuen unterscheidet. Das Vereinigungsglied des reinen und empirischen liegt darin, dass ein Vernunftwesen schlechthin *ein Individuum* seyn muss; aber nicht eben *dieses oder jenes bestimmte*; dass einer dieses oder jenes bestimmte Individuum ist, ist zufällig, sonach empirischen Ursprungs.«[26] Zum empirischen, individuellen Ich, das Fichte terminologisch anders als Kant[27] an der oben zitierten Stelle als »Person« bezeichnet, rechnet er neben Wille und Verstand (»die Intelligenz oder das Vorstellungsvermögen überhaupt«) das Principium individuationis schlechthin, den »Leib«. Das Sittengesetz ist ausschließlich auf der Seite der reinen Vernunft angesiedelt: »Das Object des Sittengesetzes, d.i. dasjenige, worin es seinen *Zweck* dargestellt wissen will, ist schlechthin nichts individuelles, sondern die Vernunft überhaupt … das reine Ich [ist] aus der Person gänzlich herausgesetzt.«[28] Aufgrund der Gegebenheiten der Sinnenwelt bedarf das Sittengesetz zu seiner Realisierung zwar notgedrungen des individuellen Ich oder der Person, aber sein Verhältnis zu dieser ist ausschließlich instrumentell. Ich als Person, »bin dasjenige, dem das Sittengesetz seine Ausführung aufträgt; der Zweck desselben aber liegt ausser mir. Ich bin sonach ... nur Instrument, blosses Werkzeug desselben, schlechthin nicht Zweck.«[29] Die durch Wille, Verstand und Leib konstituierte Individualität leistet keinerlei eigenen Beitrag zum Zweck des Sittengesetzes. Das Wesentliche des Sittengesetzes ist »die gesammte Gemeine vernünftiger Wesen«[30] und gerade nicht die Eigentümlichkeit des Individuellen. Bereits der junge Hegel weist in seiner »Differenzschrift« auf die »absolute Tyrannei« hin, unter der sich die Individualität bei Fichte befindet[31].

Das neuzeitliche Subjekt in dieser Weise in reinen Verstand und reine Sinnlichkeit zu teilen und den übersinnlichen Teil mit der Souveränität und Autorität des göttlichen Subjekts[32] auszustatten, bot die Möglichkeit einer weitgehend bruchlosen Übernahme sowohl der epistemologischen als auch der moral- und gesellschaftstheoretischen Funktionen, die das göttliche Subjekt als Letztbegründungsinstanz erfüllt hatte. Die Erkennbarkeit der Welt und die Handlungsmächtigkeit des Subjekts wurden auf diese Weise gewährleistet.

Eine zweite, weniger beachtete Quelle der Konzeptualisierung des neuzeitlichen Subjekts liegt im neuen naturwissenschaftlichen Denken. Während die Entsprechung zum göttlichen Subjekt in erster Linie Freiheit und Autonomie des Menschen sicherstellt, sorgt die Analogie zum neuzeitlichen Elementarbegriff dafür, daß die Gleichheit aller Menschen gedacht werden kann, ohne mit der im Individuellen verankerten Differenz (»... das Individuelle ist dasjenige, worin sich jeder von anderen Individuen unterscheidet...«, Fichte) zu kollidieren: »Newtons Begründung der Theorie des absoluten Raums setzte voraus, daß die materielle Welt aus gleichen Partikeln zusammengesetzt ist, deren essentielle Eigenschaften einer jeden Partikel auch als einzelner im leeren Raum zukommen. In philosophischer Verallgemeinerung besagt diese Voraussetzung Newtons, daß ein materielles System aus gleichen Elementen zusammengesetzt ist, deren essentielle Eigenschaften von ihrer Existenz in einem System unabhängig sind.«[33] In praktisch-sozialer Verallgemeinerung besagt diese Voraussetzung, daß der Einzelne von jeder Einordnung in ein vorgängiges und vorrangiges Allgemeines unabhängig sein und doch mit allen anderen Einzelnen zusammenstimmen kann, eben aufgrund der essentiellen Gleichheit aller Einzelnen. Diese hat ihre Wurzel in der Vernunftnatur, d.h. in der natürlichen Ausstattung des Menschen mit Rationalität. Demgegenüber werden die Ungleichheiten zwischen Menschen entweder auf die als kontingent aufgefaßte Leiblichkeit bzw. Sinnlichkeit und / oder auf die gleichfalls kontingente, allerdings nicht naturhaft, sondern historisch kontingente Konstitution der Gesellschaft zurückgeführt.

Diese dem naturwissenschaftlichen Denkhorizont entstammenden Vorstellungen sind zwar nicht aus denselben Gründen individualitätsfeindlich wie die philosophische Denktradition, aber sie sind nicht minder individualitätsfern. Im Begriff des Naturgesetzes »verschwindet die eigentliche Individualität, das Unvergleichliche, Unauflösliche des einzelnen Daseins. Hier besteht nur das allgemeine Gesetz, und jede Erscheinung, ein Mensch oder ein Nebelfleck in der Milchstraße, ist nur ein einzelner Fall desselben, ist selbst bei völliger Unwiederholtheit seiner Form ein bloßer Schnittpunkt und auflösbares Zusammen schlechthin allgemeiner Gesetzesbegriffe. So mindestens verstand man damals die ›Natur‹ ... in jeder individuellen Person lebt als ihr Wesentliches jener allgemeine Mensch, wie jedes noch so besonders gestaltete Stück Materie doch in seinem Wesen die durchgehenden Gesetze der Materie überhaupt darstellt.«[34]

Das Subjekt in Entsprechung zum naturwissenschaftlichen Elementarbegriff zu konzipieren, bot indessen die Möglichkeit, das Ich als von jeder vorgängigen Einordnung frei, als absolut Erstes und doch als mit allen anderen Subjekten, die denselben Anspruch erheben durften, kongruent und übereinstimmend zu denken. Das bedeutet, daß die Hoffnung universeller menschlicher Emanzipation in hohem Maße von dieser Voraussetzung einer naturwüchsigen und naturgesetzlichen Gleichheit abhängig war. »... wenn das Allgemeinmenschliche, sozusagen das Naturgesetz Mensch, als der wesentliche Kern in jedem, durch empirische Eigenschaften, gesellschaftliche Stellung, zufällige

Bildung individualisierten Menschen besteht, so braucht man ihn eben nur von all diesen historischen, sein tiefstes Wesen über- deckenden Einflüssen und Ablenkungen zu befreien, damit... das allen Gemeinsame, der Mensch als solcher, an ihm hervor- trete. Hier liegt der Drehpunkt dieses Individualitätsbegriffes, der zu den großen geistesgeschichtlichen Kategorien gehört: wenn der Mensch von allem, was nicht ganz er selbst ist, befreit wird,... so verbleibt als die eigentliche Substanz seines Daseins der Mensch schlechthin, die Menschheit, die in ihm wie in jedem anderen lebt, das immer gleiche Grundwesen, das nur empirisch- historisch verkleidet, verkleinert, entstellt ist.«[35] Am reibungs- losesten waren diese naturwissenschaftlichen Vorstellungen of- fenbar auf die Ökonomie übertragbar. Die Gleichartigkeit der Vernunftbegabung in allen Menschen, die Gleichgerichtetheit und damit Berechenbarkeit der Interessen des Homo oeconomi- cus bildeten die Grundlage bürgerlich-aufklärerischer Freiheits- bzw. Ordnungsvorstellungen, die von der Ökonomie dann auch auf Recht und Politik übertragen wurden. Die am Leitbild öko- nomischer Interessiertheit orientierte Subjektkonzeption setzt zudem die völlige Selbstdurchsichtigkeit aller Motive und die völlige Zurechenbarkeit von Handlungen voraus. Allgemein setzt hier die Hoffnung an, die Organisation von Gesellschaft am sicheren Leitbild von Naturgesetzen und entsprechend die So- zialwissenschaften am Modell der Mathematik oder Physik aus- richten zu können.

Obwohl das erste Modell auf das vorneuzeitliche metaphy- sisch-theologische Weltbild zurückverweist, wohingegen das zwei- te Modell spezifisch neuzeitlich naturwissenschaftliche Züge trägt, ergibt sich daraus kein Widerspruch. Aus beiden Quellen gemeinsam speist sich das neuzeitliche, das frühmoderne Profil des Subjekts. Mögen die Züge der Absolutheit und Souveränität, der vollkommenen Selbstdurchsichtigkeit und Selbsttätigkeit vielleicht vorrangig am Modell des göttlichen Subjekts gewon- nen sein, so sorgt der naturwissenschaftliche Elementarbegriff hauptsächlich dafür, daß einer der augenfälligsten Unterschiede zwischen absolutem und menschlichem Subjekt, nämlich die Tatsache, daß jenes im Singular zu denken ist, während dieses im Plural auftritt, nicht zum Tragen kam.

Angesichts dieser Ausgangslage bedeutet die romantische

Wendung von der Personalität zur Individualität eine ungeheuerliche Herausforderung – stellt sie doch nicht nur im allgemeinen eine lange Tradition des abendländischen Denkens in Frage, sondern auch die aus dieser im 18. Jahrhundert hervorgehenden Ideen von Emanzipation im besonderen.

Friedrich Schleiermacher, der unbestritten als der eigentliche Begründer der neuen Auffassung von Subjektivität unter den Romantikern gilt, ist sich der Kühnheit seines Schritts auch offenbar bewußt gewesen[36]. Er hat selbst das ganz Neuartige seiner Position herausgestellt: »Es liegt in dem Begriff des Menschen als Gattung, daß alle einiges mit einander gemein haben, dessen Inbegriff die menschliche Natur genannt wird, daß aber innerhalb derselben es auch anderes giebt, wodurch jeder sich von den übrigen eigenthümlich unterscheidet. Nun kann der ethische Grundsaz entweder nur eines von beiden zum Gegenstande haben, und diesem dass andere es sei nun ausdrükklich oder stillschweigend ... unbedingt unterordnen; oder aber er kann beides das allgemeine und das eigenthümliche nach einer Idee mit einander vereinigen. *Das leztere scheint noch nirgends geschehen zu sein.* Denn wiewol sich nicht einsehen läßt warum diese Stelle sollte leer sein müssen, dürfte doch niemand eine Sittenlehre aufzeigen können, welche dem eigenthümlichen entweder ein besonderes Gebiet anwiese neben dem allgemeinen oder beide durch einander gesezmäßig beschränkte und bestimmte.«[37]

Schleiermacher hat den Prozeß, in dem er zu dieser neuen Auffassung gelangt ist, gewissermaßen als autobiographischen Entwicklungsweg, als Gesinnungswandel beschrieben[38]: »Lange genügte es auch mir, nur die Vernunft gefunden zu haben; und die Gleichheit des Einen Daseins als das Einzige und Höchste verehrend, glaubte ich, ... es müsse das Handeln in Allen dasselbe sein ... Nur in der Mannigfaltigkeit der äussern Thaten offenbare sich verschieden die Menschheit; der innere Mensch, der Einzelne sei nicht ein eigenthümlich gebildet Wesen, sondern überall ein jeder an sich dem anderen gleich. So besinnt sich nur allmählich der Mensch, und nicht vollkommen alle! Wenn einer, die unwürdige Einzelheit des sinnlichen thierischen Lebens verschmähend, das Bewusstsein der allgemeinen Menschheit gewinnt und vor der Pflicht sich niederwirft[39], vermag er nicht sogleich auch zu der höhern Eigenheit der Bildung und der

Sittlichkeit empor zu blikken und die Natur, die durch die Freiheit ausgebildet mit ihr ganz eins geworden zu schauen und zu verstehn.«[40] Ihn habe, so fährt er fort, »der Gedanke der Eigenthümlichkeit des Einzelwesens«, den viele Menschen noch nicht erfaßt hätten, ergriffen. »Es beruhigte mich nicht das Gefühl der Freiheit allein … Es wunderte mich, dass die besondere geistige Gestalt der Menschen ganz ohne innern Grund nur auf äußere Weise durch Reibung und Berührung sich zur zusammengehaltenen Einheit der vorübergehenden Erscheinung bilden sollte … So ist mir klar geworden, was seitdem am meisten mich erhebt; so ist mir aufgegangen, dass jeder Mensch auf eigne Art die Menschheit darstellen soll …«[41]

Die Frage »Was ist denn das Individuum?«[42] bewegt auch Novalis. Seine »Fichte-Studien« enden mit einer Überlegung »Über die Menschheit. Ihre reine, vollständige Ausbildung muß erst zur Kunst des Individui werden − und von da erst in die großen Völkermassen und dann in die Gattung übergehn.«[43] An einer anderen Stelle bestimmt Novalis seine Zielvorstellung wie folgt: »Die individuelle Seele soll mit der Weltseele übereinstimmend werden. Herrschaft der Weltseele und Mitherrschaft der individuellen Seele.«[44] Und im Zuge seiner Erläuterung des Begriffs der Weltseele spricht Novalis sogleich das Thema an, das unfehlbar auf die Tagesordnung rückt, sobald das Subjekt als Individuum vor den Blick kommt, nämlich das Verhältnis zum Körper: »Weltpsychologie. Den Organism wird man nicht ohne Voraussetzung einer *Weltseele*, wie den Weltplan nicht ohne Voraussetzung eines Weltvernunftwesens, erklären können. Wer bey der Erklärung des Organism keine Rücksicht auf die *Seele* nimmt und das geheimnißvolle Band zwischen *ihr und dem Körper*, der wird nicht weit *kommen*. Leben ist vielleicht nichts anders, als das Resultat dieser Vereinigung − die *Action dieser Berührung.*«[45] »Sollten wir nur die Materie des Geistes, und den Geist der Materie kennen lernen«[46] wünscht Novalis. Auf einer »freye[n] Harmonie« zwischen Körper und Seele besteht er ähnlich wie Schleiermacher: »Wir haben 2 Systeme von Sinnen, die so verschieden sie auch erscheinen, doch auf das innigste mit einander verwebt sind. Ein System heißt der Körper, Eins, die Seele. Jenes steht in der Abhängigkeit von äußern Reitzen, deren Inbegriff wir die Natur oder die äußre Welt nennen. Dieses steht ursprünglich in der Abhängigkeit eines Inbegriffs innerer Reitze, den wir den Geist nennen, oder die Geisterwelt... Kurz beyde Welten, so wie beyde Systeme sollen eine freye Harmonie, keine Dysharmonie oder Monotonie bilden. Der Übergang von Monotonie zur Harmonie wird freylich durch Disharmonie gehn – und nur am Ende wird eine Harmonie enstehn.«[47]

Mit der Entdeckung der Individualität wird wohl zum ersten Mal in der Geschichte der modernen abendländischen Philosophie der Versuch unternommen, die »verschmähte« »unwürdige Einzelheit des sinnlichen thierischen Lebens« zu rehabilitieren und die Natur nicht als Bedrohung bzw. Negation menschlicher Freiheit aufzufassen, sondern als »durch die Freiheit ausgebildet« und »mit ihr ganz eins geworden« – um hier noch einmal auf Formulierungen Schleiermachers zurückzukommen. Der damit verbundenen Zumutung an tradierte Denkgewohnheiten ist sich Schleiermacher vollauf bewußt. Er scheint seinen Schritt nicht ohne Bedenken und Zweifel gewagt zu haben: »Allein nur schwer und spät gelangt der Mensch zum vollen Bewusstsein seiner Eigenthümlichkeit; nicht immer wagt ers darauf hinzusehn, und richtet lieber das Auge auf den Gemeinbesitz der Menschheit, den er liebend und dankbar schon länger festhält; er zweifelt oft, ob ihm gebühre, sich als eignes Wesen wieder gewissermassen loszureissen aus der Gemeinschaft, und ob er nicht Gefahr laufe wieder zurükzusinken in die alte strafwürdige Beschränktheit...«[48]

Wenn man genauer nachfragt, welche Gründe es denn sind, die Schleiermacher, Novalis und andere ihrer romantischen Weggefährten dazu veranlassen, den Standpunkt der Transzendentalphilosophie, kaum daß er erreicht, geschweige denn allgemein anerkannt und vollständig durchgesetzt ist, bereits als überholt und unzureichend hinter sich lassen zu wollen, so treten hier die beiden von der Schwelle zur Neuzeit bekannten, einander entgegengesetzten Motivkomplexe wieder in Erscheinung: die fortschreitende Radikalisierung des Emanzipations- und Freiheitsanspruchs des menschlichen Ich auf der einen Seite, die Erfahrung des fortschreitenden Verblassens oder Versagens überkommener Ordnungsvorstellungen auf der anderen Seite. Und wiederum gilt: beide Motive sind nicht nur gleichermaßen plausibel, sondern wirken – ihrer offensichtlichen Gegensätzlichkeit zum Trotz – zusammen.

Wenden wir uns zunächst den positiven, also auf die Erweiterung des Emanzipations- und Freiheitsanspruchs gerichteten Aspekte zu.

Kant und Fichte hatten sich genötigt gesehen, die durch die Tradition des abendländischen Denkens lange vorgezeichnete Polarisierung von Geist und Natur, Verstand und Sinnlichkeit, Rationalität und Emotionalität usw. aufzunehmen und scharf zwischen der Person bzw. dem Menschen in ihrer/seiner »unwürdigen Einzelheit« und der Persönlichkeit bzw. Menschheit als abstrakter Idee zu unterscheiden – und zwar in der Absicht, so wenigstens letzterer Wert und Würde zu sichern, an der zu partizipieren dem konkreten Einzelwesen durch Identifikation mit der allgemeinen Idee der Weg frei stand. Eine Revolution der Denkungsart und doch zugleich auch ein defensiver Akt, um einer hierarchischen Weltsicht und einem pessimistischen Menschenbild widersprechen zu können, nach dem der Mensch nur durch Unterwerfung unter eine höhere, göttliche Ordnung seiner Bedingtheit und Endlichkeit (sowohl im Sinne von Vergänglichkeit als auch von Fehlbarkeit) zu entgehen vermag; nach der der Mensch auch in irdischen Dingen einen Herrn braucht, seiner Schwäche und Unzulänglichkeit zu wehren. Der Bruch zwischen dem intelligiblen und dem empirischen Ich war eine Art Kompromiß; es war der Preis, mit dem Aufklärung und Idealismus die in Relation zum Menschenbild des theologisch-metaphysischen Zeitalters unerhörte Aufwertung des menschlichen Subjekts, seine Emanzipation aus der Bindung an himmlische und irdische Götter und Herren bezahlen wollten oder bezahlen zu müssen meinten.

Alsbald jedoch bzw. (da die Differenz in Jahren gemessen gar nicht so groß ist) in der Perspektive einer jüngeren Generation erscheint dieser Preis zu hoch. Denn daß der Mensch mit diesem Schritt seine Götter und Herren nicht wirklich losgeworden ist, sondern sie lediglich verinnerlicht hat, ist nur allzu durchsichtig. Strukturell hat sich wenig, zu wenig verändert: Das einzelne Subjekt, das Individuum muß sich dem selbstgegebenen Gesetz nicht minder bedingungslos unterwerfen als dem von Gott und Herren gesetzten; die wirkliche Person erscheint der abstrakten Idee der Persönlichkeit gegenüber nicht weniger schwach und bedeutungslos als gegenüber irgend einem anderen abstrakten

Ideal. Es rächt sich, die Freiheit in den Begriffen von Macht und Ewigkeit zu denken, sie übernimmt so deren Struktur und verleugnet und verliert ihren eigenen Charakter. »Das Erwachen des Subjekts wird erkauft durch die Anerkennung der Macht als des Prinzips aller Beziehungen ... Als Gebieter über Natur gleichen sich der schaffende Gott und der ordnende Geist. Die Gottesebenbildlichkeit des Menschen besteht in der Souveränität übers Dasein, im Blick des Herrn, im Kommando.«[49]

Daß es naheliegt, in diesem Zusammenhang die »Dialektik der Aufklärung« zu zitieren, ist keine Überraschung. Die Romantiker als die frühesten Entdecker der Dialektik der Aufklärung zu bezeichnen, ist mehr als nur eine *façon de parler*[50]. Mit der Wendung zur Individualität erfüllen die Frühromantiker exemplarisch, was Horkheimer und Adorno von einem Programm zur Aufklärung der Aufklärung gefordert haben[51], nämlich »die Reflexion auf das rückläufige Moment«, auf das »Andere« der Rationalität. Die Ratio darf »nicht mehr zu den vegetativen, triebhaften Schichten der Existenz im Widerspruch stehen«[52], wenn nicht Unfreiheit daraus resultieren soll. Nicht die Verurteilung der abstrakten Rationalität der Aufklärung, sondern ihre Überwindung und Überhöhung auf einer ihr Entgegengesetztes einbeziehenden Stufe ist das Programm: »Jetzt, nachdem die Vernunft die Abstraktion durchlaufen hat, muß das Verfließende und ›Regressive‹ wiedergewonnen werden, die ›Weichheit gegen die Dinge.‹«[53] An oberster Stelle in einem solchen Forderungskatalog steht dann natürlich die »Weichheit« gegen das empirische Ich, gegen die eigene, die innere Natur.

So gesehen suggeriert Schleiermacher in den »Monologen« mit der Beschreibung seines eigenen Erkenntnisfortschritts gleich auch einen Emanzipationsfortschritt. Er zeichnet das Bild einer in sich ganz und gar folgerichtigen und konsequenten Entwicklung vom Standpunkt des Kantischen Autonomiebegriffs als einem ersten notwendigen, aber noch nicht hinreichenden Schritt auf dem Wege zur Freiheit, zum Standpunkt der Individualität als zweiter, diese Entwicklung vollendender Stufe. Die Prinzipien menschlicher Würde und Autonomie, die die Freiheitsphilosophie der Aufklärung und des Idealismus entdeckt haben, bilden Voraussetzung und Basis für weitergehende, radikalere Forderungen. Aufgrund der einmal aufgestellten Prinzipien findet eine fortschreitende Sensibilisierung statt, durch die schließlich sogar noch die Unterwerfung unter ein selbst gegebenes Gesetz als Zumutung wahrgenommen werden kann. Erst dann sind die Ideale von Autonomie und Souveränität erfüllt, wenn sie für den ganzen Menschen gelten, statt ihn in eine Gott-Seite und eine Tier-Seite zu spalten. Diese Auffassung stellt eine Radikalisierung und Weiterentwicklung dar, die sich zwar gegen die Positionen Kants oder Fichtes richtet, aber in einer Weise, die gleichzeitig die erfolgreiche Durchsetzung dieser Position gegenüber dem vorgängigen, hierarchisch-autoritären Welt- und Menschenbild voraussetzt, um darauf aufbauend darüber hinauszugehen.

Im Sinne eines Emanzipationsfortschritts, nur mit etwas anderer Nuancierung, interpretiert auch Simmel die romantische Wendung zur Individualität. Für ihn steht nicht so sehr die Kritik an der als Verinnerlichung und Fortschreibung von Heteronomie aufgefaßten Herrschaft der Vernunft im Vordergrund. In seiner Darstellung ist es vorrangig die aus einem mechanistisch-naturwissenschaftlichen Denken abgeleitete Gleichheitsvorstellung, die durch den romantischen Perspektivenwechsel zur Disposition gestellt wird. Vom positiven Streben des Subjekts, seine neu gewonnene Freiheit auch in der Differenz zu anderen zur Geltung zu bringen, geht die treibende Kraft zur Erweiterung des Autonomieanspruchs auf den ganzen Menschen aus. Kurzum der Wunsch nach Selbstentfaltung und Selbstverwirklichung tritt in Erscheinung und zwar wiederum – ähnlich wie bei Schleiermacher – gerade im Bewußtsein und auf der Grundlage gesicherter Voraussetzungen: »Sobald das Ich im Gefühl der Gleichheit und Allgemeinheit hinreichend erstarkt war, suchte es wieder die Ungleichheit, aber nur die von innen heraus gesetzte. Nachdem die prinzipielle Lösung des Individuums von den verrosteten Ketten der Zunft, des Geburtsstandes, der Kirche vollbracht war, geht sie nun dahin weiter, daß die so verselbständigten Individuen sich auch *voneinander* unterscheiden wollen: nicht mehr darauf, daß man überhaupt ein freier Einzelner ist, kommt es an, sondern daß man dieser Bestimmte und Unverwechselbare ist. Das moderne Differenzierungsstreben kommt damit zu einer Steigerung, die seine soeben erst gewonnene Form wieder dementiert...«[54]

Hiermit ist eine Konstellation bezeichnet, die nicht nur die an dieser Stelle von Simmel ins Auge gefaßte Emanzipationssituation des Bürgertums vom Ancien régime betrifft, sondern die seitdem auch für alle späteren Emanzipationsbewegungen gilt: Nachdem die unmittelbare Oppositions- und Emanzipationssituation vorüber ist, werden (erneut) Fragen nach Differenzen gestellt, die den überkommenen und gerade erst überwundenen Kategorien von Ungleichheit in gewisser Weise ähnlich sehen, ohne mit ihnen identisch zu sein. Sobald Unterschiede zwischen Menschen nicht mehr zur Legitimierung gesellschaftlicher Hierarchiebildungen und zur Stabilisierung von Herrschaftsverhältnissen mißbraucht werden, wird der Gedanke von Differenz positiv besetzbar. Solange jedoch Hierarchiebildungen und Herrschaftsverhältnisse bestehen, scheint es dafür in gewisser Weise aber auch immer »zu früh« zu sein, da eine »soeben erst gewonnene Form (von Befreiung) wieder dementiert« wird, bevor noch ihr Anspruch vollständig und irreversibel eingelöst worden wäre. Aus diesem Grund stehen jene Fragen, die auf ein Darüber-hinaus-hinzielen, immer auch im Verdacht des Dahinter-zurückbleibens. Die von Schleiermacher in diesem Zusammenhang geäußerte Befürchtung des Zurücksinkens »in die alte strafwürdige Beschränktheit« bleibt auch im Kontext späterer Befreiungsbewegungen präsent. Das gleichzeitig folgerichtige und widersprüchliche Verhältnis zwischen Gleichheitsforderung und Differenzanspruch bildet ein bleibendes Merkmal in der komplexen Konstellation von Sozial- und Kulturbewegung. Während moderne Sozialbewegungen auf die Egalitätsposition zentriert sind, stellt das modernen Kulturbewegungen eigene Differenzprinzip demgegenüber immer zugleich Fortsetzung, Herausforderung und Gefährdung dar.

Am für alle späteren Kulturbewegungen ebenso bedeutsamen Gesichtspunkt der Selbstverwirklichung als entscheidendem Faktor im Prozeß der Fortentwicklung des Subjektivitätsprinzips am Ende des 18. Jahrhunderts setzt auch die Interpretation von Charles Taylor an. Was im hier vorliegenden Zusammenhang von Schleiermacher ausgehend als Wendung zum Individuellen beschrieben wird, bringt Taylor auf den Begriff »expressivist turn«[55] bzw. »Expressivismus«, für den er in Herders Denken eine besonders wichtige Quelle sieht. »Es war Herder, und die von ihm entwickelte Ausdrucks-Anthropologie, welche die epochemachende Forderung hinzufügte, daß die Realisierung meines menschlichen Wesens meine eigene sei, und das brachte die Vorstellung in Gang, daß jedes Individuum ... auf seine eigene Weise menschlich ist, die es nicht mit der Art irgend eines anderen Individuums vertauschen kann.«[56] »Die spezifische Eigentümlichkeit des menschlichen Lebens besteht darin, durch Ausdruck zu Selbstbewußtsein zu gelangen.«[57] Überzeugend stellt Taylor den Zusammenhang her zwischen der neuen Dimension der gewachsenen Bedeutung der »Eigenthümlichkeit« bzw. Innerlichkeit des Einzelnen und dem Drang, diesem inneren Reichtum durch Ausdruck Realität zu verschaffen. Auch für Taylor bezeichnet diese Entwicklung so etwas wie eine Epochenwende:»Es ändert sich etwas Grundlegendes am Ende des 18. Jahrhunderts. Das moderne Subjekt ist nicht mehr nur durch die Fähigkeit zu freier rationaler Kontrolle definiert, sondern zugleich auch durch diese neue Fähigkeit zu expressivem Selbstausdruck ...«[58] – eine Epochenwende, die Taylor in enge Beziehung zur historischen Romantik, zumal zur deutschen und englischen Romantik bringt, und deren Weiterleben und Fortentwicklung er bis in die Gegenwart hinein nachverfolgt:»Dieser Expressivismus bildete die Basis einer neuen und reicheren Individuierung. Im späten 18. Jahrhundert entwickelt sich die Vorstellung, daß jedes Individuum von anderen verschieden und einmalig ist und daß diese Eigentümlichkeit, Originalität bestimmend dafür ist, wie er oder sie leben soll ... Der expressive Individualismus ist zu einem Eckstein der modernen Kultur geworden.«[59]

Das Streben nach konsequenter Fortsetzung und Erweiterung des revolutionären Weges zur Autonomie ist freilich nicht das einzige Motiv, das die Romantiker bewegt. Die Wendung zur empirischen Seite des Subjekts weist daneben auch einen dunkleren Ton auf. Sie läßt sich nicht nur als Aufbruch zu einem neuen und umfassenderen Verständnis von Freiheit begreifen, das im Horizont der Epochenwende *möglich* geworden ist, sondern genausogut als Zuflucht oder Ausweg, den zu nehmen aufgrund des Verlusts alter Gewißheiten und Verbindlichkeiten *notwenig* geworden ist. Was einerseits als gestiegener und gesteigerter Emanzipationsanspruch in Erscheinung tritt, ist andererseits Ergebnis verloren gegangener Bindungskraft überkommener Ordnung.

Während Aufklärung und Frühliberalismus den Kredit für ihre Freiheits- und Emanzipationsverheißungen letztlich durch Rückgriff auf halbwegs intakte tradierte Ordnungsbürgschaften decken konnten, sieht sich die Frühromantik mit ersten geplatzten Wechseln konfrontiert. »Der Mensch der Romantik ist Zeuge seismischer Erschütterungen im System der Werte und Wahrheiten, die trotz Unterschieden in der Größenordnung dem Zusammenbruch des 20. Jahrhunderts vergleichbar sind.«[60] »Der Mensch der Romantik ist der Mensch des Bruchs mit der bestehenden Ordnung, der romantische Mensch ist der Zeuge enttäuschter Hoffnungen.«[61] Die Wendung von der Personalität zur Individualität ist eine Art der Reaktion darauf.

Das traditionelle Konzept einer Ableitung des lediglich als Besonderes, nämlich durch Eingrenzung des Allgemeinen bestimmten Individuellen, wird nicht nur aus übermütiger Freude an neuen Dimensionen menschlicher Freiheit aufgegeben, sondern auch, weil es unter modernen Bedingungen nicht mehr haltbar ist, da es kein universelles, transzendentes Allgemeines mehr gibt. Für Schleiermacher gibt es keinen »Ort einer übergeschichtlich präsenten Wahrheit, die alle Tatsachen der geschichtlichen Welt in sich enthielte und in deduktiven Schritten freigäbe ... An die Stelle adäquater Schau treten ›Repräsentationen des transcendenten Grundes in unserm Selbstbewußtsein‹ ... die, als sprachlich vermittelte auf intersubjektiver Einhelligkeit, nicht auf objektiver Anmessung an den transzendenten Grund basieren.«[62] »Wir müssen uns über die Einheit unserer ... Welt verständigen, ... weil wir auf kein vorab schon bestehendes und subjektunabhängig gesichertes Allgemeines zurückgreifen können.«[63]

Dieser »Verlust realer Allgemeinheit«[64] ist offenbar binnen weniger Jahre eingetreten. Denn »Kant adressierte seine Rede von Autonomie noch an ein Bewußtsein, für das Allgemeinheit eine Idee war, deren Realitätsgrund durch die Bestimmung des Menschen verbürgt ist. Die durchaus gegensätzlichen ... Elemente des Kantischen Autonomiebegriffs − das Selbst und das Gesetz ... − bildeten ursprünglich gleichwohl eine Einheit, weil Kant an die von ihm so genannte ›Menschheit in uns‹ meinte appellieren zu dürfen.«[65] Aber noch zu Kants Lebzeiten ist ein verbindlicher Begriff davon, was die Bestimmung des Menschen sein soll, verlorengegangen. In dieser Situation scheint nur die Wendung auf das Einzelne, die Entfaltung eines ganz neuen Begriffs von Selbstverwirklichung, als Reaktion auf den Verlust des Allgemeinen übrig geblieben zu sein. Namentlich verweist Michael Theunissen auf »Schillers Umdeutung der Kantischen Autonomie in Richtung auf Spontaneität, auf reine ›Selbstbestimmung‹« in den Kalliasbriefen[66].

Das Individuum taugt nicht zum Prinzip

Im Widerspruch zwischen den beiden Motivationssträngen, die die romantische Wendung vom absoluten zum empirischen Subjekt antreiben, liegt kein ernsthaftes Problem. Dieser Gegensatz, der bereits bei der Wendung zum Subjekt an der Schwelle der Neuzeit aufgetreten war, gehört zu der (gar nicht so seltenen) Art von Widersprüchen, bei denen keiner der beiden widerstreitenden Pole den anderen ins Unrecht zu setzen vermag, und durch den die betreffende Konfiguration in ihrer Gesamtheit eher stabilisiert als bedroht wird.

Das wirkliche Problem liegt darin, daß das Individuum kein Subjekt ist und es auch eigentlich nicht werden kann. Oder, um es mit Manfred Frank zu sagen: das Individuum taugt nicht zum Prinzip[67]. In der Wendung auf das Ich, sei es um die Freiheit der Selbstbestimmung zu fordern, sei es um in ihm das *fundamentum inconcussum* verlorener Gewißheit zu suchen, liegt eine Folgerichtigkeit der Entwicklung und eine Ähnlichkeit der Geste, die leicht darüber hinwegtäuschen, daß die Rahmenbedingungen ganz andere sind. Das menschliche Subjekt ist längst nicht mehr die Erscheinung Gottes[68]. Die zur Individualität des realen, einzelnen Ich fortentwickelte Subjektivität ist »nicht mächtig genug ..., um die religiöse Macht der Vereinigung im Medium der Vernunft zu regenerieren«[69]. Denn Individualität erstreckt sich, wie Schleiermacher es so klar sagt: »auf das Verhältnis zu einem eigenen Leibe und auf die Mehrheit der Menschen-Exemplare überhaupt«[70]. *Körperlichkeit* und *Pluralität* als Merkmale menschlicher Kontingenz sind das, was das Individuum zum Prinzip untauglich macht. Die Konstruktionen des gottanalogen Subjekts und des »Elementarteilchen-Ich« hatten auf je eigene

Weise dazu gedient, die Aspekte der Kontingenz zu neutralisieren. Nachdem die Tragfähigkeit beider Konstruktionen sich jedoch als begrenzt erwiesen hat, kehrt mit der Akzentverschiebung von der Personalität zur Individualität das Kontingenzproblem zurück.

Die in ihren positiven Motiven konsequente, in ihren negativen Gesichtspunkten unvermeidliche Weiterentwicklung vom Subjekt zum Individuum bedeutet, daß es von nun an jede Subjekttheorie mit einem »soggetto debole« zu tun hat, bzw. daß sie sich mit dem Verhältnis des Ich »zu einem eigenen Leibe« und mit der Tatsache der »Mehrheit der Menschen-Exemplare« auseinandersetzen muß. Die Endlichkeit, Bedingtheit, Körperlichkeit und Pluralität des menschlichen Subjekts, die in einem komplizierten Zusammenspiel zwischen metaphysischen und wissenschaftlichen Komponenten vorübergehend suspendiert war, fällt von nun an voll ins Gewicht und bestimmt den weiteren Weg der Subjekttheorien. Zwar ist das Spektrum der westlichen Theoriebildung nach Hegel so breit, daß es kaum zulässig erscheint, ihr eine gemeinsame Intention oder Ausrichtung zu unterstellen. Dennoch konvergieren die verschiedensten Richtungen in einem Punkt, nämlich in der Demontage jenes prekären Konstrukts des absoluten Subjekts und seiner Rationalität. Diese Gemeinsamkeit ist es, die es rechtfertigt, die gesamte Theoriebildung nach Hegel als »post-metaphysisch« zu bezeichnen, bzw. sie unter den Titel einer »Philosophie der Endlichkeit« zu stellen: »Der *accord minimal* all dieser Ansätze, die das Gesicht unserer Gegenwart prägen und geprägt haben, ist der Standpunkt, daß es nicht möglich sei, unsere Welt von einem archimedischen Punkt aus zu interpretieren«[71] – auch und schon gar nicht von einem im Subjekt selbst liegenden aus.

Vereinfachend lassen sich die Konsequenzen der Einsicht in die Endlichkeit nach vier Dimensionen hin unterscheiden; sie alle ergeben sich folgerichtig aus den Unterschieden zwischen dem göttlichen und dem menschlichen Subjekt; der letzte Punkt steht in besonderer Weise in Zusammenhang mit dem naturgesetzlichen Muster des menschlichen Subjekts bzw. mit dessen Unbrauchbarkeit:

Der Einbruch der Zeitlichkeit in die Konzeption des Subjekts und zwar sowohl im Hinblick auf die Frage der Konstituierung des Selbstbewußtseins[72] als auch in Gestalt einer Relativierung des Universalitätsanspruchs der Vernunft durch den Aufweis ihrer *Historizität*, d.h. ihre Einbindung in und Formung durch eine je spezifische Geschichte und Kultur.

Vorübergehend wurde die Einsicht in die Historizität noch durch eine Geschichtsphilosophie abgemildert, in der Vernunft und Geschichte miteinander vermittelt waren. In Hegels Denken fand dieser Versuch seinen Höhepunkt. Am Ende jedoch obsiegt der Gesichtspunkt der Differenz der Zeiten und Kulturen über das Prinzip ihres Zusammenhangs als Selbstentfaltungsprozeß der Vernunft. Seither ist die allgemeine Feststellung der Geschichts- und Kulturgebundenheit des Subjekts und seiner Ratio nach einer ganzen Fülle von Richtungen hin spezifiziert worden: zum Beispiel als Klassen-, Rassen- und Geschlechtsgebundenheit – Konkretisierungen, die alle aus der Einsicht in die historische und kulturelle Relativität ableitbar, aber durch diese allgemeine Aussage nicht vorweggenommen und auch nicht aufeinander reduzierbar sind, sondern gewissermaßen jeweils eine eigene »Individualität« besitzen.

Die Relativierung des Primats der Subjektivität durch die Einsicht in *die Vorgängigkeit der Sprache*: »… sofern nämlich nicht einfach der Mensch spricht, sondern Es in dem Menschen und durch den Menschen spricht; sofern seine Natur eingewoben ist in Wirkungen, in denen die Struktur der Sprache, zu deren Material er wird, wieder auftaucht,… damit die Relation des Sprechens in ihm Resonanz findet, jenseits von allem, was dem Vorstellungsvermögen der Vorstellungspsychologie zugänglich ist.«[73].

Die Relativierung der Souveränität und Autonomie, der Handlungsmächtigkeit und Zurechenbarkeit des Subjekts durch den *Zerfall des Subjekts in sich*, durch eine Art Pluralisierung des Ich nach innen, aufgrund der Entdeckung des Unbewußten. »Das Unbewußte entzieht sich ganz und gar diesem Zirkel von Gewißheiten, worin der Mensch sich als Ich / moi erkennt.«[74] »Mit Freud bricht eine neue Perspektive ein, die die Erforschung der Subjektivität revolutioniert und die präzise zeigt, daß das Subjekt nicht mit dem Individuum zu verwechseln ist… das Subjekt ist in bezug auf das Individuum dezentriert. Das ist es, was *Ich ist ein anderer* meint.«[75] Besonders in der Theorie Jacques Lacans, auf

den hier nicht umsonst zweimal Bezug genommen wird, treten
der psychologische und der sprachtheoretische Aspekt zusammen. Die demütigende Einsicht, daß das Subjekt aufgrund seiner
Sprachpflichtigkeit ebenso wie aufgrund der Struktur des Unbewußten gar nicht Herr im eigenen Hause ist, zwingt es zur Auseinandersetzung mit seiner Endlichkeit in allen ihren Erscheinungsformen. »Das Subjekt des Unbewußten verlangt, daß das
Subjekt der Philosophie – sofern letzteres den Vorrang der Rationalität beansprucht – sich mit seiner/ihrer Unvollständigkeit
auseinandersetzt, die libidinösen, körperlichen Grundlagen des
Intellekts erkennt und die Partialität seiner/ihrer Denkweisen
anerkennt.«[76]

Die Relativierung der Subjektposition durch die Einsicht in
die *Pluralität der Subjekte* wirft mehrere Probleme auf.

Zunächst ist in diesem Zusammenhang an die naturwissen-
schaftlich gegründeten Vorstellungen der Frühmoderne zu erinnern[77]: Ihr Kern bestand in der Überzeugung, daß die menschliche Vernunftnatur in allen Subjekten die gleiche sei. Wenn es
nur möglich wäre, die sozial bedingten bzw. oktroyierten Ungleichheiten abzustreifen und die naturbedingten Ungleichheiten unter rationale Kontrolle zu bringen, so würden alle ihren
eigenen Intentionen, den in jedem Einzelnen selbst liegenden
Gesetzen folgen können, ohne daß daraus Konflikte zwischen den
Subjekten erwachsen müßten. Mit dem Wechsel vom Individualismus der Einzelheit zum Individualismus der Einzigkeit wird
zwar die Überzeugung, daß jeder Mensch das Gesetz seines Seins
und Handelns in sich selbst trägt und daß es gilt, dieses von allen
äußerlichen Beeinträchtigungen zu befreien, festgehalten, ja sogar noch verstärkt. Ansonsten aber dreht sich die gesamte Konstellation um. Nun sieht es so aus, als wäre alles gewonnen, wenn
es nur gelänge, die sozial aufgezwungene Gleichheit, die aus
dieser Perspektive weniger als Recht und als Ermöglichungsgrund von Freiheit, sondern als Konformität und Zwang in Erscheinung tritt, abzustreifen, um so Platz zu schaffen für die Entfaltung der Originalität des Individuums, für die in seiner Natur
verwurzelte, von allen anderen unterschiedene Einzigartigkeit.
»... das Selbst als die erste ›Natur‹ – verborgen hinter den Ver-
krustungen, Panzerungen der ›zweiten Natur‹« gilt es zu entfalten: »das ›wahre‹ Selbst, die ›echten‹ Gefühle.«[78] Schien zunächst

im inneren Wesen die Gleichheit aller Menschen zu liegen, der gegenüber die – sei es naturgegebene, sei es gesellschaftliche – Differenz kontingent und äußerlich war, so wird nun die Differenz als das Wesentliche und Wesenhafte angesehen, der gegenüber die Gleichheit als kontingent und äußerlich erscheint.

Unmittelbar am sichtbarsten ergibt sich daraus das Problem einer Divergenz zwischen den Idealen von Freiheit und Gleichheit. Bereits Schelling hatte gewarnt: »Wenn einmal in der Menschheit kein nothwendiges Princip von göttlicher Einsetzung ist, wodurch viele zur Einheit verschmolzen, und hinwiederum die Einheit in Vielheit sich verwirklicht, wenn das Höchste um dessenwillen alles andere da ist und geschieht, die Personalität des Einzelnen ist: so ist es unmöglich für das Ganze wahrhaft zu wollen ...«[79] Je stärker die Originalität und Unvergleichlichkeit der Individuen in den Vordergrund rückt, während der Bestand einer ihnen gemeinsamen und daher übereinstimmenden Vernunft abnimmt, desto mehr wird die Frage der Kompatibilität zwischen ihren Selbstverwirklichungsansprüchen zum Problem. Wenn die Annahme einer unproblematischen, in philosophischen bzw. theologischen (»Princip von göttlicher Einsetzung«) oder wissenschaftlichen Termini gefaßten, prästabilierten Harmonie zwischen verschiedenen Einzelnen bzw. zwischen Teil und Ganzem, Einzelnem und Allgemeinen zerbricht, dann erweist sich der Einklang zwischen den beiden großen Emanzipationsidealen der von Aufklärung und bürgerlicher Revolution als illusionär. Tatsächlich folgen spätere Emanzipationsbewegungen entweder (als Sozialbewegungen) primär der Leitidee der Gleichheit oder (als Kulturbewegung) der Leitidee der Freiheit.

Ein zweites, tiefer liegendes Problem besteht in der Untauglichkeit des Inneren als *fundamentum inconcussum*. Eine stabile Ich-Identität oder gar bestimmte soziale Positionen und Funktionen lassen sich aus den Gegebenheiten des Körpers und aus den Befindlichkeiten des Gemüts gerade nicht ableiten[80]. Aus kosmologischen und theologischen bzw. metaphysischen Halterungen gelöst, ist die Natur zwar nicht gänzlich »stumm«, aber aufgrund ihrer eigenen Kultur- und Geschichtsgebundenheit ist sie doch nicht die unbedingt verbindliche letzte Spruchinstanz, als die sie gelten soll. Wenn es schon keinen Zweck hatte, das gleichsam von seiner Natur abstrahierte menschliche Subjekt an die Stelle

Gottes zu rücken, so hat es noch weniger Sinn, es durch die Natur zu ersetzen. Alle am Datum der Natur ansetzenden Essentialierungen sind vergeblich, einige sind mehr als vergeblich, nämlich gefährlich. Das Problematische des Versuchs, Natur als eine das Selbst oder die Gesellschaft determinierende Instanz zum Sprechen zu bringen, kommt in vollem Umfang zum Vorschein, wenn wir uns vergegenwärtigen, daß dies nicht nur in der Eigenperspektive, das heißt als Resultat einer introspektiven Suche nach dem je eigenen Wesensgrund, sondern auch aus einer Fremdperspektive geschehen kann. Die Determinierung gesellschaftsordnender Faktoren als Zuschreibung natürlicher Wesensmerkmale hat das vorgebliche Zeitalter der Egalität, in dem jede Idee von Ungleichheit aus den Diskursen des Rechts, der Ethik, der Pädagogik, der Gesellschaft im allgemeinen, als illegitim verbannt worden ist, zum Zeitalter der Naturalisierung von gesellschaftlicher Ungleichheit werden lassen. Zumal die Konzeptionen von Rasse und Geschlecht, aber auch die Naturalisierungen bzw. Biologisierungen anderer gesellschaftlicher und politischer Kategorien (z. B. National- oder Klassencharakter) sind spezifisch moderne Erfindungen, die die neuen Naturwissenschaften zum Legitimationsdiskurs von Herrschaft haben werden lassen – mit den bekannten verheerenden Folgen. Dabei ist nicht zu verkennen, daß vielfach die zunächst negativen, fremdbestimmten Askriptionen Prozesse der Selbstidentifikation positiv besetzter Differenz hervortreiben können[81]; umgekehrt bleiben frei gewählte Selbstdefinitionen immer auch gegenüber heteronomen Intentionen offen, d.h. mißbrauchbar. Der moderne Begriff von Differenz bleibt ebenso unvermeidlich in der Zweideutigkeit von Fremdzuschreibung und Selbstausdruck befangen, wie der ihm korrespondierende Egalitätsbegriff in der Ambiguität steht, sowohl Ermöglichungsgrund wie Verhinderungsgrund von Freiheit zu sein.

Als Pluralisierung, Temporalisierung, Relativierung lassen sich die vorangehend umrissenen Entwicklungstendenzen zusammenfassen. »Pluralisierung, Temporalisierung, Relativierung: dies sind die universellen Erfahrungen, denen die Identitätsform der Mitglieder komplexer Gegenwartsgesellschaften gerecht werden muß«, konstatiert Uwe Schimank[82]. So formuliert, entsteht allerdings der Eindruck, als fänden Pluralisierung, Temporalisierung und Relativierung »draußen« statt, als stünden sie der »Identitätsform« gegenüber. Tatsächlich betreffen sie jedoch diese selbst. Die Erfahrung von Pluralisierung, Temporalisierung und Relativierung macht das Ich in der Moderne nicht allein mit der Welt, sondern auch mit sich.

Für jeden einzelnen dieser Schritte auf dem Weg einer Philosophie der Kontingenz ist die Vorläuferschaft der Romantik behauptet worden. Die Romantiker gelten als Entdecker des Unbewußten *avant la lettre*[83], als Erfinder einer neuartigen, für die Moderne wegweisenden Auffassung und Theorie von Sprache[84], ebenso wie als (Mit)Eroberer des Kontinents Geschichte und auch als mitverantwortlich für den Einbruch der Zeit in die Theorie des Bewußtseins. Daß die Romantiker an der Stelle, wo sich der Weg von Freiheit und Gleichheit in verschiedene Richtungen gabelt, mit der Akzentuierung von Individualität und Expressivität ganz entschieden den Weg einer Kulturbewegung eingeschlagen haben, das hat bereits der zweite Teil der Untersuchung darzustellen unternommen.

Es geht an dieser Stelle nicht darum, die Berechtigung der verschiedenen Beanspruchungen der Romantiker als Vorläufer späterer Einsichten und Entwicklungen im Einzelfall zu prüfen. Am Ende und als Fazit der in diesem Kapitel behandelten romantischen Wendung zum Individuellen kommt es lediglich darauf an, der Feststellung Nachdruck zu verleihen, daß es eben diese »Abrüstung« des Subjektbegriffs, seine Umdeutung zum Individuum ist, die einer solchen Philosophie der Endlichkeit den Weg bereitet: Sobald mit dem Subjektbegriff die empirische Seite des Menschen nicht nur ambivalent mitgemeint ist, sondern sobald sie auch nur einigermaßen konsequent ins Zentrum gerückt wird (und das – so lautete die These – ist in der Romantik erstmals der Fall), wird eine Auseinandersetzung mit den verschiedenen Dimensionen menschlicher Kontingenz unumgänglich. Von Nietzsche ist behauptet worden, daß sein radikaler Individualismus in der Verlängerung und als Ausdehnung seines Skeptizismus entstanden sei[85]. Ohne damit etwa ein förmliches Entgegensetzungsverhältnis zwischen Nietzsche und den Romantikern nahelegen zu wollen, läßt sich von ihnen das Umgekehrte sagen: Die in der Romantik einsetzende Skepsis (gegenüber einem archimedischen Punkt im Subjekt) entsteht in der Verlängerung und als Ausdehnung ihrer Wendung zum Individuellen. Dieser Prozeß, der mit der Romantik in Gang kommt, ist bis heute nicht abgeschlossen.

Die ästhetisch-expressive Gestalt des Subjektprinzips ist seine avancierteste, modernste Erscheinungsform. Sie hat am vollständigsten mit theologisch-metaphysischen Grundlagen gebrochen und den Weg in die Endlichkeit, die Gottes*un*ebenbildlichkeit des Menschen, am konsequentesten eingeschlagen. Sie verfügt (im Hinblick auf die positiven Gesichtspunkte betrachtet) über den weitesten Begriff menschlicher Emanzipation als Ausdehnung des Freiheitsanspruchs auf den ganzen Menschen und als Ausdrucksanspruch hinsichtlich von Differenz. Sie trägt (im Hinblick auf die negativen Gesichtspunkte) der Tatsache des Zerfalls einer Allgemeinverbindlichkeit beanspruchenden Denk- und Gesellschaftsordnung am weitestgehenden Rechnung. An den ungebrochenen, stürmischen Individualisierungstendenzen in den fortgeschrittensten Gesellschaften der Gegenwart wäre die Probe auf dieses Exempel der Romantik zu machen.

In und seit der Romantik zeichnen sich drei Wege ab, die von den Erfahrungen der Temporalisierung, Pluralisierung und Relativierung ausgehend, die Kontingenz des schwachen Subjekts zu bewältigen versuchen. Wenn im folgenden zur Erleichterung der Darstellung zwischen drei Optionen – der *Auflösung der Subjektivität*, der *Ausbildung einer spezifisch ästhetischen Subjektivität* und der *Erlösung von der Subjektivität* in höherer Substanzialität – unterschieden wird, so sollte das nicht übersehen lassen, daß alle drei Möglichkeiten näher beieinander liegen und viel leichter ineinander übergehen, als es auf den ersten, auf ihre Gegensätzlichkeit fixierten Blick aussehen mag.

Erstens kann die trotzig-heroische Wendung auf das Ich, der vollständige Verzicht auf jede Sicherheit von Prinzip und Fundament zum einzigen Weg und höchsten Ziel erklärt werden. Georg Simmel bezeichnet das Ergebnis einer solchen Wendung als »Psychologismus« und meint damit »das Erleben und Deuten der Welt gemäß den Reaktionen unseres Innern und eigentlich als einer Innenwelt, die Auflösung der festen Inhalte in das flüssige Element der Seele, aus der alle Substanz herausgeläutert ist, und deren Formen nur Formen von Bewegungen sind«[86]. Diese Auflösung aller festen Bestimmungen in Verweisungszusammenhänge, die ihrerseits ganz nah an »unserem Inneren« liegen, macht, wie Simmel zu Recht feststellt, »das Wesen der Moderne« aus. Strukturell folgt diese Option dem Muster der Selbstbeharrung des Subjekts an der Schwelle zur Neuzeit, allerdings mit dem Unterschied, daß das zum Individuum depotenzierte Ich in sich selbst keinen festen Grund mehr zu finden vermag. In der Wendung des Individuums auf sich selbst wiederholt sich die frühmoderne Wendung auf das Subjekt unter der Bedingung ihrer vollständigen und auch eingestandenen Bodenlosigkeit. Daher geht, was als Selbstbeharrung gemeint war, in Selbstauflösung über. In der Folge führt der Versuch, das Individuum als archimedischen Punkt zu setzen, tendenziell zur Abkehr von der Suche nach solcher Gewißheit als Illusion. Die illusionslose Konfrontation mit der Unbehaustheit menschlicher Existenz wird dabei weniger zu einem gangbaren Ausweg als vielmehr zum Gebot intellektueller Redlichkeit und zur existentiellen Mutprobe. Nicht selten wird das »Zerbrechen des principii individuationis« sogar mit der »wonnenvolle[n] Verzückung« gefeiert, die Nietzsche »aus dem innersten Grunde des Menschen, ja der Natur« emporsteigen sieht[87]. Dabei gibt es allerdings eigentlich nur dann etwas zu feiern, wenn beim Zerbrechen des Individuationsprinzips ein anderer »innerster Grund« zum Vorschein kommt, an dem das Individuum Halt finden kann oder zu können vermeint.

Ob die Wendung zum Individuellen bereits im Kontext der historischen Romantik bis zur vollen Ausbildung dieser Option, also zum heroischen Verzicht auf alle Prinzipien und zur Auflösung in Verweisungszusammenhänge gelangt ist, erscheint zweifelhaft. Da aber die Utopie einer vollständigen Auflösung von Subjektstrukturen gerade in der Gegenwart Konjunktur hat, ist folglich auch die aktuelle Romantikbeschäftigung von dieser Konjunktur tangiert. Das aktuelle Interesse an dieser Option schärft den Blick für entsprechende Ansätze in der Vergangenheit, selbst wenn es sich nur um Spuren davon handelt.

So ist etwa Jochen Hörisch überzeugt, die Frühromantiker Friedrich Schlegel und Novalis hätten den heute so verlockend erscheinenden Wunsch, kein Subjekt sein zu müssen, »zu einem

Zeitpunkt wiederentdeckt, da die Erkenntnis- und Subjektivitätstheorie sich anschickte,... die realgeschichtlich wahr gewordene Herrschaft von Subjektivität über ihr Anderes wie über sich selbst mit dem Gestus letzter Gültigkeit begrifflich zu sanktionieren«[88]. Während die Transzendentalphilosophie ihre Utopie verrät, nämlich »ein Subjektverständnis, das jedem erlaubte, ›Niemandes Herren und Niemandes Knechte zu seyn‹ –, sobald sie das Subjekt unter den Oktroi von Zwangsidentität stellt«, so arbeiten »die Frühromantiker an einer Sabotage des Identitätsprinzips«[89].

Karl Heinz Bohrer bezieht sich mit seiner umschlagslogischen Behauptung, daß gerade aus der äußersten Zuspitzung des Subjektprinzips die Auflösung der Ich-Position resultiere, auf die »jüngeren Brüder der Frühromantik«, namentlich auf die Günderode, auf Clemens Brentano und Kleist[90]. Den engen »Zusammenhang von radikaler Identität und Ich-Auflösung«[91], den Bohrer hier feststellt, wertet er positiv als »verwegene[n] Schritt ins Unerprobte..., der auch über die romantisch fixierte Form der Subjektivität hinausgeht, nämlich ins transsubjektive Experiment der Ich-Auflösung«[92].

Dietmar Kamper wählt ebenfalls Clemens Brentano als Beispiel für seine These, »daß andere unvermutete, vielleicht sehr aktuelle Formen menschlichen Selbstverständnisses beteiligt waren, die im Allgemein-Werden der romantischen Bewegung untergegangen oder verdrängt worden sind«[93]. Den Einzelfall Clemens Brentano dehnt Kamper zu einer eigenständigen »Marburger Romantik« aus und behauptet: »Romantik in Marburg war ein Ereignis von überregionaler Bedeutung, bei dem wie in einem Hohlspiegel eine bestimmte Gestalt menschlicher Subjektivität, die heute eine hochgradige Selbstverständlichkeit besitzt, umstritten war. Es geht um ein Ereignis der massiven Kritik am bürgerlichen Persönlichkeitsideal des ›ganzen‹ Menschen...«[94]

Das gegenwärtige Interesse an den Experimenten der Romantik in Richtung auf Ich-Verlust und Ich-Zerfall kann nicht darüber hinwegtäuschen, daß diese – wenn überhaupt – vereinzelte Impulse geblieben sind, die (um es milde auszudrücken) ziemlich angestrengter Interpretation bedürfen, um als solche wahrnehmbar zu werden. Die Verflüssigung des Subjektbegriffs, der heroische Verzicht auf feste Bestimmungen zugunsten einer Art Schwebezustand, die Auflösung aller festen Positionen in Verweisungszusammenhänge, das mag im Horizont der Romantik eine blitzartig auftauchende Vision sein; sie findet aber in deren historischem Rahmen selbst keine weitere Ausführung.

Anders verhält es sich mit den beiden weiteren Optionen – der Ausbildung einer spezifisch ästhetischen Subjektivität und der Erlösung von der Subjektivität in höherer Substanzialität. Diese beiden zueinander alternativen Möglichkeiten hat die historische Romantik entwickelt. Daher sind ihnen die beiden folgenden Kapitel gewidmet. Unter dem Titel der Wendung zur Ästhetik wird der Versuch erörtert, die »Prinzipientauglichkeit« des Subjekts durch eine Spezifizierung der Ich-Konzeption, welche ein Mittleres bilden soll zwischen absolutem Subjekt und Individuum, (wieder)herzustellen. Ein solcher Versuch ist in erster Linie mit der Konzeption des modernen Künstlers, genauer mit der Idee vom Künstler als Genie, verbunden. Es ist dies der eigentliche Kern des ästhetisch-expressiven Subjektivitäts- bzw. Rationalitätskonzepts.

Nicht zuletzt, weil der zweite Ansatz keinen vollen Erfolg darstellt, kommt schließlich eine dritte Option in Sicht. Das kontingent gewordene Subjekt kann das, was es in sich selbst nicht findet, (wieder) außerhalb seiner suchen, da das, was selbst nicht Prinzip ist und was zur Begründung einer Ordnung nicht tauglich ist, eines Prinzips bedarf und sich in eine Ordnung einbinden muß. Je kontingenter das Ich erscheint, desto unabweisbarer wird die Notwendigkeit, einen nicht-kontingenten Bezugspunkt jenseits des Subjekts zu suchen. Die Tendenz der Verabsolutierung des Subjekts biegt sich gewissermaßen zurück zur Rehabilitierung des »Seins«. Das Subjekt sucht wieder die als substanziell geglaubten Ordnungen der Religion oder der Gemeinschaft.

4. Kapitel

Die Wendung zur Ästhetik: Das Subjekt als Künstler — der Künstler als Genie[1]

Ebenso wie die Wendung auf das Subjekt ist auch die Wendung zur Ästhetik keine ausschließlich romantische »Erfindung«. Schon im 18. Jahrhundert und besonders durch Kants dritte Kritik ist sie vorgezeichnet. Bereits bei Kant steht sie im Interesse einer Synthese von Denken und Handeln, von theoretischer und praktischer Vernunft, von Welt und Ich, die sich anders nicht mehr herstellen läßt. Daß sich das Interesse an der Ästhetik als Versöhnungsinstanz bei den Romantikern noch erheblich intensiviert, hat die nämlichen Gründe wie die romantische Radikalisierung und Wendung des Subjektbegriffs. In einer Mischung aus gesteigerten Erwartungen und deren zunehmender Enttäuschung in der Wirklichkeit richten sich die romantischen Hoffnungen auf die Kunst. Je weiter die Erwartung schwindet, daß das neue bürgerliche Zeitalter das ersehnte Zeitalter der Synthese sein werde, desto mehr konzentrieren sich die Erwartungen auf eine ästhetische Versöhnung.

Unter den Bedingungen der Moderne kommt allein dem ästhetischen Vermögen eine einheits- und ganzheitsstiftende Kraft zu: »Wie ist es möglich unsere Einheit mit Natur und Gesellschaft wiederherzustellen, ohne die Autonomie der Kritik aufzugeben? ... Diese Aufgabe läßt sich nicht mittels der Philosophie erfüllen, da deren Kritik das Problem doch erst geschaffen hat; ebensowenig durch die Religion, deren Glaube sich als durch diese Kritik verwundbar erwiesen hat; und noch weniger auf dem Wege der Naturwissenschaften, durch die die Schönheit und Magie der Natur zerstört wird. Während die Rationalität von Philosophie und Naturwissenschaft eine wesentlich negative Macht darstellt, ist die Einbildungskraft der Kunst zutiefst positiv, sie besitzt die Macht, eine ganze Welt zu schaffen. Die Aufgabe des Künstlers ist es, die Magie, die Schönheit und das Mysterium des natürlichen und gesellschaftlichen Universums wiederherzustellen, damit sich das Individuum wieder als mit ihm eins fühlen kann.«[2]

Wenn die Kunst als »dasjenige Gebiet« gilt, »in welchem die Romantik die unmittelbare Versöhnung des Bedingten mit dem Unbedingten... durchzuführen strebte«[3], dann kommt dem Künstler als dem Subjekt, das diese Versöhnung ins Werk setzen soll, gesteigerte Bedeutung und eine herausragende Stellung zu.

Vor allem soll es im Bereich des Ästhetischen gelingen, die vollkommene Selbstmächtigkeit des Erkennens und Handelns, die unumschränkte Autonomie und Souveränität der Subjektivität mit den empirischen Aspekten in Einklang zu bringen. Diese Erwartung gründet sich darauf, daß dem Subjekt im Bereich der Kunst das möglich ist, wozu es in der Wirklichkeit nicht in der Lage ist, nämlich eine Welt aus Nichts zu erschaffen: »Es gibt... eine Art des Denkens, die etwas produziert und daher mit dem schöpferischen Vermögen, das wir dem Ich der Natur und dem Welt-Ich zuschreiben, große Ähnlichkeit der Form hat. Das Dichten nämlich; dies erschafft gewissermaßen seinen Stoff selbst.«[4] Wenn umgekehrt die Konstituierung der Welt als (oder doch wenigstens wie) ein ästhetischer Akt gedacht werden könnte, so wäre eine Verbindung geschaffen zwischen Ich und Welt. Der Künstler rückt jedenfalls ganz nah an die Position Gottes heran. Zugleich meint die Idee des Genies einen Subjektbegriff, in dem Eigentümlichkeit bzw. Originalität am weitesten entwickelt und besonders ausgeprägt sind, der also die Wendung zum Individuellen bereits im Rücken[5] hat. Als Künstler und nur als Künstler ist der Mensch somit Absolutum und Individuum zugleich. »Die Divergenz von Subjekt und Individuum, präformiert im Kantischen Antipsychologismus, aktenkundig bei Fichte, affiziert auch die Kunst. Der Charakter des Authentischen, Verpflichtenden und die Freiheit des emanzipierten Einzelnen entfernen sich voneinander. *Der Geniebegriff ist der Versuch, beides durch einen Überschlag zusammenzubringen*, dem Einzelnen im Sondergebiet Kunst unmittelbar das Vermögen zum übergreifend Authentischen zu attestieren.«[6] »Genie soll das Individuum sein, dessen Spontaneität mit der Tathandlung des absoluten Subjekts koinzidiert... Im Geniebegriff wird... die

Idee des Schöpfertums vom transzendentalen Subjekt an das empirische, den produktiven Künstler zediert.«[7]

Auf der einen Seite bestehen unter der Voraussetzung der Einschränkung auf den Bereich des Ästhetischen noch weniger Bedenken, das Subjekt als Künstler an die Stelle Gottes zu rücken[8]. In keiner anderen Gestalt erscheint das menschliche Subjekt so souverän und autonom. Auf der anderen Seite erfolgt die Anerkennung der nicht-rationalen, nicht-bewußten Komponenten der Subjektivität, ihrer emotionalen, naturhaften Anteile kaum je so rückhaltlos, so umfassend und vor allem unter einem so uneingeschränkt positiven Wertungsvorzeichen wie mit Blick auf den Künstler. Nach der einen Seite hin korrespondiert die Figur des Künstlers dem Konzept des modernen Subjekts; nach der anderen Seite enthält sie Momente, die über die weitgehend mit Rationalität identifizierte Subjektauffassung nicht nur hinausgehen, sondern zu dieser in Widerspruch treten und sich kritisch gegen sie wenden (können). Diese Ambivalenz ist charakteristisch für das Verhältnis des modernen Künstler-Subjekts zum modernen Subjekt im allgemeinen und darüber hinaus für das Verhältnis zwischen der ästhetisch-expressiven Rationalität und den anderen Spielarten moderner Rationalität. Die ästhetische Sphäre bildet einerseits einen Teil der modernen Welt – und zwar ihren avanciertesten und kompromißlosesten –, andererseits kennzeichnet es diesen Teil, sich gegen die moderne Welt richten und auf etwas nicht in ihr Enthaltenes, ihr Jenseitiges verweisen zu können.

Auf ein Anderes (bzw. auf etwas mehr) als nur Subjekthaftes geht die Figur des Künstlersubjekts in zwei Hinsichten, nämlich erstens in bezug auf die Konstituierung, die Ermöglichungsgründe und Entstehungsbedingungen des Genies. Künstlerische Genialität und Kreativität sind Gaben der Natur[9]; sie entstehen nicht aufgrund einer eigenen Entscheidung des Ich, und sie stehen nicht in seiner Macht, ja es ist sich ihrer nicht einmal vollständig bewußt. Selbst wenn es zutrifft, daß das Genie aus sich selbst heraus eine Welt schafft, sich selbst schaffen kann es nicht, sondern es verdankt sich einer höheren Instanz. Es gilt zweitens aber auch für die künstlerische Tätigkeit selbst. Letztlich stimmt diese mit der Vorstellung vollkommener Souveränität doch nicht überein, insofern der höchste Gipfel menschlicher Selbsttätigkeit als dem Bewußtsein entzogen erscheint. Die künstlerische Tätigkeit ist besonders früh mit dem Unbewußten in Verbindung gebracht worden[10]. Ausgerechnet da, wo die Selbstmächtigkeit und Schöpferkraft des Subjekts ihre höchste Steigerung finden sollen, geben sie sich an ein Anderes, Höheres preis.

Um die Verwiesenheit des künstlerischen Genies an ein anderes als es selbst auszudrücken, scheut Schelling nicht einmal vor dem Vergleich mit Schicksal und Verhängnis zurück: »... wie jene Macht, welche durch unser freies Handeln ohne unser Wissen, und selbst wider unseren Willen, *nicht vorgestellte* Zwecke realisiert, Schicksal genannt wird, so wird das Unbegreifliche, was ohne Zuthun der Freiheit und gewissermaßen der Freiheit entgegen, in welcher ewig sich fliehet, was in jener Production vereinigt ist, zu dem Bewußten das Objective hinzubringt, mit dem dunkeln Begriff des *Genies* bezeichnet.«[11] »Ebenso wie der verhängnißvolle Mensch nicht vollführt, was er will, oder beabsichtigt, sondern was er durch ein unbegreifliches Schicksal, unter dessen Einwirkung er steht, vollführen muß, so scheint der Künstler, so absichtsvoll er ist, doch in Ansehung dessen, was das eigentlich Objektive seiner Hervorbringung ist, unter der Einwirkung einer Macht zu stehen, die ihn von allen andern Menschen absondert.«[12]

Was Manfred Frank sowohl in Hinblick auf Hölderlin als auch auf die Frühromantik (namentlich auf Novalis) als bewußtseinstheoretische Fragestellung entwickelt, läßt sich auf die Entstehungsbedingungen und Tätigkeitsmerkmale des künstlerischen Genies übertragen. Frank zeigt, wie die zunächst von der Absicht des Sich-selbst-Setzens des Subjekts getragene Frage nach dem Wesen des Bewußtseins und des Ich alsbald über es hinaus- und auf sein Anderes hinführt: »... das Licht, in dem Bewußtsein sich hält, fließt nicht aus ihm selbst, sondern einem (nicht-kausal gedachten) Grund, den das Bewußtsein nie ganz ausleuchten kann.«[13] Im Kern des Ich gibt es etwas, das mehr ist, als dieses selbst und das nicht dem Wissen, sondern nur dem Gefühl und dem Glauben zugänglich ist. »Bewußtsein, statt sich als Effekt eines intentionalen Sich-selbst-Setzens zu verstehen, lernt sich begreifen als Effekt der Öffnung einer anonymen Dimension, in deren Licht es sich zugänglich ist, für deren Öffnung aber nicht mehr es selbst aufkommt. Novalis nennt sie ›Seyn‹ ...«[14] Von der stolzen Idee absoluter Selbsttätigkeit, also reiner Aktivität, ist ein solches Gefühl weit entfernt, da es mit Rezeptivität und Passivität einhergeht: »Novalis spricht ja vom Gefühl als von einem rezeptiven Bewußtsein, dem ›etwas gegeben‹ werden muß.«[15]

Für seine Konstituierung ebenso wie für seine Produktion gilt in Hinsicht auf den Künstler ganz Entsprechendes. Je radikaler die Absolutheit seiner Position in den Horizont rückt, desto unabweislicher macht sich »die Öffnung einer ganz anderen Dimension« bemerkbar. Die Entsprechung zwischen der bewußtseinstheoretischen und der ästhetischen Ebene ist übrigens so eng, daß die künstlerische Tätigkeit als privilegierter Zugang zur Erschließung der Bewußtseinsdimension aufgefaßt wird[16]. Das Werk des Genies ist weniger sein eigenes, selbstbewußtes, selbstgewolltes und selbstverantwortetes Produkt als vielmehr das Werk der *Natur*.

Folgerichtig taucht in diesem Zusammenhang die Metapher der Pflanze auf – und mit ihr die Konnotation von Passivität: »Man kann von einem Originale sagen, daß es etwas von der Natur der Pflanzen an sich habe: es schießt selbst aus der belebenden Wurzel des Genies auf; es wächset selbst, es wird nicht durch die Kunst getrieben.«[17] Bei den Romantikern ist die Pflanzenmetapher in bewußtseins- bzw. selbstbewußtseinstheoretischen Aussagen auch ohne Bezug zum Künstler-Genie geläufig. So z.B. in einer brieflichen Äußerung Schleiermachers an Henriette Herz: »Meine neuliche Stimmung, Liebe, das ist, ich will es nur gestehen ein *fit* vom ächten Christentum, wie ich sie bisweilen habe ... Es liegt übrigens sehr tief in mir, denn es gehört zu dem Bewußtsein, daß ich eine Pflanze bin und einen Boden brauche, und daß nur durch beständige Zirkulation und Assimilation die Elemente meiner Natur beim Leben erhalten werden können. Nicht sowohl durch Zerrüttung meines Wesens von Innen her – obgleich auch das möglich ist – kann ich untergehen, sondern schon durch die Zerstörung meiner Lage. Man reiße mich aus und ich bin verloren. Der Glaube an die Ewigkeit besteht dabei wohl. Hier kommt mir diese Stimmung sehr natürlich, weil es wirklich Stunden gibt, wo ich nichts bin.«[18] Im Gebrauch, den der junge Friedrich Schlegel von der Idee der Pflanze macht, zumal hinsichtlich der damit implizierten Umwertung von Aktivität und Passivität (und auf derselben Ebene auch von Männlichkeit und Weiblichkeit) deutet fast schon ein Überschreiten der Subjektphilosophie an: »Die Pflanzen haben am meisten Witz und Menschlichkeit ... Die Welt im Ganzen und ursprünglich ist eine Pflanze und soll auch wieder ganz Pflanze werden. Auch die Menschheit im Ganzen ist eine Pflanze ... Das Alterthum organisch Griechen = Vegetabilisch Römer = Animalisch.«[19] »... je göttlicher ein Mensch oder ein Werk des Menschen ist, je ähnlicher werden sie der Pflanze ... Und also wäre ja das höchste vollendetste Leben nichts als ein reines Vegetieren.«[20] Auf jeden Fall zutreffend ist Enno Rudolphs Feststellung, daß mit dem »Rückzug aus der Spontaneität in die Empfänglichkeit de[r] Rahmen des neuzeitlichen Vernunftparadigmas« verlassen wird[21].

Allerdings bleibt der romantische Ansatz zur Umwertung von Aktivität / Passivität und damit zugleich der Ansatz zur Umdeutung des Vernunftparadigmas bzw. des Subjektbegriffs, begrenzt, insofern er positiv nur den Ausnahmefall Künstler betrifft. Der entscheidende Unterschied zwischen Künstler und Nicht-Künstler im Eingeständnis der Verwiesenheit auf ein Höheres und im Einbekenntnis der Naturhaftigkeit / Pflanzenhaftigkeit des Selbst besteht darin, daß dies im Bezug auf den Künstler mit einer höheren Weihe verbunden wird, während im Bezug auf das gewöhnliche Ich die Konnotation der Ohnmacht sehr naheliegt, das Gefühl, daß »ich nichts bin«. Es bleibt eine eigentlich bis heute in der modernen Gesellschaft gängige Gepflogenheit, dem Künstler als Stärke anzurechnen, was an allen Nicht-Künstlern als Schwäche gilt[22].

Zunächst braucht dieser Unterschied nicht allzu schwer ins Gewicht zu fallen, da die Differenz zwischen Künstler und Nicht-Künstler durch die Vorbild- und Vorreiterstellung, die dem Künstler zuerkannt wird, überbrückt werden soll. Denn die Vereinigung der absoluten und der kontingenten Komponenten im Genie ist nicht allein für den Künstler selbst bedeutsam, sondern begründet einen Führungsanspruch des Künstlers für andere Menschen: »Ein Künstler ist, wer sein Centrum in sich selbst hat. Wem es da fehlt, der muß einen bestimmten Führer und Mittler außer sich wählen, natürlich nicht auf immer sondern nur fürs erste. Denn ohne lebendiges Centrum kann der Mensch nicht seyn, und hat er es noch nicht in sich, so darf er es nur in einem Menschen suchen, und nur ein Mensch und dessen Centrum kann das seinige reizen und wecken.«[23] Diese von Schlegel ausdrücklich als zeitlich begrenzte und eng auf das Ziel der Emanzipation und Ermächtigung jedes Menschen bezogene Leitfunktion des Künstlers betrifft indes längst nicht nur die individuelle Ebene, sondern gilt für die Menschheit als ganze. Zum ersten Mal in der Geschichte wird dem Künstler eine Erlösungsaufgabe für die Gesellschaft zugesprochen. Überzeugt von der Mission des Künstlers, verkündet Friedrich Schlegel:»Durch die Künstler wird die Menschheit ein Individuum, indem sie Vorwelt und Nachwelt in der Gegenwart verknüpfen. Sie sind das höhere Seelenorgan, wo die Lebensgeister der ganzen äußern Menschheit zusammentreffen und in welchem die innere zunächst wirkt.«[24] Mit anderen Worten: Die Fragmentierung, zu der die romantische Wendung zum Individuellen so erheblich beigetragen hat, soll mit Hilfe der gesteigerten Individualität des Künstlers überwunden werden.

Aufstieg und Fall der neuen Mythologie

Den Kern dieser Utopie bildet das Konzept einer neuen Mythologie. In ihm tritt das Charakteristische der romantischen Position, die Synthese des im emphatischen Sinne Individuellen und des Allgemeinen, aber auch die damit einhergehende Problematik besonders eindrucksvoll in Erscheinung.

Es ist die Komponente der Individualität, durch die die romantische Mythologie sich den Namen einer neuen, einer spezifisch modernen Mythologie verdient, die von dem, was herkömmlicherweise unter Mythologie verstanden wird, nicht nur unterschieden, sondern, wie Schlegel in seiner »Rede über die Mythologie« sagt, geradezu entgegensetzt ist: »... auf dem ganz entgegengesetzten Wege wird sie [die neue Mythologie, C.K.] uns kommen, wie die alte ehemalige, überall die erste Blüte der jugendlichen Fantasie, sich unmittelbar anschließend an das Nächste, Lebendigste der sinnlichen Welt. Die neue Mythologie muß im Gegenteil aus der tiefsten Tiefe des Geistes herausgebildet werden.«[25] Das kann nichts anderes heißen, als daß die neue Mythologie am Punkt der größten Distanz und Disparatheit, am Abstrakten und Unsinnlichen ansetzen muß. Friedrich Schlegel läßt keinen Zweifel daran, daß Subjektivität und Geist im romantischen Sinne, d. h. als Individualität und Phantasie zu verstehen sind, und nicht etwa als die in allen Menschen immer gleiche Gesetzlichkeit der Vernunft: »Jeder gehe« seinen eigenen Weg »mit froher Zuversicht, auf die individuellste Weise, denn nirgends gelten die Rechte der Individualität... mehr als hier, wo vom Höchsten die Rede ist; ein Standpunkt, auf welchen ich nicht anstehen würde zu sagen, der eigentliche Wert, ja die Tugend des Menschen sei seine Originalität.«[26] Während die Mythologie der »Alten« nach romantischer Überzeugung organisch aus einem homogenen Volksgeist gewachsen und primär religiöser Art ist, soll die neue Mythologie Schöpfung eines Individuums und vorrangig ästhetischer Art sein. Modern und von der traditionellen Mythologie grundsätzlich unterschieden ist Schlegels Utopie auch darin, daß die neue Mythologie aufgrund ihres Ursprungs im Subjekt nicht organisch-bewußtlos gewachsen ist, sondern eine bewußte, durch den Intellekt bestimmte Setzung darstellt: »Aus dem Innern herausarbeiten, das alles muß der moderne Dichter... jedes Werk wie eine neue Schöpfung von vorn an aus Nichts.«[27] In einem Wort zusammengefaßt: Die neue Mythologie soll »*synthetisch*« hergestellt werden[28] – wobei in diesem Wort sowohl die Bedeutung »auf eine künftige Synthese hin orientiert« enthalten ist, als auch die Konnotation des Künstlichen, des artifiziell Hergestellten, das diese künftige Mythologie von der ehemaligen unterscheidet.

Ganz im Sinne Schlegels bezeichnet auch Schelling in seiner »Philosophie der Kunst« den Künstler als Schöpfer einer solchen Mythologie für Gegenwart und Zukunft: »Wir können... behaupten, daß bis zu dem in noch unbestimmter Ferne liegenden Punkt, wo der Weltgeist das große Gedicht, auf das er sinnt, selbst vollendet haben wird, jeder große Dichter berufen sei, von dieser noch im Werden begriffenen (mythologischen) Welt, von der ihm *seine* Zeit nur einen Teil offenbaren kann, – von dieser Welt, sage ich, diesen ihm offenbaren Teil zu einem Ganzen zu bilden und aus dem Stoff derselben sich *seine* Mythologie zu schaffen.«[29] Ebenso wie Schlegel betont Schelling in diesem Zusammenhang die Bedeutung der Individualität und Originalität des Künstlers: »... ehe die Geschichte uns die Mythologie als allgemeingültige wiedergibt, wird es immer dabei bleiben, daß das Individuum selbst sich seinen poetischen Kreis schaffen muß; und da das allgemeine Element des Modernen die Originalität ist, wird das Gesetz gelten, daß gerade je origineller, desto universeller.«[30] Ganz ähnlich heißt es bei Novalis: »Je persönlicher, localer, temporeller, eigenthümlicher ein Gedicht ist, desto näher steht es dem Centro der Poesie.«[31]

Einer solchen Ansicht liegt wieder die bekannte geschichtsdialektische Vorstellung zugrunde, daß aus der äußersten Zuspitzung eines Extrems ein Umschlag ins Gegenteil erfolgen müsse, der im weiteren schließlich zum Erreichen einer höheren dritten Entwicklungsstufe führen werde. Demnach soll aus der äußersten Verschärfung von Entfremdung und Dysharmonie eine neue Synthese, aus der Atomisierung der Einzelnen eine neue Gemeinschaft und aus der Perfektion der Ratio und des Wissens eine neue Poesie und Mythologie hervorgehen. Es ist diese Überzeugung, die die ästhetischen Modernisierungsleistungen der Romantik, die so ganz auf der Linie von Intellektualität, Abstraktion und »Zerrissenheit« liegen, für ihre Protagonisten dennoch vereinbar macht mit ihrem Programm einer Mythologisierung und Poetisierung der Welt. Das Vorantreiben der Differenz, der Individualisierung, der Fragmentierung usw. ist im Denken der Romantiker immer bezogen auf die Erwartung eines künftigen Umschwungs; die »Modernität« der Romantik bleibt somit gehalten in der und durch die Intention auf ein ganz Anderes.

Allerdings regen sich schon bei den Verfechtern der Idee einer neuen Mythologie selbst Zweifel an der Realitätstüchtigkeit dieses Entwurfs. An der oben zitierten Äußerung Schellings läßt manches bereits auf Vorbehalte schließen. Durch die Formulierung »... bis zu dem in noch unbestimmter Ferne liegenden Punkt, wo der Weltgeist das große Gedicht, ... selbst vollendet haben wird« erscheint die Tätigkeit des Künstlers als etwas Vorläufiges und gewissermaßen Behelfsmäßiges; und die Aussage »...jeder große Dichter« ist »berufen, von dieser noch im Werden begriffenen (mythologischen) Welt, von der ihm *seine* Zeit nur einen Teil offenbaren kann, ... diesen ihm offenbaren Teil zu einem Ganzen zu bilden« impliziert die Partialität der Möglichkeiten des Künstlers.

Tatsächlich finden sich im selben Werk Schellings, also in der »Philosophie der Kunst«, Äußerungen, die die umgekehrte Auffassung zum Ausdruck bringen und namentlich von der Vorstellung abrücken, daß eine neue ganzheitliche und verbindliche Mythologie aus der genialen Kreativität eines Individuums entspringen könnte: »Die Mythologie kann weder das Werk eines einzelnen Menschen noch des Geschlechts oder der Gattung seyn (sofern diese nur eine Zusammensetzung der Individuen), sondern allein des Geschlechts, sofern es selbst Individuum und einem einzelnen Menschen gleich ist. Nicht des Einzelnen, weil die Mytholgie absolute Objektivität haben ... soll, die nicht die des Einzelnen seyn kann. Nicht eines Geschlechts oder der Gattung, sofern sie nur eine Zusammensetzung der Individuen, denn alsdann wäre sie ohne harmonische Zusammenstimmung. Sie fordert also zu ihrer Möglichkeit nothwendig ein Geschlecht, das Individuum wie Ein Mensch ist.«[32] Streng genommen stellt Schelling damit die Avantgardefunktion der Kunst für eine künftige organisch-synthetische Denk- und Gesellschaftsordnung wieder in Frage. Vielmehr erscheint nun umgekehrt die Möglichkeit der Poesie ihrerseits abhängig von ihr günstigen gesellschaftlichen Bedingungen, die sie doch eigentlich hätte herbeiführen helfen sollen[33]. Nur so ist zu verstehen, daß Schelling die Entstehung einer neuen Mythologie von den künftigen Schicksalen der Welt abhängig macht: »Wie ... eine neue Mythologie, welche nicht Erfindung des einzelnen Dichters, sondern eines neuen, nur Einen Dichter gleichsam vorstellenden Geschlechts seyn könne, dies ist ein Problem, dessen Auflösung allein von den künftigen Schicksalen der Welt und dem weiteren Verlauf der Geschichte zu erwarten ist.«[34]

An dieser Stelle, an der Schelling in weiser Selbstbescheidung vor einer offenen Zukunft halt macht, setzt der politische Mißbrauch der Utopie einer Neuen Mythologie an, wenn die Zeit für erfüllt ausgegeben wird, d. h. wenn vorgegeben wird, daß wieder ein Kollektiv, ein Volk, ein Geschlecht als Schöpfer einer objektiven Mythologie auftrete. Wenn Erwartungen dieser Art, die unter den Bedingungen der Moderne irreversibel uneinlösbar geworden sind, als erfüllt vorgegaukelt werden, dann ist politischer Betrug im Spiel.

Die Einsicht, daß das Künstler-Subjekt als Schöpfer einer neuen, gesellschaftliche Verbindlichkeit stiftenden »großen Erzählung« untauglich ist, wird also bereits in der Epoche und im

Umkreis der Romantik gewonnen. Obwohl (oder vielleicht gerade weil) Schelling sich am intensivsten um das Konzept der neuen Mythologie bemüht, ist er es, der die damit entstehenden Aporien am klarsten formuliert hat.

Trotz dieser frühen Desillusionierung hat sich der Mythos der Neuen Mythologie als außerordentlich zählebig erwiesen. Er hat die Entwicklung von Kunst und Kunsttheorie in der Moderne nachhaltig geprägt. Der Glaube an eine besondere Mission des Künstlers, die Hoffnung auf die Kunst als Vorposten und Vorschein eines harmonischeren Gesellschaftszustandes, hat besonders in den Avantgarde-Bewegungen des frühen 20. Jahrhunderts in vielerlei Gestalt weitergelebt, ohne seiner Realisierung entscheidend näher, noch je vollkommen zum Verschwinden gebracht zu werden. Und so kommt es, daß sich Hans Georg Gadamer mit Blick auf die neuere Entwicklung der Kunst zu einem ähnlichen Urteil veranlaßt sieht, wie es schon Schelling für seine Zeit formulierte: »Die romantische Forderung einer neuen Mythologie... gibt dem Künstler und seiner Aufgabe in der Welt das Bewußtsein einer neuen Weihe. Er ist so etwas wie ein ›weltlicher Heiland‹ (Immermann), dessen Schöpfungen im Kleinen die Versöhnung des Verderbens leisten sollen, auf die die heillos gewordene Welt hofft. Dieser Anspruch bestimmt seither die Tragödie des Künstlers in der Welt. Denn die Einlösung, die der Anspruch findet, ist immer nur eine partikulare. Das aber bedeutet in Wahrheit seine Widerlegung. Das experimentierende Suchen nach neuen Symbolen oder einer neuen alle verbindenden ›Sage‹ mag zwar ein Publikum um sich sammeln und eine Gemeinde schaffen. Aber da jeder Künstler so seine Gemeinde findet, bezeugt die Partikularität solcher Gemeindebildung nur den geschehenden Zerfall.«[35] Mit anderen Worten: Die Kunst erreicht nicht die Position, die vormodern der Religion zukam, sie bleibt − genauso wie die Religion in der Moderne − Privatsache. Aus der einen allgemeinverbindlichen Mythologie wird so eine ganze Vielzahl nebeneinander florierender und auf dem Markt konkurrierender »Privatmythologien«[36] und ästhetischer Programme. Die Kunst hebt die Gesetze des Prozesses der Moderne nicht auf, sondern fügt sich in diesem ein und gestaltet ihn mit.

Das Genie nach dem Scheitern seiner Mission

Vom Scheitern der Mission des Künstlers, eine neue Mythologie zu erschaffen, fällt der Zweifel zurück auf die spezifische Konstruktion des Künstler-Subjekts als Genie. Zunächst hatte diese Konstruktion, in der Absolutes und Kontingentes, unumschränkte Autonomie und Verwiesenheit an ein Anderes kompatibel erschienen, selbst fast wie ein romantischer Genie-Streich ausgesehen, schien doch in dieser Konstruktion die Quadratur des Kreises gelungen. Bei genauerem Hinsehen zeigt sich jedoch, daß aus der das Künstlersubjekt auszeichnenden besonderen Engführung der Potenzierung von Selbsttätigkeit und Souveränität des Subjekts zu nachgerade demiurgischen Dimensionen auf der einen und der rest- und rückhaltlosen Depotenzierung der Subjektivität auf der anderen Seite ein hochproblematisches Spannungsverhältnis resultiert. Die Herrschaftlichkeit des Subjekts als Absolutum und die Schwäche des prinzipienuntauglichen Individuums addieren sich zu einer brisanten Mischung. Nach zwei Hinsichten erweist sich das als folgenreich.

Ohne den Bezugspunkt in einer künftigen Mythologie, d.h. ohne die Orientierung des Künstlers an einer Aufgabe im Dienste der Allgemeinheit, erweist sich der dessen ungeachtet aufrechterhaltene Anspruch auf den Sonderstatus des Genies als problematisch. Was zunächst wie ein partieller, aber doch wichtiger Schritt zur Anerkennung der Kontingenz menschlicher Subjektivität ausgesehen hatte, zeigt auf einmal ein ganz anderes Gesicht. In ihrer spezifischen Kombination von absoluten und kontingenten Elementen dient die Genie-Idee zur Sanktionierung einer höchst willkürlichen und zufälligen Subjektivität als einer unantastbaren, der Notwendigkeit von Legitimierung und der Möglichkeit von Kritik entzogenen Instanz. Je stärker die Originalität des Genies betont wird und je schwächer die Hoffnung auf eine für die Allgemeinheit exemplarische und wegweisende Funktion des Künstlers wird, desto weitgehender wird dieser auf seine Besonderheit, aber damit auf Zufälligkeit und Willkürlichkeit reduziert. Kommt gar noch der Aspekt der Verwiesenheit des Genies an ein Anderes, Höheres und seiner Macht Entzogenes hinzu, dann steigert sich der Aspekt der Willkürlichkeit zur Verantwortungslosigkeit, und der Voluntarismus geht fast in Fatalismus über. Nichts darf sich dem Entfaltungs- und Ausdruckswillen des Individuellen in den Weg stellen, keiner Instanz schuldet es Rechenschaft, es trägt auch keine Verantwortung für sich selbst, sondern folgt dem Ruf seiner Bestimmung oder Natur; im Zweifelsfall können es auch recht dunkle Mächte sein, deren Ruf es sich ausgeliefert findet.

Es sind Befürchtungen dieser Art, die hinter Hegels Kritik an der romantischen Ironie stehen. Was Hegel beunruhigt, ist die Verknüpfung zwischen der fortgeschrittenen Einsicht in die Relativität und Bedingtheit alles Bestehenden (»so ist nichts an und für sich und in sich selbst wertvoll betrachtet«[37]), bei gleichzeitiger Verabsolutierung des »lebendige[n], tätige[n] Individuum[s]« »als eine göttliche Genialität«[38]. Hegel moniert, daß auf diese Weise »das Ich Herr und Meister über alles bleiben« kann, ohne selbst irgendeiner Verbindlichkeit, Kontrolle oder einer Legitimationsanforderung unterworfen zu sein; »in keiner Sphäre der Sittlichkeit, Rechtlichkeit, des Menschlichen und Göttlichen, Profanen und Heiligen gibt es etwas, das nicht durch Ich erst zu setzen wäre und deshalb von Ich ebensosehr könnte zunichte gemacht werden«; mithin ist alles in das Belieben einer in seiner Willkür nicht eingeschränkten Subjektivität gestellt. Mag diese Kritik Hegels auch an den kunsttheoretischen Intentionen Friedrich Schlegels, gegen den Hegel sich hauptsächlich wendet, vorbeigehen[39], so kann ihr in subjekttheoretischer Hinsicht ein richtiger Kern doch nicht ganz abgesprochen werden. Dieser liegt in der Aufmerksamkeit, die Hegel auf die Diskrepanz zwischen dem Subjekt und dem Subjektiven oder Subjektivistischen lenkt, welche sich durch die Bedeutungsverschiebung vom Subjekt zum Individuum vertieft hat. Es ist nicht möglich, auf der einen Seite Lizenz für das Individuelle zu verlangen und zugleich auf der anderen Seite für dieses Individuelle den Rang des Absoluten zu beanspruchen.

Zutreffend erscheint Hegels Kritik weniger mit Blick auf die historische Romantik allein, aber sie gewinnt erheblich an Gewicht, wenn die spätere Entwicklung der ästhetischen Subjektivität in der Moderne miteinbezogen wird. Zweifelsfrei fest steht die Ahnenschaft des romantisch-ästhetischen Geniekonzepts für eine Auffassung von Politik, deren Mittelpunkt ein absolut gesetztes Subjekt bildet, das über alle objektiven Gegebenheiten und Verbindlichkeiten erhaben, nur den Gesetzen des in der eigenen Natur liegenden, von »Normal-Menschen« nicht nachvollziehbaren, nicht nachprüfbaren und ihnen gegenüber nicht verantwortlichen Willens folgt. »Die alte Grundanschauung der Genie-Konzeption, daß das Genie jenseits aller Normen, Regeln und Gesetze stehe, daß es ›lege solutus‹ sei, kehrt ... in politischer Gestalt wieder.«[40] Die wohlbekannten ästhetischen Züge der verschiedenen Erscheinungsformen des Totalitarismus im 20. Jahrhundert und namentlich des Faschismus sind kein belangloses und zufälliges äußerliches Beiwerk, sondern haben ihre tieferen Wurzeln in einem spezifischen Subjektbegriff, der die absolute Stellung des Subjekts im »klassischen« transzendentalen Sinne mit den Zügen der in ihrer Naturhaftigkeit und Willkür freigesetzten Individualität in eine unselige Kombination bringt. Mit anderen Worten: Die vielzitierte Tendenz der Ästhetisierung der Politik hat unter anderem auch eine subjekttheoretische Ursache. Wie wenig das Konzept des Subjekts und das des Individuums miteinander kompatibel sind und verheerend sich daher ihre Vermischung auswirkt, zeigt sich vielleicht nirgends schmerzlicher als an der Künstler- / Führer-Genie-Idee[41].

Hegels Bedenken gegen den romantischen Ironie- und Subjektbegriff als begründet zu bezeichnen, soll indessen nicht bedeuten, daß seinem Denkansatz der Vorzug gebührt. Der von ihm gewiesene Weg der Rückkehr zur Substantialität des absoluten Geistes erscheint längst nicht mehr gangbar. Die Wendung zum Individuum kann beklagt werden, aber rückgängig zu machen ist sie nicht. Weder die Hegelsche Wiederherstellung des Primats des Allgemeinen noch die romantische Synthese zwischen Allgemeinem und Individuellem im Konzept des Genies haben sich als tragfähig erwiesen.

Mit dem Zerfall der Idee der neuen Mythologie tritt der problematische Charakter des Genie-Konzepts noch auf eine zweite Weise zutage. Die Dualität zwischen absoluten und kontingenten Aspekten, die im Subjekt als Genie überwunden sein soll, bricht nur um so schärfer zwischen den Subjekten wieder auf. Den wenigen Genies in ihrer umfassenden Persönlichkeit stehen die vielen »pauvre[n] bornierte[n] Subjekte«[42] gegenüber, die weder ihre Individualität ausleben, noch eine exemplarische Geltung ihrer Existenz beanspruchen können. Sobald die Hoffnung schwindet, daß der Unterschied zwischen ihnen nur ein vorläufiger ist, insofern angenommen werden kann, daß an dem, was heute als Privileg des Genies erscheint, morgen gerade aufgrund der besonderen Leistung des Künstlers in seiner Vorreiterfunktion für die Allgemeinheit alle teilhaben werden, bleibt der Führungsanspruch des Genies ohne Legitimation. Unter ästhetischen Prämissen wiederholt sich die Polarität von transzendentalem und empirischem Ich in der Unterscheidung zwischen Künstler/Genie und Normalmensch[43]. Vor dem Hintergrund, daß der Einspruch der Romantiker gerade dem Dualismus von absolutem und kontingentem Ich im Namen eines erweiterten Freiheitsverständnisses gegolten hatte, liegt darin ein gravierender Mangel. Um die Aussage zuzuspitzen, ließe sich Nietzsches berühmter Satz, daß das Dasein nur als ästhetisches gerechtfertigt ist, dahingehend abwandeln, daß unter den Bedingungen der Moderne Ungleichheit und Hierarchie nur als ästhetische gerechtfertigt werden können. Während im Rahmen der politischen und sozialen Diskurse der bürgerlichen Gesellschaft Vorstellungen unaufhebbarer Ungleichheit weitgehend tabuisiert sind, leistet sich dieselbe Gesellschaft im Hinblick auf die Sphäre des Ästhetischen letztlich mit dem Argument, Natur legitimiere Ideen von Elitebildung und Auserwähltheit, die dem Konzept eines Geburtsadels kaum nachstehen.

Tatsächlich bleibt der Ausnahmegestalt des Künstlers in der modernen Gesellschaft ein Anspruch auf Selbstausdruck als Privileg vorbehalten, von dem der »Normalmensch« ausgeschlossen ist. Anders herum betrachtet, läßt sich mit demselben Recht sagen, daß dem Künstler die Entwicklung und Exponierung von Individualität, Originalität, Expressivität als Pflicht aufgebürdet wird. Indem die in der Moderne gesamtgesellschaftlich nicht gelingende Synthese arbeitsteilig aufgesplittert wird, entsteht weniger Harmonie als vielmehr doppelter Zwang: Während der Mehrheit der Subjekte unter dem Druck des Realitätsprinzips die Ausbildung einer ästhetisch-expressiven Individualität weitgehend verwehrt ist, leidet die Minderheit, an die sie stellvertretend delegiert wird, unter dieser Aufgabe gleichfalls als unter einem Zwang. Während die Mehrheit dem Anpassungs- und Konformitätsdruck des Modernisierungsprozesses als fortschreitender Rationalisierung unterworfen ist, sieht sich eine Minderheit zu einer kompensatorischen Authentizität und Expressivität verurteilt, die unter diesem Anforderungs- und Erwartungsdruck immer outriertere und exzentrischere Züge annimmt. Auch und gerade in diesem Zusammenhang zeigt sich die Schwäche des Komplementaritätskonzepts, das auf die harmonische Ergänzung unterschiedlicher Hemisphären hin angelegt ist, aber in Wirklichkeit zu einem Auseinanderdriften in entgegengesetzte, sich immer weitergehend vereinseitigende und verarmende Extreme führt.

Es soll keineswegs übersehen werden, was im vorliegenden Zusammenhang nur am Rande Erwähnung finden kann, nämlich daß in der Entwicklung der Kunst im Verlauf des 20. Jahrhunderts vielfach und vielfältig Kritik an der romantisch-avantgardistischen Konzeption von Kunst als Religions- und Politikersatz artikultiert worden ist[44]. Auffallend ist dabei allerdings, wie nachhaltig prägend der Geist dieser für obsolet erklärten Kunstauffassung sich auf das Vokabular der Kritik auswirkt. Die Kritik am auratischen Charakter des Kunstwerks, wie sie etwa in Marcel Duchamps *ready-mades* Ausdruck findet, setzt, um ihren Effekt erzielen zu können, einen starken Begriff von der *auctoritas* des Künstlers voraus, indem sie auf der Signierung eines Gegenstandes als Kunstwerk bzw. geradezu zum Kunstwerk basiert. Die Wirksamkeit der Kritik am auratischen Kunstwerk setzt ironischerweise die äußerste Steigerung des auratischen Künstlerbegriffs voraus. Die Abwendung von der elitären Stellung des vergöttlichten Künstlersubjekts erfolgt ihrerseits eher auf dem Wege einer »Erhöhung« des Normalmenschen auf das privilegierte Niveau des Künstlersubjekts als durch dessen Kritik. Indem Joseph Beuys alle Menschen zu Künstlern erklärt, intendiert er eine Demokratisierung schöpferischer Fähigkeit, die ähnlich wie Novalis' Forderung, daß alle Menschen thronfähig werden sollen[45], die tradierten Herrschafts- und Hierarchievorstellungen zwar quantitativ aus den Angeln hebt, ohne sie jedoch qualitativ zu kritisieren. Die von der Sphäre der Kunst ausgehenden Demokratisierungsbestrebungen bleiben nicht von ungefähr auf einen elitären und minoritären Status begrenzt.

Was den Versuch einer ästhetischen Synthese der Gesellschaft und einer Integration absoluter und empirischer Elemente im

Künstlersubjekt betrifft, so ergibt sich alles in allem ein überwiegend negatives Fazit.

Die Kunst hat die Aufgabe der Schaffung einer neuen allgemeinverbindlichen, Einheit, Ganzheit und Sinn stiftenden Mythologie nicht erfüllt. Das Künstlersubjekt, in welchem die absoluten und kontingenten Seiten vereinbar und vereint sein sollten, teilt nicht nur die Nachteile beider, sondern fügt ihnen durch ihre Kombination neue, erst eigentlich bedrohliche Elemente hinzu. Einerseits bleibt durch die Fixierung des Absolutheitsanspruchs des Künstlers als souveränem und autonomem Subjekt ein elitäres und hierarchisches Moment in der ästhetischen Moderne präsent, dem in allen anderen Bereichen wenn schon nicht der Boden, so doch die Legitimation entzogen worden ist. Andererseits ist die ästhetisch gegründete Hierarchie- und Elitebildung aufgrund der kontingent-individuellen Anteile des Geniebegriffs moralischen und gesellschaftlichen, kurzum, allen außer-ästhetischen Rechtfertigungsanforderungen weitgehend enthoben. In der zögerlichen Entwicklung der nachmetaphysischen Philosophie der Endlichkeit, die sich zwischen Absolutheitsanspruch und Kontingenzerfahrung nach dem Schema »zwei Schritte vorwärts und einen zurück« hin und her bewegt, tut sich ein Zwischenraum auf, in welchem sich eine Idee von Subjekt und Führerschaft entwickeln kann, die jenseits aller traditionalen wie auch aller modernen Verbindlichkeits- und Legitimitätsanforderungen steht. Mögen im Rahmen der historischen Romantik die Konsequenzen noch nicht zum Tragen gekommen sein, so läßt sich doch mit Blick auf die spätere Entwicklung feststellen, daß diese hybride Gestalt des seines Allgemeinheitsstatus entkleideten Absoluten bzw. des zum Absoluten aufgespreizten Einzelnen die gefährlichste Variante des modernen Subjekts darstellt.

Drei Wege hatten sich am romantischen Denkhorizont abgezeichnet, die aus den Erfahrungen der Temporalisierung, Pluralisierung und Relativierung resultierende Kontingenz des »schwachen« Subjekts zu bewältigen. Der erste der drei Wege, der in Richtung Auflösung der Subjektivität weist, ist durch die Romantiker kaum systematisch erkundet worden; der zweite Weg, die Ausbildung einer spezifisch ästhetischen Subjektivität, muß als gescheitert angesehen werden. Bleibt zu fragen, ob der dritte

Weg, die Suche nach Erlösung von der Subjektivität in höherer Substanzialität das Ziel erreicht. Trotz des offenkundigen Scheiterns der ästhetischen Option als Zwischenschritt zwischen Auflösung und Erlösung des Subjekts, ist festzuhalten, daß alle anderen Optionen der Romantik gleichsam unter dem Vorzeichen des Ästhetischen stehen. Dies gilt auch für die im folgenden genauer zu untersuchenden Wendungen zu Religion, Natur oder Gemeinschaft, bei denen das schwache Subjekt Zuflucht vor seiner Endlichkeit suchen kann. Es ist eine ästhetisch gefärbte Religiosität, ein spezifisch ästhetischer Begriff von Natur, ein ästhetisches Konzept von Staat oder Gemeinschaft, die die Romantiker entwickeln. In diesem ästhetischen Element drückt sich der fortdauernde Vorrang des Subjektiven aus – trotz der Niederlage der ästhetischen Utopie und über sie hinaus.

5. Kapitel

Die Wendung zu Gemeinschaft, Natur und Religion

Das Unbehagen an der Individualität

»Du könntest mich wahnsinnig machen unten, erschreckliches Bild meiner Zeit, wo das zertrümmerte Alte in einsamer Höhe steht, wo nur das Einzelne gilt und sich schroff und scharf im Sonnenlicht abzeichnet, hervorhebt, während das Ganze in farblosen Massen gestaltlos liegt, wie ein ungeheurer grauer Vorhang, an dem unsere Gedanken, gleich Riesenschatten aus einer anderen Welt, sich abarbeiten.«[1]

»Es könnte unbegreiflich scheinen, wie allenthalben in unseren Tagen der Sinn für das große Ganze, für das Unteilbare, welches nur durch göttlichen Einfluß entstehen konnte, sich verloren hat. Immer wird, wie in Gedichten, Kunstwerken, Geschichte, Natur und Offenbarung nur Dies und Jenes, nur das Einzelne bewundert und gelobt . . .«[2]

Schon früher als Eichendorff und Tieck hatte Novalis in seiner zum Zeitpunkt ihrer Entstehung selbst den Freunden so merkwürdig unzeitgemäß erscheinenden Rede »Die Christenheit oder Europa«, den »schöne[n] glänzende[n] Zeiten« des Mittelalters nachgetrauert, in denen im Unterschied zur zerfallenen, atomisierten Gegenwart »eine Christenheit diesen menschlich gestalteten Erdteil bewohnte«, durch »ein großes gemeinschaftliches Interesse« verbunden, durch »Ein Oberhaupt« gelenkt und »vereinigt«[3].

Nimmt man Eichendorffs Verzweiflung, Tiecks Verwunderung oder Novalis' Vergangenheitssehnsucht als Bezugspunkt, dann sieht es so aus, als läge zwischen ihnen, die die verschwundene Einheit und Ganzheit einer vergangenen Zeit preisen, und dem hochgestimmten frühromantischen Aufbruch zu Individualität und Originalität ein weiter Weg oder ein tiefer Graben, und als sei dieser Weg ausschließlich von negativen Erfahrungen markiert, als habe nur bittere Enttäuschung diesen Graben aufgerissen. Dagegen wird an Friedrich Schlegels freimütigem Bekenntnis etwas von der Kontinuität zwischen der aufbruchs- und freiheitsorientierten Frühzeit und der Geborgenheitssehnsucht der späteren Jahre spürbar, und darüber hinaus auch vom recht bunten Wechsel der Wege, auf denen er sein Ziel zu verfolgen bestrebt war: »In meinem Leben und philosophischen Lehrjahren« erklärt Schlegel, »ist ein beständiges Suchen nach der ewigen Einheit (in der Wissenschaft und in der Liebe) und ein Anschließen an ein äußeres historisch Reales oder ideal Gegebenes, an den Orient, an das Deutsche, an die Freiheit der Poesie, endlich an die Kirche, da sonst überall das Suchen nach Freiheit und Einheit vergeblich war. War jenes Anschließen nicht ein Suchen nach Schutz, nach einem festen Fundamente?«[4]

Ein Moment retrospektiver Selbsttäuschung und Simplifizierung mag wohl im Spiel sein, aber trotzdem ist es nicht ohne Belang und Plausibilität, wenn Schlegel in dieser Weise einen Zusammenhang herstellt zwischen den diversen und teilweise ja ganz widersprüchlichen Leitbildern, denen er im Laufe seines Lebens gefolgt ist[5]. Worauf sich Schlegels »Anschließen an ein äußeres historisch Reales oder ideal Gegebenes« bezieht, läßt sich an dieser Stelle nicht eindeutig feststellen; zu vermuten wäre, daß die französische Revolution als »äußeres historisches Reales« und die Philosophie Kants und Fichtes als »ideal Gegebenes« gemeint sind, hatten doch beide dem jungen Schlegel als die wichtigsten Tendenzen des Zeitalters gegolten[6]. Nun werden sie von ihm mit anderen, späteren, ihrerseits untereinander heterogen erscheinenden Orientierungspunkten als unterschiedliche Ausdrucksformen eines einzigen Grundstrebens zusammengeschlossen und damit in gewissem Sinne zu wechselnden Okkasionen dieses eigentlichen Ideals reduziert. Bezeichnend dabei ist erstens, daß dieses eigentliche Ideal zwei Aspekte umfaßt, die auf den ersten Blick auseinander zu streben scheinen: »das Suchen nach Freiheit *und* Einheit«; und zweitens, daß Schlegel, indem er sie in dieser Weise zusammenschließt, den revolutionären, auf Freiheit gerichteten Impulsen seiner Jugendzeit bereits die Einheitssehnsucht der späteren Lebensphase unterlegt, während er umgekehrt in jenem Streben nach Einheit (sogar in seiner auf

Kirche und Katholizismus bezogenen Gestalt) noch immer die Sehnsucht nach Freiheit der Aufbruchszeit am Werke sieht.

Zwischen dem, was bei Eichendorff, Tieck und Novalis ganz entgegengesetzt scheint, deutet sich bei Friedrich Schlegel ein Zusammenhang ab. Die nostalgische Sehnsucht nach einer (mit der Vergangenheit identifizierten) Einheit ist weniger das Gegenteil des modernen Individualismus als vielmehr dessen Kehrseite und Produkt. Die Erfahrung, daß eben der äußersten Exaltation der Individualität der Katzenjammer eines Vernichtungs- oder Verlorenheitsgefühls folgt, verbunden mit dem Wunsch nach einem festen Halt, ist weit über den romantischen Kontext hinaus bekannt.

Gewiß trennt den im folgenden (als ein Beispiel unter vielen anderen möglichen) angeführten französischen Nationalismustheoretiker Maurice Barrès viel von den deutschen Romantikern des frühen 19. Jahrhunderts, aber die Erfahrung, die er – nicht umsonst von einem stark ästhetisch-expressiv geprägten Ich-Begriff ausgehend – macht, das Gefühl der Verlorenheit, das Barrès poetisch mit dem Bild des haltlosen Versinkens im Sand umschreibt, und schließlich das Suchen und Finden einer überindividuellen Einheits- und Ordnungsinstanz in der »collectivité«, all das entspricht auch ein Jahrhundert später noch weitgehend einem in der Romantik erstmals voll entfalteten Lebensgefühl, das aus der Wendung zum Individuum bzw. aus der ästhetisch-expressiven Konzeption des Subjekts resultiert: »Ich war ein Individualist, und ich nenne die Gründe dafür ohne Scham: Ich habe die Entwicklung der Persönlichkeit mittels einer bestimmten Disziplin der Introspektion und der Analyse gepredigt. Nachdem ich die Idee des »Ich« lange mit der einzig dafür geeigneten Methode der Dichter und Schriftsteller, nämlich mit Hilfe der Selbstbeobachtung, durchquert habe, bin ich hinabgestiegen, hinabgesunken durch haltlosen Sand, bis ich schließlich am Ende in der Gemeinschaft eine Stütze gefunden habe.«[7] Barrès hat aber nicht allein dem Gefühl der Schwäche und der Verlorenheit des Individuums drastischen Ausdruck verliehen; er war sich auch – vielleicht in diesem Punkt radikaler und illusionsloser als die Romantiker – der Tatsache bewußt, daß der Schutz und Halt, den er in der Idee der Gemeinschaft suchte, gar kein absoluter war, daß die Gemeinschaft nur eine relativ sicherere und haltbarere Größe darstellt als das Individuum, aber letztlich doch derselben Zeitlichkeit und Bedingtheit unterliegt wie das Ich, demgegenüber es kein prinzipiell Anderes, sondern nur ein der Größenordnung nach Unterschiedenes ist: »Inmitten eines Ozeans und einem dunklen Mysterium von Wogen, die mich treiben, halte ich mich an meine historische Gestalt wie ein Schiffbrüchiger an seine Planke. Ich fasse nicht das Rätsel des Anfangs aller Dinge. Ich klammere mich an meine kurze Festigkeit. Ich füge mich ein in eine Gemeinschaft, die ein bißchen länger währt als mein Individuum; ich erfinde mir eine Bestimmung, die ein wenig vernünftiger ist als mein kleiner Lebensweg. Aufgrund von Demütigung ist mein einst auf seine Freiheit so stolzes Denken dazu gelangt, seine Abhängigkeit einzugestehen, die Abhängigkeit von dieser Erde und ihren Toten, die sie bis ins Kleinste beherrscht haben, lange bevor ich geboren bin.«[8] Auffallend an Barrès' Darstellung und charakteristisch für den romantischen Subjektivismus im allgemeinen ist es, daß das Ich trotz der so überdeutlich demonstrierten Demut und Selbstaufgabe das Gesetz des Handelns gänzlich bei sich behält. Hier tritt kein Anderes an das Individuum heran und bestimmt sein Verhalten oder erzwingt seine Unterwerfung. Das Ich vernimmt keine höhere Weisung, sondern folgt seiner inneren Stimme; fast schafft es sich sein Höheres eher selbst (»... ich erfinde mir eine Bestimmung...«), als daß es sich einem Höheren unterordnet.

Das Prinzip der Wechselrepräsentanz zwischen Allgemeinem und Einzelnem – in der Wendung zur Religion

In Friedrich Schleiermachers Reden »Über die Religion« wird klar, wie bruchlos das romantische Insistieren auf Einzelheit, Individualität, Eigentümlichkeit, Originalität zum entgegengesetzten Standpunkt einer überindividuellen – nach Schleiermacher religiös begründeten – Vorstellung von Einheit und Ganzheit überzugehen vermag. Wie der Untertitel ankündigt, entwirft Schleiermacher seine Auffassung in Opposition zum Standpunkt der Gebildeten unter den Verächtern der Religion. Diesen erkennt er zwar einen hohen moralischen Gesichtspunkt zu (»Die Menschheit selbst ist Euch eigentlich das Universum«[9]), aber er kritisiert sie (und dies geschieht nicht etwa beiläufig, sondern bildet seinen Haupteinwand), weil sie den Wert bzw. die Individualität des einzelnen Menschen zu gering schätzen und ihn lediglich als die »einförmige Wiederholung eines höchsten Ideals« betrachten, »wobei die Menschen doch, Zeit und Umstände abgerechnet, eigentlich einerlei sind, dieselbe Formel, nur mit anderen Koeffizienten verbunden«[10]. Nicht schwer zu erraten, welche Richtung der zeitgenössischen Philosophie hier mit der Position der Gebildeten unter den Religionsverächtern identifiziert wird. Bis zu diesem Punkt sieht demnach alles nach einer Wiederholung der oben ausführlicher dargestellten Entdeckung der Individualität durch Schleiermacher und seiner Abgrenzung von den Auffassungen Kants oder Fichtes aus.

Ein neues Element tritt in Erscheinung, wenn es um die Frage nach den Ursachen für die Verachtung der Individualität geht; überraschenderweise macht Schleiermacher ausgerechnet die Fixierung seiner Opponenten auf die Ebene der Einzelheit für ihren Fehler verantwortlich: ». . . es hat mich oft geschmerzt, daß Ihr bei aller Liebe zur Menschheit und allem Eifer für sie doch immer mit ihr verwickelt und uneins seid . . . Auf die Menschheit wollt Ihr wirken, und die Menschen die Einzelnen schaut Ihr an. Diese mißfallen Euch höchlich. Ihr nehmt die Menschen einzeln, und so habt Ihr auch ein Ideal von einem Einzelnen, dem sie aber nicht entsprechen.«[11] Er wirft ihnen vor, »gar zu moralisch« zu sein, und meint damit, daß sie die Menschen einzeln, ohne Zusammenhang in einer höheren, eben durch Religion gestifteten Einheit sehen. Dagegen fordert Schleiermacher seine Adressaten auf: ». . . hebt Euch auf den Flügeln der Religion höher zu der unendlichen, ungeteilten Menschheit.«[12] Kurzum: Schleiermacher macht denen die Borniertheit auf den Standpunkt der Einzelheit zum Vorwurf, deren fehlende Achtung vor dem Einzelnen er bemängelt; er fordert jene zur Erhebung zur Perspektive der »unendlichen, ungeteilten Menschheit« auf, deren ausschließliche Wertschätzung der Idee der »Menschheit« er doch als »zu moralisch« und individualitätsfeindlich kritisiert hat.

Widerspruchsfrei ist das nur dann denkbar, wenn wir annehmen, daß wir es mit zwei Begriffen von Einzelnem oder Einzelheit und entsprechend mit zwei Konzepten von »Menschheit«

oder Allgemeinheit zu tun haben: Auf der einen Seite steht eine
Vorstellung von Allgemeinheit, die – so Schleiermachers Kritik –
keine eigene Gestalt besitzt, sondern sich lediglich aus der
Summe ihrer als untereinander gleich gedachten Teile ergibt
und dadurch aufs Einzelne fixiert bleibt, ohne diesem jedoch
eine individuelle Entfaltung zubilligen, bzw. seiner Selbständigkeit einen positiven Wert beimessen zu können; auf der anderen
Seite steht – so Schleiermachers Hoffnung – eine religiös gestif-
tete, emphatische Idee von Einheit und Ganzheit der »unendlichen, ungeteilten Menschheit«, welcher ein positiver Begriff
von Einzelheit korrespondiert. Schleiermacher ist überzeugt, daß
ein emphatischer Begriff des Individuums und seiner Originalität den Rahmen einer höheren Ordnung braucht, um seine
positiven Qualitäten (Kreativität, Innovationskraft und Mannigfaltigkeit) zu entfalten und vor allem, um die Auswirkungen
seiner negativen Eigenschaften (die alle im Faktum der »Endlichkeit« ihren Kern haben) auszugleichen: »einzeln müßt Ihr
nichts betrachten, aber erfreut Euch eines jeden an der Stelle wo
es steht ... Die ewige Menschheit ist unermüdet geschäftig sich
selbst zu erschaffen, und sich in der vorübergehenden Erscheinung des endlichen Lebens aufs mannigfaltigste darzustellen.«[13]
Ist einmal die Notwendigkeit der Einbindung des Individuellen in eine höhere, in diesem Fall religiöse Ordnung anerkannt,
so ist es bis zur Auflösung des Individuellen in ihr nur ein kleiner
Schritt. Derselbe Friedrich Schleiermacher, der seinen Gegnern
eben noch die Verachtung des / der Einzelnen zum Vorwurf gemacht hat, kann nun (wohl nicht ganz zufälligerweise im Zusammenhang des Themas Unsterblichkeit der Seele) selbst ohne Zö-
gern die Vernichtung der Individualität empfehlen: »Erinnert
Euch wie in ihr [der Religion, C.K.] alles darauf hinstrebt, daß
die scharf abgeschnittenen Umrisse unserer Persönlichkeit sich
erweitern und sich allmählich verlieren sollen ins Unendliche,
daß wir durch das Anschauen des Universums so viel als möglich
eins werden sollen mit ihm... Versucht doch aus Liebe zum Universum Euer Leben aufzugeben. Strebt darnach schon hier Eure
Individualität zu vernichten, und im Einen und Allen zu leben,
strebt darnach mehr zu sein als Ihr selbst, damit Ihr wenig verliert, wenn Ihr Euch verliert.«[14] »So verschwinden mir auf meinem Standpunkt die Euch so bestimmt erscheinenden Umrisse

der Persönlichkeit ... Das ist die Harmonie des Universums, das
ist die wunderbare und große Einheit in seinem ewigen Kunstwerk; Ihr aber lästert diese Herrlichkeit mit Euren Forderungen
einer jämmerlichen Vereinzelung, weil Ihr im ersten Vorhofe der
Moral ... die hohe Religion verschmähet.«[15]

Zuerst wird hier eine Tendenz zur Auflösung der Subjektivität
artikuliert (die scharf abgeschnittenen Umrisse unserer Persönlichkeit sollen sich erweitern und sich allmählich ins Unendliche
verlieren). Bruchlos geht diese Auflösung zur Erlösung der Subjektivität in einem Höheren über, das Einzelne geht in der Harmonie des Universums auf. Dennoch ist die Auflösung der Persönlichkeit, die Vernichtung der Individualität nicht das letzte
Wort. Der Tendenz zur Auflösung des Einzelnen im Allgemeinen
steht die umgekehrte Tendenz zu einer Art symbolischen Identi-
fizierung des Allgemeinen mit dem Einzelnen gegenüber. Erst
beide Positionen gemeinsam bzw. deren enge Verknüpfung sind
charakteristisch für die romantische Subjektivitätsauffassung.
Auch im hier diskutierten Kontext der »Reden über die Religion«
bewegt sich die Entwicklung des Gedankens von der Reklamie-
rung der Selbständigkeit und der Bedeutung der Individualiät
über ihre Einbindung und Aufgabe in einer höheren Ordnung bis
hin zu einer Art Rückkehr zum Individuellen, zum Ich, die
Schleiermacher auf folgende Weise beschreibt: »Von diesen Wanderungen durch das ganze Gebiet der Menschheit kehrt dann die
Religion ... in das eigne Ich zurück, und sie findet zuletzt alles,
was sonst aus den entlegendsten Gegenden zusammengesucht
wurde, bei sich selbst. In Euch selbst findet ihr, wenn Ihr dahin
gekommen seid, nicht nur die Grundzüge zu dem Schönsten und
Niedrigsten, zu dem Edelsten und Verächtlichsten, was Ihr als
einzelne Seiten der Menschheit an andern wahrgenommen habt.
In Euch entdeckt Ihr nicht nur zu verschiedenen Zeiten alle die
mannigfaltigen Grade menschlicher Kräfte, sondern alle die un-
zähligen Mischungen verschiedener Anlagen, die Ihr in den Cha-
rakteren anderer angeschaut habt, erscheinen Euch nur als fest-
gehaltene Momente Eures eigenen Lebens. Es gab Augenblicke
wo Ihr so dachtet, so fühltet, so handeltet, wo Ihr wirklich dieser
und jener Mensch waret, trotz aller Unterschiede des Geschlechts, der Kultur und der äußeren Umgebungen. Ihr seid alle
diese verschiedenen Gestalten in Eurer eignen Ordnung wirklich

hindurchgegangen; Ihr selbst seid ein Kompendium der Menschheit, Eure Persönlichkeit umfaßt in einem gewissen Sinn die ganze menschliche Natur und diese ist in allen ihren Darstellungen nichts als Euer eigenes, vervielfältigtes, deutlicher ausgezeichnetes, und in allen seinen Veränderungen verewigtes Ich.«[16]

Hier wird eine so enge Korrespondenz zwischen dem Einzelnen und dem Ganzen hergestellt, daß die Ebenen des Individuellen und Allgemeinen ununterscheidbar werden bzw. wechselseitig bruchlos ineinander übergehen. So spricht Schleiermacher am Anfang des Zitats tatsächlich vom Ich der Religion, als sei diese, die doch die höhere Ordnung, die Ebene des Allgemeinen repräsentiert, ein Individuum (»Von diesen Wanderungen... kehrt dann die Religion... in das eigne Ich zurück, und sie findet zuletzt alles... bei sich selbst«). Er konzipiert die höhere, die allgemeine Ordnung nach dem Modell des Ich, sie erscheint wie ein »groß geschriebenes« Individuum. Im nächsten Satz hat nicht die Aussage, wohl aber das Subjekt gewechselt; hier geht es nicht mehr um das Ich der Religion, sondern um das in der zweiten Person Plural angesprochene Publikum seiner »Reden«, also um reale, wenngleich hier in der Mehrzahl bzw. als Gruppe adressierte Einzelne (»In Euch selbst findet ihr...«), die dann am Ende schließlich ihrerseits den beschränkten Status der Einzelheit überwinden und als Allgemeinheit angesprochen werden: »Ihr selbst seid ein Kompendium der Menschheit.«

Die erkenntnistheoretischen Grundlagen für diese besondere und in gewissem Sinne auch sonderbare Idee einer Art Wechselrepräsentanz zwischen Subjekt und Kosmos liegen in der Abwendung von Fichte, wie sie sowohl die Frühromantiker als auch Schelling vollziehen. Im Gegenzug zum Idealismus Fichtes behauptet Schelling, daß nicht die Eigenschaften des Subjekts, »›Thätigkeit, Leben und Freiheit allein das wahrhaft Wirkliche seyen‹«, sondern daß umgekehrt »alles Wirkliche (die Natur, die Welt der Dinge) Thätigkeit, Leben und Freiheit zum Grunde habe[n]«, oder im Fichteschen Ausdruck, daß »nicht allein die Ichheit alles, sondern auch umgekehrt alles Ichheit sey«[17].

Auf einen ähnlich gelagerten Punkt stößt Walter Benjamin, der in der frühromantischen Differenzierung der Begriffe von Ich und Selbst einen Schlüssel für das Verständnis der Korrespondenz von Ich und Welt findet. Während für Fichte nur dem Ich

ein Selbst zukommt[18], kann für die Romantiker dagegen auch das
ein Selbst sein, was kein Ich ist; insofern als Bewußtsein und Reflexion wiederum nicht an das Ich, sondern an das Selbst gebunden sind, folgt daraus, daß auch nicht ich-hafte Entitäten in der
Lage sind, sich selbst zu denken. Das Bewußtsein löst sich auf
diese Weise einerseits vom Ich und kommt allem zu, andererseits
erhält alles dadurch auch gewisse ich-hafte oder ich-analoge
Züge. Nach Benjamins Auffassung ist dies eine andere Sehweise
und Formulierung dafür, wie aus der Radikalisierung der Refle-
xionsphilosophie bei den Romantikern ihre »Zersetzung«[19] her-
vorgeht und eine Annäherung von Subjekt- und Objektseite
bewirkt wird. Als Resultat ergibt sich nach Benjamin eine »Auflösung der eigentlichen Reflexionsform gegen das Absolutum«[20].
Was das bedeutet, macht Benjamin an etwas späterer Stelle unter
besonderer Berücksichtigung der frühromantischen Theorie der
Naturerkenntnis sichtbar: »Alle Erkenntnis ist Selbsterkenntnis
eines denkenden Wesens, das kein Ich zu sein braucht ... Für die
Romantiker gibt es vom Standpunkt des Absoluten aus kein
Nicht-Ich, keine Natur im Sinne eines Wesens, das nicht selbst
wird. ›Selbstheit ist der Grund aller Erkenntnis‹.«[21]

Das Prinzip der Wechselrepräsentanz
zwischen Allgemeinem und Einzelnem –
in der Wendung zur Natur

Novalis' »Die Lehrlinge zu Saïs« sind das vielleicht beste Dokument der spezifisch romantischen Wendung zur Natur auf der
Suche nach einer höheren Instanz des Seins, an die das Individuum sich aufgeben, in der es aufgehen und in der es sich gleichzeitig wiederfinden kann. »Nur die Dichter haben es gefühlt, was
die Natur den Menschen seyn kann ... Alles finden sie in der
Natur. Ihnen allein bleibt die Seele derselben nicht fremd, und
sie suchen in ihrem Umgang alle Seligkeiten der goldnen Zeit
nicht umsonst ... Alles weiß sie [die Natur, C. K.] zu verschönern,
zu beleben, zu bestätigen, und wenn auch im Einzelnen ein be-
wußtloser, nichtsbedeutender Mechanismus allein zu herrschen
scheint, so sieht doch das tiefer sehende Auge eine wunderbare
Sympathie mit dem menschlichen Herzen ... Der Wind ist eine

Luftbewegung, die manche äußere Ursachen haben kann, aber ist er dem einsamen, sehnsuchtsvollen Herzen nicht mehr, wenn er vorbeisaust, von geliebten Gegenden herweht und mit tau-send dunkeln wehmüthigen Lauten den stillen Schmerz in einen tiefen melodischen Seufzer der ganzen Natur aufzulösen scheint? … Man beschuldigt die Dichter der Übertreibung … aber mir scheinen die Dichter noch bei weitem nicht genug zu übertreiben, nur dunkel den Zauber jener Sprache zu ahnden [den Zauber der bildlichen uneigentlichen Sprache, C. K.] und mit der Fantasie nur so zu spielen, wie ein Kind mit dem Zauberstabe seines Vaters spielt. Sie wissen nicht, welche Kräfte ihnen unterthan sind, welche Welten ihnen gehorchen müssen. Ist es denn nicht wahr, daß Steine und Wälder der Musik gehorchen … Blühen nicht wirklich die schönsten Blumen um die Geliebte … Wird für sie der Himmel nicht heiter und das Meer nicht eben? Drückt nicht die ganze Natur so gut wie das Gesicht, und die Geberden, der Puls und die Farben, den Zustand eines jeden der höheren, wunderbaren Wesen aus, die wir Menschen nennen? Wird nicht der Fels ein eigenthümliches Du, wenn ich ihn anrede? Und was bin ich anders, als der Strom, wenn ich wehmüthig in seine Wellen hinabschaue, und die Gedanken in seinem Gleiten verliere.«[22]

Indem nur den Dichtern eine solche Art des Zugangs zur Natur zugeschrieben wird, ist dieser Naturbegriff als ästhetischer ausgewiesen, wobei in der Anspielung auf den »nichtsbedeutende[n] Mechanismus« das Konkurrenzverhältnis des ästhetischen zum wissenschaftlichen Naturbegriff angedeutet wird. So beiläufig diese Anspielung sein mag, zufällig ist sie nicht: Erst die Entsinnlichung und Sinnentleerung der Natur im Zuge des Niedergangs der Metaphysik bildet die Voraussetzung für die Herausbildung der spezifisch modernen, mechanistisch-instrumentellen Auffassung der Natur, der fast gleichzeitig die genauso spezifisch moderne ästhetische an die Seite bzw. gegenübertritt. Dieser obliegt es, den verlorenen Sinn wiederzufinden oder, genauer, ihn im Medium des Subjektiven neu zu konstruieren. Beide Konzeptionen sind nicht nur in ihrem Ursprung gleichermaßen modern, sondern auch im Kontext der Moderne gleichermaßen unvermeidlich und unabdingbar – ohne daß es bis jetzt zu einer Annäherung der beiden auf gleichen Grundlagen basierenden und in gegensätzliche Richtungen gehenden Konzeptionen gekommen wäre.

In diesem romantisch-ästhetischen Naturbegriff ist die Präponderanz der Subjektivität genausowenig zu übersehen wie in Barrès' Bekenntnis zur »collectivité« oder in jeder anderen Form der romantischen Wendung zum Sein. Die Musik ist keine mimetische Nachahmung des Tons der Steine und Wälder, sondern diese gehorchen der Musik des Menschen; der Mensch ist nicht Teil der höheren Einheit der Natur, sondern diese drückt den Zustand des höheren, wunderbaren Wesens Mensch aus. Die Natur wird zum Echo, zum Medium, zum Instrument der Expression des menschlichen Gefühls; sie reflektiert, was an Gefühl in sie investiert wird[25]. Das Subjekt sucht in der Natur ein Anderes, um sich selbst zu finden.

Zwischenbilanz

Sinn und Ziel der verschiedenen Versuche, ein symbolisches Wechselverhältnis herzustellen zwischen dem Einzelnen und einem Allgemeinen, an das jenes sich verlieren und in dem es sich doch wiederfinden kann, sind einsehbar und nachvollziehbar. Sie ergeben sich folgerichtig aus der Einsicht in die »Schwäche« des empirischen Ich, und sie sind getragen von der Absicht, dem prinzipienuntauglichen Einzelnen Stabilität zu verschaffen, und zwar auf eine Weise, die die Idee seiner Selbständigkeit und seinen Anspruch auf Selbstentfaltung nicht gefährdet, sondern eine Harmonie, eine Verwandtschaft oder Entsprechung zwischen Teil und Ganzem sicherstellt (»Freiheit *und* Einheit«). Die Gewähr dafür soll in erster Linie in den selbsthaften, individuellen Zügen liegen, die dem Allgemeinen zugesprochen werden. In zweiter Linie werden umgekehrt dem Einzelnen Züge des Allgemeinen zuerkannt (»Ihr selbst seid ein Kompendium der Menschheit«). Dieses Lösungsmodell stellt gewissermaßen den Gegenpol zum Konzept des Künstlergenies dar. Sollte dort die Synthese zwischen Einzelnem und Allgemeinem in einem besonderen, dafür prädestinierten Individuum hergestellt werden, indem angenommen wurde, daß ein privilegierter

Einzelner, der Künstler, den Status der Allgemeinheit erlangen könnte, so soll hier umgekehrt die Dimension des Allgmeinen zugleich den Status des Individuellen bekommen. In beiden Fällen geht es darum, die Folgen, die sich aus der Entwicklung des Subjekts zum Individuum ergeben, abzumildern oder abzuwenden und dabei doch gleichzeitig die positiven Errungenschaften eines erweiterten und vertieften Subjektivitätsverständnisses zu wahren.

Das Konzept des Künstlergenies konnte die Aufgabe der Synthese zwischen Einzelnem und Allgemeinem nicht befriedigend lösen. Es versagte erstens vor der Aufgabe, in Gestalt einer neuen Mythologie eine neue Ebene der Allgemeinverbindlichkeit zu schaffen; aufgrund dieses Scheiterns erschien zweitens die Kluft zwischen Künstler und Nicht-Künstler und damit eine kaum legitimierbare Ungleichheit zwischen Subjekten vertieft, während drittens mit der Erhebung des Genies in den Rang eines Absoluten letztlich nur die Zufälligkeit und Willkürlichkeit eines Individuums mit der Autorität eines Allgemeinen ausgestattet, aber von jeglicher mit diesem Status verknüpften Legitimationsanforderung freigestellt und losgebunden wurde.

Nun stellt sich die Frage, ob die gleiche Absicht einer Synthese zwischen Allgemeinem und Einzelnem mit dem Konzept einer symbolischen Wechselrepräsentanz zwischen Totalität und Fragment besser erfüllt werden kann. Um es gleich klar und eindeutig zu sagen: Es kann kaum einem Zweifel unterliegen, daß das nicht der Fall ist.

Es gelingt der Romantik nicht, den Gang der Neuzeit anzuhalten und deren entscheidenden Zug, die Subjektwerdung des Menschen, umzukehren. Nirgendwo kommt in der Moderne eine substantielle Ordnung von universaler Geltung in Sicht, die eine rückhaltlose, vertrauensvolle oder demütige Einfügung des Individuums gestatten oder gar gebieten könnte. Im Unterschied zu einer weit verbreiteten aufklärerisch-modernitätsoptimistischen Auffassung zieht dieser Sachverhalt das Verschwinden der Sehnsucht des Individuums nach Einordnung in eine als substanziell geglaubte Seinsordnung keineswegs zwangsläufig nach sich. Wohl aber ändert dieses Streben seinen Charakter, es nimmt eine andere Farbe an und führt zu anderen Ergebnissen. Denn es ist tatsächlich ein Unterschied ums Ganze, ob von einer vorgängigen Ordnung Gottes, der Natur oder der Vernunft auszugehen ist, um in ihr den Ort des Einzelnen zu bestimmen, oder ob umgekehrt vom Einzelnen aus nach einer allgemeinverbindlichen Ordnung gesucht wird, weil jenes dieser zu seiner Selbstverwirklichung bedarf. Es bleibt im zweiten Fall so gut beim Primat des Einzelnen wie im ersten Fall beim Primat des Allgemeinen.

Der Gedanke der Einfügung des Einzelnen in den Zusammenhang einer höheren Allgemeinheit tritt also im Kontext der Romantik nicht als Gebot einer höheren Instanz an das Individuum heran, sondern entspringt vielmehr als Wunsch und Forderung aus ihm selbst. Es sind die gewachsenen Ansprüche einer sich wichtig nehmenden Subjektivität auf Sinnerfüllung, welche die Frage nach Einheit und Ganzheit hervorrufen. Die »Forderungen nach Einheit, Freiheit und Gemeinschaft mit dem Menschen und mit der Natur reflektieren die Bestrebungen des Ausdrucks-Bewußtseins«[24], konstatiert Charles Taylor kurz und bündig. Auch bei Schleiermacher selbst kommt die Orientierung auf den Einzelnen sehr selbstbewußt zum Ausdruck: »Müßt Ihr Euch nicht nach den ewigen Gesetzen der geistigen Natur um so ängstlicher nach dem Universum sehnen und nach einer selbstgewirkten Vereinigung mit ihm streben, je mehr Ihr durch die bestimmte Bildung und Individualität in ihm gesondert und isoliert seid?«[25] »Wer sich zu einem bestimmten Wesen bilden will, dem muss der Sinn geöffnet sein für Alles, was er nicht ist.«[26] Der Einzelne und sein Wünschen und Wollen ist nicht nur Ausgangspunkt der Suche nach einer höheren Ordnung; er bleibt auch ihr Bezugs- und Zielpunkt. Das Konzept von Ganzheit und Einheit ist um des Einzelnen willen da oder überspitzt gesagt: der Einzelne ist der Zweck, der Kosmos sein Mittel.

Von daher wird erklärlich, daß es dem Einzelnen vorbehalten bleibt, sein Mittel zu wechseln, sein Ziel auf immer anderen Wegen zu verfolgen und sein »Glück« mit immer neuen Konzepten von Einheit und Geborgenheit zu versuchen, wenn eine bestimmte Gestalt die an sie gestellten Ansprüche nicht erfüllt. So entsteht der bunte Wechsel des Anschließens an ein äußeres historisch Reales oder ideal Gegebenes, an den Orient, an das Deutsche resp. Nationale, an die Kunst und endlich an die Kirche, wie Schlegel es beschrieben[27], und wie es im Verlauf der modernen Entwicklung – und zwar sogar immer wieder mit ungefähr denselben Stationen – Hoffnung auf eine bevorstehende gesellschaftliche Revolution, Nationalismus, Exotismus (Orient, fernöstliche Glaubenslehren etc.), Kunst, Liebe, Religion – längst nicht nur für ihn gegolten hat. Das Faktum der Pluralität von Ordnungs- und Sinnstiftungsinstanzen, denen gegenüber dem Subjekt das vielfach als Qual empfundene Privileg der Wahl und der Entscheidung vorbehalten bleibt, bezeugt definitiv den ungebrochenen Vorrang der Seite der Subjektivität – mit allen positiven oder negativen Bewertungsmöglichkeiten.

Ganz gleich, in welche Richtung die Suche auch führen mag: zur kleinen Gemeinschaft von Liebe und Freundschaft, zur großen Gemeinschaft von Nation, Volk oder Staat, zur Ordnung der Natur oder der Religion. Das Ergebnis ist in allen Fällen das gleiche: Indem der Primat der Subjektivität, die zentrale Stellung und Bedeutung des Ich erhalten bleibt, mißlingt die Restituierung oder Restaurierung einer substantiellen, vornehmlich religiös bzw. nach metaphysischem Muster gegründeten Ordnung. Der Wunsch, sich an den, die oder das andere(n) zu verlieren erweist sich als unerfüllbar: Die romantische Liebe reicht nicht zum Du, sondern bleibt bei einem sich ungeheuer wichtig nehmenden Ich[28], das in einer ästhetischen bzw. ästhetizistischen Attitüde verharrt. Entsprechendes gilt für einen romantischen Naturbegriff als einer zum Ich analog gedachten Natur. Die romantische Religiosität bleibt gebunden an das Glauben-Wollen, an die Glaubensentscheidung des Einzelnen. Als solche ist sie immer eine kontingente Entscheidung; sie kann getroffen werden oder nicht und ebenso kann sie wieder zurückgenommen werden oder nicht – unweigerlich bleibt ihr ein dezisionistisches Moment anhaften. Das Bild der demütigen Rückkehr in den Schoß der Mutter Kirche oder in die Obhut irgendeiner anderen Geborgenheit gewährenden höheren Ordnung, ein Bild, das manche Romantiker selbst gern von sich entwerfen wollten, trügt (unbeschadet der subjektiven Authentizität, die den Konversionen oder ähnlich gerichteten Bestrebungen der Romantiker damit nicht abgesprochen werden soll).

Andererseits ist damit auch eine Grundlage gegeben, den so oft gegen die Romantiker erhobenen Vorwurf zu relativieren, daß ihr Streben nach Einheit in einer substanziellen Ordnung zur Aufopferung des modernen Subjekts und zu seiner Auslieferung an totalitäre oder irrationale Mächte führe. Sowohl von rechts (zustimmend[29]), als auch von links (ablehnend) ist von den Romantikern behauptet worden, daß sie – nach einem in wilden Jugendjahren rastlos verfolgten halt- und substanzlosen Subjektivismus – einen »Umschlag ins Entgegengesetzte«[30] vollzogen hätten und darin schließlich aufgegangen seien. Die Pointe der romantischen Suche nach Erlösung von der Subjektivität in ihrem Gegenteil liegt darin, daß sie gar nicht stattfindet. Im Vergleich mit dieser, sei es von links oder rechts vorgetragenen Auffassung hat Carl Schmitt viel genauer gesehen: Er sieht das romantische Subjektivitätsprinzip und seinen Primat auch durch diejenigen Konzepte der Romantik hindurchschimmern, die auf die Überwindung oder Einbindung der Ich-Position in einen höheren Zusammenhang hin angelegt sind. »In den Selbstbespiegelungen der Romantiker liegt so wenig eine Selbstobjektivierung wie in ihrer Gemeinschaftsphilosophie ein politischer Gedanke oder in ihren geschichtlichen Konstruktionen ein historischer Sinn.«[31] So kritisch Carl Schmitts Deutung der Romantik auch zu beurteilen sein mag, seine Begriffe von Okkasionalismus und Dezisionismus drängen sich tatsächlich auf, wenn es um die Analyse der hier in Rede stehenden Sachverhalte geht. In dem Entschluß, sich loswerden und an ein anderes überantworten zu wollen, verstärkt sich eigentlich nur die Bedeutung des Ich, da es unweigerlich die letzte Instanz der Entscheidung (decisio) bildet, der gegenüber das Andere lediglich Anlaß (occasio) und beliebig auswechselbar ist.

Unter der Hand hat sich also die Bewegungsrichtung der Argumentation umgedreht: Während die zunächst verfolgte Leitthese besagte, daß die Bestrebungen, das Subjektprinzip festzuhalten und konsequent weiterzuentwickeln, in der Wendung zum Individumm unfreiwillig über es hinaus und zu seiner Subversion führen, zeigt sich nun und in der Folge, wie alle Versuche, das Subjektprinzip loszulassen und zu einer höheren, zuverlässigeren Verbürgungsinstanz zu gelangen, als es das Subjekt sein kann, letztlich wieder ebenso unfreiwillig darauf fixiert bleiben oder auf es zurückführen. Mit einem Wort: Das Festhalten verliert es, das Loslassen fixiert es; das heimliche Zentrum aber ist und bleibt das Individuum. Suchten die Romantiker ursprünglich im Subjekt den Garanten eines einheitsverbürgenden Prinzips, um an dessen Stelle das dafür ganz ungeeignete Individuum zu finden, so finden sie in den verschiedenen Gestalten subjektjenseitiger Prinzipien, denen sie sich in der Folge zuwenden (Gott, Natur, Gemeinschaft), um in ihnen ein Heilmittel gegen die Prinzipienuntauglichkeit des empirischen Ich zu finden, wiederum nur etwas Subjekthaftes, ein »groß geschriebenes« Individuum. Das bedeutet, daß der Weg in die Endlichkeit mit der Hinwendung zu transsubjektiven Prinzipien zwar eine neue Wendung nimmt und eine spezifische Problematik entwickelt, aber dadurch letztlich nicht rückgängig zu machen ist. Im Ergebnis obsiegt der Individualisierungsprozeß. Insoweit dieser Sieg nicht dazu angetan ist, als Triumph in Erscheinung zu treten, wäre es wohl angemessener zu sagen, die Problematik der »Philosophie der Endlichkeit« hält sich durch und bleibt unbewältigt.

Verkürzend und vereinfachend könnte das als »Dialektik der Romantik« bezeichnet und als Pendant bzw. Gegenpol zur Dialektik der Aufklärung aufgefaßt werden. Dialektik der Aufklärung hatte geheißen: Statt der Herrschaft des Subjekts setzt sich mit jedem Schritt auf dem Weg der Rationalität die Herrschaft des blind Objektiven fort. Nicht zuletzt in Opposition dagegen und in der Absicht, die Herrschaft des Subjekts im positiven Sinne zu vollenden, hatte die Wendung zum Individuum stattgefunden. Sie entwickelt eine Dynamik, die im Streben über das Subjektive hinauszugelangen, letztlich doch wieder auf es zurückfällt, so daß Dialektik der Romantik heißen kann: Jeder Versuch, die herrschaftlich strukturierte Subjektivität durch den Sprung ins »ganz Andere« zu überwinden, führt statt zur ersehnten Rückkehr zur Substantialität zu nichts anderem als zur Diktatur einer hypertrophen Subjektivität.

Ein so harsch klingendes Urteil darf allerdings nicht vergessen lassen, daß diese Entwicklung keineswegs allein aus einer gleichsam willkürlichen Eigendynamik der Subjektivität entspringt. Vielmehr steht diese im Zusammenhang mit dem Ausdifferenzierungsprozeß der verschiedenen Wertsphärenbereiche der Moderne, in dessen Folge Fragen von Einheit, Ganzheit und Sinn für den Bestand und die Entwicklung der verschiedenen Sachbereiche belanglos werden, weil und indem sie an das Subjekt delegiert und als seine »Privatsache« deklariert werden. Der gewaltige Bedeutungszuwachs der Suche nach Einheit, Ganzheit und Sinn auf seiten eines überhaupt erst im Zuge dessen zu voller Entfaltung gelangenden Subjekts ergibt sich in Wechselwirkung mit ihrem Bedeutungsschwund in den anderen Kontexten. Das bedeutet auch, daß eine grundlegende Richtungskorrektur dieser Entwicklung auf der Ebene der Subjektivität allein nicht zu erwarten ist. Eine einseitige Schelte der Subjektivität für die im Zusammenhang dieser Entwicklung auftretenden Probleme oder normative Appelle gegen die als »Auswüchse« begriffenen Folgen des weiter fortschreitenden Individualisierungsprozesses machen folglich wenig Sinn.

Die Wendung zur Gemeinschaft – von der Gemeinschaft als Familie zum Staat als »großes Ich«

Im folgenden soll die romantische Suche nach einer substanziellen Ordnung am Beispiel der Wendung zur Gemeinschaft genauer beleuchtet werden. Diese Option teilt zwar mit den anderen Bestrebungen dieselben Grundmerkmale. Aber anders als bei der Wendung zu Liebe oder Religion oder Natur ist hier der Wunsch nach Erlösung von der Subjektivität mit einem höheren Risiko verbunden, da das Streben nach Gemeinschaft sich weniger leicht ins Private fügt und somit eine größere Herausforderung an den Konsens der Moderne darstellt. Mit anderen Worten: Bei der Wendung zur Gemeinschaft tritt das Gespenst des Totalitarismus, das mit der ästhetisch-romantischen Sehnsucht nach Ganzheit, Einheit und Sinn prinzipiell latent verbunden ist, am manifestesten zutage. Daher wird sich hier genauer zeigen lassen müssen, was oben allgemein behauptet wurde, daß nämlich die Gefahr totalitärer und irrationaler Entgleisung nicht grundsätzlich vom regressiven bzw. reaktionären Charakter der Sehnsucht nach Ganzheit und Einheit ausgeht, sondern gerade vom spezifisch modernen Charakter der auf diese Fragen gesuchten Antworten.

In dem eigentlich bereits in einem sehr romantischen Geist verfaßten sogenannten »Ältesten Systemprogramm« des deutschen Idealismus hatte noch die aufklärerisch-revolutionäre Utopie eines Absterbens des Staates als eines mit der Freiheit des Menschen nicht zu vereinbarenden Zwangsmechanismus ganz im Vordergrund gestanden: »Die Idee der Menschheit voran«, heißt es da, »will ich zeigen, daß es keine Idee vom Staat gibt ... Wir müssen ... über den Staat hinaus! Denn jeder Staat muß freie Menschen als mechanisches Räderwerk behandeln; und das soll er nicht; also soll er aufhören.«[32] Auch Fichte hatte in seinen Revolutionsschriften den Staat für in letzter Instanz überflüssig erklärt. Je mehr aber die Idee einer in allen Exemplaren der Gattung gleichen »Menschheit« zurücktritt hinter der Idee der Differenz zwischen den Einzelnen in ihrer jeweiligen Einzigartigkeit (das ist der positive Gesichtspunkt), bzw. je mehr der Kosmopolitismus der Revolution hinter nationalen Interessen und Egoismen − auch und gerade der revolutionären Macht selbst − verschwindet (das ist der negative Gesichtspunkt), um so stärker tritt ein neues Interesse an Gemeinschaftskonzeptionen wie Staat, Nation oder Volk hervor. Jenseits der aufklärerisch-rationalen Polemik gegen das Ancien régime, die im Namen der Gleichheit aller die Idee der Abschaffung des Staates und des Weltbürgertums propagiert hatte, wird nun im Namen einer positiv aufgefaßten Differenz der Individuen die Vision partikularer Gemeinschaftlichkeit entwickelt. Wenn vom Individuum als Eigentümlichem und Unwiederholbarem ausgegangen wird, dann muß ausdrücklich nach dem Verhältnis der vielen verschiedenen Individuen zueinander und darüber hinaus nach ihrer Einheit gefragt werden, und zwar auf eine ganz andere, ganz neue Weise, da dieses Verhältnis weder durch die zentrale Instanz eines als Stellvertreter Gottes legitimierten Monarchen noch durch das Wirken einer in allen Subjekten gleichen Vernunft als vorgängig geregelt und geordnet angesehen werden kann. In diesem Licht ist wohl auch die romantische Fichte-Kritik zu verstehen: »Fichtes Schüler, Hegel, Hölderlin und Schelling, Friedrich Schlegel und Hardenberg, sie alle kritisierten an seiner Philosophie, daß sie als Freiheits- und Befreiungsphilosophie zwar die Absolutheit des moralischen ›Ich‹ nachwies, aber unfähig war, dieses ›Ich‹ in seinem Verhältnis zu anderen ›Ichs‹ in Gesellschaft und Staat adäquat zu beschreiben.«[33]

Von Anfang an versteht sich die romantische *Gemeinschaft* im Widerspruch zur als mechanistisch und atomistisch kritisierten neuzeitlichen *Gesellschaft*. Im Unterschied zu dieser soll jene viel weniger einen Gegenpol zum Subjekt als vielmehr dessen Entfaltungsraum und Projektionsfläche bilden. Das ist das eigentliche Ziel und Zentrum der romantischen Gemeinschaftsidee: »Das Ziel ihrer Gemeinschaft ist nicht die Kontrolle, sondern die Kultivierung der Autonomie und der Einzigartigkeit jeden Individuums.«[34]

Die eine Möglichkeit, dieses Ziel zu erreichen, besteht darin, Gemeinschaftlichkeit möglichst eng am Einzelnen, am Individuellen zu orientieren, und das heißt konkret, auch (quantitativ) große Gemeinschaften, die Gesellschaft, nach dem Modell (quantitativ) kleiner Gemeinschaften zu konzipieren.

Die romantische Vorstellung von Gemeinschaft wird daher wesentlich von der Privatsphäre her gedacht, sie ist am Modell der engen individuellen Bindungen von Freundschaft und Liebe orientiert und zwar ausdrücklich auch da, wo von großen Gemeinschaften, von Staat und Volk, die Rede ist. Das familienhafte Element begründet auch die romantische Hochschätzung des mittelalterlichen Gesellschaftsmodells: »Der mittelalterliche Staat war wie eine Familie, in der die Autoritäten brüderliche und mütterliche Rollen spielten und in der der Einzelne eine gefühlsmäßige Bindung an seine Heimat empfand.«[35]

Zwar wurde in der Geschichte der politischen Philosophie des Abendlandes vielfach ein Wechselverhältnis, ein Analogiezusammenhang zwischen Staat und Familie angenommen; dabei erscheint der Genese nach die Familie als das Frühere und als Ursprung der größeren Gesellschaft, aber der Geltung nach wurde in aller Regel der Staat als das Primäre betrachtet, dessen Muster die Organisation des Familienverbandes als untergeordnet zu entsprechen hatte. Von solchen Vorstellungen ist Novalis' Vorschlag, den Staat als »Ehe« aufzufassen, grundlegend verschieden[36]. Bei ihm werden nicht politische Verhältnisse als Grundlage von privaten angesehen, sondern es werden gerade umgekehrt private Beziehungen zum Modell des Politischen gemacht – und zwar private Verhältnisse im modernsten Sinne, denn die Ehe des preußischen Königspaares wird als individuelle, als romantische Liebesbeziehung (»Herzensbund«[37]) stilisiert. Die durch die Analogie mit privaten Verhältnissen, mit Liebesbeziehungen, legititmierte Tendenz zur Entrechtlichung der Beziehungen zwischen Individuum und Gesellschaft ist ein wesentliches Merkmal dieser Utopie[38]. »... ein jeder wäre voll und ganz er selbst ohne Beschränkungen und doch zugleich Teil eines Ganzen in einer liebenden Umarmung ohne Konflikt oder Reibung. In einer so vollkommenen Gemeinschaft würden Individuum und Gesellschaft keiner rechtlichen und verfassungsmäßigen Garantien ihrer Beziehung bedürfen.«[39] Sowohl der politischen Theorie als auch der gesellschaftlichen Praxis des modernen Rechtsstaats sind solche Vorstellungen scharf entgegengesetzt. Sie befinden sich in dem typischen Dilemma, mit der Intention eines Darüber-hinausgehens das Resultat eines Dahinter-zurückbleibens zu riskieren. Mit dem verständlichen Wunsch nach mehr Gemeinschaftlichkeit, mehr Wärme und Menschlichkeit, als es die nicht zu Unrecht als unzulänglich kritisierte nüchterne und kalte Ordnung des Gesetzes zu bieten vermag, wird im Endeffekt der bescheidene Schutz, den sie darstellt, aufs Spiel gesetzt.

Die zweite Möglichkeit, die Gesellschaft zum Entfaltungsraum der Selbstverwirklichung des Subjekts werden zu lassen, liegt darin, das Allgemeine als Individuelles, als großes Ich zu konzipieren. Es handelt sich im wesentlichen um dasselbe Konzept symbolischer Wechselrepräsentanz zwischen Teil und Ganzem, das uns bei Schleiermacher bereits begegnet ist; er hatte es mit Bezug auf eine religiöse Ordnung entworfen; es läßt sich auch auf eine politische Ordnung anwenden.

Die verschiedenen Etappen dieses Weges lassen sich am Beispiel Wilhelm von Humboldts gut nachzeichnen. Am Beginn stehen »Die Ideen zu einem Versuch, die Gränzen der Wirksamkeit des Staats zu bestimmen« aus dem Jahre 1792. Obgleich der Autor keine Hoffnung auf ein gänzliches Überflüssigwerden und Absterben des Staates äußert, ist er doch bestrebt, die Grenzen der Wirksamkeit des Staates so eng wie nur irgend möglich zu ziehen – aus demselben Geist heraus, der das »Älteste Systemprogramm« bestimmt. Auch dem jungen Humboldt gilt der Staat als negative Größe, als toter Mechanismus, als bloßes Räderwerk. Daher ist er überzeugt, »dass jedes Bemühen des Staats verwerflich sei, sich in die Privatangelegenheiten der Bürger... einzumischen, wo dieselben nicht unmittelbaren Bezug auf die Kränkung der Rechte des einen durch den andren haben.«[40] »... der Staat enthalte sich aller Sorgfalt für den positiven Wohlstand der Bürger, und gehe keinen Schritt weiter, als zu ihrer Sicherstellung gegen sich selbst, und gegen auswärtige Feinde nothwendig ist; zu keinem andren Endzwekke beschränke er ihre Freiheit.«[41] Nicht nur für das materielle Wohl seiner Bürger soll der Staat keine Sorge tragen dürfen, dasselbe gilt auch für ideelle Werte und Zwecke; eine öffentliche Rolle der Religion lehnt Humboldt ebenso entschieden ab wie Maßnahmen des Staates zur Sittenverbesserung, und sogar ein öffentliches Erziehungswesen erklärt der spätere Vater der deutschen Universität für überflüssig[42].

Was im Ergebnis wie eine ultra-liberale Position anmutet, beruht aber nicht auf der Annahme, daß eine in allen Subjekten gleichgeartete Vernunft oder in allen Subjekten gleichgerichtete Interessen äußere Lenkung und Steuerung überflüssig, wenn nicht sogar schädlich werden lassen; Humboldts Sorge gilt der Entfaltung der Eigentümlichkeit der Einzelnen. Sein Individualismus ist eindeutig ein »Individualismus der Einzigkeit«. Humboldt sieht es für bewiesen an, »dass die wahre Vernunft dem Menschen keinen andren Zustand, als einen solchen wünschen kann, in welchem... jeder Einzelne der ungebundensten Freiheit geniesst, sich aus sich selbst, in seiner Eigenthümlichkeit zu entwikkeln...«[43] Denn »worauf die ganze Grösse des Menschen zulezt beruht, wonach der einzelne Mensch ewig ringen muss, und was der, welcher auf Menschen wirken will, nie aus den Augen verlieren darf, ist Eigentümlichkeit der Kraft und der Bildung.«[44] Nicht daß der Staat die (gleichen) Rechte seiner Bürger verletzen, sondern daß die in seiner Maschinenhaftigkeit gründende Einförmigkeit seiner Wirkung die Entfaltung ihrer Eigentümlichkeit beschränken könnte, ist Humboldts Sorge. »Gerade die aus der Vereinigung Mehrerer entstehende Mannigfaltigkeit ist das höchste Gut, welches die Gesellschaft giebt, und die Mannigfaltigkeit geht gewiss immer in dem Grade der Einmischung des Staats verloren... Gleichförmige Ursachen haben gleichförmige Wirkungen. Je mehr also der Staat mitwirkt, desto ähnlicher ist nicht bloss alles Wirkende, sondern auch alles Gewirkte. Auch ist diess gerade die Absicht der Staaten. Sie wollen Wohlstand und Ruhe... Allein was der Mensch beabsichtet und beabsichten muss, ist ganz etwas andres, es ist Mannigfaltigkeit und Thätigkeit. Nur diess giebt vielseitige und kraftvolle Charaktere, und gewiss ist noch kein Mensch tief genug gesunken, um für sich selbst Wohlstand und Glük der Grösse vorzuziehen.«[45] Ernst Cassirer faßt Humboldts Position zusammen: »So wird der Staat von Humboldt zum Mechanismus gemacht, damit die einzelnen sich ungehemmt als Organismus entfalten können... Humboldts ganzer Sinn ist auf die reine Ausbildung der Persönlichkeiten gerichtet; an das ›Abstrakt des Ganzen‹ dagegen fesselt ihn keine innere Neigung.«[46]

Mag Humboldt an das »Abstrakt des Ganzen« als Staat keine innere Neigung gefesselt haben, so findet er doch im Laufe der Jahre in der Idee der Nation so etwas wie ein lebendiges, konkretes Ganzes, das zum Individuellen keinen Widerspruch darstellt. Aus Friedrich Meineckes Feder ist es nicht unbedingt ein Lob, aber wohl ein zutreffendes Urteil, wenn er über Humboldt schreibt: »Obgleich er das Wort Nation immer mit wärmerer Empfindung aussprach als das Wort Staat, so tat er es doch deswegen, weil es mehr Freiheit für das Individuum für ihn bedeutete. Wohl niemals ist unter den verschiedenen Faktoren, die das Wesen der modernen Nation ausmachen, die Spontaneität der sie bildenden Individuen so stark, man muß wohl sagen, so ausschließlich hervorgehoben worden.«[47]

Allmählich verschiebt sich Humboldts Individualitätsbegriff vom Einzelnen auf die Nation. Zweiundzwanzig Jahre nach seinen »Ideen zu einem Versuch, die Gränzen der Wirksamkeit des Staats zu bestimmen« heißt es in den »Betrachtungen über die Weltgeschichte«: »Der Einzelne ist in Verhältniss zu seiner Nation nur in der Art ein Individuum, wie ein Blatt im Verhältnis zum Baum.«[48] Das Nichtigkeitsgefühl des Einzelnen – übrigens sogleich wieder verbunden mit der Allusion des Organischen, mit der bereits bekannten Pflanzenmetapher – wird evoziert und zugleich neutralisiert durch die Einbindung in die höhere Ordnung, in diesem Fall der Nation. Der Nation oder dem Staat gleichzeitig den Status des Individuums bzw. auch der Person zuzuordnen, entspricht mit Bezug auf das Verhältnis Mensch – Gesellschaft dem, was bei Schleiermacher in Bezug auf eine religiöse Ordnung als symbolisches Wechselverhältnis zwischen Einzelheit und Ganzheit bezeichnet worden ist.

Humboldt ist keineswegs der einzige, der diesen Weg eingeschlagen hat. Bei fast allen Romantikern ist derselbe Gedanke anzutreffen[49]; daß es sich um einen so naheliegenden Gedanken für sie handelt, hängt gewiß auch mit der langen Tradition zusammen, in der er steht. Eine Personifizierung des Staatsganzen als Subjekt ist im politischen Denken des Abendlandes längst vor der Romantik geläufig. Neu ist dagegen, daß die Vorstellung des Staates als Subjekt im romantischen Denkhorizont die für diesen charakteristische Wendung zum Individuum mitvollzieht. So heißt es zum Beispiel bei Friedrich Schlegel in der gewohnt programmatischen Weise: »... der Staat soll nichts anders sein, als ein größeres sittliches Individuum ... Der Begriff der Nation bezeichnet, daß alle Mitglieder gleichsam nur ein Individuum bilden sollen.«[50] Etwas weniger programmatisch, dafür mehr (auch wieder wie gewohnt) enigmatisch hört es sich bei Novalis an: »Der Staat ist eine Person wie das Individuum. Was der Mensch sich selbst ist, ist der Staat den Menschen. Die Staaten werden verschieden bleiben, solange die Menschen verschieden sind. Im wesentlichen ist der Staat, wie der Mensch immer derselbe.«[51] Und ganz explizit bringt Novalis die zweite Seite der Gleichung Ganzes = Einzelnes und Einzelnes = Ganzes zum Ausdruck: »Das Volk ist eine Idee. Wir sollen ein Volk werden. Ein vollkommener Mensch ist ein kleines Volk.«[52] Den Staat als Ich zu denken, bedeutet ihn als Organismus denken zu können, erklärt Franz von Baader: »In der Tat liegt eine tiefe ... Wahrheit dieser Parallelisierung der öffentlichen Gesellschaft oder des Staates mit einem wahrhaften Organismus zugrunde, und indem man ... den Menschen eine kleine Welt, d.h. eine kleine partielle Gesellschaft nannte, war man wenigstens der Einsicht nahe, daß die allgemeine Gesellschaft oder die große Welt nur organisch, d.i. gleichfalls nur als ein Mensch im großen [...] und nicht per aggregationem oder mechanisch begriffen werden könnte.«[53] Den Staat als Ich denken, als Organismus (d.h. als naturhaft) oder ästhetisch, als Kunstwerk[54] – letztlich weist das alles in dieselbe Richtung: den Staat als wirkliche Einheit und Ganzheit denken zu können und nicht bloß »per aggregationem« wie den modernen Maschinenstaat. Die Opposition gegen die absolutistisch oder bürgerlich geprägte moderne Konzeption des Staates steht ganz im Vordergrund des romantischen Denkens.

Mit Blick auf Wilhelm von Humboldt spricht Friedrich Meinecke nicht ganz ohne triumphierenden Unterton vom »neue[n] Sinn für die Individualität der überindividuellen

Mächte«[55]. Meinecke betont, wie leicht und wie folgerichtig Humboldt den Individualitätsgedanken vom Einzelnen auf die Gemeinschaft übertragen konnte:»Wirklich brauchten die Kräfte des Humboldtschen Geistes nur sich selbst überlassen zu werden, um den Weg zur Nation zu finden. Wer so rein und so begierig, so zart und so energisch zugleich in das Geheimnis der Individualität einzudringen versuchte wie er, dem mußte eines Tages es aufgehen, daß auch im Innern des Individuums der Nationalgeist lebte und wirkte.«[56] Daß es nicht der Individualismus schlechthin, sondern eine ganz spezifische Art von Individualismus ist, nämlich eben dieser romantische »Individualismus der Einzigkeit«, ist Meinecke ebenfalls nicht entgangen. Er fährt fort: »Weiter konnte er noch durch eine andere Erwägung, die auch in der ursprünglichen Richtung seiner Gedanken lag, zu hellerem Verständnis und höherer Schätzung der Nation gelangen. Sein Individualismus ging nicht auf Einförmigkeit, sondern auf Mannigfaltigkeit und Eigentümlichkeit des menschlichen Lebens aus... Wie wuchs nun aber der Reichtum an Individualität in der Welt, wenn sie nicht nur dem Einzelnen, sondern auch den großen Vereinigungen der Einzelnen, den Nationen, eigen war.«[57] Etwas weiter unten zieht Meinecke das Fazit:»Man sieht an seinem [Humboldts, C.K.] Beispiel, wie ein gegen sich selbst ehrlicher und strenger Individualismus ganz durch eigene Kraft und Selbstbesinnung zur Anerkennung der überindividuellen Mächte des Lebens gelangen konnte... Das starke freiheitsdurstige Individuum in ihm wurde sich seiner Schwachheit, seiner Abhängigkeit von der mütterlichen Nation bewußt...«[58] Näher lassen sich die beiden Pole der Exaltation des Individuellen und seines Nichtigkeitsgefühls nicht zusammenbringen. Beachtenswert, wie unfehlbar sich auch bei Meinecke wieder der Gedanke der Wechselrepräsentanz zwischen Individuum und Nation einstellt: Auf der einen Seite ist die Nation im Individuum (»... im Innern des Individuums der Nationalgeist lebte und wirkte«), auf der anderen Seite ist die Individualität in der Nation, ist die Nation Individuum (»der Reichtum an Individualität... [ist] nicht nur dem Einzelnen, sondern auch den großen Vereinigungen der Einzelnen, den Nationen« zu eigen).

Angesichts der Akzentverschiebung vom Individuum zur Nation kann es kaum überraschen, daß Humboldt schließlich auch noch die Kluft zwischen Staat und Nation schließt. Cassirer nennt in diesem Zusammenhang vor allem Humboldts »Denkschrift an den Freiherrn vom Stein über Preußens ständische Verfassung« von 1813. Nun erscheinen die Staaten als sittlicher Ausdruck der Nationen, sie »sind selbst in den Kreis der geistigen Energien und der ursprünglichen Lebensmächte aufgenommen«[59]. Cassirer hält dafür, daß Humboldt dessen ungeachtet seiner ursprünglichen Gesinnung darin treu geblieben sei, »daß es das Leben der Ideen ist, welches er im Leben der Staaten erkennen will...«[60] Weil das so ist, biegt sich Humboldts Auffassung schließlich auch wieder auf das Individuum zurück: »indem er alles äußere Sein und Geschehen auf ein Inneres [»Ideen«, C.K.] zurückzubeziehen sucht«, endet alles »zuletzt doch immer wieder bei dem Geheimnis der Individualität«[61]. Damit sieht Cassirer die Kontinuität in Humboldts Denken gewahrt und hält ihn darüber hinaus vom Verdacht der Staatsverherrlichung, der Subjekt- bzw. Menschenfeindlichkeit und Illiberalität für befreit; behält doch schließlich die Idee der Individualität das letzte Wort.

Hinsichtlich der Kontinuität in Humboldts Denken mag Cassirer wohl recht haben. Was hingegen die Frage betrifft, ob die Unantastbarkeit der sich durch alle Entwicklungsstufen durchziehenden Individualitätsidee bereits einen hinreichenden Beweis für die Unbedenklichkeit dieses Ansatzes darstellt, so scheinen Zweifel angebracht.

Ein großer Teil der Misere dessen, was als Deutsche Ideologie bezeichnet wird, resultiert nicht – wie oft behauptet – aus einem anti-modernen Machtstaatsdenken, welches das Individuum negiert und den Individualismus verurteilt, sondern aus eben dieser besonderen Art von Individualismus, die in den romantischen Werten, allen voran der Eigentümlichkeit, der inneren Bildung des Einzelnen seine Wurzeln hat und den gordischen Knoten, den das Problem des Verhältnisses zwischen diesem eigentümlichen und einzigartigen Individuum und der Gesellschaft darstellt, durch die Idee der symbolischen Wechselrepräsentanz zwischen Fragment und Totalität zu durchschlagen trachtet. Nicht nur, daß ein Propagandist des nationalen Machtstaatsgedankens wie Friedrich Meinecke sich dieses Konzepts bedienen konnte, auch an breiter öffentlicher Wirksamkeit hat es nicht gemangelt[62]. Der

Historiker Modris Eksteins charakterisiert das deutsche Nationalbewußtsein der Zeit des Ersten Weltkrieges in ganz entsprechender Weise: »Das Individuum war nicht bloß Rädchen eines Zweckverbands namens Gesellschaft; das echte deutsche Individuum war die Nation, der einzelne war die Verkörperung der Gemeinschaft. Und die Nation wiederum war nicht mehr und nicht weniger als ein ›höherer Mensch‹, wie sich der Philosoph Leopold Ziegler ausdrückte. Die ganze Nation fand sich in dem einen dynamischen Individuum. Dies stand in einer Linie mit dem Denken Schopenhauers und Nietzsches: Die Welt existierte ausschließlich in der eigenen Schöpfung. Die Nation war eine Schöpfung der eigenen Imagination, eine poetische Wahrheit und somit keine gesellschaftliche, sondern eine ethische Konstruktion.«[63] Eksteins zitiert den Satz »Jeder Deutsche ist Deutschland, Deutschland ist in jedem Deutschen« als einen »populären Slogan« der Zeit[64].

Sich darauf zu berufen, daß alles »zuletzt doch immer wieder bei dem Geheimnis der Individualität« endet, bietet dagegen weder Schutz noch Trost, sondern macht das Verhängnis aus. – Aber was ist es eigentlich, was das Konzept der symbolischen Wechselrepräsentanz zwischen Einzelnem und Allgemeinem so verhängnisvoll macht? Handelt es sich bei der Idee des Individuums denn nicht um die avancierteste und elaborierteste Gestalt moderner Subjektivität, und sollte nicht der Gedanke einer ganz engen Korrespondenz zwischen der Gemeinschaft und dem Individuum die Garantie seiner Freiheit und die Grundlage seiner Kultivierung bilden? Wie verläuft der Weg von der richtigen Intention zum falschen Resultat?

Der erste problematische Aspekt des Konzepts der symbolischen Wechselrepräsenz liegt in dem, was als Ausschaltung der Pluralität zusammengefaßt werden kann. Schleiermacher hatte behauptet, daß das Individuelle sich durch zwei Komponenten konstituiert, nämlich durch das Verhältnis des Ich »zu einem eigenen Leibe« und durch die Tatsache der »Mehrheit der Menschen-Exemplare«; oder anders gesagt: Körperlichkeit bzw. Naturhaftigkeit *und* Pluralität bilden zusammen die menschliche Individualität.

Dagegen fällt sowohl am Konzept des Künstler-Genies als auch an dem der symbolischen Wechselrepräsentanz eine einseitige Be tonung der Eigentümlichkeit auf, wobei auch vor einem zuweilen überraschend weitgehenden Eingeständnis der »Schwäche« des Einzelnen, seiner Naturhaftigkeit und Abhängigkeit nicht zurückgeschreckt wird. Demgegenüber tritt der Aspekt der Pluralität ganz in den Hintergrund. Im »Kurzschluß« zwischen der Ebene des Allgemeinen und *des* (ganz zu Unrecht so häufig im Singular bezeichneten) Einzelnen, wie ihn das Konzept der symbolischen Wechselrepräsentanz herbeiführt, fällt die Pluralität und mit ihr die Besonderheit bzw. Differenz vollends ins Dunkel. Beide Seiten gehören indes so eng zusammen, daß nicht nur eine Hälfte verlorengeht, wenn eine von ihnen verschwindet, sondern die Individualität schlechthin. Das bedeutet: Die individuelle Eigentümlichkeit ist keine solche ohne die Differenz zu anderen Individuen; nur durch diese wird jene konstituiert und wahrnehmbar. Umgekehrt kann es aber auch keine wirkliche (d.h. qualitative und nicht nur quantitative) Pluralität geben ohne die Eigentümlichkeit des Einzelnen.

Wieso Pluralität und Individualität so eng zusammengehören, hat Schelling − wenngleich in einem anderen Zusammenhang und mit Blick auf einen ganz anderen Horizont − überzeugend dargelegt[65]. Schelling zeigt, wie der sogenannte Leibnizsche Individualismus mit dem Universalismus Spinozas konvergiert (und aus diesem Grund nur ein sogenannter und eben kein wirklicher Individualismus ist). Die Ursache dafür liegt im Absehen von der Pluralität, von der Verschiedenheit von Individuen voneinander: »Betrachte ich ein Subjekt, insofern es von anderen verschieden ist, so betrachte ich es als Individuum ... Sehe ich indessen von dieser Relation zu anderen Individuen ihresgleichen ab, so betrachte ich ein jedes von ihnen als ›Idee‹, d.h. ›ohne es zu beschränken, denn inwiefern jede(s) für sich ein Universum ist, wird das Besondere an ihnen zu einer bloßen wiederholten Position des All, des Unendlichen − und nicht zur Negation‹.«[66]

Nach dem Niedergang des metaphysischen Weltbildes, also bereits für die Romantiker, ist der Horizont *toto coelo* von dem Leibniz' unterschieden, insofern als das Einzelne unter Absehung von seiner Besonderheit sich nicht länger als eine »bloße wiederholte Position des All« begreifen läßt. Wenn nun von dessen »Relation zu anderen Individuen« seinesgleichen abstrahiert wird, so wird umgekehrt »das All« zur bloß wiederholten Position des

Einzelnen. Aber ganz gleich, ob das Resultat auf eine Resubstanzialisierung (das Einzelne als Wiederholung des Allgemeinen) oder eine Hypostasierung von Subjektivität hinausläuft (das Allgemeine als Wiederholung des Einzelnen), der Vorgang bleibt derselbe: Das Absehen von der Pluralität zerstört die Individualität und läßt das Einzelne und das Allgemeine nach der einen oder nach der anderen Seite hin in kurzschlüssiger Weise zusammenfallen. Ohne einen (bzw. historisch betrachtet, vor der Entwicklung eines) emphatischen, qualitativen Begriff von Eigentümlichkeit geht der Begriff des Einzelnen verloren, wenn von der Pluralität der Einzelnen abgesehen wird, weil dann das Einzelne mit dem Allgemeinen identisch ist. Aber umgekehrt geht auch nach der Entdeckung und unter Zugrundelegung eines qualitativen Begriffs von Eigentümlichkeit die Idee von Individualiät wieder verloren, wenn von der »Mehrheit der Menschen-Exemplare« abstrahiert wird, weil in diesem Falle das Allgemeine mit dem Einzelnen identifiziert wird. In beiden Fällen ist die Pluralität das Negationsprinzip, welches das Zusammenfallen von Einzelheit und Allgemeinheit verhindert. Insofern Individualität − in jedweder Definition − auf Differenz basiert und Negation verlangt, ist Pluralität ihre *conditio sine qua non*.

Die politische Konsequenz der Ausschaltung der Pluralität hat Hannah Arendt auf die kürzeste und klarste Formel gebracht, die sich denken läßt: »Dem Terror gelingt es, Menschen so zu organisieren, als gäbe es sie gar nicht im Plural, sondern nur im Singular, als gäbe es nur einen gigantischen Menschen auf der Erde.«[67]

Während dieser erste problematische Gesichtspunkt des Konzepts der Wechselrepräsentanz im politischen und gesellschaftstheoretischen Kontext erst ins Licht rückt, ist uns ein zweiter, mindestens ebenso bedenklicher Aspekt bereits begegnet: die Hypostasierung eines kontingenten Subjekts zum absoluten. Indem die Nation, das Volk bzw. der Staat selbst als Individuum gedacht wird, ist das, was als Allgemeinheit fungieren soll, im wesentlichen durch dieselben Merkmale geprägt wie die realen Einzelnen: Das Volk, die Nation, der Staat als »großes Ich« verfügt über einen eigentümlichen, von anderen unterschiedenen Charakter, es stellt Ansprüche auf Selbsterhaltung, Selbstbestimmung und Selbstverwirklichung wie das »kleine« Ich. Und eigentlich hatte diese »Wesensgleichheit« zwischen Individuum und Gemeinschaft ja dafür sorgen sollen, daß aus der Einbindung des Einzelnen in die Gemeinschaft keine Entfremdung und kein Zwang entsteht. Da diese Wesensgleichheit allerdings auch impliziert, daß das große Individuum Volk, Nation, Staat prinzipiell ebenso und in ebenso vielen Hinsichten bedingt und beschränkt wie das kleine reale Individuum, wird die Kontingenz des Individuellen durch seine Integration in ein größeres Ganzes von subjekthafter Art nicht überwunden, sondern nur in eine andere Größenordnung verschoben. Bei einem so gearteten Anderen seiner selbst kann das Individuum jedenfalls kaum Erlösung von seiner »Schwäche« erwarten. Wird diese Erwartung dennoch aufrechterhalten, dann wird das »Große Individuum« in seiner bedingten und relativen Gestalt absolut gesetzt. Strukturell tritt dann dieselbe Problematik wieder in Erscheinung, die das Projekt des Künstler-Subjekts hatte scheitern lassen.

Den Romantikern selbst kann die Verabsolutierung des Staates nicht zum Vorwurf werden. Denn ihnen lag es fern die Relativität des Großen Ich zu leugnen. Wilhelm von Humboldt gesteht ganz freimütig die Kontingenz der Nationen, ja sogar des Menschengeschlechts insgesamt ein. An der bereits zitierten Stelle aus den »Betrachtungen über die Weltgeschichte«, an der es so aussah, als wolle Humboldt mit seiner Aussage, daß der Einzelne in seinem Verhältnis zur Nation nur wie ein »Blatt vom Baum« sei, das Individuum ganz und gar einem übermächtigen Staat ausliefern, macht der Autor gleich im darauffolgenden Satz klar, daß auch der Baum des Staates keineswegs in den Himmel wächst: »Das Menschengeschlecht ist eine Naturpflanze, wie das Geschlecht der Löwen und Elephanten; seine verschiedenen Stämme und Nationen, Naturproducte, wie die Racen Arabischer und Isländischer Pferde.«[68] Sicheres Indiz für das Eingeständnis der Kontingenz auch auf der Ebene der Großindividuen der Nationen oder sogar der Menschheit ist einmal mehr die Verwendung der Pflanzenmetapher zur Bezeichnung der Naturhaftigkeit. Am Ende von Humboldts »Betrachtungen« heißt es ausdrücklich, daß es ein Fehler sei, »dass man die Geschlechter der Menschen zu sehr als Vernunft- und Verstandeswesen, zu wenig als Naturproducte betrachtet«, und im selben Zuge fügt er hinzu, daß es ein Fehler sei, »dass man die Vollendung des Menschengeschlechts in Erreichung einer allgemeinen, abstract gedachten

Vollkommenheit, nicht in der Entwicklung eines Reichthums grosser individueller Formen sucht«[69].

Infolge ihrer Einsicht in den kontingenten Charakter des Großindividuums Volk oder Nation neigt die romantische Staatstheorie dazu, entweder doch wieder nach einer höheren Beglaubigung des Staates in einem theologischen Fundament zu suchen[70], bzw. sich einer höheren Ebene der Einheitsverbürgung zuzuwenden, als es der Staat sein kann. Damit schrecken die Denker der historischen Romantik vor der letzten Konsequenz der Hypostasierung der Subjektivität und d. h. vor der im eigentlichen Sinne modernen Alternative zurück, um an dieser Stelle schlußendlich bei Kategorien und Instanzen der Vergangenheit Zuflucht zu suchen.

Friedrich Meinecke hat an diesem Punkt scharfe Kritik an der politischen Theorie der Romantiker geübt und behauptet, daß ihnen das Verständnis für das Wesen des Staates, seine spezifische, nämlich in seiner Individualität gegründete Sittlichkeit gefehlt habe. Meinecke sieht darin eine Übereinstimmung der Romantik mit der Staatsfeindlichkeit der Aufklärung: »... einen gemeinsamen Feind hatten Aufklärer und Romantiker in dem nach ihrer Meinung unethischen Staate des Ancien régime – eigentlich aber im Machtstaate überhaupt. Beide schalten das als blinde Herrschsucht, was im Wesen des Staates selbst begründet lag, was Ausfluß seiner Selbsterhaltung und Selbstbestimmung war. Sie moralisierten von außen her, statt das Wesen des Staates von innen heraus sich verständlich zu machen; sie machten sich nicht klar, daß das Sittliche überhaupt neben seiner universalen auch eine individuell bestimmte Seite hat und daß von dieser Seite her auch die scheinbare Unmoral des staatlichen Machtegoismus sittlich gerechtfertigt werden kann. Denn unsittlich kann nicht sein, was aus der tiefsten individuellen Natur eines Wesens stammt.«[71] Natur, und zwar ausdrücklich die individuelle Natur, die Differenz-Natur wird hiermit zur Essenz, zur Legitimierungsinstanz erhoben. Gegen sie ist kein Einspruch und kein Anspruch weiterer Begründbarkeit mehr möglich. Damit ist die Ebene eines von jeder ethischen Verbindlichkeit oder universalen Norm losgebundenen willkürlichen Machtstaatsegoismus erreicht, und zwar nicht etwa, weil die Vorstellungen der Gültigkeit des Einzelnen, des Wertes der Individualität aufgegeben worden wären, sondern ganz im Gegenteil, weil sie absolut gesetzt und zum Prinzip erhoben werden.

Vor einer solchen Festschreibung eines offenkundig Kontingenten zum Absoluten, durch die ein Gebilde von Natur und Geschichte zum höchsten Maß und Ziel erklärt wird, haben die Romantiker im Bereich des Politischen zurückgeschreckt, während sie im Bereich des Ästhetischen durchaus mehr Neigung gezeigt hatten, den analogen Schritt zu tun und den Künstler als Individuum und gerade in seiner Individualität bzw. Originalität zum absoluten, aber aufgrund seiner durchaus eingestandenen Kontingenz letztlich zufälligen und willkürlichen Schöpfer einer Welt einzusetzen. Einerseits ließe sich zur Entlastung der Romantiker anführen, daß ein solch konsequentes Festhalten an der modernen Verabsolutierung der Subjektposition im Ästhetischen ungleich harmloser erscheint als im Politischen. Andererseits liegt hierin wohl der tiefere Grund, warum sich totalitäre Ideologien späterer Zeiten bezeichnenderweise viel mehr an die ästhetischen Ideen der Romantik anschließen konnten als an ihre politische Theorie im engeren Sinne, die zwar bis zur Subjektivierung des Allgemeinen bzw. zur Hypostasierung des Subjektiven gelangt, dann aber vor dem entscheidenden, (später z.B. bei Meinecke vollzogenen) Schritt der Absolutsetzung eines Kontingenten Halt macht.

Kehren wir noch einmal zu den Romantikern zurück: Wenn der Staat als ein »großes Individuum« aufgefaßt wird, dann muß sich die Frage seines Verhältnisses zu anderen Individuen und der Einheit aller Individuen insgesamt auf dieser erweiterten Ebene wiederholen bzw. neu stellen. Ganz selbstverständlich geht Humboldt davon aus, daß »die Stufenfolge der Individualität weiter gehen [kann], von der Nation zum Völkerstamm, von diesem zur Race, von ihr zum Menschengeschlecht«[72]. Auch bei Schlegel und ebenso bei Novalis ist eine Sensibilität dafür erkennbar, daß es noch eine höhere, dem Staat übergeordnete Einheit geben muß. Friedrich Schlegel legt seinen völkerrechtlichen Überlegungen ganz ausdrücklich den Individualitätsstatus des Staates zugrunde. Der Staat ist ein Individuum, und zwar nicht einfach im quantitativen Sinne, also im Hinblick auf die Tatsache der Mehrzahl der Staaten, auf deren Verhältnis das Egalitätsprinzip strikte Anwendung finden müßte – wie Schlegel betont –, sondern darüber hinaus auch im spezifisch romantischen Sinne von Individualität, in dem die qualitative Einzelheit, die »Eigenthümlichkeit« und deren Wert und Unhintergehbarkeit in den Vordergrund gerückt wird: »Jeder Staat ist ein selbständig für sich bestehendes Individuum, ist unbedingt sein eigener Herr, hat seinen eigentümlichen Charakter, und regiert sich nach eigentümlichen Gesetzen, Sitten und Gebräuchen.«[73] Gerade an dieser Formulierung wird deutlich, daß das moderne ästhetisch-expressive Subjektivitätsprinzip mit seinem emphatischen Selbstverwirklichungs- und Differenzanspruch, das in gewisser Hinsicht den modernsten Subjektbegriff überhaupt darstellt, auf den Staat als Individuum »zweiter Ordnung« übertragen wird.

An dieser Stelle seiner weitesten Ausdehnung tritt das Versagen des romantischen Subjektivitätskonzepts am krassesten zutage. Auf die Frage, wie nun das Verhältnis dieser Großindividuen, der souveränen und selbstherrlichen Staaten zueinander, geregelt werden soll, finden Schlegel und Novalis keine Antwort, die dem Entwicklungsstand der Moderne angemessen wäre und den Bedürfnissen und Anforderungen der gerade von ihnen selbst erweiterten und vertieften Subjektivitätsauffassung Rechnung trüge. Statt dessen nehmen sie zu Visionen von einem neuen universalen Kaisertum oder gar einer neuen Kirche Zuflucht, um auch die Großindividuen, die doch immer nur kontingente, also in vielfacher Hinsicht bedingte, begrenzte und plurale Einheiten bilden, in eine höhere Einheit einbinden zu können. Kein Gedanke daran, etwa Kaiser oder Papst zu Individuen dritter Ordnung stilisieren zu wollen, denn das würde das Problem ja wiederum nur auf die nächsthöhere Ebene verschieben; vielmehr kehrt im Gefolge von Kaiser oder Kirche die Idee der Hierarchie auf die Bühne zurück: »Sollte etwa die Hierarchie diese symmetrische Grundfigur der Staaten, das Prinzip des Staatenvereins als intellektuale Anschauung des politischen Ichs seyn?«[74] Sowohl er selbst als auch Friedrich Schlegel und andere Romantiker beantworten Novalis' Frage positiv. Damit wären dann die Probleme der Präponderanz des Individuellen oder Subjektiven und der Egalität der Ansprüche der differenten Individuen weniger gelöst als vielmehr unwiderruflich vom Tisch. Im Vergleich zu diesen hilflosen Versuchen wirkt Hegels Lösung, die Subjektivität und Pluralität der Volksgeister durch das Konzept der Geschichte bzw. der Entwicklungsgesetze des Weltgeistes zu vermitteln, ungleich eleganter, ohne sich freilich auf lange Sicht gesehen aussichtsreicher erweisen zu können.

Gleichwohl besteht eigentlich wenig Anlaß zu den Überlegenheitsgefühlen, die sich angesichts der bizarren Visionen der Romantik so leicht einstellen. Auf die Frage, welche Lösung die in Rede stehenden Probleme bis heute gefunden haben, fällt die Antwort ziemlich dürftig aus. Nach innen sind die modernen westlichen Demokratien weit davon entfernt, den Staat als großes Ich aufzufassen; die Regelung des Verhältnisses der Einzelnen zueinander folgt im wesentlichen dem Modell des »Individualismus der Einzelheit«, also auf der Grundlage der Annahme einer Konvergenz der in allen gleichen Rationalität oder ihres Derivats, der Idee des freien Spiels ebenfalls prinzipiell gleicher materieller Interessen; hinzu kommt ein quantitativer Einheits- bzw. Konsensmodus in Gestalt des Mehrheitsprinzips. Nach außen dagegen erwecken die modernen liberalen Demokratien als Nationalstaaten immer noch den Eindruck von Großindividuen romantischen Zuschnitts, die, bedacht auf ihre Eigenständigkeit und Eigentümlichkeit, das Ziel ihrer »Selbstverwirklichung« verfolgen. Paradoxerweise geraten auf dieser Argumentationsebene neuerdings sogar Ansprüche einzelner und kollektiver Individuen in Konflikt, wenn etwa die Forderung nach Einhaltung allgemeiner Menschenrechte (d. h. der Schutz- und Freiheitsanspruch von Individuen im Namen universaler und egalitärer Prinzipien) mit der Forderung nach Anerkennung der Individualität bestimmter Nationen in ihrer historischen und kulturellen Eigenart bzw. Differenz, in deren Optik diese Prinzipien als heteronom erscheinen, kollidiert. Abgesehen von diesem ideologisch etwas überfrachteten Problem sind auf der Ebene der Beziehungen zwischen Staaten als Individuen zweiter Ordnung kaum überzeugende Prinzipien in Kraft oder auch nur in Sicht.

Hierin ein Dilemma und den Hinweis auf einen Mangel zu sehen, ist keineswegs nur Sache einer nicht-liberalen oder gar antiliberalen Optik; auch in der diesbezüglich über jeden Zweifel erhabenen Perspektive Ralf Dahrendorfs ergibt sich an dieser Stelle ein ungelöstes Problem: »Nach vielen Jahrzehnten des Ringens um ein internationales System müssen wir eingestehen, daß es so etwas wie ein internationales Recht – ein Völkerrecht –

immer noch nicht gibt... Während es nur allzu viele schöne Worte in Übereinkünften und feierlichen Abmachungen zwischen Nationen gibt, ist der Nationalstaat doch nach wie vor die einzige Instanz, die Grundrechte wie die Integrität der Person oder die Rede- und Koalitionsfreiheit erzwingen kann. Da diese aber das Herzstück der bürgerlichen Gesellschaft ausmachen, ist das Fehlen eines wirksamen internationalen Rechts auch das wichtigste Symptom für das Versagen aller bisherigen Versuche, eine Weltbürgergesellschaft zu schaffen.«[75] Trotz des hiermit dokumentierten Problembewußtseins ist Dahrendorf nicht in der Lage, einen Lösungsvorschlag anzubieten.

Die unbezweifelbar richtige Ablehnung hochromantischer Träumereien von einem neuen Universalkaisertum basiert weniger auf der Überlegenheit der liberalen Gesellschaftsform und -theorie als vielmehr auf dem ihr innewohnenden Tabu, mit dem alle universalen Kategorien, alle Fragen nach Einheit, Ganzheit und Sinn belegt sind.

Sowohl die Option der Stabilisierung des Individuums zum Subjekt nach dem Modell des Künstler-Genies, in dem das/der Einzelne als Allgemeines gedacht wird, als auch die quasi spiegelbildliche Option der Konzipierung des Allgemeinen als Individuellem in einem Großindividuum muß als gescheitert angesehen werden. Weder im Künstlersubjekt und der von ihm geschaffenen neuen Mythologie noch in Gestalt von Volk, Nation oder Staat wird ein archimedischer Punkt gefunden. Schlimmer als das bloße Scheitern der beiden Konzepte sind die Gefahren, die von ihnen ausgehen. Anstelle einer substantiellen, Freiheit und Einheit verbindenden Ordnung, findet sich nur eine hybride Art von Subjekt, in dem Endlichkeit und Absolutsetzung jene explosive Mischung bilden, die mit dem spezifisch modernen Totalitarismus aufs engste verknüpft ist. Mit beiden Konzepten geht außerdem die Wiederkehr einer Teilung und Hierarchisierung zwischen verschiedenen »Klassen« von Subjekten bzw. Individuen einher, einmal als Unterscheidung zwischen Künstler und Normalmensch, zum anderen und noch gravierender zwischen den realen Einzelnen und dem Großindividuum zweiter Ordnung, dem jene sich in einer Bedingungslosigkeit zu unterwerfen haben, die traditionelle Herrschaftsverhältnisse in den Schatten stellt. So bleibt am Ende nichts mehr übrig vom Widerstand gegen die Hierarchie zwischen den Subjekten bzw. gegen die Hierarchisierung zwischen den rationalen und nicht-rationalen Seiten des Subjekts, unter dessen Vorzeichen die Wendung zu einem qualitativen Individualismus der Einzigkeit doch einmal ihren Ausgang genommen hatte. Das Bestreben, die aus dieser Wendung resultierenden Folgen, nämlich die Einsicht in die Bedingtheit und Beschränktheit des Ich, wieder rückgängig zu machen, haben zur Zerstörung des Ausgangspunktes, der Notwendigkeit und Richtigkeit dieser Wendung geführt.

6. Kapitel

Das Experimentum crucis am dunkelsten Punkt: Romantik, Faschismus und Moderne

> »Eine Kulturtheorie,... welche die Natur jenes Schreckens, der in Europa und in Rußland zwischen dem Ausbruch des Ersten und dem Ende des Zweiten Weltkriegs etwa siebzig Millionen Menschen den Tod durch Kampfhandlungen, durch Hunger oder durch geplantes Massaker gebracht hat, *nicht* zum Angelpunkt ihrer Betrachtung macht, scheint mir von vornherein verantwortungslos... zu sein.«[1]
>
> *George Steiner*

Daß eine Untersuchung, die das Verhältnis von Romantik und Moderne zum Gegenstand hat, ein Kapitel zum Thema Faschismus enthält, muß nicht auf den ersten Blick befremdlich aussehen. Denn eine Verbindung zwischen der Romantik und späterer Revolten gegen die Moderne bis hin zum Faschismus ist ja oft genug hergestellt worden. In der Behauptung: »Wir können das ideologische Gebäude, das Hitler gebaut hat, nur durch den unterirdischen Gang der Romantik betreten«[2], hat eine Auffassung ihre wahrscheinlich krudeste und krasseste Formulierung gefunden, die meist in etwas subtilerer Form das Bild sowohl der Romantik als auch des Faschismus über weite Strecken geprägt hat.

Ein besonderes Interesse daran, die Frage nach der Verbindung zwischen Romantik und Faschismus wiederaufzunehmen, ergibt sich mit Blick auf die Resultate des vorangehenden Kapitels. Wenn die These richtig ist, daß das Problem des Totalitarismus weniger von regressiven Wünschen, vergangenheitssehnsüchtigen Träumen, reaktionären Ideen, antimodernen Ressentiments und einem unbegreiflichen Ausbruch des Irrationalismus ausgeht, als vielmehr von bestimmten Entwicklungen der Moderne und ihrer Rationalität selbst, dann muß es für diese These eine Probe aufs Exempel geben, die am dunkelsten Punkt stattzufinden hat – am Faschismus nationalsozialistischer Prägung.

Auf den ersten Blick freilich sieht es nicht so aus, als ob eine solche Probe aufs Exempel erfolgreich sein könnte. Gewissermaßen am Anfangs- und Endpunkt des unseligen deutschen »Sonderweges« stehend, werden Romantik und Faschismus ganz als anti-modern und anti-rational begriffen, wird darin ihre Gemeinsamkeit verortet. Die Auffassung, daß der Faschismus eine utopische Form des Anti-Modernismus darstellt, »eine extreme Revolte gegen die moderne industrialisierte Welt und einen Versuch, eine ferne mythische Vergangenheit wiederzuerlangen«[3], kann als einvernehmliche Ansicht der (älteren) Faschismusforschung gelten, eine Meinung, die sich darüber hinaus tief im allgemeinen Bewußtsein festgesetzt hat. »Bei Hitler wird die neue Welt durch die Wiederherstellung des Archaischen verworfen«, heißt es – ebenso beiläufig wie selbstverständlich – bei Jean-François Lyotard[4]. Gewöhnlich wird dieser Revolte in der deutschen Geschichte eine lange Tradition nachgewiesen. Sie erscheint als Produkt und Erbe einer anti-westlichen, anti-demokratischen, anti-aufklärerischen und anti-modernen Einstellung, die Fritz Stern als »cultural despair« bezeichnet und bis auf die Romantik zurückdatiert. »Diese Bewegung gegen die Moderne hat viele Stadien durchlaufen. Begonnen hat sie als Kritik an der Modernität in den Köpfen einiger Romantiker; ihren radikalsten intellektuellen Ausdruck fand sie bei Nietzsche und Dostojewski ... Das nächste Stadium bildete die Transformation dieser Kulturkritik in eine vage politische Ideologie der Rechten. Kulturkritik mit extremem Nationalismus verbindend, vertraten diese Ideologien die Auffassung, daß der Charakter der modernen liberalen Gesellschaft mit dem Geist und der Tradition ihrer Völker unvereinbar sei.«[5] »In Deutschland wurden zwischen 1770 und 1830 Kulturkritik und die Herabsetzung des Rationalismus oft in eins gesetzt und diese Tradition sollte eine höchst bedeutsame Rolle in der Formierung der späteren konservativen Revolution in Europa spielen.«[6]

Eine Bezugnahme auf die Romantik als historisches Muster einer anti-rationalen, anti-modernen und spezifisch deutschen Bewegung spielt auch bei Talcott Parsons eine zentrale Rolle, wenn er schreibt, es sei einer der ausschlaggebenden Aspekte in der nationalsozialistischen Bewegung gewesen, »daß es ihr gelang, die sehr tiefwurzelnden romantischen Tendenzen in der deutschen Gesellschaft... zu mobilisieren. Der Nationalsozialismus verkörpert den ›fundamentalistischen‹ Aufstand gegen die rationalistische Tendenz in der westlichen Welt insgesamt...«[7] – was implizit auf eine Gleichsetzung von Romantik und Fundamentalismus hinausläuft[8].

Gegen diese und ähnliche Gleichsetzungen hat sich die gesamte – vor allem deutsche – Romantikforschung der Nachkriegszeit mit Recht und mit Erfolg zur Wehr gesetzt. Die Identifikation von Faschismus, konservativer Revolution und Romantik, wie sie zumal in der Nazi- und Kriegszeit hergestellt worden war[9] und in Georg Lukács' »Die Zerstörung der Vernunft« in der Nachkriegszeit (1954) ihren Höhepunkt fand, wurde relativiert durch die Hervorhebung der liberalen, progressiven und modernen Seiten der Romantik – auch der deutschen Romantik. Diese wurde aus ihrem Sonderwegdasein heraus- und in den europäischen Kontext hineingestellt.

Befremdlich muß es also erscheinen, nach diesem Neuansatz der Romantikforschung und -rezeption seit Ende des Krieges erneut auf die Verbindung zwischen Romantik und Faschismus zurückzukommen. Das geschieht allerdings keineswegs in der Absicht, die neuen Einsichten in Zweifel ziehen oder gar revidieren zu wollen. Die Frage, die sich stellt, ist vielmehr, ob das inzwischen revidierte und korrigierte Bild der Romantik und vor allem die veränderte Sicht auf das Verhältnis der Romantik zum Prozeß der Moderne, nicht auch Schlußfolgerungen zuläßt, die zu Veränderungen in der Faschismusinterpretation Anlaß geben könnten. Ausdrücklich und allen weiteren Überlegungen voran sei festgehalten, daß diese Veränderungen nicht die moralische Bewertung bzw. Verurteilung des Faschismus betreffen können. Nichts kann das Grauen verändern oder relativieren; verändern kann sich nur die Erklärung seiner Ursachen. Korrekturen am Bild des Faschismus können nicht das betreffen, was dieser bewirkt und verschuldet hat, Korrekturen können nur unser Verständnis der Wurzeln und Gründe betreffen, aus denen das, was dadurch nicht aufhört, Schuld zu sein, entstanden ist.

Den folgenden Überlegungen liegt die Hypothese zugrunde, daß nicht die Vermutung einer gewissen Verbindung oder Verwandtschaft zwischen Romantik und Faschismus grundsätzlich falsch ist, sondern lediglich die Benennung der Faktoren, in welchen diese Übereinstimmung liegen soll. Es besteht eine Beziehung zwischen Romantik und Faschismus, nicht weil beide rückwärtsgerichtete, antirationale und antimoderne Bewegungen sind – wie das herkömmlicherweise angenommen wird –, sondern weil beide ganz und gar auf dem Boden der Moderne stehen, allerdings auf eine ganz spezifische, in ihrer Haltung partiell antimoderne und in ihren Auswirkungen (was den Faschismus betrifft) verheerende, zerstörerische Weise.

So wenig, wie es das Ziel der folgenden Überlegungen ist, den Nationalsozialismus zu exkulpieren, so wenig geht es darum, die Romantik als Wegbereiterin des Faschismus zu inkriminieren und zu verurteilen. Indem die Romantik einen bestimmten Strang moderner Rationalität aufnimmt und ausbildet und in der Folge davon an die Grenzen des Konzepts der Moderne stößt, wird sie zum Prototyp ähnlicher Tendenzen, Entwicklungen und Bewegungen späterer Zeit, von denen es zahlreiche gibt, deren Spektrum sehr breit ist, an deren Berechtigung es keinen Zweifel geben kann und an deren tatsächlichem Vorhandensein bis in die Gegenwart hinein niemand vorübergehen kann – selbst diejenigen nicht, die die Legitimität solcher Bestrebungen bestreiten. Von diesen Entwicklungen ist der Faschismus nur eine, und zwar zweifellos die verfehlteste Erscheinungsform, durch die freilich alle anderen ins Zwielicht geraten. Von den vielen von der Romantik ausgehenden Entwicklungsfäden den einen aufzunehmen, der zum Faschismus führt, läßt das verzerrte Bild einer monokausalen, einlinigen Kette entstehen. Dies geschieht ausschließlich in der Absicht, einen besseren Zugang zur Erklärung des in Rede stehenden Problemkomplexes zu gewinnen. Zum Zweck des Erklärens und Verstehens ist es notwendig, Zusammenhänge herzustellen, die jedoch von anderer, weitmaschigerer Art sind als eine lückenlose Kausalkette zum Nachweis einer Verantwortung oder Schuld. Es geht nicht darum, die Romantik als

Wegbereiterin des Faschismus darzustellen und dadurch zu desavouieren, es geht darum, sie als Wegbereiterin für ein genaueres Verstehen des Faschismus zu nutzen.

Faschismus und gesellschaftliche Modernisierung

Eine Infragestellung der gängigen Auffassung vom Faschismus als antimoderner Revolte ist längst auch ohne Bezugnahme auf eine eventuelle Parallelität zur Romantik von der Faschismusforschung selbst ausgegangen. Denn die Tatsache, daß der Nationalsozialismus trotz aller archaisierenden und rückwärtsgerichteten Elemente seiner Ideologie doch real einen erheblichen Modernisierungsschub der deutschen Gesellschaft bewirkt hat (ähnliches gilt für den italienischen Faschismus), ja sogar einen »brutale[n] Bruch mit der Tradition und Stoß in die Modernität«[10], wie Ralf Dahrendorf es formuliert hat, konnte nicht verborgen bleiben. Mit Recht stellt David Schoenbaum fest, daß die tatsächlichen Resultate der rückwärtsgerichteten Ideologie nicht nur widersprechen, sondern sie außer Kraft setzen, sie gleichsam Lügen strafen: »Die objektiven sozialen Verhältnisse, die statistisch meßbaren Resultate des Nationalsozialismus, waren dem sehr entgegensetzt, was Hitler angeblich versprochen und was die Mehrheit seiner Anhänger von ihm erwartet hatte. Im Jahre 1939 waren die Städte größer statt kleiner; die Konzentration des Kapitals war höher als zuvor; die ländliche Produktion gesunken statt gestiegen; die Frauen befanden sich nicht am häuslichen Herd, sondern in Büros und Betrieben; die Ungleichheit der Einkommen und der Eigentumsverteilung war mehr statt weniger auffällig; der Anteil der Industrieproduktion am Bruttosozialprodukt ging nach oben, der Anteil der Agrarproduktion ging nach unten, während es der Industriearbeit relativ gut ging, ging es dem Kleingewerbe schlecht.«[11]

Diese Widersprüche zwischen reaktionärer Theorie und modernisierender Praxis werden allerdings nicht etwa als Hinweis auf ein mögliches Problem unseres Faschismusbegriffs verstanden, sondern in den Faschismus selbst hineinverlegt, nämlich als Widerspruch zwischen der »Revolution der Ziele« und der »Revolution der Mittel«. »Die Nazis haben Modernisierungsleistungen erbracht, um ihre fundamental anti-modernen Ziele verfolgen zu können.«[12] Nach David Schoenbaums Auffassung ist es dieser vertrackte, für die soziale Revolution des Nationalsozialismus so charakteristische Widerspruch zwischen der »Revolution der Ziele« und der völlig entgegengesetzten »Revolution der Mittel«, der unser Verständnis des Nationalsozialismus so erschwert: »Die Revolution der Ziele war ideologisch – der Krieg gegen die bürgerliche und industrielle Gesellschaft. Die Revolution der Mittel war das Gegenteil davon. Diese war bürgerlich und industriell, denn im Zeitalter der Industrie muß sogar ein Krieg gegen die Industriegesellschaft mit industriellen Mitteln geführt werden.«[13] Tatsächlich sind es vor allem die Notwendigkeiten der Kriegsführung und Kriegswirtschaft, die für den Einsatz moderner Mittel verantwortlich gemacht werden. Auf derselben Linie der Interpretation liegt auch Philippe Burrin, der von einer »Instrumentalität einer in ihren Prinzipien und Werten abgelehnten Modernität ... im Dienste einer mystisierenden und archaisierenden Vision und ihrer Ziele« spricht[14].

Je mehr aber die »Revolution der Mittel« als das eigentlich bedeutsame Resultat des Nationalsozialismus angesehen wird, desto deutlicher gewinnt das Bild vom Faschismus als einem besonderen Weg in die Moderne an Kontur, nämlich als einem Weg, auf dem (in Relation zu den westlichen Nationen als Vorreitern des Modernisierungsprozesses) rückständige Nationen Anschluß an die moderne Entwicklung finden. Genaugenommen: an einen bestimmten Teil der modernen Entwicklung, um den Preis der Unterdrückung anderer Aspekte der Moderne. Konkret: Der Faschismus ermöglicht das forcierte Aufholen einer zunächst verspäteten technologischen, industriellen, ökonomischen, militärischen und auch bürokratisch-verwaltungstechnischen Entwicklung. Gleichzeitig blockiert er die mit diesem Prozeß in den westeuropäischen Ländern (mehr oder weniger eng) verbundene soziale und politische Modernisierung, d.h. die Liberalisierung und Demokratisierung der Gesellschaft, die Emanzipation des Einzelnen wie der Masse. Kurz: Der Faschismus erscheint als »selektive Vereinnahmung der Modernität«, als »reaktionärer Modernismus«[15], in dem die instrumentelle Rationalität und die praktisch-kommunikative Rationalität, deren Entwicklung im Prozeß der Moderne eigentlich zusammengeht (oder vielleicht auch nur zusammengehen sollte), radikal auseinandergerissen werden.

Damit geht eine bedeutsame modernitätstheoretische Weichenstellung einher. Es deutet sich an dieser Stelle ein Einbruch in den emphatisch-normativen Begriff von Moderne an, wie er dem oben skizzierten Ansatz, den Faschismus ausschließlich als Gegner und Gegenteil von Moderne bzw. Modernisierung zu betrachten, noch ganz selbstverständlich zugrunde liegt. In erster Linie betrifft dieser Einbruch die Annahme eines Junktims oder einer sich von selbst ergebenden Konvergenz zwischen technologisch-instrumenteller und gesellschaftlich-moralischer Moderne. Es wird für denkbar gehalten, daß beide divergieren können, daß zwischen ihnen keine »prästabilierte Harmonie«, kein notwendiger Zusammenhang besteht. Mit der Unterscheidung zwischen den Modernisierungsprozessen einiger westeuropäischer Länder und der Vereinigten Staaten auf der einen Seite und der Modernisierung demgegenüber rückständiger Länder auf der anderen Seite öffnet sich die Einsicht, daß es mehr geglückte und weniger geglückte, vielleicht sogar ganz verfehlte Wege in die Moderne gibt, daß also nicht jede Form von Modernisierung per se gut und positiv zu bewerten ist und nicht alles Negative per definitionem außerhalb ihrer liegt. Mit anderen Worten: die Bewertungsstruktur wird komplexer, indem der Gegensatz zwischen »positiv« und »negativ«, »gut« und »böse«, nicht mehr mit dem von »innen« und »außen« zusammenfällt.

Was die Rolle der archaisierenden bzw. romantischen Elemente der faschistischen und insbesondere der nationalsozialistischen Ideologie betrifft, so gibt es im Rahmen dieses Interpretationsansatzes zwei Möglichkeiten: Entweder werden sie als belangloser ideologischer Kitsch, als bloßer Schein abgetan, oder es wird ihnen gerade in ihrer Scheinhaftigkeit eine Funktion unterstellt; d.h. der Schein wird als arglistige Täuschung aufgefaßt. Regressive Utopien werden für geeignet erachtet, das sozialpsychologische Vakuum zu füllen, das zumal durch eine im Tempo allzu forcierte Modernisierung entsteht[16]. Wenn diese sozialpsychologische Disposition ausgenutzt wird, um bestimmte subjektive Haltungen zu fördern, wie z.B. Arbeitsmoral, Altruismus und ganz besonders Autoritätsgläubigkeit, dann dient das einer instrumentellen Modernisierung, die vorangetrieben werden kann, ohne den entsprechenden Preis sozialer und psychosozialer Modernisierung dafür entrichten zu müssen. Die durch die instrumentelle Modernisierung verursachten Leiden (wie Entfremdung, Entwurzelung usw.) werden nicht durch Gewinne an Mündigkeit, Freizügigkeit, demokratischer Partizipation usw. aufgewogen, sondern legiglich scheinhaft mit den Mitteln einer reaktionären Rhetorik kompensiert. Dabei kann es keinem Zweifel unterliegen, daß der instrumentelle Modernisierungsprozeß davon nicht rückgängig zu machen ist und auch gar nicht aufgehalten werden soll. Auf diese Weise wird jedoch das ohnehin nicht ganz so selbstverständliche Gleichgewicht zwischen instrumentellem Fortschritt und gesellschaftlichem Emanzipations- und Partizipationsfortschritt empfindlich und zwar zuungunsten des letzteren gestört.

Es fragt sich allerdings, ob diese Art von kompensatorischer Funktionalisierung vergangenheitsorientierter und antimoderner Elemente erst ein Spezifikum des Hitler-Faschismus darstellt[17]. Denn die sozialpsychologische Kompensation des Modernisierungsprozesses durch eine gegenläufige, rückwärtsgerichtete Ideologie war schon im Preußen Bismarcks geläufige Strategie. Durch eine »selektive Vereinnahmung der Moderne«, durch einen »reaktionären Modernismus« ist Deutschland schon seit der Gründerzeit charakterisiert. Bereits der autoritär-konservative Staat schlägt den Weg der selektiven Modernisierung ein, auf dem sich technologisch-ökonomische Modernität und politisch-soziale Traditionsorientierung gegenüberstehen, wie Barrington Moore hervorhebt: »Auf kurze Sicht hat eine starke konservative Regierung klare Vorteile. Sie kann das ökonomische Wachstum zugleich ermutigen und kontrollieren ... Aber Deutschland und ... Japan haben versucht, ein Problem zu lösen, das grundsätzlich unlösbar ist, nämlich Modernisierung ohne Veränderung der Sozialstruktur.«[18] In der Gegenwart wären China und Korea Beispiele für diesen Modernisierungsweg.

Für den deutschen Konservatismus präfaschistischer Prägung mag zutreffen, daß er die Verbindung eines Maximums an ökonomisch-technologischem Fortschritt mit einem Minimum an sozialem Fortschritt – genauer: individuellem und kollektivem Emanzipationsfortschritt – auf dem Wege der ideologischen Aufrechterhaltung überkommener Welt- und Wertvorstellungen zu bewerkstelligen suchte. Es mag auch sein, daß der Faschismus sich von dieser Art der »reaktionären Modernisierung« nicht unbedingt hinsichtlich der Zielsetzung unterscheidet. Aber er reagiert auf die Krise, in die diese Art von Strategie im weiteren Fortgang des Modernisierungsprozesses unausweichlich geraten muß. Der schon im präfaschistischen Deutschland eingeschlagene Weg der »reaktionären Modernisierung« kommt von einem gewissen Punkt an nicht mehr mit Rekursen auf die überlieferten Wert- und Glaubensvorstellungen aus, da deren Grundlagen im Zuge der modernen Entwicklung und ganz besonders durch den »Kulturschock«, den der Erste Weltkrieg ausgelöst hat, zum Verschwinden gebracht werden oder doch wenigstens an kultureller Selbstverständlichkeit verlieren.

Das Spezifikum des Faschismus besteht darin, daß die Aufrechterhaltung paternalistischer, patriarchaler und hierarchischer Strukturen auf Dauer eben nicht mehr auf dem herkömmlichen Wege, nämlich mit Hilfe des überlieferten ideologischen Instrumentariums zu erreichen ist, sondern daß dazu auch eine den im Zuge des Modernisierungsprozesses veränderten Verhältnissen entsprechende, neue Ideologie notwendig wird. Die faschistische Ideologie mag in mancher, besonders in sozialer und politischer Hinsicht antimodern sein, aber sie ist keinesfalls prä- oder a-modern, sie basiert weder auf Traditionsresten noch auf einem in irgendeinem Sinne vormodernen Bewußtsein. Selbst wenn sie in utopischer Weise auf die Vergangenheit gerichtet wäre, so kommt sie doch nicht aus der Vergangenheit her, sie hat in ihr keine Wurzeln. Dies unterscheidet sie vom »echten« Konservatismus – Konservative haben dafür seit jeher ein feines Gespür gehabt. Was Paul Sérant in der Einleitung zu seiner Untersuchung faschistischer Ideen in Frankreich schreibt, gilt für die faschistische Ideologie im allgemeinen: »Die modernen Ideologien dürfen nicht mit traditionellen Lehren verwechselt werden, selbst dann nicht, wenn sie an diesen oder jenen Teil traditioneller Lehren Anleihen machen oder deren Autorität beschwören.«[19]

So wie sich in bezug auf die ökonomischen, technologischen und auch politischen Aspekte längst die Einsicht durchgesetzt hat, daß der Faschismus keineswegs eine Erscheinung ist, die an der Schwelle von vormodernen zu modernen Verhältnissen, also am Anfang des Modernisierungsprozesses auftritt, sondern erst in einem relativ fortgeschrittenen Stadium der Entwicklung zum Problem wird, so läßt sich in Entsprechung dazu feststellen, daß auch die Entstehung einer archaisierenden, regressiven Utopie erst Sache eines weitgehend modernen Bewußtseins ist. Die faschistische Ideologie taucht nicht als Antwort auf das Problem des Übergangs von der Sicherheit und Geborgenheit des vormodernen Weltbildes zum offenen Horizont der Moderne auf, sondern tritt in einer Situation zutage, in der die Vernichtung dieser Gewißheiten durch die Moderne längst vorausliegt. Es handelt sich um eine modernitätsförmige Ideologie, eine Ideologie, die mit modernen Mitteln die Aufgaben zu bewältigen sucht, die früher durch autoritäre, paternalistische Strukturen erfüllt wurden.

In der jüngeren Faschismusforschung wird inzwischen auch noch diese Auffassung des Faschismus als einer in erster Linie instrumentellen Modernisierung in Frage gestellt. Vielmehr wird erwogen, ob die Nationalsozialisten nicht mindestens partiell eine soziale Revolution auch ausdrücklich beabsichtigten, wobei sich diese Revolution vor allem auf die Zerstörung überkommener Sozialstrukturen, wie etwa die Einebnung von Klassen- oder Standesdifferenzen oder die Erhöhung sozialer Mobilität u.ä. bezieht. Besonders Rainer Zitelmann ist mit der These hervorgetreten, daß Hitler kein Verfechter einer reaktionären oder antimodernen Politik gewesen sei – und das nicht etwa nur in technologischer, industrieller, militärischer und ökonomischer Hinsicht, sondern durchaus auch in sozialer Hinsicht[20]. Der vorliegende Zusammenhang ist nicht geeignet, um diese Hypothesen, die auch auf Widerspruch stoßen[21], zu bestätigen oder zu verwerfen. Bemerkenswert ist freilich, daß das lange geltende Dogma von der Modernitätsfeindlichkeit der faschistischen Ideologie dazu beigetragen hat, daß andere bzw. entgegengesetzte Befunde einfach nicht zur Kenntnis genommen wurden. So gibt es zahlreiche Beispiele dafür, daß der Nationalsozialismus (vor allem nach der Machtergreifung) versucht hat, allzu krasse Auswüchse von Vergangenheitssehnsucht zu beschneiden. Und es ist erstaunlich, wie gründlich solche Versuche von einer Faschismusforschung, die auf die These der Regressivität der faschistischen Ideologie fixiert ist, weginterpretiert werden[22]. Selbst wenn die These einer (partiellen und gegenüber dem ursprünglichen Projekt pervertierten) sozialen Modernisierung durch den Faschismus sich als letztlich nicht haltbar erweisen ließe, wäre ein Verdienst dieses Interpretationsansatzes darin zu sehen, einige Borniertheiten der Forschungsperspektive in Frage zu stellen.

Der Faschismus und die Politik der Kultur

Jenseits der Debatte um die soziale Modernisierung des Faschismus fragt es sich, ob der Bereich des Sozialen überhaupt die richtige Arena ist für die Auseinandersetzung um das widerspruchsvolle Verhältnis von Faschismus und Moderne. Vielmehr deutet einiges darauf hin, daß eher der Bereich der Kultur im bereits eingeführten erweiterten Sinne diejenige Sphäre ist, in der dieser Themenkomplex zu verhandeln wäre. Eine Reihe von Untersuchungen, die in den letzten Jahren zum Zusammenhang von Ästhetik und Politik im Faschismus vorgelegt wurden, legen eine solche Schlußfolgerung nahe[23].

In einem ersten Schritt wird es aus einer solchen Perspektive möglich, die Auffassung vom Faschismus als selektiver Modernisierung auf eine andere, überzeugendere Grundlage zu stellen. Es wird erkennbar, daß es viel weniger Rückgriffe auf konservative oder reaktionäre Ideologien sind, sondern moderne, nämlich ästhetische Mittel, durch die einerseits eine Anpassung an die Erfordernisse des Modernisierungsprozesses stattfindet, aber andererseits auf eine Weise, durch die eine gesellschaftliche Modernisierung im Sinne von Emanzipation der betroffenen Subjekte von sozialen Bindungen und Hierarchien oder im Sinne ihrer Partizipation an sozialen Prozessen gerade ausgeschlossen wird.

Ein besonders gutes Beispiel für eine solche ambivalente bzw. selektive Modernisierungsleistung mittels eines selbst ganz und gar nicht rückwärtsgerichteten oder prämodernen Instrumentariums bietet das »Amt Schönheit der Arbeit«. An diesem Beispiel wird der moderne Charakter der faschistischen Ästhetik besonders sichtbar, zugleich wird offenkundig, daß ästhetische Elemente Funktionen übernehmen, die unter vormodernen Bedingungen durch Sitte und Herkommen erfüllt wurden, und schließlich wird erkennbar, wie bewußt und kalkuliert ästheti-

200

scher Schein zur Substituierung dieser traditionalen Elemente, die durch den Modernisierungsprozeß vernichtet worden sind, eingesetzt wird. Mit der Schaffung einer staatlichen Behörde, einer bürokratischen Institution für die »Schönheit der Arbeit« steht der Nationalsozialismus einzigartig da. Ziel der amtlichen Maßnahmen zur Verschönerung und Verbesserung des Arbeitsplatzes ist letztlich die Substituierung jener sozialen und kulturellen Bindungskräfte, die im Zuge des Modernisierungsprozesses geschwunden sind, deren Vorhandensein aber für das Funktionieren eines modernen Unternehmens als vorteilhaft, wenn nicht gar als unabdingbar erkannt worden ist. An ihre Stelle werden nun bewußt und gezielt ästhetische Maßnahmen gesetzt. Anson Rabinbach weist in seiner Untersuchung namentlich auf Albert Speers Lehrer Heinrich Tessenow hin, der in seinen theoretischen Schriften die Verbindung zwischen Ästhetik und industriellem Prozeß herzustellen versucht habe[24].

Bereits in den zwanziger Jahren werden in Deutschland zahlreiche Anläufe unternommen, die Arbeiter auf ästhetischem Wege mit Arbeitsteilung und Entfremdung auszusöhnen. Rabinbach nennt an erster Stelle die u.a. von Adolf Geck vertretene Richtung der Industriesoziologie, dessen Buch »Soziale Betriebsführung« »›Schönheit der Arbeit‹ mit einer theoretischen Grundlage versehen hat«[25]. »Die moderne Industrie, so Geck, kann sich nicht auf eine moralische Bindung zwischen untergebenen Arbeitern und paternalistischem Management verlassen ... durch Einführung einer ästhetischen Dimension mit dem Ziel, die Industriearbeit durch eine Betriebsästhetik zu domestizieren, machte Geck ›Schönheit der Arbeit‹ zu einem Bestandteil einer ›wissenschaftlich‹ fundierten Industriepolitik.«[26] Die Synthese von Vergangenheitsorientierung und Modernität als Leistung der Ästhetik tritt hier vielleicht am klarsten in Erscheinung: »Das Konzept ›Schönheit der Arbeit‹ wies in Richtung der Wiederkehr einer ›Unternehmensgemeinschaft‹ als Einheit zwischen Werktätigen und Unternehmer, auf Wiedererrichtung einer ›organischen Einheit, wie sie im Mittelalter bestand‹. Gleichzeitig war die Ästhetik Teil der gegenwärtigen Industrieproduktion, die ihren Impuls aus den neuesten Entwicklungen der Industriepsychologie bezog.«[27]

Mit anderen Worten: Der Faschismus setzt keine regressive

Ideologie, keine Appelle an überlieferte Glaubens- und Verhaltensmuster, sondern ästhetische Surrogate an die Stelle materieller Gratifikation und / oder gesellschaftlicher Emanzipation bzw. Partizipation und leistet so einer einseitigen instrumentellen Modernisierung Vorschub, welcher keine Liberalisierung oder Demokratisierung auf der gesellschaftlichen bzw. politischen Seite entspricht. Peter Reichel ist diesem Zusammenhang besonders ausführlich nachgegangen. Er faßt die Ästhetisierung von Politik und Gesellschaft als »komplementäre Strategie des faschistischen Gewaltregimes«[28] auf und gelangt zu folgender These: »Mit der Entfesselung polizeistaatlicher und militärischer Macht zerstört das NS-Regime verfassungsrechtliche Institutionen und Organisationen... Zugleich hebt es mit der Ästhetisierung der politisch-gesellschaftlichen Wirklichkeit überkommene Widersprüche scheinbar auf und erweckt damit... den Eindruck, daß die nationale Frage (...) und die soziale Frage (...) unblutig gelöst werden können.«[29] Das »konfliktreiche Mißverhältnis zwischen stürmischer Industrialisierung und zurückgedrängter Demokratisierung«[30], das auch nach Reichels Auffassung als ein ungelöstes Erbe bereits des Kaiserreichs an die Weimarer Republik weitergegeben worden war, wird im Faschismus teilweise mit ästhetischen Mitteln einer Scheinlösung zugeführt.

Diese These stellt in gewissem Sinne so etwas wie eine Rekonstruktion des Denkmodells des reaktionären Modernismus auf neuer Grundlage dar, insofern nun das strukturell moderne Medium des Ästhetischen im Spannungsverhältnis von instrumenteller Modernisierung und gleichzeitiger Verhinderung sozialer Modernisierung diejenige Funktion übernimmt, die gewöhnlich einer rückwärtsgerichteten Ideologie zugeschrieben wird. Das ästhetische Instrumentarium als modern zu bezeichnen, meint dabei nicht oder wenigstens nicht in erster Linie die Ebene der Formgebung, obwohl auch diese keineswegs so eindeutig und einheitlich traditionalistisch gewesen sind, wie oft angenommen wird[31]. Mit der strukturellen Modernität des Ästhetischen ist vielmehr gemeint, daß die Funktionen von Glaubensüberzeugungen und -überlieferungen, Mythen, Sitte, Tradition und anderen unter vormodernen Bedingungen kohärenz- und sinnstiftenden Instanzen, unter modernen Voraussetzungen durch das Instrumentarium des Ästhetischen übernommen werden.

In einem zweiten Schritt fragt sich weniger, ob dieser Interpretationsansatz zutrifft (dafür lassen sich genügend Beispiele finden), als vielmehr, ob er ausreicht. Die Frage, die sich aufdrängt, ist eigentlich dieselbe, die vor allem die linke Intelligenz der zwanziger und dreißiger Jahre bewegt hat: Warum wird von so vielen Menschen ein ästhetisches Surrogat dem »echten Artikel« sozialer Veränderung vorgezogen? Mit anderen Worten: Warum fasziniert der schwache ästhetische Schein mehr als das Versprechen materiellen Wohlstands und die Verheißung sozialer Gerechtigkeit, das die liberalen, demokratischen, sozialistischen Gesellschaftsentwürfe geben? Reicht die Annahme der sozialpsychologischen Rückständigkeit und Verspätung einiger, vieler oder im Grenzfall sogar aller Menschen, die nicht in der Lage sind, ihre »wahren« Interessen zu erkennen, wirklich aus, um ihre Verführbarkeit durch einen falschen Schein hinreichend zu erklären?

Es läßt sich weiter fragen: Könnte es sein, daß der Faschismus die scheinhafte Erfüllung von Bedürfnissen gar nicht auf Gebieten anbietet, auf denen es in Gestalt liberaler, demokratischer, sozialistischer Ideen und Ideologien viel aussichtsreichere Konkurrenten gibt, sondern vielmehr auf einem Feld, auf dem diese gar nicht spielen? Könnte es nicht sein, daß der Faschismus ein ästhetisches Surrogat weniger für Bedürfnisse darstellt, die in der modernen Gesellschaft bekannt und zulässig sind, wie die Ansprüche auf Wohlfahrt und Gerechtigkeit, als vielmehr für jene Bedürfnisse, die in der modernen Gesellschaft illegitim und unsichtbar geworden sind – auf denen das Angebot des Faschismus daher konkurrenzlos ist? Das würde die Faszination, die vom Faschismus ausgeht, besser erklären, insofern es andernfalls schwer einsehbar ist, warum Menschen die Befriedigung ihrer Bedürfnisse, die Erfüllung ihrer Ansprüche nicht dort suchen sollten, wo sie (einigermaßen) überzeugend in Aussicht gestellt wird. Wenn sie sich statt dessen einer Bewegung zuwenden, die eigentlich kaum die Erfüllung dieser Hoffnungen erwarten läßt, so sind es möglicherweise Hoffnungen ganz anderer Art, die die Faszination am Faschismus motivieren.

Das ästhetische Surrogat als solches, d.h. in seiner spezifisch ästhetischen Qualität enthält kaum Anhaltspunkte, die für eine Ersatzfunktion ökonomischer oder gesellschaftlicher Zielvorstellungen in Frage kämen. Dafür enthält es aufgrund eben dieser ästhetischen Eigenschaft eine Verheißung ganz anderer Art, die immer schon von der Ästhetik ausgegangen ist, nämlich die Verheißung von Ganzheit, Einheit und Sinn. In Anson Rabinbachs Interpretation wurde das sogar indirekt angesprochen. Das ästhetische Surrogat befriedigt nicht ein ästhetisches Interesse in einem *l'art pour l'art*-Sinne von Kunst; d.h. es wäre absurd, anzunehmen, daß die Arbeiter über die schönen Blumen am Fabriktor oder die »Kunst am Bau« die innerbetriebliche Mitbestimmung oder die Lohnerhöhung vergessen würden. Der ästhetische Ersatz, durch den die Arbeiter um materielle Gratifikation oder betriebliche Partizipation betrogen werden bzw. sich betrügen lassen, wird von Rabinbach ausdrücklich als Gefühl von Gemeinschaftlichkeit identifiziert, ja sogar (Geck referierend) als Gefühl der »organischen Einheit, wie sie im Mittelalter bestand«. Wenn Rabinbachs Interpretation ernst zu nehmen ist, dann impliziert das, daß die Menschen nach dieser Gemeinschaftlichkeit und Einheit ein Verlangen verspüren müssen, welches sie dazu bringt, andere Aussichten oder Bedürfnisse zurückzustellen oder aufzugeben. Denn wenn es kein wirkliches Bedürfnis nach Einheit und Gemeinschaft gäbe, dann fehlte für den von Rabinbach (oder Reichel) behaupteten »trade-off« zwischen falschem ästhetischen Schein und wahren, (von den Interpreten immer nur auf einer materiellen oder sozialen Ebene als »echt« anerkannten) Bedürfnissen die Grundlage. Das Beispiel mag auf sich beruhen, da der Interpretationsansatz überhaupt fragwürdig sein kann, vor allem aber, weil der Horizont der Sozialpsychologie gar nicht die Ebene ist, auf der die anstehenden Fragen zu verhandeln sind.

Die These ist nicht, daß der Nationalsozialismus in seiner Gesamtheit eine Veranstaltung zur Ganzheits-, Einheits- und Sinnstiftung gewesen sei. Der Nationalsozialismus war in erster Linie ein Gewalt- und Terrorregime. Die Frage ist nur, ob nicht da, wo von den unleugbar auch vorhandenen faszinierenden Momenten des Faschismus und zumal von seiner merkwürdigen Affinität zum Ästhetischen die Rede ist, nicht das in der Moderne verdrängte Thema der symbolischen Ordnung, der Einheit mit der Natur, der Ganzheit des gesellschaftlichen Systems und des subjektiven Sinns auf der Tagesordnung steht. Die Frage ist weiter, ob es nur Zufall ist, daß das Phänomen Faschismus an einem Punkt in der Entwicklung der Moderne in Erscheinung tritt, an dem der dünne Boden, auf dem der unausgesprochene Konsens gestanden hatte, diese Themen an den ausdifferenzierten Bereich einer ästhetisch-expressiven Subjektivität zu delegieren, endgültig brüchig geworden ist.

Weil in einer sich ausschließlich als Ausdifferenzierungsprozeß begreifenden Moderne keine ihr gemäßen neuen Vorstellungen von Einheit, Ganzheit und Sinn entwickelt werden, wie es notwendig wäre, wird jede Frage danach als Versuch der Rückkehr zu überlebten Formen, wie sie unmöglich ist, mißverstanden. Die Vorstellung einer symbolischen Ordnung, einer Ordnung der Kultur und die entsprechende Anforderung an Konzeptionen von Ganzheit, Einheit und Sinn sind im Weltbild der Moderne illegitim und unsichtbar. Sie erscheinen daher als anti-modern, aber nicht, weil sie ein Relikt der Vergangenheit sind, das durch den Prozeß der Modernisierung obsolet bzw. eingelöst würde, sondern weil sie in diesem keinen Ort haben. Sie erscheinen als anti-modern, nicht weil sie sich gegen die Moderne richten, sondern weil die Moderne sich gegen sie richtet. Die Problematik des Faschismus hat weniger mit dem Prozeß bzw. der Verhinderung sozialer Modernisierung zu tun als mit dem Prozeß kultureller Modernisierung, genauer mit ihrer Verfehlung.

In dieser Perspektive erscheint der Faschismus nicht als scheinhafte, betrügerische, falsche Antwort auf rückständige, falsche Bedürfnisse, sondern als gefährliches Lösungsangebot – und zwar nicht nur für irgendwie offen gebliebene Teilfragen (wie etwa die Erzeugung von emotionalen Bindemitteln als Sozialkitt in der Industrieproduktion), sondern gewissermaßen als Phantom, das zielgenau an der Stelle auftaucht, an der es in der Konzeptualisierung der Moderne einen blinden Fleck gibt. Diese Perspektive setzt die Bereitschaft voraus, vom geläufigen emphatisch-normativen Verständnis von Moderne noch einen Schritt weiter Abstand zu nehmen; es ist nicht nur einzugestehen, daß die sich mehr und mehr ausdifferenzierenden Bereiche der Moderne keineswegs in einem harmonischen Verhältnis zueinander stehen müssen, sondern divergieren und einander sogar konterkarieren können wie instrumentelle und soziale Modernisierung; es ist nicht nur zu konzedieren, daß es mehr oder weniger geglückte Wege in die Moderne gibt, so als ob jenseits der eventuellen Fragwürdigkeit des Weges doch immer die positive Qualität des Ziels außer Frage stünde. Es gibt nicht nur transitorische, den »Weg« betreffende Probleme der Fehlmodernisierung; sonders es gibt daneben und darüber hinaus schließlich einen Mangel im Kern des herrschenden Modernitätskonzepts selbst.

Es wäre ein – allerdings nicht ganz ausgeschlossenes – Mißverständnis, aus der Bereitschaft zu einer erweiterten Kritik der Moderne, ihre Abwertung und vielleicht sogar eine Aufwertung des Faschismus herauszulesen. In der Auseinandersetzung mit dem Nationalsozialismus besteht die verständliche Neigung, ihm nicht nur jedes Recht, sondern was irrtümlicherweise damit gleichgesetzt wird, jedwede nur denkbare Art von Richtigkeit zu bestreiten. In dem moralisch richtigen Bestreben, alles am Faschismus zu negieren, dürfen es keine echten Bedürfnisse, keine richtigen Fragen sein, auf die er falsche Antworten gibt, sondern es müssen obendrein auch falsche Bedürfnisse und Fragen sein, die mit einer hohen Mauer des Tabus umgeben werden. Im doppelten Minus von falschen Fragen und falschen Antworten wird – nüchtern betrachtet – unerklärlich, wieso davon so viel Zauber und Faszination auszugehen vermag. In der Regel wird diese Erklärungslücke durch die Dämonisierung des Faschismus zum schlechthin Bösen gefüllt. Daß der Faschismus auf einen Mangel, einen blinden Fleck im Konzept der Moderne antwortet, ist aber lediglich ein Faktum und nicht sein Verdienst. Die Absicht, das Projekt der Moderne vollenden zu wollen, setzt Einsicht in seine Mängel voraus, nicht ein Absehen von ihnen.

Die Behauptung, daß die Attraktivität des Faschismus davon ausgeht, daß er die in der Moderne verdrängten Fragen nach Einheit, Ganzheit und Sinn thematisiert, soll im folgenden stichprobenartig, anhand einiger Beispiele, weiter ausgeführt werden.

Erstens soll gezeigt werden, daß der ästhetische Charakter kein äußerliches Merkmal, sondern ein Strukturelement der faschistischen Politik darstellt, und zwar, um eben diesen anders als ästhetisch nicht herstellbaren Bezug auf Totalität entstehen zu lassen; dabei steht hier, wo es um den ästhetischen Charakter der faschistischen Politik geht, der auf die Romantik zurückgehende ästhetische Gemeinschafts- bzw. Staatsbegriff und die Affinität der Führeridee zum romantischen Künstlergenie besonders im Mittelpunkt.

Zweitens soll gezeigt werden, daß alle Massenfaszination ausübenden Aspekte der faschistischen Kunst und Kunstpolitik einen deutlichen Bezug zur Idee der Herstellung von Ganzheit, Einheit und Sinn aufweisen.

Drittens soll gezeigt werden, daß das Problem nicht nur im Übergriff der ästhetischen Rationalität auf den Bereich des Politischen liegt; hinzukommt eine Verschmelzung zwischen technischer und ästhetischer Rationalität: Fällt an der faschistischen Politik ihr ästhetischer Charakter auf, so ist an der faschistischen Ästhetik eine starke Ausprägung ihres instrumentell-technischen Charakters zu beobachten. Ihr besonderes Merkmal liegt darin, auf das Machen und Herstellen dessen zu zielen, was herkömmlicherweise der Machbarkeit entzogen ist.

Ästhetisierung der Politik auf der Suche nach der verlorenen Ganzheit

Gelegentlich ist der Versuch unternommen worden, den Nationalsozialismus als Ersatzreligion zu deuten[32]. Dieser Ansatz entspricht dem hier vorgelegten Versuch insofern, als damit der Faschismus ebenfalls als mißglückte Form einer Antwort auf die Fragen nach Ganzheit, Einheit und Sinn angesprochen wird. Er ist dem hier unternommenen Versuch aber auch gerade entgegengesetzt, insofern als mit der Hervorhebung der religiösen bzw. pseudoreligiösen Komponenten auf das traditionale Medium der Sinn- und Totalitätsstiftung verwiesen wird. Mag sich der Faschismus versatzstückhaft religiöser Elemente bedienen, am Vorrang der ästhetischen Züge der faschistischen Ideologie und der ästhetischen Mittel, durch die letztlich auch die religiösen Versatzstücke gefärbt sind, kann das nichts ändern. Der Vorrang der ästhetischen Komponenten vor den religiösen ergibt sich aus strukturellen Gründen, d.h. aus der spezifischen Situation der Moderne, in der prinzipiell ästhetische Mittel der Sinn- und Einheitsstiftung an die Stelle der religiösen treten.

Die Aussage, daß die Bestrebungen des Faschismus ein geschlossenes Weltbild, eine traditionale Lebens- und Gesellschaftsordnung zu simulieren, sich nur in der Sprache der Ästhetik artikulieren können, darf nicht als ein bloßes Zweck-Mittel-Verhältnis mißverstanden werden. »Das Interessante an der Beziehung zwischen Kunst und Politik im Nationalsozialismus ist nicht, daß die Kunst politischen Zwecken untergeordnet wurde ..., sondern daß die Politik sich die Rhetorik der Kunst aneignete – Kunst in ihrer letzten romantischen Phase.«[33] Wenn vom ästhetischen Charakter des Faschismus die Rede ist, so ist nicht in erster Linie die faschistische Kunst, sondern die faschistische Politik selbst gemeint. Seit Walter Benjamins viel zitierter Charakterisierung des Faschismus als Ästhetisierung der Politik, ist nicht selten auf die merkwürdige Affinität der faschistischen Politik zum Ästhetischen hingewiesen worden. Die politischen bzw. gesellschaftlichen Ordnungs- und Sinngebungsversuche geraten unter den ihr entgegenstehenden Bedingungen der Moderne letztlich zwangsläufig zu ästhetischen, weil aufgrund der vielfältigen Ausdifferenzierungsprozesse Einheit und Ganzheit nur noch im Medium des Ästhetischen erfahrbar ist. In dem verzweifelten und vergeblichen Versuch, die sich differenzierende und dissoziierende moderne Realität zur geschlossenen Einheit eines Weltbildes zusammenzufügen, wird die Gesellschaft nach Maßgabe ästhetischer Kategorien gedacht: Der Staat, die Gemeinschaft, wird zum Kunstwerk. Eigentlich bedeutet das eine Umkehrung des Prinzips der Mimesis: Nicht die Kunst ahmt die natürliche oder soziale Realität nach, sondern die Realität soll sich zur Kunst mimetisch verhalten, weil sie nur so zu einer Einheit gebracht werden kann. Wenn Umberto Silva den italienischen Faschismus auf die Formel bringt: »Nicht die Realität wird zum Mythos, sondern der Mythos wird Realität«[34], dann ist von diesem mimetischen Prozeß die Rede.

Die Romantik wird dabei in dreifacher Weise beerbt: peripher, mit der Utopie der neuen Mythologie, zentral, mit der Idee einer symbolischen Wechselrepräsentanz von Einzelnem und Ganzem, vor allem aber und ausschlaggebend für den Mißbrauch im Dienst einer totalitären Politik, mit dem Konzept des genialen Künstlersubjekts.

Einige Züge des ästhetischen Charakters der faschistischen Politik lassen sich in Auseinandersetzung mit Philippe Lacoue-Labarthes m. E. gänzlich verfehlter Analyse des Nationalsozialismus, den er als »Nationalästhetizismus« bezeichnet, zur Darstellung bringen[35]. Lacoue-Labarthe faßt den faschistischen »Nationalästhetizismus« als traditionales Repräsentationsverhältnis vormoderner Prägung auf, wenn er es mit der griechischen Polis vergleicht. Die Festspiele von Bayreuth sind aber eben nicht – wie Lacoue-Labarthe meint – dasselbe für den deutschen Staat, was »die großen Dionysienspiele für Athen und ganz Griechenland gewesen sind«, nämlich »der Ort, an dem ein in seinem Staat versammeltes Volk sich selbst als das darstellt, was es ist und worin es sich als solches gründet«[36]. Es wäre zu fragen, ob Lacoue-Labarthes Aussagen über die griechische Polis deren historischer Wirklichkeit bzw. ihrem platonischen Begriff oder nicht vielmehr überhaupt nur dem Idealbild entsprechen, das die deutsche Klassik, Idealismus und Romantik, auf der Suche nach politischen und gesellschaftlichen Leitbildern für ein neues Zeitalter, von ihr entworfen haben. Im Unterschied zur wirklichen oder idealisierten Polis repräsentiert die faschistische Ästhetik keine politische Substanz, sie ist nicht die ästhetische Form eines politischen Inhalts. Zwischen dem, was Lacoue-Labarthe parallel setzt: »Das Politische konstituiert sich *im und als* Kunstwerk« (»Le politique s'institue ... *dans et comme* l«oeuvre d'art«)[37], besteht ein wesentlicher Unterschied: Wenn sich das Politische im (»dans«) Kunstwerk konstituiert, dann handelt es sich um ein echtes Repräsentationsverhältnis; wo es sich jedoch wie bzw. als (»comme«) Kunstwerk konstituiert, da handelt es sich nur zum Schein um eine Repräsentation des Politischen im Ästhetischen, vielmehr wird hier tendenziell das Ästhetische zum Surrogat und tritt an die Stelle des Politischen. Das ist der Sinn des Begriffs der Ästhetisierung der Politik.

Richtete sich dieser erste Einwand gegen Lacoue-Labarthes Parallelisierung zwischen faschistischem Nationalästhetizismus und griechischer Tradition auf die fehlende Substantialität, die ein echtes Repräsentationsverhältnis unmöglich macht, so betrifft ein zweiter Einwand die fehlende Natürlichkeit des Nationalästhetizismus. Nach Lacoue-Labarthe ist die griechische Polis als »belle-formation« einerseits Kunstwerk (im Sinne von Kunstprodukt = durch menschliche Fertigkeit erzeugt) und doch andererseits gleichzeitig ein Werk der Natur, nämlich »spontan dem Geist eines Volkes entsprungen«[38]. Als Werk der Natur ist die Polis das Werk einer natürlichen Gemeinschaft, einer Volksgemeinschaft – auch das wiederum eher eine hochromantische Sicht der Polis als ihre Wirklichkeit. Dem organizistischen Politikbegriff der Nazis legt Lacoue-Labarthe dieselbe Konzeption zugrunde: »Es ist die Gemeinschaft selbst..., das Volk oder die Nation, die das Werk ist, entsprechend der romantischen Vorstellung vom Werk als Subjekt und vom Subjekt als Werk.«[39] Damit werden die Romantiker romantischer gemacht, als sie es waren; im Unterschied zu Lacoue-Labarthe war ihnen bewußt, daß die Vorstellung einer aus dem Volk selbst entspringenden Mythologie einer versunkenen Welt, einer vergangenen Zeit angehört, nach der sie zwar Sehnsucht empfinden mochten, an deren Verlust in der Gegenwart für sie jedoch kein Zweifel bestand.

In Lacoue-Labarthes Deutung des Nationalästhetizismus werden die Aspekte der Selbsttätigkeit sehr in den Vordergrund gestellt. So spricht er etwa von einer »Gemeinschaft von Wesen, die wesentlich ihr eigenes Wesen als ihr Werk produzieren«, er spricht vom Prozeß der »Selbstformation und Selbstproduktion«[40]. Damit entgeht ihm eigentlich die Pointe des Nationalästhetizismus. Mag dieser die Einheit von Individuum und Gemeinschaft, von Teil und Ganzem im Sinne der romantischen Wechselrepräsentanz von kleinem und großem Individuum zwar zum Zweck der Sicherung von Gefolgschaftstreue oft genug beschwören, der Idee der eigenschöpferischen Kraft und Selbsttätigkeit des Volkes sind indessen recht enge Grenzen gesetzt. Die Entstehung der Volksgemeinschaft ist nach faschistischer Auffassung keineswegs Resultat des natürlichen Selbstbildungsprozesses einer Gemeinschaft (diese wird vielmehr als Masse apostrophiert und abqualifiziert).

An dieser Stelle wechselt die faschistische Rhetorik von der romantischen Idee der symbolischen Wechselrepräsentanz zwischen Einzelnem und Ganzem zur nicht weniger romantischen Konzeption des Künstlersubjekts. Während Lacoue-Labarthe der Illusion erliegt, die von Schelling für eine ferne Zukunft in Aussicht gestellte Zeit, in der wieder ein Geschlecht heranwächst, »das Individuum wie Ein Mensch ist«[41], habe sich erfüllt, befinden sich Romantik und Faschismus an diesem Punkt fester auf dem Boden der modernen Realität. Das geniale Subjekt, der Künstler, steht in der Gegenwart an der Stelle, wo in Vergangenheit und Zukunft die Gemeinschaft gestanden hat bzw. wieder stehen soll. Aber anders als in der romantischen Vorstellung, in der das Werk dieses genialen Künstlers ein Kunstwerk, eine neue Mythologie ist, die lediglich vorläufig und partiell einen Beitrag zur Bildung des Menschengeschlechts zu leisten vermag, nimmt die ästhetische Ideologie im Faschismus eine politische Wendung. Das künstlerische Genie ist Politiker, und sein Werk ist die Gemeinschaft. Sie entsteht unmittelbar als Werk eines Einzelnen, des Führers, bzw. einer als Subjekt handelnden Gruppe, der Partei. Dabei ist ein ganz und gar moderner Subjektbegriff im Spiel, um genau zu sein: der moderne Subjektbegriff in seiner äußersten Zuspitzung, nämlich das Subjekt als Künstler, da nur in der ästhetischen Tätigkeit das Subjekt den selbst gestellten Anspruch absoluter Selbsttätigkeit einzulösen vermag. Im faschistischen Diskurs selbst ist tatsächlich nicht selten vom genial-schöpferischen Charakter der Politik und insbesondere von der künstlerischen bzw. kunstanalogen Tätigkeit des genialen Politiker-Demiurgen die Rede. Bei der mannigfachen Verwendung der Kunst- und Künstlermetaphorik im Zusammenhang mit faschistischer Politik tritt dann zutage, was in der Romantik noch verborgen oder vielleicht bloß folgenlos geblieben ist: Der romantischen Erhöhung des Künstler / Schöpfer-Individuums entspricht die Erniedrigung der realen Individuen. Im Zentrum der faschistischen Ästhetisierung steht die Vorstellung vom Menschen als Material, von der Politik als Kunst und vom Politiker als Künstler.

Etwa gleichlautend formulieren Mussolini und Goebbels: »Die Politik ist die höchste Kunst, die Kunst der Künste, die göttlichste unter den Künsten, denn sie bearbeitet das schwierigste, weil lebende Material: den Menschen ... Das italienische Volk ist ein Block kostbaren Minerals. Es muß gebohrt, gereinigt und gewaschen werden. Noch ist ein Kunstwerk möglich. Dazu bedarf es einer Regierung, eines Mannes ... der, je nachdem, über die zarte Hand des Künstlers oder die eiserne Faust des Kriegers verfügt.«[42] »Auch die Politik ist eine Kunst, vielleicht die höchste und umfassendste, die es gibt, und wir, die wir die moderne deutsche Politik gestalten, fühlen uns dabei als künstlerische Menschen, denen die verantwortungsvolle Aufgabe anvertraut ist, aus dem rohen Stoff der Masse das feste und gestalthafte Gebilde des Volkes zu formen.«[43] Hitlers in dieselbe Richtung weisende Äußerungen sind bekannt[44]; seine Affinität zur Kunst ist mehr als eine zufällige Eigenschaft der Person Adolf Hitlers. Im Horizont des faschistischen und protofaschistischen Denkens ist übrigens nicht nur der Vergleich bzw. die Gleichsetzung der politischen Führungstätigkeit mit dem Schaffen des Künstlers geläufig, sondern auch der umgekehrte Fall: die Stilisierung des Künstlers zur (politischen) Führerfigur. Zu erinnern wäre hier an Julius Langbehns »Rembrandt als Erzieher« und sein postum erschienenes »Dürer als Führer«[45].

In seinem Buch »Aesthetics and Subjectivity« hat Andrew Bowie den Versuch unternommen, Schelling gegen den von ihm, Bowie, selbst erwogenen und tatsächlich nicht von der Hand zu weisenden Verdacht zu verteidigen, daß sein Mythologiekonzept totalitären Tendenzen und Bewegungen Vorschub leisten konnte. Bowie nimmt Schelling mit folgendem Argument in Schutz: »Der entscheidende Punkt an Schellings neuer Mythologie ist der, daß sie gemacht werden muß und daß es die Aufgabe der Vernunft ist, sie zu machen. Sie kann nicht von der Vergangenheit aus wiederhergestellt werden, und sie hat nichts zu tun mit späteren reaktionären Konzepten von Mythologien eines verlorenen Ursprungs.«[46]
    Diese Verteidigung Schellings ist gut gemeint, aber die Argumente sind falsch. Die Gefahr einer totalitären Entgleisung des Strebens nach neuen Mythologien liegt genau darin, daß sie gemacht werden müssen, d.h. von einzelnen, begrenzten, willkürlichen bzw. dafür nicht legitimierten und auch überhaupt nicht legitimierbaren Subjekten. Die Auffassung, daß es Aufgabe der Vernunft sei, die neue Mythologie ins Werk zu setzen, ist es, die die Utopie der Romantiker hat scheitern lassen. Die moderne Rationalität gründet ihrem Wesen nach auf dem Verzicht auf solcherlei totalitätsstiftende Funktionen. Mehr als jeder – ohnehin aussichtslose – Versuch der Regression in die Vergangenheit birgt die Grenzüberschreitung der modernen Rationalität die Gefahr des Totalitarismus in sich. Falsch ist schließlich auch die Meinung, »spätere reaktionäre Mythologiekonzepte« hätten sich auf die Suche nach »verlorenen Ursprüngen« begeben. Was die Nazis anbelangt, so haben sie vielmehr genau das versucht, was Bowie zu Schellings Entlastung anführt, nämlich eine neue Mythologie mit modernen Mitteln herzustellen. Die Nazis wollten Traditio-

nen machen, *produzieren* im rationalistischsten und instrumen-
tellsten Verständnis, das das Wort produzieren überhaupt haben
kann; zu alten Traditionen zurückkehren wollten sie nicht. Zu
Schellings oder Schlegels Verteidigung läßt sich durchaus einiges
anführen: Sie haben die neue Mythologie als utopisches Prinzip
aufgefaßt und dessen Erfüllung höchstens von einer sehr fernen
Zukunft erwartet. Die Aufgabe des Künstlers in der Gegenwart
beschränkte sich demgegenüber auf eine vorbereitende, eine bildende Funktion.

Wenn die Herstellung einer Vision von Einheit und Totalität die
faschistische Politik in die Nähe des Ästhetischen bringt, wenn
die demiurgischen Fähigkeiten des Führers ihn in die Nähe des
Künstlergenies rücken, so versteht es sich von selbst, daß dieser
zentrale Punkt in der faschistischen Kunst seinen Ausdruck finden muß. Mit Wolfgang F. Haugs Worten: »Imaginäre Gemeinschaftlichkeit auf der Ebene eines Übergeordneten bildet den
Angelpunkt der faschistischen Kunstdiskurse.«[47] Dabei läßt sich
in der Folge genauer zwischen Totalitätsstiftung in einer räumlichen und einer zeitlichen Dimension (d.h. als Stiftung von
Dauer) unterscheiden.

Ihren deutlichsten Niederschlag finden die Anstrengungen
des Faschismus, eine der verlorenen, traditionalen analoge Le-
bens- und Gesellschaftsordnung zu begründen, in der Architektur (genauer in der Architekturplanung) und in der Dramaturgie
und Inszenierung öffentlicher Veranstaltungen und Feiern. An
ihnen läßt sich zeigen, daß die Demonstration von Einheit und
Ganzheit das zentrale Anliegen ihrer Initiatoren gewesen ist.

Das gemeinsame Merkmal aller großen Aufmarschplätze des
Nationalsozialismus, sei es am Bückeberg bei Hameln, sei es in
Nürnberg, ist »eine völlige Umschließung der Versammelten«[48].
Oft waren es »raumumschließende Wände aus Fahnen«[49], die
diesen Eindruck hervorrufen. Beim berühmtesten (und übrigens
im instrumentellen Sinne modernsten) Mittel, das dazu eingesetzt wurde, erstreckt sich die Geschlossenheit des Raumes sogar
bis in den Himmel. In den berühmten, durch Flakscheinwerfer
erzeugten »Lichtdomen« des Nürnberger Parteitages vereinigen
sich die Strahlen in ca. acht Kilometer Höhe zu einer leuchten-
den Fläche. Die Versammelten sind – wie es in einem Zeitungs-

bericht heißt: »von einem Meer von Licht geschützt gegen die Dunkelheit dort draußen«[50]. Die Nazis sind nicht die ersten, die solche Vorstellungen entwickelten. Im Rückblick auf das Artilleriefeuer in den Schlachten an der Westfront des Ersten Weltkrieges heißt es sehr geistesverwandt bei Ernst Jünger: »Vor uns, als unsere stärkste Waffe, steht die turmhohe Wand aus Feuer und Stahl. Sie ist unser Ebenbild in diesem Augenblick: ein Ganzes und doch aus glühenden Atomen zusammengeballt. Ihr heißer, brüllender Atem schreit nach uns, mit ihr uns zu vermählen zur Einheit von Werkzeug und Arm.«[51] Durch einen im genauen Wortsinn *überwältigenden*, die Grenzen der Endlichkeit und Partikularität des Einzelnen geradezu hinwegfegenden ästhetischen Eindruck entstehen wenigstens für den kurzen Augenblick einer Ausnahmesituation Einheit und kollektive Identität. Ob es sich um die Ausnahmesituation einer Feier (wie beim Reichsparteitag) oder einer Schlacht handelt, macht keinen großen Unterschied.

Es liegt nahe zu vermuten, daß nicht nur die Anordnung der Dinge, wie etwa der Fahnen, der Flakscheinwerfer usw., sondern auch und erst recht der Menschen auf das Ziel ästhetischer Totalität hin ausgerichtet ist. Der Massenaufmarsch hat die Aufgabe, »die Privaten und räumlich Zersplitterten zusammenzuführen« und sie »in die rituelle Bildung eines neuen Staatsvolkes« zu transformieren[52]. Von dieser These aus gelangt Wieland Elferding zu einem Ergebnis, das er Siegfried Kracauers Überlegungen zum »Ornament der Masse« entgegenstellt: »Für Kracauer bringt der ornamentale Charakter der Massenfiguren eine Art Anonymisierung mit sich. Die Figuren bleiben, das Menschliche verschwindet und ›wuchert‹ im Untergrund gefährlich weiter. Wenn es nun genau umgekehrt wäre: daß die gymnastische Bewegung häufig nackter Körper ein Schritt gegen die Anonymität der bürgerlichen Öffentlichkeit, gegen die Distanz des Stadtbürgers wäre? Wenn es sich in Wirklichkeit um den prekären Versuch handelte, gemeinschaftliche Aktion Gleicher rituell vorzuführen... Die Stadionfiguren wären demnach viel eher als Versuch zur Befreiung eines Stücks menschlicher Gemeinschaftlichkeit zu deuten...«[53] »Ein Zeremoniell ermöglicht es einer Gruppe, sich auf symbolisch-ornamentale Weise darzustellen, womit sie den Anschein erweckt, sie repräsentiere eine geordnete

Welt; jedes Teilchen erlangt durch die bloße ineinandergreifende Abhängigkeit von allen anderen eine Identität.«[54]

Der Bezug auf Ganzheitlichkeit und Geschlossenheit wird nicht nur mit Blick auf die Menschen als Masse oder Gruppe sichtbar, er liegt auch der ästhetischen Konzeption des Menschen als Einzelnen zugrunde. Zu diesem Ergebnis gelangen neuere Untersuchungen der faschistischen Skulptur: »Soweit die Masse der bürgerlichen Individuen nichts gemeinsam hat als atomisierende und gegensätzliche Privat-Interessen und -Geschäfte, braucht sie eine imaginäre Gemeinschaft und deren Sichtbarmachung. Die Skulptur fungiert als Realität ihrer imaginären Einheit.«[55] In seinem Aufsatz »Dorische Welt« beschreibt Gottfried Benn weniger die Plastik im antiken Sparta, vielmehr benennt er auf dieser Folie eben das Körperideal, das Arno Breker und andere Bildhauer seiner Zeit gestaltet haben: »Eine solche Bildsäule«, schreibt Benn mit Blick auf die spartanischen Statuen, »ist fest, ihre Glieder und ihr Rumpf haben ein Gewicht, man kann um sie herumgehen, und der Beschauer wird sich ihrer stofflichen Maße bewußt, sie sind nackt ...«[56] Die Betonung der Festigkeit erwächst aus der Angst vor dem (Zer)fließenden, dem Formlosen und Unendlichen; daß man um die Statuen herumgehen kann, heißt einerseits, daß sie eine klare Grenze nach außen haben, und das bedeutet andererseits, daß sie in sich ganz sind; ihre Nacktheit zeigt an, daß sie nichts verbergen, daß sie das sind, was sichtbar ist. Die Wichtigkeit der Grenze, der klaren Abgrenzungen benennt Benn im gleichen Zusammenhang seiner Beschreibung des ästhetischen Ideals zugleich auch als politisches Prinzip: »Immer wieder die Grenzen abstecken und überwachen, das ist wohl eines der Mysterien der Macht.«[57] Der formlosen, rohen Masse des Volkskörpers eine klar umrissene Kontur zu geben, ist oben bereits als die zentrale Aufgabe des Politiker-Künstlers angesprochen worden[58].

Obwohl dieses Konzept des festen und damit wohl auch harten Körpers auf spezifisch männlichen Vorstellungen und auf einer angstbesetzten Abgrenzung vom als fließend, weich und verschleiert-trügerisch imaginierten Weiblichen beruht, wird es übrigens auch und gerade auf die weibliche Skulptur bzw. die männliche Idee einer weiblichen Skulptur übertragen: »Das Bild des ›geschlossenen‹, ›harmonischen‹, man könnte auch sagen, des

›ganzen‹ weiblichen Körpers ist offenbar auch als Bild der Macht, als Bild der durch den faschistischen Staat organisierten Ordnung zu verstehen.«[59] »Das Bild des Weiblichen fungierte als Bild einer imaginären Gemeinschaftlichkeit.«[60]

Klaus Wolbert hebt in seiner Untersuchung der faschistischen Plastik besonders die Kluft hervor, die zwischen den heroisierten, zu Absolutheit und Allgemeingültigkeit erhobenen Großindividuen und den fragmentierten, zerrissenen realen Einzelnen besteht/existiert: den Nackten und den Toten des »Dritten Reiches«[61].

Der dritte Aspekt, der instrumentell-manipulative Charakter des Machens und Herstellens mit ästhetischen Mitteln, tritt vor allem da zutage, wo es um Totalitätsstiftung nicht nur im räumlichen, sondern im zeitlichen Sinne geht, also um die Herstellung von Dauer, ja sogar von Ewigkeit. In der faschistischen Propaganda wird ständig die Ewigkeit beschworen, das Herkommen aus uralter Zeit, aber bei genauerem Hinsehen geht es dabei mehr um die Gültigkeit der eigenen Taten, Ideen und Werte für alle Zukunft. Die faschistische Ideologie begreift sich weniger als Bewahrerin des Ewiggültigen. Sie sieht sich nicht als derzeit letztes Glied in einer langen Kette von Generationen, wie es konservativem Selbstverständnis entspräche. Sie versteht sich vielmehr als Begründerin einer Tradition, von der obendrein bereits zum Zeitpunkt ihres Beginns feststehen soll, daß sie die Zeiten überdauern wird. Das setzt den Standpunkt eines absoluten Wissens und eines souveränen Bewußtseins voraus – und entspricht damit dem Standpunkt des modernen Denkens, während es jeder Art von konservativer oder traditionaler Befindlichkeit von Grund auf fremd ist.

In seinen Erinnerungen an die in diesem Geiste unternommenen Planungen für die Reichs- und künftige Welthauptstadt Berlin betont Albert Speer das Unerhörte dieser Art des Denkens. »Auch Perikles benutzte den Bau des Parthenon, um die Selbstachtung der Griechen nach den gewonnenen Perserkriegen zu heben und Athen als Zentrum der griechischen Welt zu konstituieren. Nie aber wurde in der Geschichte der Bau jener Denkmäler vorweggenommen, die zukünftig erwartete Siege verherrlichen sollten.«[62]

Seinen Höhepunkt findet der Wahn der absoluten Machbarkeit bis hin zur Beherrschung der Zeit in Speers von ihm selbst so genannter »Theorie des Ruinenwerts«[63]. Nach ihr galt es, Bauwerke zu schaffen, deren Glanz und Wert nicht nur sie selbst überdauern und noch im Zustand der Zerstörung sichtbar sein sollten, sondern die auch noch von Ruhm und Größe ihrer Erbauer künden sollten, wenn deren Reich längst untergegangen sein würde. In der vermeintlich vollkommenen Selbstdurchsichtigkeit des eigenen Standorts wird die Wirkung der Architektur noch über ihre Dauer hinaus geplant und kalkuliert. Nichts gibt es, was dem allmächtigen Schöpfergeist jenseitig wäre. Selbst das eigene Ende wird noch von der Reflexion umfaßt.

Hitler hat 1935 in seiner Rede zur Grundsteinlegung für die Nürnberger Kongreßhalle derselben Idee Ausdruck verliehen: »Wenn aber die Bewegung jemals schweigen sollte, dann wird noch nach Jahrtausenden dieser Zeuge hier reden. Inmitten eines heiligen Haines uralter Eichen werden dann die Menschen diesen ersten Riesen unter den Bauten des Dritten Reiches bewundern.«[64] Das Rauschen und Raunen der heiligen Haine meint keine Vergangenheit. Es meint das gegenwärtig und zukünftig zu Schaffende aus der Perspektive einer Zeit, in der es vergangen sein wird. Was Hans Blumenberg über die Mythisierung von Ideologien schreibt, trifft auf den hier geschilderten Sachverhalt zu, auch wenn es von Blumenberg nicht ausdrücklich auf den Nationalsozialismus bezogen wurde: »... als übermächtig und mit allen Gewalten im Bunde soll erscheinen, was aller rationalen Legitimierbarkeit entbehrt und bei Mangel an erweisbarer Geschichte doch wie das Uralt-Wiederkehrende aussehen soll. Denn dem ›alten Wahren‹ wird unterstellt, es sei wegen seiner Wahrheit alt geworden, während die Funktion fiktiver Spätmythologien darin besteht, dem als alt Ausgegebenen die Assoziation der Wahrheit zu erschleichen.«[65]

Dieselbe gänzlich untraditionale Besessenheit mit der Tradition, derselbe Geist des Machens angewandt auf das Nicht-Machbare findet seinen Ausdruck in der nationalsozialistischen Fest- und Feierpolitik. Hier geht es um die bewußte Planung des Unbewußten, indem Traditionen, Überlieferungen und Bräuche geschaffen werden sollen. Die Dramaturgie der Festveranstaltungen zielt über die jeweilige Feier hinaus auf die Schaffung von Gewohnheiten und damit letztlich auf die Herstellung von Dauer, Ewigkeit und Ewigkeitswerten. Speers »Theorie des Ruinenwerts« entspricht in diesem Bereich die Theorie der überlieferungsfähigen Elemente, die Alfred Rosenberg entwickelt[66], wobei ihm nur solche Gebräuche und Rituale als überlieferungsfähig erscheinen, die ihre letzte Wurzel in der Weltanschauung, im Glauben an eine alles umfassende Weltordnung haben[67]. Diese Weltordnung kann aber keine vorfindliche sein, sondern sie muß durch den Nationalsozialismus geschaffen werden. Das alles mag wahnsinnig sein, aber es ist nicht irrational im Sinne eines Mangels an Rationalität. Es handelt sich vielmehr um den Versuch, auch noch das zu erfassen und zu berechnen, was sich der Kalkulation entzieht, herzustellen, was jenseits der Herstellbarkeit liegt.

Die Ausdifferenzierung verschiedener Wertsphären in der Moderne hatte auf der einen Seite den enormen Aufschwung der sich differenzierenden Rationalitätsformen ermöglicht, aber zugleich auf der anderen Seite dafür gesorgt, daß deren Ermächtigung, die Selbstermächtigung des Menschen, partial blieb. Allerdings nimmt im Zuge des weiter fortschreitenden Ausdifferenzierungsprozesses das damit einhergehende Problem, daß auf dieser Grundlage die Einheit und Ganzheit einer symbolischen Ordnung nicht zu gewährleisten ist, immer schärfere Konturen an, je weiter die Residuen traditionaler Ordnungsvorstellungen schwinden. Im Horizont der großen gesellschaftstheoretischen Denksysteme der Moderne tritt dieses Problem kaum in Erscheinung; während das konservative Denken auf die Bewahrung der traditionalen, aber langfristig immer weniger tradierbaren Ordnungskonzepte fixiert ist, erscheint es sowohl im Kontext des liberalen als auch des sozialistischen Denkens obsolet, insofern diese auf seine vollständige Auflösung im Zuge des technologischen und ökonomischen Fortschritts setzen. Die Fragestellung der symbolischen Ordnung sollte im Horizont der materiellen Ordnung gelöst bzw. aufgelöst werden. Da diese Erwartung sich als ebenso illusionär erweist wie die konservative Hoffnung auf die Bewahrung des Überlieferten, entsteht an diesem Punkt ein blinder Fleck, an dem der Faschismus ansetzt, indem er das ungelöste Ordnungsproblem mit ästhetischen Mitteln zu lösen versucht. Ein solcher Versuch wäre nur unter der Voraussetzung aussichtsreich, daß das Ästhetische grundsätzlich von der Rationalität der Moderne unterschieden wäre. Ob es (abgesehen von vormodernen Verhältnissen) ein solches Anderes zur modernen Rationalität geben kann und wie es aussieht, ist bis heute keine ausgemachte Sache.

Unbestreitbar ist jedenfalls, daß die Ideologie des Ästhetischen diese an sie gerichtete Erwartung nicht erfüllt. Zwar kommt der Sphäre des Ästhetischen im Kontext der Moderne tatsächlich eine gewisse Art von Alterität zu[68], insofern ihre Funktionen die Entfaltung der Subjektivität betreffen, in deren Kontext die Fragen nach Einheit und Ganzheit in Gestalt der subjektiven Sinnfrage stärker präsent bleiben als in anderen Bereichen. Aber die Tatsache, daß somit eine Sensibilität für die Fragestellung präsent ist, besagt nicht, daß hier die Lösung zu finden ist. Als eine der in der Moderne ausdifferenzierten Rationalitätsformen unterliegt die ästhetische im wesentlichen denselben Gesetzen wie die anderen. Im Mittelpunkt der ästhetischen Rationalität steht dasselbe moderne Subjekt, und das Prinzip ästhetischer Poiesis ist der instrumentellen Rationalität nahe verwandt. Diese letztgenannte Eigenschaft macht das Ästhetische obendrein noch nach den Seiten der instrumentellen Rationalität hin leichter anschlußfähig als nach der Seite der praktisch-kommunikativen Vernunft. Daher führt der Versuch einer Einheits-, Ganzheits- und Sinnherstellung im Medium des Ästhetischen nicht zu einer neuen symbolischen Ordnung in der Transzendierung der Moderne, sondern entweder (im harmloseren Fall) zu einem Scheingebilde oder (im gefährlicheren Fall) zu einer Erweiterung des ökonomisch-technischen Rationalismus, d.h. zur Anwendung seiner »Rezepte zur Manipulation der Materie«[69] auf jene Bereiche, die ihr ursprünglich entzogen waren. Die Sphären der Innerlichkeit, der Psyche, der Seele und der Kultur, die in der Konstellation der Moderne den Funktionsbereich der ästhetischen Rationalität bilden und deren relative Alterität ebenso begründen, wie sie durch diese geschützt sind, werden im Versuch einer Ganzheits- und Einheitsherstellung mit ästhetischen Mitteln durch die Fusion mit der instrumentellen Vernunft der Manipulierbarkeit ausgesetzt. Das in einem vorher unbekanntem Maße bewirkt zu haben, macht die Schuld des Faschismus in seinem Gebrauch der ästhetischen Ideologie aus.

Wenn Spekulationen in dieser Richtung erlaubt sind, so wäre

zu vermuten, daß richtige Antworten auf die Fragen nach Einheit, Ganzheit und Sinn mit einem Bekenntnis zur menschlichen Kontingenz, mit einem weiteren Schritt auf dem Weg zu einer Philosophie der Endlichkeit verbunden sein müßten. Falsche Antworten auf diese Fragen lassen sich im Umkehrschluß daran erkennen, daß sie einen Versuch darstellen, die Grenzen der Endlichkeit einzureißen und menschlichem Größenwahn Vorschub leisten.

Die Behauptung, daß die Möglichkeit einer Fusion von instrumenteller und ästhetischer Rationalität nicht mit dem Nationalsozialismus untergegangen ist, bedarf wohl kaum näherer Darstellung. Im Vergleich dazu, wie in der Gegenwart ästhetische Potentiale instrumentell genutzt und manipuliert werden, stellen Ruinenästhetik und Fest- und Feierpolitik des Faschismus den harmlosen, ja sogar offensichtlich lächerlichen Fall eines passageren Scheingebildes dar.

7. Kapitel

Romantik – und jetzt?

Die Geschichte wiederholt sich nicht, und sie ist keine Schule. Aus der Vergangenheit wird niemand schlau. Gefragt wird hier auch gar nicht nach etwas Vergangenem und seiner eventuellen Wiederkehr. Gefragt wird vielmehr nach dem heutigen Zustand und dem künftigen Schicksal eines Langzeitphänomens, des Langzeitphänomens, das in der historischen Romantik vielleicht nicht einmal begonnen, sondern nur einen besonders markanten Punkt seiner Entwicklung erreicht hat und von da weiterwirkend den gesamten Verlauf der Moderne als Individualisierungstendenz, als Ästhetisierung, als Politik der Kultur in helleren oder dunkleren Tönen, als weiteste Entfaltung menschlichen Bewußtseins und Ausdrucks und zugleich als deren äußerste Gefährdung begleitet und mitgeprägt hat.

Die beiden wesentlichen, eng miteinander verbundenen Tendenzen der Ästhetisierung und der Individualisierung setzen sich in der Gegenwart nicht nur fort, sie sind gerade heute lebendiger als je zuvor. Dafür sind allen anderen voran quantitative Gründe zu nennen, die aber sehr wohl qualitative Konsequenzen haben. Sowohl in der historischen Romantik um 1800 als auch in den neoromantischen Bewegungen des frühen 20. Jahrhunderts war die Ausbildung einer ästhetisch-expressiven Rationalität ausschließlich Sache verschwindend weniger privilegierter Individuen oder exklusiver kleiner Zirkel. Erst in der Gegenwart sind in diesen Prozeß relativ weitere gesellschaftliche Kreise involviert. Insbesondere von einer konservativen Kulturkritik ist dieser Sachverhalt hervorgehoben und als gravierendes negatives Merkmal der gegenwärtigen Entwicklung kritisiert worden[1]. Diese Veränderung der Größenordnung gibt der Tendenz der Ästhetisierung eine andere Richtung und der Tendenz der Individualisierung ein anderes, größeres Gewicht. Während in der Romantik und auch noch im ersten Drittel unseres Jahrhunderts die ästhetisch-expressive Rationalität in ihrer außer-alltäglichen

Gestalt, d. h. als Kunst, im Vordergrund gestanden hat, liegt das Hauptgewicht jetzt auf dem Alltagsbewußtsein und seinem Entfaltungs- und Ausdrucksbedürfnis.

Die Tendenzen fortschreitender Ästhetisierung

Die Kultivierung der Tiefendimension der Persönlichkeit war in der Romantik nicht nur weitgehend Privileg des Künstlers, sondern mußte auch hauptsächlich im Medium von Kunst und vorrangig von Literatur ihren Ausdruck suchen. Experimente mit neuen Lebensformen fanden demgegenüber nur in sehr bescheidenem Umfang und ohne nachhaltige Wirkung statt. Dagegen sind am Anfang des 20. Jahrhunderts Kunst- und Lebensreformbewegung als Avantgarde und Bohème unterschieden, und sie verselbständigen sich in der Folge weiter. In der Gegenwart ist die Idee der künstlerischen Avantgarde so gut wie tot, während die Frage der Lebens(re)formen um so mehr im Vordergrund steht. Die ästhetisch-expressive Rationalität hat in der Verschiebung von ihren außeralltäglichen zu ihren alltäglichen Aspekten eine Art Demokratisierungsprozeß durchlaufen.

Die aktuellen Erscheinungsformen dessen, was früher Lebensreform hieß, sind von ihren Vorläufern durch eine stärkere Akzentuierung der psychologischen Aspekte unterschieden; sie firmieren unter den Etiketten Psycho- und Therapiekultur. Unbeschadet davon halten sich die ästhetischen bzw. ästhetisierenden Tendenzen. Wenn Odo Marquard bereits für die Periode zwischen Schelling und Freud einen Wachwechsel von der Ästhetik zur Therapeutik behauptet[2], dann bedeutet das kein Verschwinden des Ästhetischen, sondern einen Wandel: Der Ort des Ästhetischen wechselt von der Kunst ins Leben. Richard Rorty sieht in Freud einen wichtigen Vermittler zwischen Ästhetik und Psychologie oder, anders gesagt, zwischen der ästhetisch-expressiven Perspektive in ihrer außeralltäglichen und ihrer alltäglichen Gestalt. Denn in Freuds Theorie des Unbewußten werde eine Verbindung zwischen der Tätigkeit des Künstlers und der in jedem Individuum liegenden Kreativität hergestellt: »... Freuds Darstellung der unbewußten Phantasie lehrt uns, jedes menschliche Leben als ein Gedicht zu sehen ... Jedes solche Leben sieht er als den Versuch, sich in seine eigenen Metaphern einzuhüllen.«[3] Rorty geht so weit zu behaupten, daß Freud den Geniebegriff demokratisiert habe, indem er jedem Individuum ein schöpferisches Unbewußtes zugesprochen hat. Ob diese Sicht den Intentionen Freuds entspricht, ist eine ganz andere Frage, die freilich auf sich beruhen kann[4]; es reicht hin, daß sein Konzept des Unbewußten so verstanden werden konnte. Auf diese Weise hat es dazu beigetragen, eine Brücke zu schlagen zwischen der ästhetizistisch-avantgardistisch-elitären Kultur der Neoromantik des ersten Jahrhundertviertels und der demokratisierten Therapiekultur der Neo-Neoromantik unserer Zeit. Für diese gilt das von Gilles Lipovetsky verkündete »Ende der Trennung zwischen den Werten der Sphäre der Kunst und der Sphäre des Alltags«[5]. »Nach den politischen und ökonomischen Revolutionen des 18. und 19. Jahrhunderts und nach der Revolution der Kunst an der Wende unseres Jahrhunderts nimmt nun die Revolution des Alltags Gestalt an.«[6]

Die Tendenz zu fortschreitender Ästhetisierung zentriert sich aber längst nicht nur auf die Psycho- und Therapiekultur. Diese reagiert vielmehr auf gleichlaufende Trends, die sich aus anderen, viel mächtigeren Quellen speisen. Die Ästhetisierung des Lebens hat im Gefolge der Ökonomie der Konsumgesellschaft[7] einerseits und andererseits durch wissenschaftliche bzw. technologische Entwicklungen im allgemeinen und auf dem Gebiet der elektronischen Medien im besonderen, ungeahnten Aufschwung und eine materiale Basis bekommen[8]. Vor diesem Hintergrund erscheint nicht nur das Subjekt, sondern auch die Welt als ästhetisch verfaßt. Je mehr sich unter dem Vorzeichen »Postmoderne« die Sicht durchsetzt, daß die Wirklichkeit ein Konstrukt ist, desto mehr rückt die Ästhetik wieder in eine Schlüsselposition für die allgemeine bzw. philosophische Theoriebildung[9] (darin ist die Ähnlichkeit zur historischen Romantik übrigens fast größer als die zur klassischen Moderne dieses Jahrhunderts). Und eigentlich sieht es so aus, als sei damit eine tief in der Moderne verankerte Entwicklung an die Oberfläche getreten: »Seit Kants theoretischer Philosophie ist im Prinzip, seit Nietzsche ist weithin und seit Feyerabend, Goodman und Rorty ist allgemein anerkannt, daß Wirklichkeit nicht gegeben, sondern gemacht ist, daß unser Erkennen nicht vom Typus der Wiedergabe, sondern vom

Typus der Erzeugung ist ... Diese Konstitution von Wirklichkeit erweist sich bei näherer Betrachtung als ästhetischer Prozeß. Erstens deshalb, weil es sich um eine Form von *poiesis*, von Hervorbringung handelt; zweitens, weil diese *poiesis* mit spezifisch *fiktionalen* Mitteln erfolgt, nämlich durch Grundbilder, Anschauungsformen, Metaphern, Stile, Phantasmen, Projektionen. Eine solcherart konstituierte Wirklichkeit hat daher drittens allenthalben *kunstverwandte* Züge. In der heutigen medialen Welt nimmt sie zudem auch weithin explizit eine *bildhafte* Verfassung an. Wirklichkeit erweist sich somit als ästhetisch in jederlei Sinn: als *poietisch* konstituiert, als *fiktional* geformt, als *kunstartig* verfaßt und als *bildhaft* geprägt.«[10]

Diese allgemeine Ästhetisierung der Wirklichkeit wirkt zurück auf die Tendenz zur Ästhetisierung des Ich und verstärkt diese weiter. Michel Foucault schließt aus der ästhetischen Form der Dinge als Waren auf die Möglichkeit zur Ästhetisierung des individuellen Lebens: »... könnte nicht aus dem Leben eines / einer jeden ein Kunstwerk werden? Warum sollte eine Lampe oder ein Haus ein Kunstobjekt sein, nicht aber unser Leben.«[11] Foucault bringt dieses neue und verstärkte Interesse an der Ästhetik und speziell an einem ästhetischen Lebensentwurf des Individuums in Zusammenhang mit dem Verfall moralischer und gesellschaftlicher Verbindlichkeit: »Die Idee einer Moral als Gehorsam gegenüber einem Regelkodex ist heute im Verschwinden begriffen und ist schon verschwunden. Und diesem Fehlen von Moral will und muß die Suche nach einer Ästhetik der Existenz antworten.«[12] Richard Shusterman erläutert diese Position weiter: »Jeder Anti-Essentialismus in bezug auf die Natur des Menschen ... führt zu einer Ethik des Geschmacks ... denn wenn keine intrinsische Grundlage zur Rechtfertigung einer Ethik vorhanden ist, sehen wir uns mit gutem Grund dazu ermutigt, uns die zu wählen, die uns am besten gefällt; und es ist plausibel anzunehmen, daß dieses Gefallen letztlich eine Sache der Ästhetik ist.«[13] Je weniger das Ich Maßstäbe und Kriterien findet, die als fest gesetzt gelten und geglaubt werden, desto deutlicher tritt der ästhetische Charakter der dem Individuum in sein Belieben und in die Beliebigkeit gestellten Wahl in Erscheinung.

Foucaults Überlegungen zu einer Ästhetik der Existenz sind in seinen letzten Lebensjahren entstanden und Fragment geblieben. Dennoch sind sie – bezeichnenderweise – auf besonders lebhaftes Interesse gestoßen; sie haben eine Flut von Kommentaren und Interpretationen ausgelöst. Dabei fällt auf, daß immer wieder auf die griechischen Wurzeln hingewiesen wird, auf die auch Foucault selbst diese Ideen zurückführt. Dabei liegen die Parallelen zur Romantik, zur Neoromantik, zur Lebensphilosophie und zu Nietzsche offen zutage. Diese Parallelen explizit zu machen, hätte allerdings den Nachteil, daß von ihnen her mehr Zweifel, mehr Zwielicht auf das Konzept der Ästhetik der Existenz fallen könnte als von den fernen ehrwürdigen antiken Ahnen.

Die Tendenzen fortschreitender Individualisierung

Die Tatsache, daß wir uns inmitten eines rasant fortschreitenden Individualisierungsprozesses befinden, bedarf als solche kaum weiterer Erwähnung. Sie ergibt sich als Rückseite des oben skizzierten Ästhetisierungsprozesses. Zwischen beiden Tendenzen besteht die denkbar engste Wechselwirkung: Jeder Ästhetisierungsprozeß ist notwendigerweise ein Individualisierungsprozeß, und mit derselben Notwendigkeit stellt umgekehrt jeder Individualisierungsprozeß gleichzeitig einen Ästhetisierungsprozeß dar.

Auch abgesehen von diesem Wechselverhältnis findet der gegenwärtig stattfindende Individualisierungsschub breite Aufmerksamkeit; er wird in vielfacher und vielfältiger Weise kommentiert und analysiert: »Zu den Erfahrungen, die das Gegenwartsbewußtsein in den entwickelten Gesellschaften des Westens heute im besonderen Maße prägen, gehört die Wahrnehmung einer beschleunigten Individualisierung der Subjekte: Wenn auch sehr unterschiedlich bewertet, wird der Prozeß der Herauslösung des Einzelnen aus vorgegebenen Sozialformen als ein bestimmender Zug unserer Zeit erlebt und sogar zum Ausdruck eines sozialen Epochenwandels stilisiert.«[14]

Was im Vergleich zur Wendung auf das Individuum, wie sie sich in der Zeit um 1800 vollzogen hat, vielleicht am meisten ins Auge fällt, sind tiefgreifende Veränderungen auf der Ebene der Erfahrungen bei relativer Konstanz auf der Ebene des Umgangs mit ihnen. Anders gesagt: Das »kopernikanische« Modell bleibt prinzipiell in Geltung – trotz der noch weiter geschwundenen Grundlagen seiner Plausibilität. Hatte sich bereits in der Romantik, mit der Wendung des Individuums auf sich selbst, die frühmoderne kopernikanische Wendung auf das Subjekt unter der Bedingung ihrer vollständigen und auch eingestandenen Bodenlosigkeit wiederholt, so scheinen dieselben oder sehr ähnliche Mechanismen auf nochmals erweitertem Maßstab abzulaufen.

Im Zentrum der kopernikanischen Erfahrung hatte eine doppelte Bewegung gestanden: Auf der einen Seite hatte ein bedeutender Wissensfortschritt ein Weltbild zum Einsturz gebracht. Die Einsicht, daß der Planet des Menschen nicht im Zentrum steht, sondern daß die Erde sich um die Sonne dreht, hatte der Mensch mit einer Wendung auf sich selbst beantwortet. »Was wir hier vor uns haben, ist merkwürdigerweise die gesellschaftliche Umkehrung der Kopernikanischen Revolution: Während unser Planet nicht länger den Mittelpunkt des physischen Universums bildet…, besteigt das Ich / Selbst den Thron als Mittelpunkt des moralischen Universums und macht sich zum Schiedsrichter über alle Entscheidungen.«[15] Was Daniel Bell eine merkwürdige Umkehrung nennt, ist die Rückseite derselben Medaille: Der Wendung zum heliozentrischen Weltbild am äußeren entspricht die Wendung zum egozentrischen Weltbild am inneren Horizont. Was in dieser zentrifugalen Bewegung ausfüllt, ist die Mitte, d. h. die Welt als Bezugspunkt einer menschlichen, gesellschaftlichen Ordnung. Dieser Weltverlust ist häufig genug beklagt worden. Es handelt sich nicht direkt um einen Ordnungsverlust; an die Stelle der geozentrischen Ordnung tritt nicht etwa das Chaos, sondern die Vorstellung einer viel größeren, weiteren Ordnung. Was diese Ordnung im Unterschied zu älteren Ordnungsvorstellungen nicht mehr besitzt, ist eine sinnstiftende Kraft. Je abstrakter und distanzierter die objektive Ordnung der Dinge wird, desto intensiver wird die »Sorge um sich« – nicht zuletzt im Hinblick auf die Suche nach Sinn. Was die objektive Ordnung der Natur und auch der Gesellschaft im Prozeß der Neuzeit aus der Sicht des Subjekts zunehmend sinn-untauglich werden läßt, liegt aber nicht nur in ihrer zunehmenden Größe begründet. Vielmehr sind diese Ordnungen genauso aus der theologisch-metaphysischen Vorstellungswelt entlassen wie das Subjekt. Das bedeutet, daß sie keinen

»Kosmos« bilden – die Bezeichnung heliozentrisches Weltbild täuscht hier noch etwas vor, was im weiteren Fortgang der neuzeitlichen und modernen Geschichte unwiederbringlich verschwunden ist. Das bedeutet ferner, daß die großen objektiven Ordnungen ebenfalls Vorgängen der Temporalisierung, Pluralisierung und Relativierung unterliegen und so in einem gewissen Sinne ihrerseits »Individuen« darstellen, die zwar partielle Identifikationsmöglichkeiten bieten, aber keine universale Ein- oder Unterordnung gebieten können.

Dieses kopernikanische Modell – »Je weiter die äußere Lebenswelt objektiviert, funktional koordiniert und mit den Imperativen instrumenteller Rationalität assoziiert wird, desto innerlicher, psychologistischer und auf den Wert von Subjektivität bedachter wird der Sinn des individuellen Selbst«[16] – bleibt bis in die Gegenwart auch im Hinblick auf die doppelte Reaktion, die es auf seiten des Individuums auslöst, in Kraft: Die Erfahrung des fortschreitenden Ordnungsschwundes wird nach wie vor auf der einen Seite als schmerzlicher und bedrohlicher Verlust bedauert und auf der anderen als Freiheitsgewinn des Einzelnen gefeiert. Freilich fällt auf, daß die verschiedenen Positionen und Optionen, die mit Blick auf die Vergangenheit (wenigstens vereinfachend) als verschiedene aufeinanderfolgende Phasen darstellbar waren – die teils negativ-defensive, teils positiv-offensive Wendung auf das Ich, sowie die daraus resultieren-den alternativen Tendenzen zur Auflösung des Ich, zur Konstruktion einer ästhetischen Subjektivität, zur Erlösung des Ich in verschiedenen höheren Ordnungen –, heute alle gleichzeitig als Möglichkeiten zur Verfügung stehen, so daß die teilweise alternativen bzw. widersprüchlichen Bewegungen simultan ablaufen.

Die Reaktions- und Verhaltensmuster, die Kenneth Gergen dem postmodernen Ich zuordnet, sind von der romantischen Wendung zum Individuum her bereits alle bekannt: »Jede Wirklichkeit des Selbst gibt der Möglichkeit reflexiver Hinterfragung, der Ironie und letztlich der spielerischen Erprobung einer alternativen Realität Raum.[17]« Die Selbigkeit oder mindestens Ähnlichkeit der Kategorien Reflexion, Ironie, spielerischer, also ästhetischer Umgang mit der Realität täuscht jedoch über die gravierenden Unterschiede in der Situation und Position des selbstreflexiven, ironischen, ästhetischen Ich einst und jetzt hinweg. Denn es kann keinem Zweifel unterliegen, daß das Individuum heute – am vorläufigen Endpunkt des Weges in die Kontingenz, an dessen Anfang die romantische Wendung auf das Individuelle gestanden hatte – noch »schwächer«, daß es noch untauglicher zum Prinzip ist, als je ein sich als Subjekt setzendes Ich zuvor.

In der Epoche der Romantik hatte das Ich in der Wendung nach innen noch eine neue Entdeckung zu machen. In seinem einmaligen (immateriellen) Wesen und (da dieses den unsicher gewordenen theologischen und metaphysischen Grundlagen noch allzu eng verhaftet war) mehr noch in seiner unverwechselbaren (materiellen) Natur, in der Stimme des je-meinigen Ich hatte es einen festen Punkt zu finden geglaubt. Dieser Gewißheitsgrund ist mittlerweile zwar nicht völlig verschwunden, vielmehr gehört auch er zu den Optionen, die in Ermangelung anderer Auswege immer wieder beschworen werden. Aber diese Option ist in Anbetracht der Erfahrungen, die zwischen dem Anfang des letzten und dem Ende dieses Jahrhunderts mit der Berufung auf Natur als letzter Instanz gemacht worden sind, selbst ungewiß geworden, wenn nicht sogar schwer in Mißkredit geraten. In diesem Prozeß hat die Psychoanalyse eine interessante Doppelrolle gespielt: Während sie auf der einen Seite die Bedeutung des Ich enorm steigert, ja diese Bedeutung erst inszeniert und konstruiert, nimmt sie diesem Ich doch dabei jede Hoffnung, in der Rolle des Subjekts auftreten und im Zentrum einer auf es hin orientierten Ordnung stehen zu können. Lacan hat Freuds Entdeckung des Unbewußten als Kopernikanische Revolution bezeichnet[18] und die Analogie so aufgefaßt, daß mit der Entdeckung des Unbewußten nicht nur die äußere planetare Ordnung uns fremd wird und ohne Rücksicht auf unsere Wünsche und Ziele funktioniert, sondern auch die innere Welt sich uns entziehenden Gesetzmäßigkeiten folgt. Folglich umfaßt der Zweifel an den sicheren Grundlagen, die das postmoderne Ich grundsätzlich mit seinen romantischen Vorfahren teilt, noch um einiges mehr, als die Radikalsten unter ihnen sich träumen ließen: »... das Konzept des individuellen Wesens selbst wird bezweifelt. Das Selbst als Inhaber realer, identifizierbarer Merkmale – wie Rationalität, Gefühl, Inspiration und Wille wird zerlegt.«[19] Die Einsicht in den

Konstruktcharakter nicht nur der Realität im allgemeinen, sondern in den Konstruktcharakter der inneren Natur ist gewachsen.

Entsprechend der ebenfalls aus dem Studium des romantischen Individualismus bereits bekannten Logik, daß »das radikale Ich-Gefühl... einen Übergang ins Nicht-Ich« impliziert[20], finden sich die gegenstrebigen Tendenzen verstärkt. Besonders im Umkreis der postmodernen Theoriebildung wird mit ungleich größerer Radikalität als in der Romantik der »verwegene Schritt ins Unerprobte«, d. h. zur vollständigen Auflösung der Subjektstrukturen gewagt[21]. Indes ist noch nicht ausgemacht, ob sich die intellektuelle Utopie radikaler Dekonstruktion erfüllt oder ob – wie nicht wenige KritikerInnen des postmodernen Denkens fürchten – der fortschrittlich gemeinte Versuch der Auflösung letztlich zur Auslieferung an die Mächte einer vorgeblich höheren Ordnung führt, an deren Kontingenz, d. h. an ihrer Untauglichkeit als höhere Ordnung gelten zu dürfen, genauso wenig Zweifel bestehen kann wie an der korrespondierenden Prinzipienuntauglichkeit des Ich. Es ist durchaus kein Zufall, daß Zeiten radikaler Dekonstruktion Zeiten extremer Fundamentalisierungstendenzen sind – wenngleich die beiden parallelen Entwicklungen auch von unterschiedlichen Protagonisten getragen werden.

Dabei ist es keineswegs erforderlich, das Gespenst des Fundamentalismus oder anderer totalitärer Bedrohungen an die Wand zu malen, um zu verdeutlichen, wie schnell die Auflösung des so ganz und gar seiner Kontingenz überführten Ich zu sehr fragwürdigen Resultaten führt.

Ein gutes, weil der eigenen Intention nach so unbestreitbar, ja geradezu unüberbietbar harmloses Beispiel bietet das Szenario einer postmodernen Idealgesellschaft, das Richard Rorty entwirft. Ausgehend von der richtigen Erkenntnis, daß das großgeschriebene Ich der Moderne – einschließlich seiner romantisch-ästhetischen Variante – in der Nachfolge des theologisch-metaphysischen Weltbildes, in der Erbfolge des toten Gottes steht, fordert Rorty den endgültigen Abschied vom Konzept des »devinized self« im Namen der Erweiterung von Freiheit und gesellschaftlichem Fortschritt. In seiner liberalen Idealgesellschaft wären alle Menschen, die Intellektuellen als Ironiker, die Nicht-Intellektuellen einfach »auf eine dem gesunden Menschenverstand entsprechende Weise Nominalisten und Historisten«. Auf diese Weise »würden [sie] sich selbst als durch und durch kontingent verstehen, ohne besondere Zweifel an den Kontingenzen ihrer Existenz zu hegen«.[22] So kontingent zu sein, daß ich mir meiner Kontingenz gar nicht mehr bewußt bin, sie (und mich) also nicht mehr in Frage stellen kann, ist des Guten zuviel und läuft auf das Gegenteil, auf die vollständige Aufhebung der Kontingenz hinaus. Ohne das Bewußtsein meiner Endlichkeit, meiner historischen, kulturellen und gesellschaftlichen Relativität, kann ich gar nicht anders, als meine Lebensweise für die einzig richtige und die Welt, in der ich lebe, für die einzig mögliche zu halten. Jede Möglichkeit der Divergenz zwischen Ich und Welt, wie sie die Moderne charakterisiert, wäre beseitigt, die Rückkehr zu substantiellen Verhältnissen wäre eingeleitet. Rorty fährt fort: »Sie spürten ebensowenig das Bedürfnis, die Frage »*Warum* bist du ein Liberaler? ...« zu beantworten, wie der durchschnittliche Christ im sechzehnten Jahrhundert die Frage: »Warum bist du Christ?« beantworten mochte ... Eine solche Person brauchte keine Rechtfertigung ihres Sinnes für Solidarität, denn sie wurde nicht in dem Sprachspiel erzogen, in dem man nach Überzeugungen dieser Art fragt und Rechtfertigungen bekommt.«[23] In letzter Instanz wird das auf seine Kontingenz reduzierte Individuum der Gesellschaft kritiklos ausgeliefert, und das ist tatsächlich nicht nur das unbeabsichtigte Resultat, sondern sogar das erklärte Ziel: »Wichtig an dieser Verlagerung ist, daß sie die Frage: »Leben wir in einer moralischen Gesellschaft?« unmöglich macht.«[24] Selbstverständlich ist und bleibt Rorty über den Verdacht erhaben, ein kollektivistischer oder totalitärer Finsterling zu sein, der die Individuen einem Machtstaat opfern will. Seine Absicht ist es lediglich, die liberale, demokratische Gesellschaftsordnung vor der Infragestellung ihrer (nach Rorty mit rationalen Mitteln nicht begründbaren) Legitimationsgrundlagen zu retten. Wenn die Person allerdings nicht zufällig in Rortys Idealliberalismus, sondern in eine andere, vielleicht sogar totalitäre Gesellschaft hineingeboren wäre – ein Umstand, gegen den in Rortys Theorie kein Heilmittel zu finden ist –, bliebe sie ohne jede Aussicht auf Dissens oder Widerstand. Die Option der Auflösung der Überreste der rigiden Subjektstruktur geht nach wie vor ziemlich leicht in das Gegenteil dessen über, was sie eigentlich intendiert.

Unvermittelt steht den Tendenzen der Auflösung des Subjekts die Geste seiner Selbstbeharrung gegenüber. Der »Dekomposition des Selbst in den philosophischen und literarischen Diskursen der Postmoderne« stehen »immer verzweifeltere Bemühungen der Konstitution des Selbst in den Diskursen und Praktiken der postmodernen Alltagskultur« gegenüber[25]. Die Vorstellung, »daß jede Person einen gegenüber allen anderen Weltbezügen privilegierten Bezug zu sich selbst unterhält«[26], ist einfach nicht unterzukriegen. Sie verträgt ein extrem hohes Maß an Desillusionierung und bleibt doch – wie reduziert auch immer – vorhanden: »Dieses Ich vermag sich in keinem raumzeitlichen Kontinuum mehr zu lokalisieren, sondern erfährt sich als leeren ortlosen Bezugspunkt der auf ihn einstürzenden Bilder. Das Ego als Fluchtpunkt aller Bilder ist ... ein leerer Pol ohne Bodenhaftung und Selbstgefühl.«[27] Und doch gilt: »In einer ungegliederten Umgebung bleibt das Ego einziger Bezugspunkt.«[28]

Obwohl die so offensichtlich verzweifelte und lächerliche Geste der Selbstbeharrung angesichts des eklatanten Mangels an aussichtsreicheren Alternativen eigentlich etwas Respekt oder mindestens Sympathie verdient hätte, gebärden sich ihre Kritiker immer noch so, als wüßten sie es besser. Mit Spott und Ablehnung kommentieren sie die »Reprisen der existentialistischen und psychoanalytischen Selbstthematisierungen von vorgestern und deren literarische[n] innerlichkeitssüchtige[n] Aufguß von gestern ...«[29] »Das theoretische Wissen um die Abwesenheit des Selbst, das von der Erfahrung des Selbstverlustes in der Praxis begleitet sein mag, scheint ... immer wieder den Schmeicheleien und Verführungen jener Kultur zu unterliegen, welche Versatzstücke und Ersatzteile des Selbst auf Lager hält.«[30] Das einzige, was solche Schelte, die überflüssige Wiederholung einer überlebten Position zu sein noch mehr verdient hätte als das widerspenstige Individuum, ist diese Art der Kritik daran. Die Feindschaft gegen das Individuelle entstand ungefähr gleichzeitig mit seiner Entdeckung und wird seither mit einer Hartnäckigkeit wiederholt[31], die um so mehr verwundert, je offensichtlicher wird, daß die verschiedenen Angebote zur Kontingenzbewältigung der Subjektivität inzwischen ihrerseits genauso kontingent und im Zweifelsfall bedrohlicher sind als das verachtete und verächtlich gemachte Individuum. Traditionell stand hinter der Verachtung des Individuellen die Verachtung und die Furcht vor seiner Sterblichkeit, seiner Körperlichkeit und Pluralität, seiner Endlichkeit und Abhängigkeit. Es ist nicht schwer, die Nachwirkungen dieses alten Ressentiments der Prima philosophia bis in die gegenwärtige Kritik des Individuellen hinein aufzuspüren.

Dabei besteht gar nicht einmal Anlaß, dem sich auf sich selbst wendenden Ich die Verhärtung und Verschanzung in seiner Position zum Vorwurf zu machen. Wie eh und je wird dem Ich die Notwendigkeit seiner Auflösung nicht nur und vielleicht nicht einmal vorrangig von außen, von seinen Theoretikern verordnet, sondern wie seit eh und je verspürt das »schwache« Ich die Neigung, Erlösung (oder wenigstens Entlastung) von sich selbst aus eigenem Antrieb zu suchen. Nach wie vor ist ihm der Sinn geöffnet für alles, was es nicht ist (Schleiermacher). Es entdeckt gerade auf dem Gipfelpunkt seiner Subjektivierung die Tatsache seiner Einbettung. So ist es keine Überraschung, wenn Kenneth Gergen, der – wie erwähnt[32] – die Kategorien der Reflexion, der Ironie, des spielerischen Umgangs mit der Realität als Eigenschaften des postmodernen Selbst neu entdeckt, folgerichtig auch den nächsten Schritt des romantischen Denkens nachvollzieht: »… das Endstadium im Übergang zur Postmoderne ist erreicht, wenn das Selbst in ein Stadium der Verbundenheit (relatedness) verschwindet.«[33] Daß das Subjekt nach Gemeinschaft und zwar spezifisch nach einer im Gegensatz zur Gesellschaft stehenden Gemeinschaft als kleiner, überschaubarer, Geborgenheit und Sinn vermittelnder Einheit strebt, ist sowohl im Kontext der Alternativbewegungen der siebziger Jahre als auch in der Kommunitarismus-Debatte der Gegenwart bestens bekannt.

Genauso gut ist bekannt, daß das Selbst diese Gemeinschaft weniger um ihrer als um seiner selbst willen sucht: als Grundlage und als Projektionsfläche seines Ausdrucksbedürfnisses und Entfaltungsanspruchs. »Die Sorge um Gemeinschaft ist nicht *per se* der höchste Wert … Die Reise Zurück-zur-Natur wird zwar mit Reisegefährten unternommen … Aber trotzdem ist da immer das Wissen vorhanden, daß man zusammenpacken und weggehen kann.«[34] Ganz gleich, ob das Subjekt etwas anderes glauben oder wünschen mag: Es kann sich an die Gemeinschaft nicht verlieren. Das Ich bleibt das Subjekt der Wahl seiner Gemeinschaft und kehrt damit zu sich selbst als letzter Instanz zurück. Längst ist tief im allgemeinen Bewußtsein verwurzelt, jede andere Art von Gemeinschaftsbindung als mißbräuchlich und illegitim zu erachten.

Was an der historischen Romantik so überrascht hat, was so widersprüchlich erschien, die äußerste Verfeinerung und Steigerung der Subjektivität auf der einen Seite und die theoretische Einsicht in die Notwendigkeit ihrer Auflösung bzw. das lebenspraktische Streben nach Erlösung von ihr, das alles müßte spätestens in der sogenannten Postmoderne in seiner Zusammengehörigkeit und als ein Muster erkannt werden. Das ist allerdings nicht durchwegs der Fall. Die postmoderne Tendenz zur Verabschiedung des Subjekts und der Trend zur Selbsterfahrung werden nach wie vor »als weit auseinanderliegende Diskurse«[35], wenn nicht gar als »zwei Kulturen der Postmoderne« aufgefaßt, über deren gleichzeitigen Auftritt auf der Bühne westlicher Industriegesellschaften Verwunderung herrscht.

Was am Ende steht, das Ich, das Selbst, der/die Einzelne, das Individuum ist kein absolut Erstes oder Letztes, sondern die Mitte dieser doppelten Bewegung, die sich im Festhalten verliert, während sie sich im Loslassen fixiert und so immer wieder neu einsetzen kann bzw. im Kreis herumführt. Dieses Ich ist Subjekt, aber nicht mit den Insignien von Autonomie und Souveränität, sondern als Subjekt von Wahl und zwar einer immer nur bedingten und begrenzten Wahl. So relativ und nicht selten sogar illusorisch diese Wahl sein mag – mit der Zahl der Wahlmöglichkeiten, die dem Individuum zur Verfügung stehen, wächst oft nicht die Erfahrung von Freiheit, sondern der Eindruck der Bedeutungslosigkeit des Wählens –, so ist sie trotzdem unausweichlich. Was positiv als Möglichkeit der Wahl aufgefaßt werden kann, ist negativ betrachtet ein unentrinnbarer Zwang zur Entscheidung, die Unvermeidbarkeit des Dezisionismus.

In einer Richtung haben sich die Möglichkeiten der Wahl in dieser Doppeldeutigkeit von Freiheit und Zwang bedeutend erweitert. Die Natur und zwar sowohl als äußere wie auch als innere Natur ist in einer nie dagewesenen Weise in die Reichweite kollektiven menschlichen Handelns und sogar auch (wenn auch viel bescheidener und bedingter) individueller Wahl/Entscheidung gerückt. Das bedeutet nicht nur, daß »politische Identitäten zu-

nehmend in Naturkategorien definiert werden«[36] – das galt im
Hinblick auf bestimmte Bewegungen wie Jugend- oder Frauenbewegung schon länger und bildet ein bekanntes Merkmal der
Politik der Kultur, sondern es gilt umgekehrt, daß Naturkategorien zu politischen Kategorien werden, indem sie gesellschaftlichen und individuellen Handlungsbedarf auslösen. Damit sind
Fragen und Themen, die bislang in die symbolische Dimension
gehört haben, zu Fragen der materiellen Ordnung geworden.

An dieser Stelle tritt die Unzulänglichkeit des modernen Rationalitätskonzepts in seiner Gesamtheit und zumal die der ex-
pressiv-ästhetischen Rationalität am deutlichsten zutage. Um
das zu erläutern sei noch einmal an Habermas' graphische Darstellung der Weberschen Rationalisierungstheorie erinnert. So
wie es darin von der ästhetischen Rationalität her keinen Zugang zur sozialen Welt gibt, so gibt es von der moralisch-prakti-
schen Rationalität aus keine Verbindung zur objektiven Welt,
zur Sphäre der Natur: »... den moralförmigen, als Interaktion
gedeuteten Umgang mit der äußeren Natur... hat Weber immer
nur als ›Zaubergarten‹ verstanden, der im Zuge der Rationalisierung anderer Wert- und Lebenssphären verschwindet.«[37]
»Gegenüber der äußeren Natur kann er (der Handelnde, C.K.)
eine objektivierende, aber auch eine expressive Einstellung einnehmen«[38], aber keine moralisch praktische. Der »geschwister-
liche Umgang« mit der Natur scheint ausgeschlossen[39]. Charles
Taylor hat das als »a split-screen vision of nature« bezeichnet.
»Auf der einen Seite steht das gewaltige Universum, das sich in
der wissenschaftlichen Entdeckung immer weiter erschließt,
riesig und in vielen Hinsichten verblüffend, weit jenseits unserer Vorstellungskraft... uns gegenüber gleichgültig und seltsam
fremd... Auf der anderen Seite steht die Natur, deren Impuls
wir in uns selbst fühlen... von der wir fühlen können, daß wir
die Verbindung mit ihr verloren haben und mit der wir uns wieder in Übereinstimmung zu bringen bestrebt sind.«[40]

Nicht die Frage, wie der wissenschaftliche und der subjektive
Naturbegriff miteinander in Beziehung gesetzt werden können,
ist »zutiefst problematisch«, wie Charles Taylor meint, sondern
eher umgekehrt die Tatsache, daß sie so eng miteinander verbunden sind, daß es kein Drittes, keinen gesellschaftlich-praktischen
Zugang zur Natur geben zu können scheint. Wenn dieser Mangel

nicht schon immer ein Mangel gewesen sein sollte, so wird er in Gegenwart und Zukunft nur mit um so größerer Sicherheit als solcher in Erscheinung treten, wenn die Handlungsmöglichkeiten und Handlungsanforderungen der Individuen und der Gesellschaft sich verstärkt auf diesen Bereich der inneren und äußeren Natur richten. Längst sind wir Zauberlehrlinge in dem unmöglichen Garten.

Obwohl es auf den ersten Blick ganz anders aussehen mag, bildet aber die romantisch-ästhetische Naturauffassung nicht das Gegenteil zum wissenschaftlich-technischen Naturkonzept, sondern sein Gegenstück, sein Pendant. Von seiten der ästhetischen Rationalität ist daher kein Ausweg aus der Vorherrschaft der instrumentellen Rationalität über das gesellschaftliche Naturverhältnis zu erwarten, sondern eher ihre Verstärkung. Das gilt in zweifacher Hinsicht: Erstens – und das ist hinlänglich bekannt – setzt der ästhetische Naturbegriff Distanz zur Natur und Herrschaft über sie, mithin den Primat des instrumentellen Zugriffs auf Natur voraus[41]. Zweitens erlaubt das spezifische Potential der ästhetischen Rationalität die Ausdehnung der Herrschaft der instrumentellen Rationalität auf die Gebiete des Inneren, der Kultur, des Symbolischen – auf dem Wege des dem instrumentellen Sinn eng verwandten Konzepts artistischer Poiesis. Das Kapitel zum Thema Faschismus bot in besonderer Weise Gelegenheit, auf diesen Umstand hinzuweisen. Aber weite Teile der aktuellen Therapiekultur und des Kulturbetriebes im allgemeinen stellen alle historischen Beispiele der Ausdehnung der instrumentellen Intention des Machens und der Herstellung in den Schatten.

Diese Thesen müssen gerade vor dem Hintergrund der gegenwärtig im Zuge der ökologischen Bewegung und deren in ihrem Streben nach Versöhnung zwischen Mensch und Natur verstärkt an die Adresse der Ästhetik gerichteten Hoffnungen befremdlich erscheinen. Die Alterität des Ästhetischen im Kontext der Moderne im allgemeinen und im besonderen die gerade in bezug auf das Verhältnis zur Natur so überaus sympathische Vorstellung einer symbolischen Wechselrepräsentanz zwischen dem Ich und dem als Du angesprochenen Strom, Stein oder Baum scheinen doch zu solchen Hoffnungen zu berechtigen. Demgegenüber ist jedoch darauf zu bestehen, daß das poetische Ich sich im Anderen der Natur in erster Linie selbst bespiegelt. Die Einsicht, daß dieses Ich in einer Kreisbewegung zu nichts anderem als zu sich selbst zurückgelangt, mag im Hinblick auf die Suche nach Erlösung in der höheren Ordnung einer Gemeinschaft in erster Linie beruhigend erscheinen. Im Hinblick auf die Nützlichkeit des ästhetischen Denkansatzes zur Versöhnung zwischen Gesellschaft und Natur liegt darin eher ein Anlaß zum Vorbehalt.

Eine Untersuchung, die über weite Strecken als Versuch einer Rehabilitierung der ästhetisch-expressiven Rationalität gelesen werden kann, auf einer so negativen Note zu schließen, mag überraschen. In vielen Hinsichten erfüllt die ästhetische Rationalität in der Moderne Statthalterfunktionen für eine andere Dimension, für im Kontext der Moderne illegitim gewordene, ungestellte oder unbeantwortete Fragen. Sie enthält den Hinweis auf ein Anderes, aber sie ist selbst kein Anderes. Und kein Punkt scheint weiter vom Ziel entfernt als der, von dem aus es sichtbar wird, aber der Weg nicht, der dahin führt. In dieser Grenze und in ihrer Zugehörigkeit zur Moderne zeigt die ästhetische Rationalität sich gerade an diesem in Zukunft vielleicht bedeutsamsten Punkt der Frage nach dem Verhältnis zur Natur.

Anmerkungen

1. Kapitel
Die »kalten Skeletthände« rationaler Ordnung
und ihre Gegenwelten

1 Berger / Berger / Kellner, 1975, S. 162.

2 Grimminger, 1985, S. 857 f.

3 Habermas, 1981 b, Bd. 1, S. 300.

4 Weber, 1978, S. 560.

5 Vgl. Webers Überzeugung, daß sich die »letzten und sublimsten Werte« infolge des Entzauberungsprozesses von der Welt zurückgezogen haben und allein noch in den privaten Refugien der Kunst und der unmittelbaren menschlichen Beziehungen ihre Entfaltung finden (Weber, 1982, S. 612).

6 Mit Blick auf die Erotik spricht Weber von einer »Pforte zum irrationalsten und dabei realsten Lebenskern gegenüber den Mechanismen der Rationalisierung«, von etwas, das den »Menschen noch mit der Naturquelle alles Lebens« verbindet (Weber, 1978, S. 558 und 560). Aus dem Blickwinkel der Religion bzw. der religiösen Brüderlichkeitsethik spricht Weber, wenn er im selben Sinne das Wort der »Kreaturvergötterung« auf die Kunst anwendet (Weber, 1978, S. 556).

7 Vgl. Marcuse, 1980, S. 44.

8 Luckmann, 1991, S. 139.

9 Theunissen, 1982, S. 9. Theunissen betont die Einmaligkeit des Epochenwandels zur Moderne: »Dieser Sinnverlust steht in der Menschheitsgeschichte einzig da. Sinnstiftende Weltbilder sind zwar auch in früheren Zeiten immer wieder zerbrochen. Aber an ihre Stelle traten doch stets neue. Das christliche Weltbild hingegen, das vor 150 oder 200 Jahren seine Kraft zu einer allgemein verbindlichen Sinnstiftung verlor, hat eine Leerstelle zurückgelassen« (ebd.). Auch Manfred Frank hebt die Einzigartigkeit des Ordnungsverlusts der nachmetaphysischen Welt im Vergleich zu allen anderen Epochen hervor: »Die Zerstörung des Rahmens – d.h. dieser Welt ... – bringt eine Orientierungslosigkeit ganz anderer Art hervor, als es die war, die etwa die untergehende Antike angesichts des aufdämmernden christlichen Mittelalters oder die Naturforscher der Neuzeit angesichts der Auflösung des Mittelalters ergreift: In beiden Epochenwenden ist der Sinn von Sein –

d. h. das globale Weltverständnis ... nicht mit zerstört, sondern *ein* Kandidat von Seinssinn ist durch einen anderen abgelöst worden, sagen wir pauschal, ›Gott‹ durch ›Vernunft‹. Aber selbst die Vernunft war im Grunde noch theologisch gedacht ...« (Frank, 1988, S. 21).

10 Lichtblau, 1992, S. 210.

11 Vgl. neben dem genannten Aufsatz von K. Lichtblau vor allem Scaff, 1989.

12 Weber stand in engerem oder weiterem Kontakt mit den ästhetischen Theorien von Georg Simmel, Stefan George, Georg Lukàcs, Ernst Bloch ebenso wie mit der »seltsame[n] unbürgerlichen Abenteurerwelt« (Weber, 1989. S. 384) der lebens- und sexualreformerischen Kreise um Otto Gross und – nicht zuletzt durch die Vermittlung seiner Frau – mit der feministischen Bewegung seiner Zeit.

13 In der Beschreibung dieser Kreise, die sie in ihrer Weber-Biographie gibt, stellt Marianne Weber einen direkten Zusammenhang mit der historischen Romantik her (»mit den Romantikern verwandt ...«, Weber, 1989, S. 373; vgl. hierzu Roth, 1989, S. XXIX. vgl. Lichtblau, 1992, S. 30 f. vgl. die verschiedenen Beiträge in Mommsen/Schwendtker, 1988).

14 Weber, 1978, S. 554.

15 Mit Blick auf die Kunst erklärt Weber: »Die Kunst konstituiert sich ... als ein Kosmos immer bewußter erfaßter selbständiger Eigenwerte« (Weber, 1978, S. 555). Noch deutlicher fällt seine Anerkennung der Eigenart und Eigenständigkeit einer anderen Art von Rationalität bei der religiösen Brüderlichkeitsethik aus (vgl. Weber, 1978, S. 569).

16 Dies gilt z. B. für die Entwicklungstendenz der »Verunpersönlichung« (S. 545), womit Weber die Beobachtung bezeichnet, daß das brüderliche Liebesgebot sich immer weiter von der naturwüchsigen Brüderlichkeit entfernt und vom wirklichen Gegenüber immer stärker abstrahiert bis zur völligen Gleichgültigkeit des realen Anderen in der Menschen- ja sogar Feindesliebe (S. 543–546). Weber betont, daß diese Tendenz der Entwicklungsrichtung moderner Rationalität im allgemeinen entspricht. Ein noch auffallenderes Beispiel bieten Webers Ausführungen zur Erotik. Obwohl Weber besonders die Erotik in ihrer Naturhaftigkeit als »Pforte zum irrationalsten und dabei realsten Lebenskern gegenüber den Mechanismen der Rationalisierung« bezeichnet hat, nimmt doch auch und gerade die Erotik an der historischen Entwicklung von Sublimierung und Entnaturalisierung teil. Ausdrücklich stellt Weber die Erotik »in die universellen Zusammenhänge der allgemeinen Rationalisierung und Intellektualisierung der Kultur« hinein (S. 558).

17 Habermas, 1981b, Bd. 1, S. 231.

18 Lefebvre, 1978, S. 246.

19 Habermas, 1981 b, Bd. 1, S. 345.

20 Weber, 1978, S. 555; 561.

21 Scaff, 1989, S. 104.

22 Scaff, 1989, S. 112.

23 Nachdem »Sprache, Kunst, Dichtung, Philosophie, die Religionen, aber ebenso auch Dokumentationen persönlichen Lebens« als Kompensationsinstanzen ihre Glaubwürdigkeit längst weitgehend verloren haben, ist Joachim Ritter in den sechziger Jahren mit der These hervorgetreten, daß weniger die genannten Bereiche selbst, sondern statt ihrer jene Wissenschaften, die sie zum Gegenstand haben, also die Geisteswissenschaften, Kompensationsfunktionen in der modernen Gesellschaft übernehmen (Ritter, 1974, S. 120). Verständlich wird diese einigermaßen absurde Idee bestenfalls auf dem Hintergrund der Debatten um Sinn und Wert der Geisteswissenschaften, in denen ihre Existenzberechtigung zunehmend unter Rechtfertigungsdruck geraten ist. Im Ambiente bildungs- und berufspolitischer Auseinandersetzungen, in denen diese Auffassung zuerst artikuliert wurde, erfreut sich Ritters These mindestens im Lager seiner Nachfolger bis in die Gegenwart hinein einiger Beliebtheit.

24 Ritter, 1971, Sp. 558.

25 Marquard, 1986, S. 105.

26 Ritter, 1974, S. 32.

27 Lasch, 1977, S. 8; Zaretsky, 1965, S. 65. Thomas Luckmann macht auf den tiefgreifenden Positions- und Funktionswandel aufmerksam, den die Familie damit vollzieht. Sie entwickelt sich von einer Institution des »sozialen Systems« zu einer Instanz des »kulturellen Systems«, denn die moderne westliche Familie »ist nicht so sehr eine Schicksalsgemeinschaft, nicht so sehr eine vollentwickelte soziale Lebensform als vielmehr eine Gefühls- und Persönlichkeitsgemeinschaft« (Luckmann, o. J., S. 204).

28 Horkheimer, 1988, S. 420 f.

29 Ebd.

30 Ebd.

31 So Odo Marquards Bezeichung vgl. Marquard, 1986, S. 105.

32 Das Adjektiv »intim« ist notwendig, um die familiäre Privatphäre von der ökonomischen Sphäre zu unterscheiden, die gleichfalls als privat bezeichnet wird; vgl. Habermas, 1976, S. 73 f.

33 Weber, 1978, S. 561.

34 Marcuse, 1965, S. 63.

35 Siehe oben S. 11.

36 So Habermas' These in seiner Untersuchung zum Strukturwandel der Öffentlichkeit.

37 Vgl. Habermas, 1976, S. 65 ff.

38 Bürger, 1974, S. 66.

39 Über den grundsätzlich ›holistischen‹ Charakter der Kunst ist viel geschrieben worden; »Primär an Kunstwerken finden sich die lebensweltlichen, Selbst und Welt verklammernden, also holistischen Erfahrungen (…) verobjektiviert…« (Früchtl, 1991, S. 157).

40 Vgl. Hausen, 1976.

41 Simmel, 1985, S. 178.

42 Simmel, 1985, S. 177 f.

43 Scheffler, 1908, S. 22 f.

44 Habermas, 1972, S. 192.

45 Hoffmann, 1977, S. 378 f.

46 Jeffrey, 1972; Klinger, 1990 b.

47 Vgl. Ortner, 1974, S. 67–87.

48 Schiller, o. J., S. 263.

49 Eberle, 1984, S. 59.

50 Habermas, 1972, S. 192.

51 Ritter, 1974, S. 153; vgl. Simmel, 1957, S. 143.

52 Über die Verklammerung von Naturschönem und Kunstschönem vgl. Adorno, 1984. S. 103.

53 Schmitt 1984, S. 19.

54 Beck, 1986, S. 19.

55 J. Ritter hat das ja auch unumwunden zum Ausdruck gebracht; siehe oben S. 19f.

56 Marquard, 1962, S. 233. Ganz ungetrübt und unproblematisch erscheint »die Kunst… im nachmetaphysischen Zeitalter als deren [der Metaphysik, C.K.] legitime[r] Statthalter« bei Früchtl, 1991, S. 164.

57 Taylor, 1989, S. 457.

58 Taylor, 1989, S. 457.

59 Taylor, 1989, S. 457.

60 Taylor, 1989, S. 458; vgl. S. 424/425

61 Vgl. Frisby, 1984, S. 16.

62 Habermas, 1981 a, S. 457; vgl. S. 446.

63 Adorno, 1984, S. 78f.

64 Adorno, 1984, S. 65.

65 Adorno, 1984, S. 39.

66 Bürger, 1974, S. 68.

67 Sexualität wird zur »Chiffre der Individualität«, vgl. Foucault, 1983, S. 174, 185.

68 Vgl. z. B. Olsen, 1985, S. 835–864. Von Habermas' Auffassung der Verrechtlichung der Familie im Kontext seiner kulturpessimistischen Thesen zur »Kolonisierung der Lebenswelt« ist diese Aussage insofern

unterschieden, als ich die Ausdehnung moderner Gerechtigkeits- und Gleichheitsprinzipien auf den sozialen Binnenraum der Familie als Emanzipationsfortschritt betrachte und nicht als »Kolonisierung« durch diesem Bereich nicht angemessene Prinzipien, wie es Habermas nahelegt. Seine Behauptung, daß in diesen Sphären der Lebenswelt *vor aller* Verrechtlichung Normen und Handlungskontexte [bestehen], die funktional notwendig auf Verständigung als Mechanismus der Handlungskoordinierung angelegt sind« (Habermas, 1981 b, Bd. 2, S. 541), läßt übersehen, daß die in diesem Bereich stattfindende »Verständigung« schon seit jeher durch Rechtsprinzipien und vor allem auch durch gesellschaftliche Machtverhältnisse strukturiert ist. Habermas' Lebensweltkonzept suggeriert dagegen dieselbe Art von »Naturwüchsigkeit« und Exterritorialität der Familie gegenüber gesellschaftlichen Normen und politischen Entscheidungen, wie sie in den hier diskutierten Denkmodellen, zumal beim Kompensationskonzept, zugrunde gelegt ist.

69 Mannheim, 1984, S. 86.

70 Mannheim, 1984, S. 86.

71 Brunkhorst, 1985, S. 488.

72 Ebd.; vgl. Welsch, 1990, bes. S. 56 -59.

73 Simmel, 1983 a, S. 152.

74 Ebd.

75 Ebd.

76 Adorno, 1984, S. 53.

77 Bloch, 1977, S. 250.

78 Bloch, 1977, S. 249 (Hervorheb. C. K.); vgl. Marcuse, 1977, S. 52 f.: »... die Kunst ist auch Versprechen der Befreiung. Es erscheint im Werk als eine Qualität der ästhetischen Form ... sie ist der etablierten Realität abgerungen: sie beschwört die mögliche Bewältigung der Gewalt, den Schein der Befreiung. Nur den Schein: die Einlösung des Versprechens steht nicht bei der Kunst.«

79 Marcuse, 1980, S. 54; vgl. Marcuse, 1982.

80 Marcuse, 1980, ebd.

81 Seel, 1985, S. 331.

82 Siehe oben S. 35.

83 Dies gilt unbeschadet einer unterschiedlich starken Akzentuierung dieser lebens- bzw. gesellschaftsreformerischen Komponenten zwischen verschiedenen unter dem Oberbegriff Avantgarde zusammengefaßten Bewegungen; vgl. dazu Hesse, 1991. S. 42 f.

84 Vgl. z. B. Göttner-Abendroth, 1982; Böhme, 1989; Hermand / Müller, 1989; Bigwood, 1993.

85 Gaßner / Kopanski / Stengel, 1992, S. 7 (Einleitung der Herausgeber).

86 Huyssen, 1986, S. X; vgl. S. 34; vgl. Groys, 1988.

87 Hewitt, 1993, S. 65 f.

88 Hewitt, 1993, S. 67.

89 Vgl. Simmel, 1983 a, S. 152; siehe oben S. 38 f.; Adorno, 1984, S. 39; siehe oben S. 34.

90 Seel, 1985, S. 24.

91 Adorno sieht sich genötigt, seine Hoffnung auf eine im Ästhetischen verankerte Utopie der Versöhnung jedesmal im selben Atemzug zu widerrufen, in dem er sie ausspricht. Unablässig kreist seine »Ästhetische Theorie« um diesen aporetischen und paradoxen Gedanken: »Zentral unter den gegenwärtigen Antinomien ist, daß Kunst Utopie sein muß und will und zwar desto entschiedener, je mehr der reale Funktionszusammenhang Utopie verbaut; daß sie aber, um nicht Utopie an Schein und Trost (oder Terror, C. K.) zu verraten, nicht Utopie sein darf... Durch unversöhnliche Absage an den Schein von Versöhnung hält sie diese fest inmitten des Unversöhnten...« (S. 55). Adorno bekennt, daß dieser Balanceakt einem »Münchhausenkunststück« (S. 41) gleichkommt, bzw. daß Kunst sich »der Allergie gegen sich selbst« (S. 60) nähert.

92 Habermas, 1973, S. 350; Habermas, 1981a, S. 457 ff.

93 Henrich, 1966, S. 15.

94 Henrich, 1966, S. 14.

95 Vgl. Lyotard, 1988, S. 193–203; Lyotard, 1987, S. 251–274.

96 Hesse, 1991, S. 166.

97 Seel, 1985, S. 329.

98 Seel, 1985, S. 330. Auffallend häufig sind die reflexiven Funktionsbestimmungen des Ästhetischen: wie z. B. Kunst diene der »Erfüllung des Verlangens nach Verlangen« (S. 332) oder der »Möglichkeit einer mit der eigenen Erfahrung experimentierenden Erfahrung« (S. 69). »Das ästhetische Interesse ist eines an der Erfahrung um der Erfahrung willen [...] Darin liegt die Aufforderung, sich der Möglichkeiten der Freiheit unter den Bedingungen der je historischen Gegenwart in distanzierender Vergegenwärtigung zu besinnen« (S. 329).

99 Habermas, 1981 a, S. 461.

100 Habermas, 1981 b, Bd. 1. S. 329.

101 Habermas, 1981 a, S. 453.

102 Welsch, 1990, S. 168.

103 Siehe oben S. 31 f.

104 Habermas, 1973, S. 348.

105 Offensiv vertreten und begrüßt wird das von konservativen Theoretikern wie z. B. Hermann Lübbe vgl. Lübbe, 1992, bes. Kap. 2.1.

106 Zusammenfassend dazu siehe unten S. 53.

107 Vgl. Siemons, 1993.
108 Siehe oben S. 18.
109 Siehe oben S. 39.
110 Habermas, 1985, S. 91.
111 Dubiel, 1986, S. 79.
112 Beck, 1986, S. 252.
113 Melucci, 1992, S. 74.
114 »Wenn nach Aristoteles Handeln sich im Bereich dessen abspielt, was in der Macht des Menschen liegt, so verweist dies auf die letztliche Unverfügbarkeit der Natur und bildet gerade so eine letzte, aber doch feste Orientierung« (Makropoulos, 1989, S. 116 f.).
115 Habermas, 1981 b, Bd. 1, S. 78.
116 Bürger, o. J., S. 200.
117 Bürger, o. J., S. 201.
118 Scaff, 1989, S. 220 f.
119 Melucci, 1992, S. 65.
120 Novalis, 1978, Bd. 2, S. 152.

2. Kapitel
Romantik, Neoromantik und die Politik der Kultur

1 Vgl. die die genannten Bewegungen zusammenfassende Darstellung von Conti, 1984.
2 Hinsichtlich der Neuen Sozialbewegungen sind die Ähnlichkeiten und Beziehungen zur Romantik inzwischen schon so oft thematisiert worden, daß Johannes Weiß mit Recht schreiben kann: »Die Behauptung, daß sich in den kulturkritischen und alternativ- oder gegenkulturellen Strömungen der Gegenwart in den westlichen Gesellschaften ein Wiederaufleben romantischer Kulturideale beobachten lasse«, kann mittlerweile als »Gemeinplatz in der akademischen und öffentlichen Diskussion« gelten (Weiß, 1986, S. 286). Es gibt tatsächlich fast keine, sei es kritische, sei es wohlwollende Auseinandersetzung mit den neuen Bewegungen, in der sich nicht wenigstens ein beiläufiger Hinweis auf die Ahnenschaft der Romantik fände. Es sei daher an dieser Stelle nur auf einige Arbeiten hingewiesen, die sich ausführlicher mit diesen Beziehungen befassen, wie z. B. Schimank, 1981; Nenning, 1983; Hennig, 1989; Brand, 1989, S. 125–139. Die Feststellung solcher Affinitäten beschränkt sich übrigens nicht nur auf den deutschen »Kulturkreis«. Ein Beispiel unter vielen für dieselbe Entdeckung im amerikanischen Kontext: Musgrove, 1974.
3 Kolakowski, 1974, S. 8.

4 Vgl. z.B. Krauss, 1980, S. 168–179; vgl. die programmatisch angelegte Textauswahl, die Helmut Schanze unter den Titel »Die andere Romantik« gestellt hat mit dem Ziel, »ihr kritisches, gesellschaftliches, intellektuelles Moment« sichtbar werden zu lassen. »›Andere Romantik‹ soll den aufklärerischen Kern der Romantik dokumentieren … Sie revidiert die Tradition dort, wo pseudohistorisch deren Sündenfall vorverlegt wird« (aus der Einleitung in die Textsammlung Die andere Romantik. Schanze, 1967, S. 17). vgl. Dischner / Faber, 1979.

5 »Angesichts der Diskrepanz zwischen Idee und Wirklichkeit«, wie sie sehr bald im Verlauf der bürgerlichen Revolution in Frankreich sichtbar wird, »hatte nicht die Idee sich blamiert, sondern die Wirklichkeit« (Peter, 1985, S. 24 (Einleitung).

6 Vgl. Vietta, 1983, S. 7–84.

7 Vgl. Behler / Hörisch, 1987.

8 Er ist indes nicht der erste, der das tut. Hugo Friedrich und Werner Vordtriede haben eine ähnliche Richtung eingeschlagen; vgl. dazu zusammenfassend Kurzke, 1992.

9 Bohrer, 1988a, S. 184.

10 Bohrer, 1989, S. 24.

11 Bohrer meldet infolgedessen Zweifel an der scharfen Unterscheidung zwischen Früh- und Spätromantik an (vgl. Bohrer, 1989, S. 61 u. ö.).

12 Zu den Romantikern als Entdeckern der Nüchternheit vgl. Bohrer, 1989, S. 27.

13 Bohrer, 1988a, S. 183.

14 Paz, 1984, S. 55.

15 Habermas, 1981b, S. 326.

16 Habermas, 1981b, S. 327.

17 Habermas, 1981b, S. 329.

18 Shklar, 1957, S. 96.

19 Shklar, 1957, S. 99.

20 Schmitt, 1925.

21 Kohn, 1967, S. 124.

22 In der Einleitung der von ihm herausgegebenen Anthologie, Peter, 1985, S. 66.

23 Peter 1985, S. 59.

24 Ebd.

25 Vgl. z.B. Rosenblum, 1987.

26 Vgl. z.B. Sayre/ Löwy, 1984, bes. S. 46.

27 Conti, 1984, S. 7.

28 Rieff, 1966, S. 241 (Hervorheb. C.K.).

29 Rieff, 1966, S. 242 f.

30 Shklar, 1957, S. 96; siehe oben S. 70.

31 Ferry, 1985, S. 23.

32 Ferry, 1985, S. 24.

33 Touraine, 1985, S. 780 (Hervorheb. C. K.).

34 Eder, 1986, S. 354.

35 Roth, 1987, S. 497.

36 Eder, 1986, S. 335.

37 Ebd.

38 Stern, 1974. Im Vorwort zu dieser Paperbackausgabe von 1974 weist Stern darauf hin, daß die jüngste Welle der Jugendbewegung derselben Art der Kulturkritik verhaftet sei, die er unter dem Titel »cultural despair« durch die (zumal deutsche) Geschichte des neunzehnten und zwanzigsten Jahrhunderts hindurch verfolgt hat.

39 Im Hintergrund der »collective behavior«-Theorien stehen die in totalitäre Systeme mündenden Massenbewegungen des frühen zwanzigsten Jahrhunderts. »Während sich diese Art der Auffassung sozialer Bewegungen, als relativ spontaner Form kollektiven Handelns in den fünfziger Jahren konsolidierte, liegen ihre Wurzeln bereits in den dreißiger Jahren, nämlich in den erschreckenden Ereignissen, die damals den Zusammenbruch der industriellen Weltwirtschaft begleiteten« (Eyerman / Jamison, 1991, S. 10). Entsprechend negativ ist das Bild von Bewegungen, das diesem Ansatz zugrunde liegt: »... Collective-Behavior-Theoretiker haben sich darauf konzentriert, die Gründe der individuellen Beteiligung an sozialen Bewegungen zu erklären; indem sie Klagen und Wertvorstellungen als Reaktionen auf schnelle soziale Wandlungsprozesse (»strain«) betrachtet haben ... Alle Collective-Behavior-Theoretiker betonen die psychologische Belastung infolge von Zusammenbrüchen, die primitiven Formen der Kommunikation und die Flüchtigkeit der Zielsetzungen. Das alles impliziert ein unausgesprochenes Vorurteil gegen »collective behavior« als nichtrationale oder irrationale Reaktion auf Veränderung« (Cohen, 1985, S. 672). »Soziale Bewegungen wurden als potentiell gefährliche Formen nichtinstitutionalisierten kollektiven politischen Verhaltens begriffen, welches die Stabilität der etablierten Lebensweisen bedrohte ...« (Eyerman / Jamison, 1991, S. 10). Der »collective behavior«-Ansatz hat die soziologische Erforschung sozialer Bewegungen bis in die späten sechziger, also etwa bis zu dem Zeitpunkt, an der er durch eine neue Welle sozialer Bewegungen fragwürdig wurde, beherrscht.

40 Offe, 1986, S. 159 f.

41 Kraushaar, 1978, S. 38 f.

42 Kraushaar, 1978, S. 43.

43 In referierender Absicht Japp, 1986, S. 312 f.

44 Eder, 1986, S. 340.

45 Beck, 1986, S. 15.

46 Brand, 1989, S. 138.

47 Eder, 1982, S. 10.

48 Eder, 1982, S. 12 (Hervorheb. C. K.).

49 Offe, 1986, S. 159 f.

50 Münch, 1991, S. 21.

51 Behler, 1989, S. 9.

52 Schlegel, 1963, Bd. XVIII, S. 330; vgl. Behler, 1988, S. 66–85.

53 Novalis, 1978, Bd. 2, S. 744.

54 Novalis, 1978, Bd. 2, S. 745.

55 Timm, 1978, S. 90.

56 Schlegel, 1798/1980 a, S. 236. vgl. die Reich-Gottes-Losung der Jugendfreunde Hölderlin, Hegel und Schelling 1796 oder 1797.

57 Novalis, 1978, Bd. 2, S. 742.

58 Novalis, 1978, Bd. 2, S. 743.

59 »Das Zeitalter ist ... ein chemisches Zeitalter. Revoluzionen sind universelle, nicht organische, sondern chemische Bewegungen« (Schlegel, 1798/1980 a, S. 310 f.). Die Erwartung Schlegels richtet sich auf den Anbruch eines organischen Zeitalters in der Zukunft. Zum Konzept des Chemismus als Moment des Urteils, als objektiv gewordene Differenz, als zweitem Schritt im dialektischen Dreierschema vgl. Hegels Chemismus-Kapitel in der Logik bzw. Enzyklopädie.

60 Pikulik, 1979, S. 512. Hoffmann, 1967, Bd. IV, S. 16.

61 Hoffmann, 1967, Bd. IV, S. 16.

62 Schlegel, 1963, Bd. VII (1966), S. 489. Zur negativen Bewertung der Reformation als Ursprung des neuzeitlichen, zu den Revolutionen der Gegenwart hinführenden Denkens vgl. Greiffenhagen, 1986. S. 88–93.

63 Vgl. Beiser, 1992, S. 232–239.

64 Vgl. Franz von Baader über die Identität von Despotismus und Revolutionarismus in seinen sozialphilosophischen Aphorismen (Baader, 1854, S. 290–292).

65 Schlegel, 1798/1980 a, S. 242.

66 Diese Aussage gilt eher graduell als prinzipiell. Selbstverständlich haben neoromantische Tendenzen den gesamten Verlauf der letzten beiden Jahrhunderte mehr oder weniger latent begleitet. In Deutschland sind sie schon seit 1890 (also längst vor dem Ersten Weltkrieg und den auf ihn folgenden Revolutionen) in Erscheinung getreten, namentlich in der Bohème und in der Jugendbewegung. Auch in der Zeit nach dem zweiten Weltkrieg ist von einem Wiedererwachen der Romantik lange vor 1968 die Rede. Während wir heute die unmittelbare postmoderne Gegenwart als in einer besonders engen Affinität zur Romantik stehend

sehen, identifiziert etwa Judith Shklar den Existentialismus als Neoromantik und behauptet: »Obwohl die erste große Epoche der Romantik ein schmachvolles Ende genommen hat, hat die Romantik überlebt. Heute blüht das unglückliche Bewußtsein; es findet seinen Ausdruck im Existentialismus, in Philosophien der Selbsttranszendierung, im Geschichtspessimismus, im ästhetischen Anarchismus, im alten Individualitätskult und in der Verachtung der Massen. Tatsächlich ist es nicht übertrieben zu behaupten, daß das zweite große Zeitalter der Romantik begonnen hat« (Shklar, 1957, S. 107).

67 Wie sehr die utopischen Hoffnungen auf ein neues, aus der äußersten Zuspitzung der Verzweiflung geborenes Zeitalter in der Kulturkritik nach dem ersten Weltkrieg im Mittelpunkt des Interesses standen (besonders bei Ernst Bloch und Georg Lukács), zeigt Norbert Bolz im ersten Teil seiner Untersuchung, 1989.

68 Löwenthal, 1970, S. 9.

69 Ausführlicher zum Marxismus als Kulturbewegung siehe unten S. 94ff.

70 Eder, 1986, S. 350. Die traditionelle und neue linke Kritik der Produktionsverhältnisse erweitert sich nach 1968 rasch zur Kritik der Produktivkräfte, so daß statt des Kapitalismus das »Industriesystem« als ganzes in Zweifel steht. »Die Produktivkräfte haben in der Reflexivität von Modernisierungsprozessen ihre Unschuld verloren« (Beck, 1986, S. 17; vgl. z. B. Ullrich, 1979; Gorz, 1980).

71 Siehe oben Anm. 38.

72 Vgl. z. B. Morris Bermans Abschied vom Newtonschen Weltbild: Berman, 1984. Vergleichbare Visionen sind auch in der Phase der neoromantischen Bewegungen im ersten Jahrhundertviertel nicht selten, vgl. z. B. die Arbeiten des russischen Religionsphilosophen Nicolai Berdjajew.

73 Dem entspricht etwa Talcott Parsons' Definition von Romantizismus. Das »Wesen des Romantizismus« besteht nach Parsons in der »Ablösung der stärksten Gefühlswerte von den tatsächlichen Situationen, wie sie im Leben bestehen, und ihre Übertragung auf die Vergangenheit, die Zukunft oder eine ganz außerhalb des gewöhnlichen sozialen Lebens stehende Situation« (Parsons, 1964, S. 276).

74 Grosz, 1990, S. 340.

75 Derrida, 1986, S. 131–168; hier S. 145.

76 Derrida, 1986, S. 149.

77 Butler, 1990, S. 13.

78 Japp, 1986, S. 316.

79 Bäumer, 1905.

80 Vgl. Young, 1985, S. 173–183; vgl. Kristeva, 1982, S. 31–53. (die frz.

Fassung erschien 1979). In Kristevas großflächig angelegter Darstellung wird eine ältere Richtung der Frauenbewegung mit einem am Primat des Ökonomischen und Politischen orientierten Denken identifiziert, während die jüngere Richtung die Bedeutung der symbolischen Dimension entdeckt.

81 Vogel, 1986, S. 22, vgl. S. 46.

82 Ausdrücklich sei daran erinnert, daß dies nicht nur für die Frauenbewegung, sondern auch für alle anderen Sozial- bzw. Alternativbewegungen gilt: »Dieses Paradigma hängt genauso sehr von den Erfolgen politischer und ökonomischer Modernisierung ab wie von der Kritik an ihren unerfüllten Verheißungen und ihren unerwünschten Effekten« (Offe, 1987, S. 90). Entsprechendes gilt für Akteure; während nach älterer Auffassung sowohl im Hinblick auf die romantische Bewegung als auch auf spätere, in dieser Tradition stehende Kulturbewegungen angenommen wurde, daß deklassierte oder entwurzelte Personen und Gruppen die Träger dieser Art von Politik bilden, hat sich seit den sechziger Jahren gezeigt, daß solche Annahmen unzutreffend sind.

83 Es ist daher auch kein Zufall, daß die Rezeption und -kritik der historischen Romantik in den achtziger Jahren in diese Richtung geht; vgl. Behler, 1989, S. 43–59. Behler zeigt, daß die gegenwärtige Form der Romantikkritik, in deren Mittelpunkt »das Abirren ins Poetische, ins Dionysische« (S. 44) steht, der Vorwurf des fehlenden Praxisbezugs, der mangelnden Realitätstüchtigkeit, sich nicht gleich an der Frühromantik selbst entzündet, sondern sich am Primat der ästhetischen Rationalität in der postmodernen Theoriebildung stößt (S. 56).

84 Trotzkij, 1972, S. 165.

85 Trotzkij, 1972, S. 166.

86 Ebd.

87 Wie alle solche Periodisierungen sollte auch diese mit Vorsicht betrachtet werden. Mag sie in der Tendenz richtig sein, so gilt sie doch nicht uneingeschränkt. In revisionistischen Kreisen, etwa um Eduard Bernstein und Max Adler wurde schon lange vor dem Krieg das Kulturproblem des Sozialismus erkannt bzw. der Sozialismus als Kulturbewegung aufgefaßt. Die Differenz zwischen zwei Entwicklungsphasen kann genauso gut als Richtungskampf zwischen unterschiedlichen Strömungen der sozialistischen Bewegung aufgefaßt werden.

88 Fehér / Heller, 1986, S. 304.

89 Fehér / Heller, 1986, S. 306.

90 Ebd.

91 Fehér / Heller, 1986, S. 306. Die Bezeichnung Romantik / romantisch u. ä. kommt mit Bezug auf diese zweite Entwicklungsphase des Marxismus mehrfach vor: »der unschuldige, unreflektierte Rationalis-

mus war... einer Woge des Romantizismus gewichen«, S. 306; »romantische Neigungen«, S. 310; »die romantische Tradition der marxistischen Kulturbewegung«, S. 311.

92 Fehér / Heller, 1986, S. 307.

93 Fehér / Heller, 1986, S. 308.

94 Fehér / Heller, 1986, S. 307f (Hervorheb. C. K.).

95 Fehér / Heller, 1986, S. 306.

96 Fehér / Heller, 1986, S. 311.

97 Anderson, 1978, S. 111.

98 Anderson, 1978, S. 112.

99 Jay, 1984, S. 9.

100 de Man, 1929, S. 5.

101 de Man, 1929, S. 19 f.

102 de Man, 1929, S. 22.

103 de Man, 1929, S. 24.

104 Siehe oben S. 72.

105 Sartre, 1986, S. 138.

106 Sartre, 1986, S. 137.

107 Sartre, 1986, S. 138.

108 Besonders zum Aspekt des Verschweigens vgl. Behler, 1988, S. 219 f.

109 Kolakowski, 1977, S. 466.

110 Kolakowski, 1977, S. 468.

111 Vgl. Behler, 1988, S. 218.

112 Wieviel komplexer die Frage der Vorläuferschaft des marxistischen Totalitätskonzepts ist, stellt Martin Jay dar (Jay, 1984, S. 21–80).

113 Vgl. Larmore, 1987, S. 107; vgl. Barret-Kriegel, 1980, S. 155–165, S. 207–220.

114 Novalis, 1960, S. 236.

115 Vgl. Rosenblum, 1987, S. 34 ff.

116 Vgl. u. a. Kalivoda, 1970; Levin, 1974, S. 400–413; Gouldner, 1975, S. 337–340; Breines, 1977, S. 473–489; und – im Gegensatz zu seiner früheren Position – Löwy, 1979, S. 16; Wessell, 1979; Seidman, 1983, S. 87–100.

117 Vgl. z. B. Hunt, 1935; Picard, 1944; Evans, 1948; Evans, 1951; Alexandrien, 1979.

118 Vgl. Gluck, 1985, bes. S. 132 ff.; und die bereits Genannten: Löwy, 1979; Breines, 1977.

119 »Ernst Bloch's writings are probably the most important example of Marxist Romanticism in the 20th century« (Sayre / Löwy, 1984, S. 85); vgl. Fehér, 1977, S. 257.

120 Vgl. z. B. Hörisch, 1980, S. 397–414; Peter, 1987, S. 219–235; Habermeier, 1972, S. 164; Wellmer, 1985, S. 101f.

121 Vgl. z. B. Brunkhorst, 1981, S. 100–115; Löwy, 1979, S. 44 f.

122 Sayre/Löwy, 1984, S. 42 f.

123 Hennig, 1989, S. 13.

3. Kapitel
Die Wendung zum Subjekt als Individuum

1 Gusdorf, 1984, S. 17: »Das romantische Zeitalter ist unter psychologischen, moralischen, ästhetischen und religiösen Gesichtspunkten die Zeit der ersten Person, die Zeit des Ich« (»le temps du *je*« bezeichnenderweise nicht: »le temps du Moi«).

2 Schlegel, 1800/1980 b, S. 10.

3 Eichendorff, 1958, Bd. 4, S. 428 f.

4 Paz, 1984, S. 59.

5 Heidegger, 1961, S 141.

6 Heidegger, 1961, S. 143.

7 Frank, 1983 b, S. 248.

8 Blumenberg, 1965, S. 72.

9 Elias, 1976, S. LIII.

10 Blumenberg, 1974, S. 158 ff.

11 Besonders im Hinblick auf die Erfahrungen der beiden Weltkriege.

12 Münch, 1991, S. 15.

13 Vgl. Schlegel, 1800/1980 b, S. 15; vgl. Schleiermacher, 1978, S. 29 f. Dazu genauer Kap. 2.

14 Bohrer, 1988 a, S. 186.

15 Simmel, 1970, S. 95.

16 Simmel, 1970, S. 95.

17 Frank, 1986, S. 64.

18 Frank, 1986, S. 116.

19 Frank, 1991 a, S. 67 f.

20 Zitiert nach Frank, 1986, S. 67.

21 Individualität ist zu betrachten »als Fokus eines unhintergehbaren Pluralismus« (Rudolph, 1991, S. 8).

22 Kant, 1902, Bd. VII (1917): Anthropologie in pragmatischer Hinsicht (1798), § 1, S. 127.

23 Kant, 1902, Bd. V (1913): Kritik der praktischen Vernunft, 154 f. (S. 86 f.).

24 Kant, 1902, Bd. VI (1907): Metaphysik der Sitten, S. 223.

25 Fragwürdig erscheint daher die geläufige Vorstellung, daß die Romantik den Subjektivismus Fichtes radikalisiere oder überbiete (Skep-

tisch gegenüber dieser Auffassung äußert sich auch Manfred Frank, vgl.
Frank, 1991 b, Nachwort S. 449). Mag die Auseinandersetzung mit Fichte
für die Frühromantiker noch so wichtig gewesen sein, so geht *ihre* Art
der Radikalisierung der Subjektivität doch in eine ganz andere Rich-
tung als Fichtes Überbietung des Kantischen Ansatzes. Die Romantik
verfolgt den Weg der Individualisierung, den Fichte geradewegs ab-
schneidet. Daran kann auch die Tatsache nichts ändern, daß Fichte in
»Die Grundzüge des gegenwärtigen Zeitalters« aus den Jahren 1804/5
(Fichte, 1971, Bd. VII, S. 69) eine Art verbaler Verbeugung vor dem
»Stichwort von ... schöner und liebenswürdiger Individualität« macht.
Fichte versucht darzulegen, daß seine »unbedingte Verwerfung aller
Individualität« mit dem positiven Gehalt »ideale(r) Individualität,
oder, wie es richtiger heisst, ... Originalität« durchaus vereinbar sei.
Allerdings kann er kaum plausibel machen, woher es denn eigentlich
kommen soll, daß – wie er nun meint zugestehen zu müssen – »die Eine
ewige Idee in jedem besonderen Individuum ... sich durchaus in einer
neuen, vorher nie dagewesenen Gestalt zeige«. Denn nach wie vor beharrt Fichte darauf, daß von der Seite der »sinnlichen Natur« keinerlei
Beitrag dazu ausgehen darf. Er wiederholt und bekräftigt vielmehr
seine Überzeugung, daß die sinnliche Individualität »vernichtet« werden müsse. Da die »Eine ewige Idee« aber doch eben die »Eine ewige
Idee« ist, also genau das, was in allen Subjekten unterschiedslos dasselbe
ist, bleibt die Frage offen, woraus die Unterschiedlichkeit, die geprie-
sene Originalität des Individuellen resultieren soll; abgesehen davon ist
gar nicht einzusehen, worin in Fichtes Denkhorizont der Wert und die
Bedeutung solcher Individualität in der Erscheinungsweise der einen
und ewigen Idee überhaupt bestehen kann. Fichtes Konzessionsbereit-
schaft gegenüber der »schönen und liebenswürdigen Individualität« ist
kaum mehr als ein rhetorisches Manöver zu dem Zweck, nichts, kein
Konzept, das seinen Lesern überzeugend oder anziehend vorkommen
könnte, als mit seinem System inkompatibel erscheinen zu lassen. Es ist
kein der Sache selbst äußerlicher Umstand, daß jeder seriöse Vorstoß in
Sachen Individualität sich der »sinnlichen Natur« zuwenden muß. Individualität ohne Sinnlichkeit und Endlichkeit bleibt der Versuch einer
Quadratur des Kreises.

26 Fichte, 1971, Bd. IV, S. 254.

27 Indes ist auch Kants Sprachgebrauch nicht ganz konsistent. Zuweilen gilt ihm die Person als gleichbedeutend mit der Personalität und
als die zurechnungsfähige nicht-empirische Seite des Subjekts, zuweilen stellt er Person und Personalität einander als empirische und intelli-
gible Seite gegenüber; ähnlich auch das Oppositionspaar Mensch und
Menschheit.

28 Fichte, 1971, Bd. IV, S. 254, 255.

29 Fichte, 1971, Bd. IV, S. 255.

30 Fichte, 1971, Bd. IV, S. 255.

31 Hegel, 1970, Bd. 2, S. 425.

32 »Das aus allen Bindungen gelöste Subjekt steht an der für Gott vorgesehenen Stelle; es nimmt gegenüber der Welt eine Stellung ein, die dem Bild der Gottheit zukommt« (Taylor, 1989, S. 315; vgl. Craig, 1987, S. 157 f., S. 165 f.).

33 Freudenthal, 1982, S. 160.

34 Simmel, 1970, S. 79.

35 Simmel, 1970, S. 79 f.

36 Zum Kreis derer, die Schleiermacher zur Entwicklung seiner Position angeregt haben, zählt Friedrich M. Schiele in seiner Einleitung zu Schleiermachers »Monologen« neben Friedrich Schlegel vielleicht nicht zufällig zwei Frauen, Henriette Herz und Eleonore Grunow (Schleiermacher, 1978, S. XXIV).

37 Schleiermacher, 1846, S. 59 (Hervorheb. C. K.).

38 In seinen Spinoza-Studien von 1793/94 hatte Schleiermacher selbst noch vom Wahn der Individualität gesprochen.

39 Deutlicher und ausführlicher als an dieser Stelle hat Schleiermacher sich in den »Grundlinien einer Kritik der bisherigen Sittenlehre« (1803, 1834) mit Kant und Fichte auseinandergesetzt (Schleiermacher, 1846, vgl. bes. S. 61 ff.)

40 Schleiermacher, 1978, S. 29 (das Zitat folgt der im Apparat angegebenen dritten Ausgabe des Textes von 1822).

41 Schleiermacher, 1978, S. 30.

42 Novalis, 1978, Bd. 2: Das philosophisch-theoretische Werk, S. 163.

43 Novalis, 1978, Bd. 2, S. 209.

44 Novalis, 1978, Bd. 2, S. 416.

45 Novalis, 1978, Bd. 2, S. 415.

46 Novalis, 1978, Bd. 2, S. 167.

47 Novalis, 1978, Bd. 2, S. 335; vgl. Novalis' Überlegungen zum Verhältnis von Stoff und Form bzw. von absolutem und empirischen Ich in den Fichte-Studien, Novalis, 1978, Bd. 2, S. 30 f.

48 Schleiermacher, 1978, S. 31 (das Zitat folgt wiederum der im Apparat angegebenen dritten Auflage).

49 Horkheimer / Adorno, 1971, S. 12; vgl. Taylor, 1978, S. 40.

50 Vgl. zu ähnlichen Ansätzen beim jungen Hegel und bei Hölderlin, Jamme, 1982/83, S. 191–228; Weiß, 1986, S. 288.

51 Horkheimer / Adorno, 1971, S. 3.

52 Wilkening, 1979, S. 255.

53 Wilkening, 1979, S. 266.

54 Simmel, 1970, S. 91 f.

55 Taylor, 1989, S. 368–390; vgl. Taylor, 1978.

56 Taylor, 1978, S. 30.

57 Taylor, 1978, S. 33.

58 Taylor, 1989, S. 390.

59 Taylor, 1989, S. 375 f.

60 Gusdorf, 1984, S. 312.

61 Gusdorf, 1984, S. 314.

62 Frank, 1986, S. 118.

63 Frank, 1986, S. 120.

64 Theunissen, 1982, S. 1 und 6.

65 Theunissen, 1982, S. 7.

66 Theunissen, 1982, S. 8, Anm. 7.

67 Frank, 1986, S. 16; vgl. Frank, 1989, S. 127.

68 Hegel, 1970, Bd. 14, S. 131.

69 Habermas, 1985, S. 31.

70 Schleiermacher, 1846, S. 62.

71 Frank, 1983 b, S. 116.

72 Auch die Zeit ist eine Weise der Dezentrierung des Subjekts: »zeitlich ist, was sein Sein nicht in sich, sondern in einem anderen hat, für das
die gleiche Bedingung gilt … So löst sich die vermeintliche Instanta-
neität oder gar Ewigkeit des Selbst zugunsten einer Kontinuität von Momenten … Die Zeit ist nicht mehr (nur) Thema des Bewußtseins, sie
dringt ein in dasselbe und zersetzt es in einen Fluß (Frank 1991 b, Nachwort, S. 482).

73 Lacan, 1991 a, S. 124.

74 Lacan, 1991 b, S. 15.

75 Lacan, 1991 b, S. 16. Lt. Lacan geht die Formulierung *Je est un
autre / Ich ist ein anderer* auf Rimbaud zurück: »die Dichter, die bekanntlich nicht wissen, was sie sagen, sagen trotzdem die Dinge immer vor
den anderen« (Lacan, 1991 b, S. 14).

76 Braidotti, 1991, S. 35.

77 Siehe oben S. 114.

78 Bruder, 1993, S. 140.

79 Schelling, 1978, 4. Hauptbd., 3. unveränderter Nachdruck der
1927 erschienenen Auflage, S. 387.

80 Frank, 1991a, S. 44.

81 Vgl. Foucault, 1983, S. 122.

82 Schimank, 1985, S. 452.

83 Dies gilt besonders im Hinblick auf die Vermittlung zwischen Romantik und Psychoanalyse in Gestalt von Carl Gustav Carus (Carus,
1860; vgl. Marquard, 1987, S. 163; Gusdorf, 1984, S. 300).

84 Vgl. Menninghaus, 1987; vgl. Frank, 1980, S. 28; vgl. Rorty, 1989, S. 7, S. 52 f.

85 Thiele, 1990, S. 28.

86 Georg Simmel, 1983 a, S. 152, zitiert nach Frisby, 1984, S. 19.

87 Nietzsche, 1967, Bd. 1 (1980), S. 28.

88 Hörisch, 1980, S. 399.

89 Hörisch, 1980, S. 403.

90 Bohrer, 1988 b, S. 165.

91 Bohrer, 1988 b, S. 180.

92 Bohrer, 1988 b, S. 169.

93 Kamper, 1981, S. 71.

94 Kamper, 1981, S. 72.

4. Kapitel
Die Wendung zur Ästhetik: Das Subjekt als Künstler –
der Künstler als Genie

1 Einschränkend ist vorauszuschicken, daß hier nicht der Versuch unternommen werden soll, die Kunstauffassung und die ästhetische Theorie der Romantik in ihrem ganzen Reichtum darzustellen; es geht lediglich um die in diesem Rahmen entwickelte Konzeption von Subjektivität.

2 Beiser, 1992, S. 231.

3 Benjamin, 1980, S. 114.

4 Friedrich Schlegel, Vorlesungen Windischmann, zitiert nach Benjamin, 1980, S. 63.

5 Es kann wenig Zweifel daran bestehen, daß Jochen Schmidt recht hat, diese Leistung vor allem Herder zuzusprechen (Schmidt, 1985, Bd. 1, S. 129).

6 Adorno, 1984, S. 254 (Hervorheb. C. K.).

7 Adorno, 1984, S. 255.

8 Vgl. Schmidt, 1985, Bd. 1, S. 129 f.; vgl. Taylor, 1989, S. 377 f.

9 In seiner Kritik der Urteilskraft bezeichnet Kant das Genie als Talent und das Talent als Naturgabe, als »angeborenes produktives Vermögen des Künstlers, (das) selbst zur Natur gehört« (Kant, 1902, Bd. V (1913), Kritik der Urteilskraft, § 46, 181, S. 307); »das Genie (ist) ein Günstling der Natur« (Kant, 1902, Bd. V (1913), Kritik der Urteilskraft, § 49, 200, S. 318).

10 Johann Georg »Sulzer griff in seiner 1771–1774 erstmals erschienenen ›Allgemeinen Theorie der schönen Künste‹, die eine lexikalische Summe der zeitgenössischen Ästhetik ist, die Vegetations-Metapher auf

und verband sie ... mit dem Moment des Unbewußten« (Schmidt, 1985, Bd. 1, S. 133). Die dunklen, chaotischen Seiten des Unbewußten betont besonders Jean Paul in seiner »Vorschule der Ästhetik«.

11 Schelling, 1977, Bd. 2, S. 616.

12 Schelling, 1977, Bd. 2, S. 617.

13 Frank, 1991 b, Nachwort S. 466.

14 Frank, 1991 b, Nachwort S. 476.

15 Frank, 1991 b, Nachwort S. 474.

16 Vgl. Frank, 1989, S. 127.

17 Edward Young, Gedanken über die Original-Werke (1760), zitiert nach Schmidt, 1985, Bd. 1, S. 132.

18 Schleiermacher an Henriette Herz am 3. Mai 1799. In: Schleiermacher, 1860/1974, S. 223 f.

19 Schlegel, 1983, S. 138.

20 Schlegel, 1983, S. 139 f.

21 Rudolph, 1991, S. 67.

22 Vgl. Welsch, 1990, S. 168.

23 Schlegel, 1800/1980 b, S. 12.

24 Schlegel, 1800/1980 b, S. 15.

25 Schlegel, 1963, Bd. 2 (1967), Abt. 1, S. 312.

26 Die »Rede über die Mythologie« bildet einen Teil des Gesprächs über die Poesie. In: Schlegel, 1963, Bd. 2 (1967), Abt. 1: Charakteristiken und Kritiken I (1796–1801), S. 320.

27 Schlegel, 1963, Bd. 2 (1967), Abt. 1, S. 312.

28 Frank, 1983 a, S. 26.

29 Schelling, 1977, 3. Hauptbd., S. 465.

30 Schelling, 1977, 3. Hauptbd., S. 467.

31 Novalis, 1978, Bd. 2, S. 826.

32 Schelling, 1977, 3. Hauptbd., S. 434 f. Vgl. Schellings »System der gesamten Philosophie und der Naturphilosophie insbesondere« (das sog. Würzburger System) aus dem Jahre 1804; dazu Frank, 1989, S. 178).

33 Vgl. Frank, 1983 a, S. 30.

34 Schelling, 1977, 2. Hauptbd., S. 629.

35 Gadamer, 1975, S. 83.

36 Trotz des im Verlauf des zwanzigsten Jahrhunderts stetig weiter abnehmenden Sendungsbewußtseins von Kunst und Künstler stellt die Vision einer »Privatmythologie« eine heute immer noch oder gerade erst recht aktuelle Kategorie dar; für die bildende Kunst vgl. z. B. die Werke bzw. das Werkverständnis von Nikolaus Lang, Hannsjörg Voth u. a.

37 Hegel, 1970, Bd. 13, S. 94.

38 Hegel, 1970, Bd. 13, S. 94 und 95.

39 Vgl. Strohschneider-Kohrs, 1960, S. 215 ff.

40 Schmidt, 1985, Bd. 2, S. 200. Es ist verdienstvoll, daß Jochen Schmidt die Abstammung von Führeridee und Führerkult aus dem ästhetischen Geniebegriff darlegt. Überzeugend ist auch seine kritische Haltung gegenüber einem sich ausdrücklich unpolitisch, »rein geistig« gerierenden Genie- und Menschenbild, das er an den Beispielen Hermann Hesse und Ernst Robert Curtius nicht unverdient als »hilflose Überständigkeit« abkanzelt (Bd. 2, S. 205 ff.). Um so unverständlicher sind dann gelegentliche Rückfälle in einen gleichfalls »hilflosen« Antifaschismus, mit dem er den Nationalsozialismus »ideologischer Falschmünzerei im Namen eines sanktionierten kulturellen Erbes« zeiht (Bd. 2, S. 211). Schmidt selbst zeigt doch gerade, wie kontinuierlich diese Entwicklung ist, so daß so viel Falschmünzerei gar nicht im Spiel war. Die Art und Weise, in der »kulturelles Erbe« durch den Faschismus benutzt worden ist, weist viel mehr Folgerichtigkeit auf, als seinen Verteidigern bzw. uns allen lieb sein kann. Mutiger und vor allem nötiger als den Faschismus des *Mißbrauchs* am »kulturellen Erbe« zu überführen, wäre es, sich mit dessen *Mißbrauchbarkeit* und ihren Ursachen auseinanderzusetzen.

41 Dazu genauer s. u. Kap. 6.

42 Hegel, 1970, Bd. 13, S. 95.

43 Der Begriff des Genies »stellt die Ungleichheit zwischen den Menschen wieder her, den die … Aufklärung beseitigt hatte. Er teilt die Menschen in schöpferische und nachschaffende, in Genies und Durchschnittsmenschen« (Troeltsch, 1925/1981, S. 553).

44 Vgl. z. B. Crane, 1987. Während Crane zeigen möchte, daß der Trend seit Ende des Zweiten Weltkriegs bis in die Gegenwart wegführt vom sozialen Engagement, weg von Sinnvermittlung und menschlichen Werten und ihrem Ausdruck, und daß statt dessen formale Fragen der bildnerischen Darstellung in den Vordergrund treten und zum einzigen Inhalt und Ziel von Kunst erklärt werden, stellt sich im Verlauf ihrer Darstellung ein vielschichtigeres und widersprüchliches Bild her.

45 Novalis, 1978, Bd. 2, S. 294.

5. Kapitel
Die Wendung zu Gemeinschaft, Natur und Religion

1 Eichendorff, 1815, 15. Kap., S. 564.

2 Ludwig Tieck hier zitiert nach der Anthologie von Baxa, 1924, S. 484 f.

3 Novalis, 1978, Bd. 2, S. 732.

4 Fr. Schlegel im Jahre 1817 in einem heute verschollenen Manuskript zitiert nach der Einleitung »Die Idee der philosophischen Lehrjahre«, Schlegel, 1963, Bd. 18, S. XIII.

5 Seine Zeitgenossen haben sich ihre eigenen Gedanken gemacht über die vielen und überraschenden Wandlungen Friedrich Schlegels: »Es gehört Muth, feste Besonnenheit, tiefes Studium und reicher Sinn, vor allem aber die freieste Übersicht dazu, um sich in dieser an Widersprüchen, Verwicklungen, Seltsamkeiten, Verstecknissen und Unregelmäßigkeiten aller Art zusammengesetzten Natur zurechtzufinden, wo Gespenster, Dämonen und Genien durcheinanderwirren, die Lucinde und Karl der Große, Alarcos, Maria, Platon, Spinoza und Bonald ... Revolution und Hierarchie, in größter Abwechslung sich begegnen, und, was das Merkwürdigste ist, sich gegenseitig bestehen lassen! Denn Schlegel bei aller seiner Proteus-Wandelbarkeit, hat niemals eine seiner eignen Gestalten verworfen, sondern bis zuletzt für jede eine Berechtigung behauptet, und insofern mit allem Grunde, als in seinem Geiste wirklich ein lebendiger Zusammenhang alles dieses Mannigfaltigen war« (Galerie von Bildnissen aus Rahel's Umgang und Briefwechsel. Hg. v. K. A. Varnhagen von Ense. 1. Teil. Leipzig 1836, S. 226ff. Hier zitiert nach Wuthenow, 1975, S. 13). Und dennoch sind diese Wandlungen und Wanderungen Schlegels gar nichts so nur allein für ihn Typisches und Einmaliges, sondern sie ergeben sich immer wieder im Zusammenhang eines gesteigerten Individualitätsverständnisses.

6 Vgl. das berühmte Athenäumsfragment 216, in dem Schlegel die Französische Revolution, Fichtes Wissenschaftslehre und Goethes Wilhelm Meister als »die größten Tendenzen des Zeitalters« bezeichnet (Athenäum, 1798/1980, S. 232).

7 Barrès, 1925, S. 17.

8 Barrès, 1912, S. XVI.

9 Schleiermacher, 1958, S. 50.

10 Schleiermacher, 1958, S. 51 f.

11 Schleiermacher, 1958, S. 50.

12 Schleiermacher, 1958, S. 51. Etwas mißverständlich benutzt Schleiermacher den Terminus »Menschheit« also sowohl zur Bezeichnung des

von ihm kritisierten Standpunktes der Religionsverächter als auch zur Bezeichnung seiner eigenen Position.

13 Schleiermacher, 1958, S. 51.

14 Schleiermacher, 1958, S. 73.

15 Schleiermacher, 1958, S. 54.

16 Schleiermacher, 1958, S. 55.

17 Schelling, 1977, Bd. 4, S. 243.

18 Benjamin, 1980, S. 29. Benjamin stützt seine Aussagen weitgehend auf Fr. Schlegel.

19 So Benjamin wörtlich S. 30.

20 Benjamin, 1980, S. 31.

21 Benjamin, 1980, S. 55 (Hervorheb. C. K.).

22 Novalis, 1978, Bd. 1, S. 223 f.

23 Taylor, 1989, S. 301.

24 Taylor, 1978, S. 47.

25 Schleiermacher, 1958, S. 68.

26 Schleiermacher, 1978, S. 37.

27 Siehe oben S. 156.

28 Vgl. Rosenblum, 1987, S. 47.

29 Vgl. z. B. Kluckhohn, 1925.

30 Lukács, 1963, S. 79. Lukács erkennt zwar eine »sozialpsychologische« Zusammengehörigkeit der beiden Extreme, des »Rausch[s] des extremen Alleinseins im Subjektivismus« und des »Rausch[s] des extremen Sichaufgebens«, nicht jedoch ihre Selbigkeit.

31 Schmitt, 1925, S. 109. Denselben Sachverhalt beobachtet Alfred von Martin an der romantischen Religiosität: »Dem Romantiker liegt ... das Katholisieren von Natur nahe. Aber katholisch sein kann er nicht – er kann es nur werden, doch damit hört er auf Romantiker zu sein. Die religiöse Romantik vermag nur atmen in einem individuellen Enthusiasmus, der nie ein objektiv (also dogmatisch) Gegebenes anerkennt, der kein ›Gesetz‹ ertragen und nur in voller ›Freiheit‹ leben kann ... Die Romantik kann nur leben in einer Fülle mannigfachster Gestaltungen; wohl sucht sie dann immer wieder die über den Mannigfaltigkeiten schwebende ›Einheit‹, aber diese ›Einheit‹ darf wirklich nur eine schwebende sein und nicht etwa ein Absolutes, dem der Einzelne sich zu beugen hätte ... Wo objektive Maßstäbe normative Geltung gewinnen, wo eine göttliche Autorität geglaubt wird ... da ist die Romantik überwunden« (Martin, 1924, Bd. II, H. III, S. 373 f.).

32 Das Älteste Systemprogramm des deutschen Idealismus (1796/ 1797), hier zitiert nach Hegel, 1970, Bd. 1 (1971), S. 234 f.

33 Peter, 1985, S. 19, Einleitung; vgl. Simmel, 1970, S. 80.

34 Beiser, 1992, S. 227.

35 Beiser, 1992, S. 275.

36 Novalis, 1978, Bd. 2, S. 301. Mehr von einem religiösen Liebesbegriff her ist der Staat bei Franz von Baader gedacht.

37 »In unsern Zeiten haben sich wahre Wunder der Transsubstantiation ereignet. Verwandelt sich nicht ein Hof in eine Familie, ein Thron in ein Heiligthum, eine königliche Vermählung in einen Herzensbund« (Novalis, 1978, Bd. 2, S. 304).

38 Siehe oben Kap. 2, Exkurs zum Exkurs: Die Achse Romantik – Marxismus.

39 Kohn, 1967, S. 170.

40 Humboldt, 1980a, S. 69.

41 Humboldt, 1980a, S. 90.

42 Humboldt, 1980a, S. 109.

43 Humboldt, 1980a, S. 69.

44 Humboldt, 1980a, S. 65.

45 Humboldt, 1980a, S. 72.

46 Cassirer, 1961, S. 331.

47 Meinecke, 1976, S. 45.

48 Humboldt, 1980b, S. 569.

49 Vgl. außerdem Schellings mit Blick auf die Möglichkeit einer neuen Mythologie an die Zukunft gerichtete Forderung nach einem Geschlecht oder einer Gattung, die mehr wäre als »nur eine Zusammensetzung der Individuen, denn alsdann wäre sie ohne harmonische Zusammenstimmung«, sondern nach einem »Geschlecht, das Individuum wie Ein Mensch ist« (Schelling, 1977, 3. Hauptbd., S. 434f.). Schließlich hat diese Idee weit über die historische Romantik hinaus, aber eigentlich immer in einem romantischen Geist, in den nationalen Erweckungsbewegungen des 19. Jahrhunderts und darüber hinaus in der nationalstaatlichen Entwicklung außereuropäischer Länder im 20. Jahrhundert eine wichtige Rolle gespielt (vgl. Lemberg, 1964, S. 172; Kamenka, 1986, S. 599f.).

50 Schlegel, 1963, Bd. 13 (1964), S. 142 und S. 145 (Hervorheb. C. K.).

51 Novalis, 1978, Bd. 2, S. 145.

52 Novalis, 1978, Bd. 2, S. 247.

53 Rezension über Bonald, 1825, zitiert nach Baader, 1925.

54 Wie eng die Konzepte Staat, Natur und Kunst miteinander verbunden sind, zeigt sich z. B. bei Adam Müller, der den Staat einerseits als Natur, als Organismus auffassen will, andererseits gerade eben deswegen den Staat als Kunstwerk verstehen muß.

55 Meinecke, 1976, S. 424.

56 Meinecke, 1969, S. 46.

57 Meinecke, 1969, S. 46.

58 Meinecke, 1969, S. 49.

59 Cassirer, 1961, S. 336.

60 Cassirer, 1961, S. 336.

61 Cassirer, 1961, S. 336.

62 Vgl. Anmerkung 49.

63 Eksteins, 1990, S. 297.

64 Eksteins, 1990, S. 516 (Anm. 13); vgl. Enno Rudolphs von einer Heideggerkritik herkommende Analyse der Ethik des reinen Egoismus; Rudolph zeigt, wie eine bestimmte Art von Zuspitzung eines absoluten Individualismus ohne weiteres umschlägt in einen Kollektivismus, der kein Anderes kennt (Rudolph, 1991, S. 101).

65 Den Hinweis auf Schellings Überlegungen zu Leibniz und Spinoza verdanke ich Frank, 1986, S. 108 f.; die Anwendung auf den vorliegenden Zusammenhang habe ich selbst zu verantworten.

66 In der Paraphrase von Frank, 1986, S. 108 f.

67 Arendt, 1986, S. 714.

68 Humboldt, 1980 b, S. 569.

69 Humboldt, 1980 b, S. 576.

70 Vgl z. B. Schlegel, 1963, Bd. 13 (1964), S. 122.

71 Meinecke, 1969, S. 83 (Hervorheb. C. K.).

72 Humboldt, 1980 b, S. 569.

73 Schlegel, 1963, Bd. 13 (1964), S. 164.

74 Novalis, 1978, Bd. 2, S. 748.

75 Dahrendorf, 1987, S. 220 f.

6. Kapitel
Das Experimentum crucis am dunkelsten Punkt: Romantik, Faschismus und Moderne

1 Steiner, 1972, S. 38.

2 Viereck, 1961, S. 16.

3 Turner, 1975, S. 134.

4 Lyotard, 1987, S. 270.

5 Stern, 1974, S. XVII.

6 Stern, 1974, S. XVII.

7 Parsons, 1964, S. 281.

8 Vgl. Klinger, 1992 b.

9 In einer Veröffentlichung aus dem Jahre 1933 bezeichnet Paul Tillich den Nationalsozialismus unumwunden als »die gegenwärtig wichtigste Partei der politischen Romantik« (Tillich, 1933, S. 63). Die ideengeschichtliche Forschung der dreißiger und vierziger Jahre, die in ihrem

Bestreben, das Unbegreifliche verstehbar zu machen, auch noch die letzten Winkel der deutschen Geschichte und Geistesgeschichte nach allen nur denkbaren Vorläufern des Nationalsozialismus durchleuchtete, hat oftmals gemeint, bei der deutschen Romantik fündig zu werden. Vgl. z.B. die Beiträge zu dem Symposion, das unter dem Titel »The Romantic Movement in Europe in the First Half of the Nineteenth Century« von der American Historical Association 1940 in New York veranstaltet worden ist (veröffentlicht in: Journal of the History of Ideas, 1941). Die drei Beiträge − von Arthur O. Lovejoy, Goetz A. Briefs und Eugene N. Anderson − die sich mit der deutschen Romantik befassen, kommen alle darin überein, in ihr eine Quelle der nationalsozialistischen Ideologie zu sehen. Bezeichnend ist allerdings, daß die dafür angeführten Argumente beträchtlich voneinander abweichen.

10   Dahrendorf, 1968, S. 432.

11   Schoenbaum, 1966, S. 298.

12   Turner, 1975, S. 126.

13   Schoenbaum, 1966, S. XXIII f.

14   Burrin, 1986, S. 176.

15   Vgl. Herf, 1984.

16   Vgl. Parsons, 1964, S. 273.

17   So z.B. Organski, 1968, S. 33.

18   Moore, 1967, S. 441 f.

19   Sérant, 1960, S. 12.

20   Vgl. Zitelmann, 1989; Prinz / Zitelmann, 1991.

21   Vgl. z.B. Alber, 1989, S. 346−365; Matzerath / Volkmann, 1977, S. 86−102.

22   Ein anschauliches Beispiel dafür bietet die Arbeit von Klaus Vondung, dessen Bemühungen den Nationalsozialismus als politische Religion bzw. als Kult oder Pseudokult darzustellen, auf ein Hindernis stoßen: Hitlers ausdrückliche Erklärungen, daß der Nationalsozialismus kein Kult sei, sondern vielmehr auf modernen, nämlich wissenschaftlichen und letztlich sogar aufklärerischen Grundlagen beruhe. Vondung überwindet diese Schwierigkeit mit dem Hinweis darauf, daß diesen Aussagen Hitlers keinerlei Bedeutung zukomme, da Hitler bekanntlich ein Worte verdrehender Lügner gewesen sei. Diese Feststellung kann zwar keinem Zweifel unterliegen. Konsequent angewendet untergräbt sie jedoch Vondungs Unternehmen, den Kultcharakter des Nationalsozialismus aufzuzeigen, insofern als der Autor zu diesem Zweck darauf angewiesen ist, bestimmte in diese Richtung gehende verbale Äußerungen Hitlers und anderer nationalsozialistischer Führer, etwa ihre von religiösen Elementen durchsetzte Sprache usw. als Beleg anzuführen. Die eine Art von Aussagen als Lügen abzutun, eine andere dagegen der

Interpretation zugrundezulegen, setzt ein Präjudiz darüber voraus, welche Art von Aussagen Gültigkeit haben sollen und welche nicht. (vgl. Vondung, 1971, S. 42 ff.).

23 Die besondere Affinität zwischen Faschismus und Ästhetik ist natürlich auch schon von den Zeitgenossen zur Kenntnis genommen und zum Gegenstand von Untersuchungen gemacht worden; erinnert sei hier allen voran an Walter Benjamin. Unter den neuen Arbeiten seien ohne jeden Anspruch auf Vollständigkeit genannt: Mosse, 1976; Stollmann, 1976; Hinz u.a., 1979; Wolbert, 1982; Wertheimer, 1986; Inszenierung der Macht, 1987; Reichel, 1991; Golsan, 1992; Hewitt, 1993.

24 Rabinbach, 1979.

25 Rabinbach, 1979, S. 200.

26 Rabinbach, 1979, S. 200.

27 Rabinbach, 1979, S. 202.

28 Reichel, 1991, S. 44.

29 Reichel, 1991, S. 39.

30 Reichel, 1991, S. 46.

31 Vgl. dazu differenzierend Clair, 1983, S. 93–104.

32 Eines der frühesten Beispiele für diesen Interpretationsansatz vgl. Voegelin, 1938; vgl. Vondung, 1971; Sironneau, 1982.

33 Sontag, 1981, S. 112.

34 Silva, 1975, S. 156; vgl. Eksteins, 1990, S. 464 ff.

35 Lacoue-Labarthe, 1987.

36 Lacoue-Labarthe, 1987, S. 56.

37 Lacoue-Labarthe, 1987, S. 56.

38 Lacoue-Labarthe, 1987, S. 58.

39 Lacoue-Labarthe, 1987, S. 61; Lacoue-Labarthe bezieht sich hier teilweise zitierend auf Jean-Luc Nancys Begriff des Immanentismus.

40 Lacoue-Labarthe, 1987, S. 61.

41 Schelling, 1977, 3. Hauptbd., S. 434 f.

42 Benito Mussolini zitiert nach Silva, 1975, S. 172.

43 Joseph Goebbels zitiert nach Stollmann, 1976, S. 87 f.

44 Vgl. z. B. Arndt, 1978, S. 115.

45 Vgl. Warnke, 1987, S. 227–238 (hierzu besonders S. 230).

46 Bowie, 1990, S. 102.

47 Haug, 1987, S. 89.

48 Arndt, 1978, S. 119.

49 Arndt, 1978, S. 84.

50 Bericht über den Appell der politischen Leiter am 10. 9. 1937 im »Niederelbischen Tageblatt« vom 12. 9. 1937; hier zitiert nach Vondung, 1971, S. 191.

51 Jünger, 1978, S. 501. Jüngers früher aufgezeichnete Erinnerungen

an den Ersten Weltkrieg (In Stahlgewittern, 1920) kamen mit weniger Ideologisierungen und Poetisierungen dieser Art aus.

52 Elferding, 1987, S. 19.

53 Elferding, 1987, S. 39 f.

54 Erik Erikson zitiert nach Hesse, 1991, S. 242.

55 Haug, 1987, S. 86; Haug paraphrasiert damit im übrigen H. Weigerts Arbeit über die Wirkungssphären des Tafelbildes und der Skulptur aus dem Jahre 1942, den er im selben Zusammenhang auch zitiert.

56 Benn, 1968, S. 844.

57 Benn, 1968, S. 847.

58 Siehe oben S. 24.

59 Wenk, 1987, S. 111.

60 Wenk, 1987, S. 115.

61 Wolbert, 1982.

62 Aus dem Vorwort von A. Speer in Speer, 1978, S. 7.

63 Speer, 1969, S. 68.

64 Hier zitiert nach Arndt, 1978, S. 115. Vgl. Hitlers Rede auf der Kulturtagung des Reichsparteitages aus demselben Jahr; dieses Dokument ist wiederabgedruckt in: Hinz, 1984, S. 138 f.

65 Blumenberg, 1983, S. 25 f.

66 Vgl. dazu Vondung, 1971, S. 102 und weiter S. 75, 81 und 156.

67 Die Gestaltung der Lebensfeiern. Richtlinien herausgegeben vom Beauftragten des Führers, bearbeitet vom Amt für Volkskunde und Feiergestaltung. Berlin 1942. S. 6 und 7 (hier zitiert nach Vondung, 1971, S. 102.

68 Vgl. dazu genauer Kap. 1 dieser Untersuchung.

69 Schmitt, 1984, S. 24.

7. Kapitel
Romantik – und jetzt?

1 Vgl. Daniel Bells Invektiven gegen die subversive Wirkung der Kultur auf den Lebensstil der Mittelschichten (Bell, 1979, z. B. S. 103).

2 Marquard, 1973, S. 103.

3 Rorty, 1993, S. 72.

4 Diesen und verwandten Fragen näher nachgegangen ist Gamm, 1990, S. 94–130.

5 Lipovetsky, 1983, S. 118

6 Lipovetsky, 1983, S. 120.

7 Vgl. Campbell, 1989.

8 Vgl. Featherstone, 1991 b, Kap. 5: The Aesthetization of Everyday Life, S. 65–82; Bubner, 1989.

9 Für einen Überblick über die Bedeutung der ästhetischen Theorie für die allgemeine Theoriebildung der Postmoderne vgl. Carroll, 1987.

10 Welsch / Pries, 1991, Einleitung, S. 3 f.

11 The Foucault-Reader, 1984, S. 350.

12 Foucault, 1984, S. 136.

13 Shusterman, 1992, S. 243.

14 Honneth, 1991, S. 83.

15 Bell, 1990, S. 28; vgl. Elias, 1976, S. LIII; s. o. Kap. 3.

16 Scaff, 1989.

17 Gergen, 1991, S. 8.

18 Lacan, 1991b, S. 14 f.

19 Gergen, 1991, S. 8.

20 Bohrer, 1988 b, S. 171.

21 Baudrillard, 1985.

22 Rorty, 1993, S. 149.

23 Rorty, 1993, S. 149 f.

24 Rorty, 1993, S. 107.

25 Vester, 1986, S. 192.

26 Schimank, 1985, S. 457.

27 Bruder, 1993, S. 166.

28 Bruder, 1993, S. 165 f.

29 Vester, 1986, S. 199.

30 Vester, 1986, S. 200.

31 Seit Christopher Laschs einflußreichem Buch (Lasch, 1979) mit Vorliebe unter dem Titel Narzißmus; außerdem: Bolay / Trieb, 1988.

32 Siehe oben S. 227.

33 Gergen, 1991, S. 17: »... the final stage in this transition to the postmodern is reached when the self vanishes into a stage of relatedness. One ceases to believe in a self independent of the relations in which he or she is embedded.«

34 Buchdahl, 1978, S. 203; Melucci, 1980, S. 218.

35 Bruder, 1993, S. 140.

36 Dreitzel, 1976, S. 67.

37 Habermas, 1981 b, Bd. 1, S. 328.

38 Habermas, 1981 b, Bd. 1, S. 334

39 Habermas, 1981 b, Bd. 1, vgl. S. 327

40 Taylor, 1989, S. 416 f.

41 Vgl. z. B. Böhme, 1989, S. 9, S. 31 f., S. 42.

Literatur

Adorno, Theodor W., Ästhetische Theorie. Gesammelte Schriften Bd.7. Frankfurt 1984⁴.

Alber, Jens, Nationalsozialismus und Modernisierung. In: Kölner Zeitschrift für Soziologie und Sozialpsychologie. 41.Jg. 1989. H. 2. S.346–365.

Alexandrien, Sarane, Le socialisme romantique. Paris 1979.

Anderson, Perry, Über den westlichen Marxismus. Frankfurt 1978.

Arendt, Hannah, Elemente und Ursprünge totaler Herrschaft. München 1986.

Arndt, Karl, Architektur und Politik. In: Albert Speer, Architektur. Arbeiten 1933–1942. Mit einem Vorwort v. Albert Speer und Beiträgen von K. Arndt, G.F. Koch, L.O. Larsson. Frankfurt / Berlin / Wien 1978.

Athenäum. Berlin 1800. Fotomechan. Nachdruck Darmstadt 1980.

Athenäum. Des ersten Bandes zweytes Stück. Berlin 1798. Fotomechan. Nachdruck Darmstadt 1980.

Baader, Franz von, Sämtliche Werke. 1. Hauptabt. 5. Bd. Hg. durch einen Verein von Freunden des Verewigten, Franz Hoffmann et al. Leipzig 1854.

Baader, Franz von, Schriften zur Gesellschaftsphilosophie. Hg. v. Johannes Sauter. (= Die Herdflamme Bd.14). Jena 1925.

Barrès, Maurice, Le culte du moi II: Un homme libre. Nouvelle édition Paris 1912.

Barrès, Maurice, Scènes et doctrines du nationalisme. T. 1. Paris 1925.

Barret-Kriegel, Blandine, L'État et les ésclaves. Refléxions pour l'histoire des États. Paris 1980.

Baudrillard, Jean, Die fatalen Strategien. München 1985.

Bäumer, Gertrud, Was bedeutet in der deutschen Frauenbewegung »jüngere« und »ältere« Richtung? In: Die Frau. 12. Jg. H.6, März 1905.

Baxa, Jakob (Hg.), Gesellschaft und Staat im Spiegel deutscher Romantik. (= Die Herdflamme Bd.8). Jena 1924.

Beck, Ulrich, Risikogesellschaft. Auf dem Weg in eine andere Moderne. Frankfurt 1986.

Behler, Ernst, Studien zur Romantik und zur idealistischen Philosophie. Paderborn 1988.

Behler, Ernst, Unendliche Perfektibilität. Europäische Romantik und Französische Revolution. Paderborn 1989.

Behler, Ernst / Hörisch, Jochen (Hg.) Die Aktualität der Frühromantik. Paderborn 1987.

Beiser, Frederick C., Enlightenment, Revolution, and Romanticism. The Genesis of Modern German Political Thought 1790–1800. Cambridge/London 1992.

Bell, Daniel, Die Auflösung der Widersprüche von Modernität und Modernismus. In: H. Meier (Hg.), Zur Diagnose der Moderne. München/Zürich 1990.

Bell, Daniel, Die Zukunft der westlichen Welt. Kultur und Technologie im Widerstreit. Frankfurt 1979.

Benjamin, Walter, Der Begriff der Kunstkritik in der deutschen Romantik. Gesammelte Schriften. Hg. v. Rolf Tiedemann/Hermann Schweppenhäuser I.1. Werkausgabe Bd. 1. Frankfurt 1980.

Benn, Gottfried, Dorische Welt. Eine Untersuchung über die Beziehung von Kunst und Macht. Gesammelte Werke in acht Bänden. Hg. v. Dieter Wellershoff. Bd. 3. Wiesbaden 1968.

Berger, Peter/Brigitte Berger/Hansfried Kellner, Das Unbehagen in der Modernität. Frankfurt 1975.

Berman, Morris, Wiederverzauberung der Welt. Am Ende des Newtonschen Zeitalters. 2. überarb. Aufl. München 1984.

Bigwood, Carol, Earth Muse: Feminism, Nature and Art. Philadelphia 1993.

Bloch, Ernst, Das Prinzip Hoffnung. Gesamtausgabe in sechzehn Bänden. Bd. 5. Frankfurt 1977. Kap. 17.

Blumenberg, Hans, Das Fernrohr und die Ohnmacht der Wahrheit. Einleitung zu Galileo Galilei, Sidereus Nuncius. Frankfurt 1965.

Blumenberg, Hans, Säkularisierung und Selbstbehauptung. Frankfurt 1974.

Blumenberg, Hans, Wirklichkeitsbegriff und Wirkungspotential des Mythos. In: Terror und Spiel. Probleme der Mythenrezeption. (= Poetik und Hermeneutik Bd. 4). Hg. v. Manfred Fuhrmann. München 1983.

Böhme, Gernot, Für eine ökologische Naturästhetik. Frankfurt 1989.

Bohrer, Karl Heinz, Die Kritik der Romantik. Der Verdacht der Philosophie gegen die literarische Moderne. Frankfurt 1989.

Bohrer, Karl Heinz, Die Modernität der Romantik. In: Merkur. 42. Jg. H. 3/1988a. S. 179–198.

Bohrer, Karl Heinz, Nach der Natur. Über Politik und Ästhetik. München/Wien 1988b.

Bolay, Eberhard/Trieb, Bernhard, Verkehrte Subjektivität. Kritik der individuellen Ich-Identitat. Frankfurt/New York 1988.

Bolz, Norbert, Auszug aus der entzauberten Welt. Philosophischer Extremismus zwischen den Weltkriegen. München 1989.

Bonß, Wolfgang/Dubiel, Helmut, Zwischen Feudalismus und Post-

Industrialismus, Metamorphosen der Leistungsgesellschaft. In: Freibeuter 32/1987. S. 45–56.

Bowie, Andrew, Aesthetics and Subjectivity: From Kant to Nietzsche. Manchester/New York 1990.

Braidotti, Rosi, Patterns of Dissonance. A Study of Women in Contemporary Philosophy. Cambridge/Oxford 1991.

Braidotti, Rosi, The Politics of Ontological Difference. In: Teresa Brennan (Hg.), Between Feminism and Psychoanalysis. London/New York 1989. S. 89–105.

Brand, Karl-Werner, Neue soziale Bewegungen – ein neoromantischer Protest? Thesen zur historischen Kontinuität und Diskontinuität der »neuen sozialen Bewegungen«. In: Alternativen zur alten Politik? Neue soziale Bewegungen in der Diskussion. Darmstadt 1989. S. 125–139.

Breines, Paul, Marxism, Romanticism, and the Case of Georg Lukács: Notes on Some Recent Sources and Situations. In: Studies in Romanticism 16/1977.

Bruder, Klaus-Jürgen, Subjektivität und Postmoderne. Der Diskurs der Psychologie. Frankfurt 1993.

Brunkhorst, Hauke, Marxismus und Alternativbewegungen. In: Neue Rundschau 92. Jg. 1/1981.

Brunkhorst, Hauke, Romantik und Kulturkritik. Zerstörung der dialektischen Vernunft? In: Merkur 436. 39. Jg. 1985. H.6. S. 484–496.

Bubner, Rüdiger, Ästhetische Erfahrung, Frankfurt 1989.

Buchdahl, David, Religious Orientation of the Communal Counter-Culture: God, Nature, and Mysticism in Contemporary Society. In: Bhabagrahi Misra/James Preston (eds.), Community, Self and, Identity. Den Haag/Paris 1978. S. 187–208.

Bürger, Peter, Der Alltag, die Allegorie und die Avantgarde. Bemerkungen mit Rücksicht auf Joseph Beuys. In: Postmoderne: Alltag, Allegorie und Avantgarde. Hg.v. Christa und Peter Bürger. Frankfurt 1987.

Bürger, Peter, Theorie der Avantgarde. 2. Aufl. Frankfurt 1974.

Burrin, Philippe, Le fascisme: la révolution sans révolutionaires. Le débat 38/1986. S. 164–176.

Butler, Judith, Gender Trouble: Feminism and the Subversion of Identity. New York/London 1990.

Campbell, Colin, The Romantic Ethic and the Spirit of Modern Consumerism. Oxford/New York 1989.

Carroll, David, Paraesthetics: Foucault, Lyotard, Derrida. New York 1987.

Carus, Carl Gustav, Psyche. Zur Entwicklungsgeschichte der Seele. 1860².

Cassirer, Ernst, Freiheit und Form. Studien zur deutschen Geistesge-schichte. 4. Aufl. Darmstadt 1961.

Castaneda, Carlos, Die Lehren des Don Juan. Ein Yagui-Weg des Wissens. Frankfurt 1991[22].

Chytry, Josef, The Aesthetic State. A Quest in Modern German Thought. Berkeley 1989.

Clair, Jean, Das »Dritte Reich« als Gesamtkunstwerk des pervertierten Abendlandes. In: Der Hang zum Gesamtkunstwerk. Europäische Utopien seit 1800. Aarau / Frankfurt 1983[2].

Cohen, Jean L., Strategy or Identity: New Theoretical Paradigms and Contemporary Social Movements. In: Social Research 52/4, 1985. S.663–716.

Conti, Christoph (Pseudonym für Christoph Hennig), Abschied vom Bürgertum. Alternative Bewegungen in Deutschland von 1890 bis heute. Reinbek 1984.

Craig, Edward, The Mind of God and the Works of Man. Oxford 1987.

Crane, Diana, The Transformation of the Avant-Garde: The New York Art World 1940–1985. Chicago 1987.

Dahrendorf, Ralf, Fragmente eines neuen Liberalismus. Stuttgart 1987.

Dahrendorf, Ralf, Gesellschaft und Demokratie in Deutschland. Ungekürzte Sonderausgabe. München 1968.

de Man, Hendrik, Der Sozialismus als Kulturbewegung. (Arbeiterjugend-Verlag) Berlin 1929.

Derrida, Jacques, Sporen. Die Stile Nietzsches. In: Werner Hamacher (Hg.), Nietzsche aus Frankreich. Frankfurt / Berlin 1986. S.131–168.

Dieter Henrich, Konzepte. Essays zur Philosophie der Zeit. Frankfurt 1987.

Diotima, Der Mensch ist Zwei. Das Denken der Geschlechterdifferenz. Wien 1989.

Dischner, Gisela / Richard Faber (Hg.), Romantische Utopie – utopische Romantik. Hildesheim 1979.

Doderer, Klaus, Das englische und französische Bild von der deutschen Romantik. In: Germanisch-Romanische Monatsschrift. NF Bd.V. 1955. S.128–147.

Dreitzel, Hans Peter, Der politische Inhalt der Kultur. In: Alain Touraine / Hans Peter Dreitzel / Serge Moscovici u. a., Jenseits der Krise. Wider das politische Defizit der Ökologie. Frankfurt 1976. S.50–93.

Dubiel, Helmut, The Challenge to Progress. In: G.H. Lenz/K.L. Shell (Hg.): The Crisis of Modernity. Recent Critical Theories of Culture and Society in the United States and Germany. Frankfurt 1986. S.70–80.

Eberle, Mathias, Individuum und Landschaft. Zur Entstehung und Entwicklung der Landschaftsmalerei. 2. Aufl. Gießen 1984.

Eco, Umberto, Über Gott und die Welt. Essays und Glossen. München 1985³.

Eder, Klaus, A New Social Movement? In: Telos 52/1982. S. 5–19.

Eder, Klaus, Soziale Bewegung und kulturelle Evolution. Überlegungen zur Rolle der neuen sozialen Bewegungen in der kulturellen Evolution der Moderne. In: Die Moderne – Kontinuitäten und Zäsuren. Hg. v. Johannes Berger. (= Soziale Welt. Sonderband 4.) Göttingen 1986.

Eichendorff, Joseph von, Ahnung und Gegenwart (1815).

Eichendorff, Joseph von, Neue Gesamtausgabe der Werke und Schriften in vier Bänden. Hg. v. G. Baumann. Stuttgart 1958.

Eisenstadt, Shmuel N., Modernization: Protest and Change. Englewood Cliffs, NJ 1966.

Eksteins, Modris, Tanz über Gräben. Die Geburt der Moderne und der Erste Weltkrieg. Reinbek 1990.

Elferding, Wieland, Von der proletarischen Masse zum Kriegsvolk. Massenaufmarsch und Öffentlichkeit im deutschen Faschismus am Beispiel des 1. Mai 1933. In: Inszenierung der Macht. Ästhetische Faszination im Faschismus. Hg. von der NGBK (Neue Gesellschaft für Bildende Kunst). Berlin 1987.

Elias, Norbert, Über den Prozeß der Zivilisation. Soziogenetische und psychogenetische Untersuchungen. Bd. I. Frankfurt 1976.

Evans, David Owen, Le socialisme romantique. Pierre Leroux et ses contemporains. Paris 1948.

Evans, David Owen, Social Romanticism in France 1830–1848. Oxford 1951.

Eyerman, Ron / Jamison, Andrew, Social Movements: A Cognitive Approach. University Park 1991.

Featherstone, Mike et al. (eds.), The Body: Social Process and Cultural Theory. London / Newbury Park 1991 a.

Featherstone, Mike, Consumer Culture and Postmodernism. London / Newbury Park 1991 b.

Fehér, Ferenc, Am Scheideweg des romantischen Antikapitalismus. Typologie und Beitrag zur deutschen Ideologiegeschichte gelegentlich des Briefwechsels zwischen Paul Ernst und Georg Lukács. In: A. Heller / F. Fehér / G. Markus / S. Radnoti, Die Seele und das Leben. Studien zum frühen Lukács. Frankfurt 1977.

Fehér, Ferenc / Agnes Heller: Der Marxismus als kulturelle Bewegung. In: Kölner Zeitschrift für Soziologie und Sozialpsychologie. Sonderheft 27/1986. S. 302–313.

Ferry, Jean-Marc, Modernisation et consensus. In: Esprit. Changer la culture et la politique. no. 101/1985. S. 13–28.

Fichte, Johann Gottlieb, Fichtes Werke. Hg. v. Immanuel H. Fichte (Fotomechan. Nachdruck Berlin 1971).

Foucault, Michel im Gespräch. Von der Freundschaft als Lebensweise. Berlin 1984.

Foucault, Michel, Sexualität und Wahrheit. Bd. 1: Der Wille zum Wissen. Frankfurt 1983.

Foucault-Reader. Ed. by Paul Rabinow. New York 1984.

Frank, Manfred (Hg.), Selbstbewußtseinstheorien von Fichte bis Sartre. Frankfurt 1991 b.

Frank, Manfred (Hg.), Was ist Neostrukturalismus? Frankfurt 1983 b.

Frank, Manfred, Das Sagbare und das Unsagbare. Studien zur neuesten französischen Hermeneutik und Texttheorie. Frankfurt 1980.

Frank, Manfred, Der kommende Gott. Vorlesungen über die Neue Mythologie I. Teil. Frankfurt 1982; II. Teil: Gott im Exil. Vorlesungen über die Neue Mythologie. Frankfurt 1988.

Frank, Manfred, Dichtung als »Neue Mythologie«. In: Mythos und Moderne. Begriff und Bild einer Rekonstruktion. Hg.v. Karl Heinz Bohrer. Frankfurt 1983 a.

Frank, Manfred, Die Unhintergehbarkeit von Individualität. Reflexionen über Subjekt, Person und Individuum aus Anlaß ihrer »postmodernen« Toterklärung. Frankfurt 1986.

Frank, Manfred, Einführung in die frühromantische Ästhetik. Vorlesungen. Frankfurt 1989.

Frank, Manfred, Selbstbewußtsein und Selbsterkenntnis. Essays zur analytischen Philosophie der Subjektivität. Stuttgart 1991 a.

Freudenthal, Gideon, Atom und Individuum im Zeitalter Newtons. Zur Genese der mechanistischen Natur- und Sozialphilosophie. Frankfurt 1982.

Frisby, David, Georg Simmels Theorie der Moderne. In: Georg Simmel und die Moderne. Neue Interpretationen und Materialien. Hg. v. Heinz-Jürgen Dahme/Otthein Rammstedt. Frankfurt 1984. S. 9–79.

Früchtl, Josef, Ästhetische Erfahrung und Einheit der Vernunft. Thesen im Anschluß an Kant und Habermas. In: Perspektiven der Kunstphilosophie. Texte und Diskussionen. Hg. v. Franz Koppe. Frankfurt 1991. S. 147–164.

Gadamer, Hans Georg, Wahrheit und Methode. Grundzüge einer philosophischen Hermeneutik. Tübingen 1975⁴.

Gamm, Gerhard, In der Leere der verschwundenen Metaphysik. Das Ästhetische in der psychoanalytischen Therapeutik. In: Gerhard

Gamm/Gerd Kimmerle (Hg.), Ethik und Ästhetik. Nachmetaphysische Perspektiven. Tübingen 1990. S. 94–130.

Gaßner, Hubertus/Kopanski, Karlheinz/Stengel, Karin (Hg.), Die Konstruktion der Utopie. Ästhetische Avantgarde und politische Utopie in den 20er Jahren. (= Schriftenreihe des documenta Archivs Bd. 1) Marburg 1992.

Gatens, Moira, A Critique of the Sex/Gender Distinction. In: A Reader in Feminist Knowledge. Ed. by Sneja Gunew. London/New York 1991.

Gergen, Kenneth, The Saturated Self: Dilemmas of Identity in Contemporary Life. New York 1991.

Gluck, Mary, Georg Lukács and His Generation 1900–1918. Cambridge/London 1985.

Golsan, Richard J. (Hg.), Fascism, Aesthetics, and Culture. Hanover/London 1992.

Gorz, André, Abschied vom Proletariat. Jenseits des Sozialismus. Frankfurt 1980.

Göttner-Abendroth, Heide, Die tanzende Göttin. Prinzipien einer matriarchalen Ästhetik. München 1982.

Gouldner, Alvin W., For Sociology: Renewal and Critique in Sociology Today. Harmondsworth 1975.

Greiffenhagen, Martin, Das Dilemma des Konservatismus in Deutschland. Frankfurt 1986.

Grimminger, Rolf, Heimsuchungen der Vernunft. Die Postmoderne und Matthes & Seitz. In: Merkur 439/440, Sept./Okt. 1985.

Grosz, Elizabeth, A Note on Essentialism and Difference. In: Feminist Knowledge: Critique and Construct. Ed. by Sneja Gunew. London/New York 1990.

Großmaß, Ruth/Christiane Schmerl (Hg.), Feministischer Kompaß, patriarchales Gepäck? Kritik konservativer Anteile in neueren feministischen Theorien. Frankfurt/New York 1989.

Groys, Boris, Gesamtkunstwerk Stalin. Die gespaltene Kultur in der Sowjetunion. München 1988.

Gusdorf, Georges, L'homme romantique. Paris 1984.

Habermas, Jürgen, Bewußtmachende oder rettende Kritik – die Aktualität Walter Benjamins. In: Zur Aktualität Walter Benjamins. Aus Anlaß des 80. Geburtstag von Walter Benjamin. Hg.v. Siegfried Unseld. Frankfurt 1972.

Habermas, Jürgen, Der philosophische Diskurs der Moderne. Zwölf Vorlesungen. Frankfurt 1985.

Habermas, Jürgen, Die Moderne – ein unvollendetes Projekt. In: Ders., Kleine politische Schriften I–IV. Frankfurt 1981 a. S. 444–464.

Habermas, Jürgen, Herbert Marcuse über Kunst und Revolution. In: Ders., Kultur und Kritik. Verstreute Aufsätze. Frankfurt 1973.

Habermas, Jürgen, Strukturwandel der Öffentlichkeit. Untersuchungen zu einer Kategorie der bürgerlichen Gesellschaft. 8. Aufl. Neuwied/Berlin 1976.

Habermas, Jürgen, Theorie des kommunikativen Handelns. Frankfurt 1981b.

Habermeier, Rainer, Theodor W. Adorno, Die Rettung des Individuellen. In: Grundprobleme der großen Philosophen. Philosophie der Gegenwart. Bd. 3. Hg.v. J. Speck. Göttingen 1972.

Haug, Wolfgang F., Ästhetik der Normalität/Vorstellung und Vorbild. Die Faschisierung des männlichen Akts bei Arno Breker. In: Inszenierung der Macht. Ästhetische Faszination im Faschismus. Hg. von der NGBK (Neue Gesellschaft für Bildende Kunst). Berlin 1987.

Hausen, Karin, Die Polarisierung der »Geschlechtscharaktere«. Ein Spiegel der Dissoziation von Erwerbs- und Familienleben. In: W. Conze (Hg.), Sozialgeschichte der Familie in der Neuzeit Europas. Stuttgart 1976.

Hegel, Georg Wilhelm Friedrich, Werke in zwanzig Bänden. Hg. v. E. Moldenhauer und K. M. Michel. Frankfurt 1970.

Heidegger, Martin, Die Zeit des Weltbildes. In: Ders., Holzwege. Frankfurt 1972.

Heidegger, Martin, Nietzsche II. 4. Aufl. Pfullingen 1961.

Hennig, Christoph, Die Entfesselung der Seele. Romantischer Individualismus in den deutschen Alternativkulturen. Frankfurt 1989.

Henrich, Dieter, Kunst und Kunstphilosophie der Gegenwart. (Überlegungen mit Rücksicht auf Hegel). In: Wolfgang Iser (Hg.): Immanente Ästhetik – Ästhetische Reflexionen. Lyrik als Paradigma der Moderne. München 1966.

Herf, Jeffrey, Reactionary Modernism. Technology, Culture, and Politics in Weimar and the Third Reich. Cambridge/London/New York 1984.

Hermand, Jost/Müller, Hubert (Hg.), Öko-Kunst? Zur Ästhetik der Grünen. Hamburg 1989.

Hesse, Eva, Die Achse Avantgarde – Faschismus. Reflexionen über Filippo Tommaso Marinetti und Ezra Pound. Zürich 1991.

Hewitt, Andrew, Fascist Modernism: Aesthetics, Politics and the Avant-Garde. Stanford 1993.

Hinz, Berthold u. a. (Hg.), Die Dekoration der Gewalt. Kunst und Medien im Faschismus. Gießen 1979.

Hinz, Berthold, Die Malerei im deutschen Faschismus. Kunst und Konterrevolution. München 1984.

Hoffmann, E. T. A., Sämtliche Werke. Darmstadt 1967.

Hoffmann, Paul, La femme dans la pensée des Lumières. Paris 1977.

Honneth, Axel, Grenzen des Liberalismus. Zur politisch-ethischen Diskussion um den Kommunitarismus. In: Philosophische Rundschau 38. Jg. H. 1–2. 1991.

Hörisch, Jochen, Herrscherwort, Geld und geltende Sätze. Adornos Aktualisierung der Frühromantik und ihre Affinität zur poststrukturalistischen Kritik des Subjekts. In: Materialien zur ästhetischen Theorie Th. W. Adornos. Hg. v. B. Lindner / W. M. Lüdke. Frankfurt 1980.

Horkheimer, Max, Neue Kunst und Massenkultur (1941). In: Ders., Gesammelte Schriften Bd. 4. 1936–1941. Frankfurt 1988. S. 419–438.

Horkheimer, Max / Theodor W. Adorno, Dialektik der Aufklärung. Philosophische Fragmente. Frankfurt 1971.

Humboldt, Wilhelm von, Betrachtungen über die Weltgeschichte. In: Werke in fünf Bänden. Hg. v. A. Flitner / K. Giel. Bd. I. Stuttgart 1980³b.

Humboldt, Wilhelm von, Ideen zu einem Versuch, die Gränzen der Wirksamkeit des Staates zu bestimmen. In: Werke in fünf Bänden. Hg. v. A. Flitner / K. Giel. Bd. I. Stuttgart 1980³a.

Hunt, H. J., Le socialisme et le romantisme en France. Oxford 1935.

Huyssen, Andreas, After the Great Divide: Modernism, Mass Culture, Postmodernism. Bloomington / Indianapolis 1986.

Inglehart, Ronald, The Silent Revolution: Changing Values and Political Styles Among Western Publics. Princeton 1977.

Inszenierung der Macht. Ästhetische Faszination im Faschismus. Hg. von der NGBK (Neue Gesellschaft für Bildende Kunst). Berlin 1987.

Jamme, Christoph, »Jedes Lieblose ist Gewalt.« Der junge Hegel, Hölderlin und die Dialektik der Auklärung. In: Hölderlin-Jahrbuch 23. 1982/83.

Japp, Klaus P., Neue soziale Bewegungen und die Kontinuität der Moderne. In: Die Moderne – Kontinuitäten und Zäsuren. Hg. v. Johannes Berger. (= Soziale Welt Sonderband 4) Göttingen 1986. S. 311–333.

Jarvis, Robin, Lost Correspondence: Aesthetics, Ideology and Paul de Man. In: The Politics of Pleasure: Aesthetics and Cultural Theory. Ed. by Stephen Regan. Buckingham / Philadelphia 1992. S. 133–157.

Jay, Martin, Marxism and Totality. The Adventures of a Concept from Lukács to Habermas. New York / Oxford 1984.

Jeffrey, Kirk, The Family as Utopian Retreat from the City. The Nineteenth Century Contribution. In: Soundings. An Interdisciplinary Journal Vol. LV, no. 1/1972.

Journal of the History of Ideas, Vol. II, no. 3, 1941.

Jünger, Ernst, Sämtliche Werke. Erste Abteilung Tagebücher I, Bd. 1. Stuttgart 1978.

Kalivoda, Robert, Der Marxismus und die moderne geistige Wirklichkeit. Frankfurt 1970.

Kallscheuer, Otto, Glaubensfragen. Über Karl Marx & Christus & andere Tote. Frankfurt 1991.

Kamenka, Eugen, Nationalismus. In: Pipers Handbuch der politischen Ideen. Hg.v. Iring Fetscher / Herfried Münkler. Bd. 4. München / Zürich 1986.

Kamper, Dietmar, Romantik in Marburg. Über einen Versuch, kein Subjekt mehr sein zu wollen. In: Ders., Zur Geschichte der Einbildungskraft, München / Wien 1981.

Kamper, Dietmar / Christoph Wulf (Hg.), Die Wiederkehr des Körpers. Frankfurt 1982.

Kant, Immanuel, Kants gesammelte Schriften. Hg. v. d. Königl. Preußischen Akademie der Wissenschaften. Berlin 1902 ff.

Klinger, Cornelia, Die Frau von morgen aus der Sicht von gestern und heute. In: Peter Sloterdijk (Hg.), Vor der Jahrtausendwende. Berichte zur Lage der Zukunft. Frankfurt 1990 a. Bd. 2.

Klinger, Cornelia, Faschismus – der deutsche Fundamentalismus? In: Merkur. Deutsche Zeitschrift für europäisches Denken. Heft 522, Sept./Okt. 1992b.

Klinger, Cornelia, Frau – Landschaft – Kunstwerk. Gegenwelten oder Reservoire des Patriarchats? In: Feministische Philosophie. (= Wiener Reihe zur Philosophie Bd. 4). Hg. v. Herta Nagl-Docekal. München / Wien 1990 b.

Klinger, Cornelia, Romantik und Feminismus. Zu Geschichte und Aktualität ihrer Beziehung. In: Feministische Vernunftkritik. Ansätze und Traditionen. Hg. v. Ilona Ostner / Klaus Lichtblau. Frankfurt 1992 a.

Kluckhohn, Paul, Persönlichkeit und Gemeinschaft. Studien zur Staatsauffassung der deutschen Romantik. Halle 1925.

Köhler, Benedikt, Ästhetik und Politik. Adam Müller und die politische Romantik. Stuttgart 1980.

Kohn, Hans, Prelude to Nation-States: The French and German Experience, 1989–1815. Princeton 1967.

Kolakowski, Leszek, Die Gegenwärtigkeit des Mythos. 3. Aufl. München / Zürich 1974.

Kolakowski, Leszek, Die Hauptströmungen des Marxismus Bd. 1. München / Zürich 1977.

Kraushaar, Wolfgang, Thesen zum Verhältnis von Alternativ- und Fluchtbewegung. In: Ders., Autonomie oder Ghetto? Kontroversen über die Alternativbewegung. Frankfurt 1978.

Krauss, Werner, Französische Aufklärung und deutsche Romantik. In: Klaus Peter (Hg.), Romantikforschung seit 1945. Königstein / Ts. 1980.

Kreuzer, Helmut, Die Bohème. Beiträge zu ihrer Beschreibung. Stuttgart 1968.

Kristeva, Julia, Women's Time. In: Feminist Theory. A Critique of Ideology. Hg. v. N.O. Keohane/M.Z. Rosaldo/B.C. Gelpi. Brighton 1982. S. 31–53.

Kuhn, Axel, Das faschistische Herrschaftssystem. Hamburg 1973.

Kurzke, Hermann, Die Wende von der Frühromantik zur Spätromantik. Fragen und Thesen. In: Athenäum. Jahrbuch für Romantik 1992. Hg. v. Ernst Behler/Jochen Hörisch/Günter Oesterle.

Lacan, Jacques, Das Seminar. Buch II. Das Ich in der Theorie Freuds und in der Technik der Psychoanalyse. Textherstellung durch Jacques Alain-Miller. Übersetzt v. Joachim Metzger. 2. Aufl. Weinheim/Berlin 1991 b (= Lacan, Jacques: Das Werk von Jacques Lacan. Hg. v. Jacques-Alain Miller. In deutscher Sprache hg. von Norbert Haas u. Hans-Joachim Metzger).

Lacan, Jacques, Écrits. Paris 1966.

Lacan, Jacques, Le séminaire. Livre II. Le moi dans la théorie de Freud et dans la téchnique de la psychanalyse. Paris 1987.

Lacan, Jacques, Schriften II. Ausgew. u. hg. v. Norbert Haas. Übersetzt von Chantal Creusot u.a. 3. korr. Aufl. Weinheim/Berlin. 1991 b (= Lacan, Jacques: Das Werk von Jacques Lacan. Hg. v. Jacques-Alain Miller. In deutscher Sprache hg. von Norbert Haas u. Hans-Joachim Metzger).

Lacoue-Labarthe, Philippe, La fiction du politique. (Heidegger, l'art et la politique). Strasbourg 1987.

Larmore, Charles, Patterns of Moral Complexity. Cambridge New York 1987.

Lasch, Christopher, Haven in a Heartless World. The Family Besieged. New York 1977.

Lasch, Christopher, The Culture of Narcissism: American Life in an Age of Diminishing Expectations. New York 1979.

Lefebvre, Henri, Einführung in die Modernität. Zwölf Präludien. Frankfurt 1978.

Lemberg, Eugen, Nationalismus I. Psychologie und Geschichte. Reinbek 1964.

Levin, Michael, Marxism and Romanticism: Marx's Dept to German Conservatism. In: Political Studies 22/4. 1974.

Lichtblau, Klaus, Eros und Kultur. Zur Geschlechterproblematik in der deutschen Soziologie der Jahrhundertwende. In: Ilona Ostner/Klaus Lichtblau (Hg.), Feministische Vernunftkritik. Ansätze und Traditionen. Frankfurt 1992.

Lipovetsky, Gilles, L'Ere du vide. Essais sur l'individualisme contemporain. Paris 1983.

Löwenthal, Richard, Romantischer Rückfall. Stuttgart 1970.

Löwy, Michael, Marxisme et romantisme révolutionnaire. Essais sur Lukács et Luxemburg. Paris 1979.

Lübbe, Hermann, Im Zug der Zeit. Verkürzter Aufenthalt in der Gegenwart. Berlin / Heidelberg / New York 1992.

Luckmann, Thomas, Die unsichtbare Religion. Frankfurt 1991.

Luckmann, Thomas, Lebenswelt und Gesellschaft. Grundstrukturen und geschichtliche Wandlungen. Paderborn 1980.

Lukács, Georg, Die Zerstörung der Vernunft. Neuwied 1954

Lukács, Georg, Skizze einer Geschichte der deutschen Literatur. Neuwied 1963.

Lyotard, Jean-François, Beantwortung der Frage: Was ist postmodern? In: Wege aus der Moderne. Schlüsseltexte der Postmoderne-Diskussion. Hg.v. Wolfgang Welsch. Weinheim 1988. S. 193–203.

Lyotard, Jean-François, Das Erhabene und die Avantgarde. In: Verabschiedung der (Post-)Moderne? Eine interdisziplinäre Debatte. Hg. v. Jacques LeRider / Gérard Raulet. Tübingen 1987. S. 251–274.

Makropoulos, Michael, Modernität als ontologischer Ausnahmezustand? Walter Benjamins Theorie der Moderne. München 1989.

Mannheim, Karl, Konservatismus. Ein Beitrag zur Soziologie des Wissens. Hg. v. David Kettler / Volker Meja / Nico Stehr. Frankfurt 1984.

Marcuse, Herbert, Die Permanenz der Kunst. Wider eine bestimmte marxistische Ästhetik. Ein Essay. München 1977.

Marcuse, Herbert, Kultur und Gesellschaft I. Frankfurt 1965.

Marcuse, Herbert, Triebstruktur und Gesellschaft. Ein philosophischer Beitrag zu Sigmund Freud. Frankfurt 1982. Kap. IX: Die ästhetische Dimension.

Marcuse, Herbert, Versuch über die Befreiung. 5. Aufl. Frankfurt 1980.

Marquard, Odo, Apologie des Zufälligen. Stuttgart 1986.

Marquard, Odo, Kant, die Wende zur Ästhetik. In: Zeitschrift für philosophische Forschung 16/1962.

Marquard, Odo, Schwierigkeiten mit der Geschichtsphilosophie. Frankfurt 1973.

Marquard, Odo, Transzendentaler Idealismus – Romantische Naturphilosophie – Psychoanalyse. Köln 1987.

Martin, Alfred von, Das Wesen der romantischen Religiosität. In: DVjS. 2. Jg. 1924. Bd. II, H. III.

Matzerath, Horst / Heinrich Volkmann, Modernisierungstheorie und Nationalsozialismus. In: Theorien in der Praxis des Historikers. Hg. v. Jürgen Kocka. (= Geschichte und Gesellschaft Sonderheft 3). Göttingen 1977.

Meinecke, Friedrich, Die Idee der Staatsräson in der neueren Geschichte. In: Werke Bd. I. München / Wien 1976[4].

Meinecke, Friedrich, Weltbürgertum und Nationalstaat. Werke Bd. V. München 1969[9].

Melucci, Alberto, Liberation of Meaning? Social Movements, Culture and Democracy. In: Emancipations, Modern and Postmodern. Ed. by Jan Nederveen Pieterse. London / Newbury Park / New Dehli 1992. S. 43–77.

Melucci, Alberto, The New Social Movements: A Theoretical Approach. In: Social Science Information 19/2. 1980.

Menninghaus, Winfried, Unendliche Verdoppelung. Die frühromantische Grundlegung der Kunsttheorie im Begriff absoluter Selbstreflexion. Frankfurt 1987.

Mommsen, Wolfgang J. / Schwendtker, Wolfgang (Hg.), Max Weber und seine Zeitgenossen. Göttingen 1988.

Moore, Barrington, Social Origins of Dictatorship and Democracy. Lord and Peasant in the Making of the Modern World. London 1967.

Mosse, George, Die Nationalisierung der Massen. Politische Symbolik und Massenbewegungen in Deutschland von den Napoleonischen Befreiungskriegen bis zum Dritten Reich. Frankfurt 1976.

Müller, Adam, Vorlesungen über deutsche Wissenschaft und Literatur. In: Ders., Kritische, Ästhetische und Philosophische Schriften. Bd. 1. Hg. v. Walter Schroeder / Werner Siebert. Neuwied 1967.

Münch, Richard, Dialektik der Kommunikationsgesellschaft. Frankfurt 1991.

Musgrove, Frank, Ecstasy and Holiness: Counter Culture and the Open Society. Bloomington / London 1974.

Nenning, Günter, Vorwärts zum Menschen zurück. Ein rot-grünes Plädoyer. Wien 1983.

Nietzsche, Friedrich, Sämtliche Werke. Kritische Studienausgabe in fünfzehn Bänden. Hg. v. G. Colli / M. Montinari. Berlin / New York 1967 ff.

Novalis, Philosophische Studien der Jahre 1795/96. (Fichte-Studien). (= Schriften zweiter Band. Das philosophische Werk I). Hg. v. R. Samuel. Stuttgart 1960.

Novalis, Werke, Tagebücher und Briefe Friedrich von Hardenbergs. Hg. v. Hans-Joachim Mähl / Richard Samuel. München 1978.

Offe, Claus, Challenging the Boundaries of Institutional Politics: Social Movements Since the 1960s. In: Charles S. Maier (Hg.), Changing Boundaries of the Political. Essays on the Evolving Balance Between State and Society, Public and Private in Europe. Cambridge / New York 1987.

Offe, Claus, Die Utopie der Null-Option. Modernität und Modernisierung als politische Gütekategorien. In: Moderne oder Postmoderne. Zur Signatur des gegenwärtigen Zeitalters. Hg.v. P. Koslowski / R. Spaemann / R. Löw (= civitas Resultate Bd. 10). Weinheim 1986.

Olsen, Frances, The Myth of State Intervention in the Family. In: University of Michigan Journal of Law Reform 18/1 1985. S. 835–864.

Organski, A. F. K., Fascism and Modernization. In: The Nature of Fascism. Hg. v. S. J. Woolf. London 1968.

Ortner, Sherry B., Is Female to Male as Nature is to Culture? In: Women, Culture and Society. Ed. by M. Z. Rosaldo / L. Lamphere. Stanford Univ. Pr. 1974. S. 67–87.

Parsons, Talcott, Demokratie und Sozialstruktur in Deutschland vor der Zeit des Nationalsozialismus. In: Ders., Beiträge zur soziologischen Theorie. Hg. v. D. Rüschemeyer. Neuwied / Berlin 1964.

Paz, Octavio, Analogie und Ironie. In: Ders., Essays 2. Frankfurt 1984. S. 55–79.

Peter, Klaus (Hg.), Die politische Romantik in Deutschland. Stuttgart 1985.

Peter, Klaus, Friedrich Schlegel und Adorno. Die Dialektik der Aufklärung in der Romantik und heute. In: Die Aktualität der Frühromantik. Hg.v. E. Behler / J. Hörisch. Paderborn 1987.

Picard, Roger, Le romantisme social. New York 1944.

Pikulik, Lothar, Frühromantik. Epoche – Werke – Wirkung. München 1992.

Pikulik, Lothar, Romantik als Ungenügen an der Normalität. Am Beispiel Tiecks, Hoffmanns, Eichendorffs. Frankfurt 1979.

Prinz, Michael / Rainer Zitelmann (Hg.), Nationalsozialismus und Modernisierung. Darmstadt 1991.

Rabinbach, Anson G., The Aesthetics of Production in the Third Reich. In: International Fascism. New Thoughts and Approaches. Hg. v. G. L. Mosse. London / Beverley Hills 1979.

Reichel, Peter, Der schöne Schein des Dritten Reiches. Faszination und Gewalt des Faschismus. München / Wien 1991.

Rieff, Philip, The Triumph of the Therapeutic: Uses of Faith After Freud. New York 1966.

Ritter, Joachim, Ästhetik. In: Ders. (Hg.) Historisches Wörterbuch der Philosophie. Bd. 1. Darmstadt 1971.

Ritter, Joachim, Subjektivität. Frankfurt 1974.

Romantic Movement in Europe in the First Half of the Nineteenth Century. In: Journal of the History of Ideas. Vol. II, no. 3, 1941.

Rorty, Richard, Contingency, Irony, and Solidarity. Cambridge / New York 1989.

Rorty, Richard, Kontingenz, Ironie und Solidarität. Übersetzt v. Christa Krüger. 2. Aufl. Frankfurt/Main 1993. (= Suhrkamp Taschenbuch Wissenschaft 981)

Rosenblum, Nancy, Another Liberalism: Romanticism and the Reconstruction of Liberal Thought. Cambridge/Mass. 1987.

Roth, Guenther, Marianne Weber and Her Circle. Introduction to Marianne Weber, Max Weber: A Biography. Transl. and ed. by Harry Zohn. New Brunswick/Oxford 1988.

Roth, Günther, Marianne Weber und ihr Kreis. Einleitung zu Weber, Marianne, Max Weber. Ein Lebensbild. München/Zürich 1989.

Roth, Roland, Neue soziale Bewegungen. In: Pipers Handbuch der politischen Ideen. Hg. v. Iring Fetscher/Herfried Münkler. Bd. 5. München/Zürich 1987.

Rudolph, Enno, Odyssee des Individuums. Zur Geschichte eines vergessenen Problems. Stuttgart 1991.

Sartre, Jean-Paul, Qu'est-ce que la littérature? Paris 1948.

Sartre, Jean-Paul, Was ist Literatur? Hg., neu übersetzt u. mit einem Nachwort von Traugott König. Reinbek bei Hamburg 1986. (= Sartre, Jean-Paul, Gesammelte Werke. In Zusammenarbeit mit dem Autor und Arlette El Kaim-Sartre hg. v. Traugott König, Schriften zur Literatur, Bd. 2)

Sayre, Robert/Michael Löwy, Figures of Romantic Anti-Capitalism. In: New German Critique 32/1984.

Scaff, Lawrence, Fleeing the Iron Cage: Culture, Politics, and Modernity in the Thought of Max Weber. Berkeley/Los Angeles/London 1989.

Schäfer, Wolf (Hg.), Neue soziale Bewegungen: Konservativer Aufbruch im bunten Gewand? Frankfurt 1983.

Schanze, Helmut (Hg.), Die andere Romantik. Frankfurt 1967.

Scheffler, Karl, Die Frau und die Kunst. Berlin 1908.

Schelling, Friedrich, Wilhelm Joseph, Schellings Werke. Hg. v. Manfred Schröter Münchner Jubiläumsdruck (Nachdruck). München 1977³.

Schelling, Friedrich Wilhelm Joseph, Aus Schellings Leben in Briefen. Hg. v. G. L. Plitt. Bd. I, 1775–1803. Leipzig 1869.

Schiller, Friedrich, Über naive und sentimentalische Dichtung. Schillers Werke in sechs Haupt- und vier Ergänz.bd. Hg.v. P. Merker. 6. Bd. Leipzig o.J.

Schimank, Uwe, Die Renaissance romantischer Ideen in den neuen Protestbewegungen. In: Wespennest 47/1982. Sonderheft Romantik.

Schimank, Uwe, Funktionale Differenzierung und reflexiver Subjektivismus. Zum Entsprechungsverhältnis von Gesellschafts- und Identitätsform. In: Soziale Welt. Jg. XXXVI, H. 4. 1985.

Schimank, Uwe, Neoromantischer Protest im Spätkapitalismus. Der Widerstand gegen Stadt- und Landschaftsverödung. Bielefeld 1981.

Schlegel, Friedrich, Fragmente. In: Athenäum. Berlin 1798. Fotomechan. Nachdruck. Darmstadt 1980 a.

Schlegel, Friedrich, Ideen. In: Athenäum. Des dritten Bandes erstes Stück. Berlin 1800. Fotomechan. Nachdruck. Darmstadt 1980 b.

Schlegel, Friedrich, Kritische-Friedrich-Schlegel-Ausgabe. Hg. v. Ernst Behler unter Mitarbeit von J.-J. Anstett und H. Eichner. München / Paderborn / Wien 1963 ff.

Schlegel, Friedrich, Theorie der Weiblichkeit. Hg. v. Winfried Menninghaus. Frankfurt 1983.

Schleiermacher, Friedrich, Aus Schleiermachers Leben. In Briefen. Erster Band. Berlin 1860². Photomechan. Nachdruck. Berlin / New York 1974.

Schleiermacher, Friedrich, Grundlinien einer Kritik der bisherigen Sittenlehre. Sämtliche Werke. 3. Abt. 1. Bd. Berlin 1846.

Schleiermacher, Friedrich, Monologen, nebst den Vorarbeiten, hg. v. Friedrich M. Schiele. 3. Aufl. als Nachdr. mit. erg. Bibliogr. Hamburg 1978.

Schleiermacher, Friedrich, Über die Religion. Reden an die Gebildeten unter ihren Verächtern. Hg. v. H.-J. Rothert. Hamburg 1958.

Schmidt, Jochen, Die Geschichte des Genie-Gedankens in der deutschen Literatur, Philosophie und Politik 1750–1945. Bd. 1 u. 2. Darmstadt 1985.

Schmitt, Carl, Politische Romantik. München / Leipzig 1925².

Schmitt, Carl, Römischer Katholizismus und politische Form. 2. Aufl. Stuttgart 1984.

Schoenbaum, David, Hitler's Social Revolution. Class and Status in Nazi Germany 1933–1939. New York 1966.

Seel, Martin, Die Kunst der Entzweiung. Zum Begriff der ästhetischen Rationalität. Frankfurt 1985.

Seidman, Steven, Liberalism and the Origins of European Social Theory. Berkeley 1983.

Sérant, Paul, Le romantisme fasciste. Étude sur l'oeuvre politique de quelques écrivains français. Paris 1960.

Shklar, Judith N., After Utopia. The Decline of Political Faith. Princeton UP 1957.

Shusterman, Richard, Pragmatist Aesthetics: Living Beauty, Rethinking Art. Oxford / Cambridge 1992.

Siemons, Mark, Schöne neue Gegenwelt. Über Kultur, Moral und andere Marketingstrategien. Frankfurt / New York 1993.

Silva, Umberto, Kunst und Ideologie des Faschismus. Frankfurt 1975.

Simmel, Georg, Bruchstücke aus einer Psychologie der Frauen (1904). Wiederabgedruckt in: Georg Simmel: Schriften zur Philosophie und Soziologie der Geschlechter. Hg. v. H.J. Dahme / K. Chr. Köhnke. Frankfurt 1985.

Simmel, Georg, Grundfragen der Soziologie (Individuum und Gesellschaft). 1. Aufl. Berlin 1917; 3. unveränd. Aufl. Berlin 1970.

Simmel, Georg, Philosophie der Landschaft. In: Simmel, Georg, Brücke und Tor. Hg. v. M. Landmann. Stuttgart 1957.

Simmel, Georg, Philosophische Kultur. Über das Abenteuer, die Geschlechter und die Krise der Moderne. Gesammelte Essais. Berlin 1983 a.

Simmel, Georg, Soziologie. Untersuchungen über die Formen der Vergesellschaftung. G. Simmel: Gesammelte Werke Bd. 2. Berlin 1983 b.

Sironneau, Jean-Pierre, Sécularisation et réligions politiques. La Haye / Paris / New York 1982.

Smelser, Neil, The Theory of Collective Behavior. New York 1962.

Sontag, Susan, Faszinierender Faschismus. (Über Leni Riefenstahl). Dies., Im Zeichen des Saturn. München / Wien 1981.

Speer, Albert, Architektur. Arbeiten 1933–1942. Mit einem Vorwort von Albert Speer und Beiträgen von K. Arndt, G.F. Koch, L.O. Larsson. Frankfurt / Berlin / Wien 1978.

Speer, Albert, Erinnerungen. Berlin 1969.

Steiner, George, In Blaubarts Burg. Anmerkungen zur Neudefinition der Kultur. Frankfurt 1972.

Steinhauser, Monika, Im Bild des Erhabenen. In: Merkur. 43. Jg. Heft 9/10. 1989.

Stern, Fritz, The Politics of Cultural Despair. A Study in the Rise of the Germanic Ideology. Berkeley / Los Angeles / London 1974.

Stollmann, Rainer, Faschistische Politik als Gesamtkunstwerk. Tendenzen der Ästhetisierung des politischen Lebens im Nationalsozialismus. In: Die deutsche Literatur im Dritten Reich. Themen, Traditionen, Wirkungen. Hg. von H. Denkler / K. Prümm. Stuttgart 1976.

Strohschneider-Kohrs, Ingrid, Die romantische Ironie in Theorie und Gestaltung. (= Hermea. Germanistische Forschungen NF Bd. 6) Tübingen 1960.

Tallert, Harry, Eine grüne Gegenrevolution. Aspekte der ökologistischen Bewegung. Frankfurt / Berlin / Wien 1980.

Taylor, Charles, Hegel. Frankfurt 1978.

Taylor, Charles, Sources of the Self. The Making of the Modern Identity. Cambridge, Mass. 1989.

Theunissen, Michael, Selbstverwirklichung und Allgemeinheit. Zur Kritik des gegenwärtigen Bewußtseins. Berlin / New York 1982.

Thiele, Leslie P., Friedrich Nietzsche and the Politics of the Soul: A Study of Heroic Individualism. Princeton 1990.

Tillich, Paul, Die sozialistische Entscheidung. Potsdam 1933.

Timm, Hermann, Die heilige Revolution. Schleiermacher – Novalis – Friedrich Schlegel. Frankfurt 1978.

Touraine, Alain, An Introduction to the Study of Social Movements. In: Social Research 52/4, 1985.

Troeltsch, Ernst, Aufsätze zur Geistesgeschichte und Religionssoziologie. In: Gesammelte Schriften Bd.4. Hg. v. H. Baron. 2. Neudruck der Ausg. Tübingen 1925. Aalen 1981.

Trotzkij, Leo, Literatur und Revolution. München 1972.

Turner, Henry A., Fascism and Modernization. In: Reappraisals of Fascism, New York 1975.

Ullrich, Otto, Weltniveau. In der Sackgasse des Industriesystems. Berlin 1979.

Vester, Heinz-Günter, Verwischte Spuren des Subjekts – Die zwei Kulturen des Selbst in der Postmoderne. In: Moderne oder Postmoderne? Zur Signatur des gegenwärtigen Zeitalters. Hg. v. P. Koslowski, R. Spaemann, R. Löw. Weinheim 1986.

Viereck, Peter, Metapolitics. The Roots of the Nazi Mind. 2. Aufl. New York 1961.

Vietta, Silvio, Aufklärung und Frühromantik. In: Ders. (Hg.), Die literarische Frühromantik. Göttingen 1983.

Voegelin, Eric, Die politischen Religionen. (Ausblicke Nr. 12) Wien 1938.

Vogel, Ursula, Rationalism and Romanticism. Two Strategies for Women's Liberation. In: Feminism and Political Theory. Hg.v. Judith Evans et al. London / Beverly Hills 1986.

Vondung, Klaus, Magie und Manipulation. Ideologischer Kult und politische Religion des Nationalsozialismus. Göttingen 1971.

Warnke, Martin, Ein Motiv aus der politischen Ästhetik. In: Bürger und Bürgerlichkeit im 19. Jahrhundert. Hg. von J. Kocka. Göttingen 1987.

Weber, Marianne, Max Weber. Ein Lebensbild. München 1989.

Weber, Max, Gesammelte Aufsätze zur Religionssoziologie I. Tübingen 1978.

Weber, Max, Wissenschaft als Beruf (1919). In: Ders., Gesammelte Aufsätze zur Wissenschaftslehre. 5. Aufl. Tübingen 1982. S.582–613.

Weiß, Johannes, Wiederverzauberung der Welt? Bemerkungen zur Wiederkehr der Romantik in der gegenwärtigen Kulturkritik. In: Kultur und Gesellschaft. Kölner Zeitschrift für Soziologie und Sozialpsychologie. Sonderheft 27/1986.

Weller, J. / E. L. Quarantelli, Neglected characteristics of collective behavior. In: American Journal of Sociology 79/1973.

Wellmer, Albrecht, Zur Dialektik von Moderne und Postmoderne. Vernunftkritik nach Adorno. Frankfurt 1985.

Welsch, Wolfgang / Pries, Christine, Ästhetik im Widerstreit. Weinheim 1991.

Welsch, Wolfgang, Ästhetisches Denken. Stuttgart 1990.

Wenk, Silke, Aufgerichtete weibliche Körper. Zur allegorischen Skulptur im deutschen Faschismus. In: Inszenierung der Macht. Ästhetische Faszination im Faschismus. Hg. von der NGBK (Neue Gesellschaft für Bildende Kunst). Berlin 1987.

Wertheimer, Jürgen, Ästhetik der Gewalt. Ihre Darstellung in Literatur und Kunst. Frankfurt 1986.

Wessell, Leonard P., Karl Marx, Romantic Irony, and the Proletariat: Studies in the Mythopoetic Origins of Marxism. Baton Rouge 1979.

Wilkening, Frank, Rezeption der Frühromantik II: unter Rekurs auf die »Dialektik der Aufklärung« – Progression und Regression. Die Geschichtsauffassung Friedrichs von Hardenberg. In: Romantische Utopie – utopische Romantik. Hildesheim 1979.

Wolbert, Klaus, Die Nackten und die Toten des »Dritten Reiches«. Folgen einer politischen Geschichte des Körpers in der Plastik des deutschen Faschismus. Gießen 1982.

Wuthenow, Ralph Rainer, Revolution und Kirche im Denken Friedrich Schlegels. In: Anton Rauscher (Hg.), Deutscher Katholizismus und Revolution im frühen 19. Jahrhundert. München / Paderborn / Wien 1975.

Young, Iris M., Humanism, Gynocentrism and Feminist Politics. In: Hypatia = Special Issue of Women's Studies Internat. Forum Vol. 8, no. 3/1985.

Zaretsky, Eli, Capitalism, the Family and Personal Life. New York 1965.

Zitelmann, Rainer, Hitler. Selbstverständnis eines Revolutionärs. Stuttgart 1989^2.

Namenregister